Canal Ramírez, Gonzalo, 1916-1994
    Envejecer no es deteriorarse / Gonzalo Canal Ramírez. -- Santafé de Bogotá :
Panamericana Editorial, 1999.

    292 p. ; 23 cm. -- (Interés general)

    ISBN 978-958-30-0539-8

    1. Vejez - Aspectos sociales 2. Vejez - Aspectos religiosos I. Tít. II. Serie
301.435 cd 17 ed.
AGN1820

        CEP-Banco de la República-Biblioteca Luis-Ángel Arango

Envejecer
no es deteriorarse

Gonzalo Canal Ramírez

PANAMERICANA
EDITORIAL

Segunda reimpresión, julio de 2013
Primera edición, Editorial La Oveja Negra Ltda., 1982
Primera edición en Panamericana Editorial Ltda.,
marzo de 1999
© Gonzalo Canal Ramírez. Derechos reservados: Rafael
Canal Mora
© Panamericana Editorial Ltda.
Calle 12 No. 34-30, Tel.: (57 1) 3649000
Fax: (57 1) 2373805
www.panamericanaeditorial.com
Bogotá D. C., Colombia

Editor
Panamericana Editorial Ltda.
Edición
Gabriel Silva Rincón
Diagramación
Giovanny Méndez Beltrán
Diseño de carátula
Diego Martínez Celis

ISBN 978-958-30-0539-8

Impreso por Panamericana Formas e Impresos S. A.
Calle 65 No. 95-28, Tels.: (57 1) 4302110 - 4300355
Fax: (57 1) 2763008
Bogotá D. C., Colombia
Quien sólo actúa como impresor.
Impreso en Colombia - *Printed in Colombia*

ÍNDICE

Parte II

Información para manejar la edad

La sociedad ha sido cruel con el viejo: le ha dicho siempre cuanto no puede hacer y le ha callado cuanto sí puede hacer. El viejo, así acorralado en un cerco de limitaciones, se ha visto falsificar por los demás y ha terminado falsificándose él mismo, creyendo, él primero, en los predicados de las convenciones, los mitos y los tabúes sociales: su impotencia, su incapacidad, su inutilidad, su soledad, su miserabilismo. Nada de eso es verdadero en una vejez normal. Y, cuando hay anormalidades, el viejo puede rehabilitarse y reeducarse y aprender. Los médicos se sorprenden de la capacidad de recuperación del viejo y los pedagogos de la habilidad de éste para el aprendizaje y declaran las causas de deficiencias, como mentales y no físicas, en un 70%. El viejo necesita una nueva mentalidad sobre sí mismo, sobre cuanto de positivo le ofrecen las ciencias de la higiene, la salud, la psicología y el humanismo en la nueva longevidad más larga y más capaz.

Ahora hay no solamente "más años para la vida, sino también más vida para los años". "El viejo puede hacer todo lo que los demás hacen, pero más lentamente", afirman los ingleses. "Y más racionalmente", agrego yo, porque en un centímetro cúbico de su cerebro cabe más información que en la mayor computadora, según Gunther Haaf. Esa acumulación de informaciones y conocimientos y vida es la sabiduría y la experiencia, en la vejez mejores que nunca en el saber hacer; porque su cerebro, el rector de la actividad fisiológica y mental de la vida, es el único órgano que no se deteriora y sí mejora con los años, si no lo destruimos con el tabaquismo, el alcoholismo y la drogadicción. El cerebro compensa las otras disminuciones. En Beethoven, sin oídos el cerebro oyó la música y la compuso.

Este libro quiere mostrarle al viejo, acosado de limitaciones, todas sus posibilidades, bastante más extensas de cuanto el viejo piensa. Este libro es información para manejar la edad, pretende enseñar a ser viejo, a base de realidades y no de mitos. El viejo mítico es un triste mito. La vida no es mito, sino realidad. Y nuestra realidad ha sido socialmente disfrazada para sumirnos en el complejo de vejez inútil. Ser útiles es la mejor manera de ser tenido en cuenta en esta sociedad utilitarista. Y el viejo sí puede ser útil y dejar de ser carga para aliviarse y vivir satisfactoriamente porque continúa siendo el hombre que era y debe proseguir realizándose como tal.

Es una tarea de reeducación de la comunidad y del viejo mismo, urgente desde ya, porque los viejos son hoy el 17% de la humanidad y serán el 20% al terminar el siglo. Cada vez hay menos niños y más viejos. La rehabilitación del viejo comienza por sí mismo, ni la vocación ni la misión del viejo lo obligan a ser un atormentado.

Entre otras muchas motivaciones para este libro, hay una personal, pero compartida por todos cuantos, como yo, inclinamos un día nuestra cabeza negra sobre el trabajo y, cuando la levantamos, la teníamos blanca. Entre tanto, pasaron los años y pasó un mundo que ha cambiado más en este siglo que en el resto de su historia. Y los cambios, hechos posibles gracias al prodigio de la información y las comunicaciones, nos advierten de pronto que fuimos educados y transcurrimos las edades anteriores a la luz de algunas verdades y en la sombra de muchos errores. Es una frustración que podemos aún enmendar rectificando esos errores. Nos queda todavía, para hacerlo, la vejez que suele ser el trecho más largo en la aventura de vivir... Y podemos vivir como el hombre que somos, con todos los derechos y deberes de la humanidad, a la cual seguimos perteneciendo, sin dejarnos exiliar de ella, como si fuéramos otros, porque podemos sentir, pensar, trabajar, amar y recrearnos como lo que somos: hombres. Tenemos derecho a una vida más humana y a ser cada día más hombres. La vida, acumulada en nosotros, nos capacita para esta empresa de realizarnos hasta el final, sin miedo a las canas, sin temor a la vida. Ésta es un don tanto más grande cuanto más la hemos vivido.

Gonzalo Canal Ramírez

Parte I

Preliminares

Carátula

Desde hace ya 2.400 años, Hipócrates, el más famoso de los médicos de la antigüedad, comparó las etapas de la vida humana con las estaciones de la naturaleza y le asignó el invierno a la vejez... Desde entonces el símil se estereotipó y el invierno quedó falsamente como símbolo sacramental para la ancianidad, "La nieve de los años".

Hace casi 400 años, Baltasar Gracián lo volvió a recoger en el sentido clásico de que a la primavera corresponde la primera edad, al verano la segunda y al otoño y al invierno, la tercera.

Ahora en 1979, José Antonio Pérez Rioja (el Libro Español No. 264) modifica un tanto el símil ante la actual prolongación de la vida, en la nueva escala de las edades que exige ya la *cuarta edad* y lo amplía así: *primavera humana* desde el nacimiento hasta los 40 años; *verano vital* de los 41 a los 64; *otoño de la vida* de los 65 a los 80; *invierno del hombre* desde los 81 hasta el final.

La imagen del invierno para la vejez viene, pues, de lejos y ha sido universalmente aceptada, aun en los países tropicales, donde no hay estaciones.

Es una inexactitud. El hombre no tiene estaciones y la comparación es falsa aun poéticamente. El hombre puede vivir física y espiritualmente a cualquier edad las cuatro estaciones en un solo día. La inmensa riqueza de la escala humana se lo permite. El hombre es sembrador de semillas y colector de cosechas durante toda su vida. Florece y se marchita independientemente, a cualquier edad y puede reflorecer y remarchitarse no importa cuándo, ni cómo. Su inteligencia es más fecunda en invierno que en estío. Su vida mental puede mantenerse en perpetua primavera. Su salud puede ser mejor en la tercera edad que en la primera y su acción sicosomática no se rige por climas, hemisferios o paralelos diferentes de los del propio cuerpo integrado con su espíritu, en fusión prodigiosa de persona humana, independientemente de ciclos prefijados, en los cuales la inmensidad de la persona no cabe. Su múltiple y flexible riqueza no se deja encasillar. Hay jóvenes muy viejos y viejos muy jóvenes. La única regla: *el hombre tiene la edad que puede vivir, y la vida de las obras que puede hacer*. Y la mayoría de las obras maestras del mundo han sido realizadas por autores en la madurez y en la vejez.

15

La especie humana –con relación a los muchos miles de siglos del planeta que habita– tiene apenas 2 millones de años, es aún joven y hasta ahora comienza a ser explorada seriamente, aunque con muchas contradicciones: estamos conquistando los astros y el espacio y no hemos dominado la gripa. La galaxia hombre, en lo sicosomático, está apenas saliendo de la nebulosa. El hombre, a cualquier edad, puede más de lo que cree, sobre todo en la vejez, a pesar del mito del invierno, decretado gratuitamente, obsoleto hoy.

Por estas razones se ha elegido para esta carátula un pino, el árbol sin estaciones, siempre verde en invierno y en verano, y un trigal maduro con la promesa del pan. Vaya ese pino como símbolo para los de la tercera edad. Sin saberlo ellos a veces están en la vida y, como este árbol, pueden vivirla útil, plácida y satisfactoria.

El trigal maduro es buen signo de la tercera edad. En él se integró la semilla al surco, a la tierra, al abono, al agua, al sol, al aire, al tiempo, condensados todos en el grano dorado. Él no es el final, ni mucho menos; es la gavilla, la harina, el pan. Usted es todo eso, usted está en época de cosecha... No es mala época y quizá puede ser mejor época. Y piense sobre todo en el trigo, es decir, en su especie humana. Usted tiene un puesto en ella y ella en usted. Usted es la espiga, pero también el trigal y el pan.

Esa conciencia, de ser no solamente el individuo, el espécimen, sino también la especie, nos ayuda.

"Felices las espigas maduras" escribe Peguy.

Se trata de usted

Se trata de usted mismo y no de otro. De usted que va a envejecer o está envejeciendo. De usted que tendrá que vivir su vejez usted mismo, dentro de su propia piel y dentro de su propia mentalidad. Usted que, a la larga, es el responsable de su vida. Las ayudas sociales o familiares no sirven sin usted. El aporte principal es suyo. Este libro trata de informarle cómo usted sí puede.

Este libro pretende demostrar en la vejez una etapa de la vida posible de vivir útil, satisfactoria y plácidamente. Se trata entonces de la vejez normal, saludable. No de la decrepitud, ni la caquexia, ni la senilidad morbosa, períodos extremos, patológicos, no forzosamente inherentes a la vejez, posibles de evitar o al menos de retardar y hacer menos penosos.

Trato también de una vejez mínimamente asistida en sus necesidades económicas. Parto de un supuesto y concreto –el viejo– cuya principal defensa es la capacitación propia para ser saludable y útil, la responsabilidad de sí mismo como hombre que sigue siendo dentro de la humanidad no sólo espectador de su acontecer, sino partícipe del mismo. Hombre con todos sus deberes y derechos, incorporado a la humanidad y no aislado, ni exiliado de la humanidad, ni "fuera de ella".

No escribo de la supervivencia del viejo, sino de sus vivencias y valores como realidad específica, no en hipótesis abstracta. He aquí la primera entre las muchas dificultades de mi trabajo. Marcel Proust tenía razón cuando afirmaba que la vejez es un concepto abstracto. Yo busco escribir del hombre viejo "que sigue siendo hombre", según Simone de Beauvoir, y puede continuar realizándose como tal. No de este detritus humano, homúnculo, condición impuesta por la sociedad, y a la cual él mismo se reduce por error histórico y ambiental. Busco más al viejo que a la vejez, al hombre tangible, no metafísico.

Aduzco naturalmente argumentos de autoridad científica de geriatras y gerontólogos, pero pretendo escribir una *interpretación humanística* de ese viejo, colocado aquí y allá, en este o aquel momento, dentro de las circunstancias de su vivir y su existir. Lo busco a usted, hombre de la tercera edad, con sus propias defensas frente a una sociedad tiranizante al pretender relegarlo por intereses comprometidos y creados de antemano, por mitos, prejuicios y tabúes, ambiciones excluyentes de usted como competidor inútil, fácil de vencer, para confinarlo, extraerlo de su medio, empujándolo al sepulcro para reemplazarlo.

Mi objetivo es usted, usted mismo capacitado para esa lucha que, si usted no libra, nadie librará por usted. Muchos están combatiendo en contra de usted. La ciencia y la experiencia de hoy demuestran que usted sí puede. El prejuicio de su impotencia no tiene razón de ser ya. Anímica, física, sexual y mentalmente usted sí puede. *Pero ante todo haga usted conciencia de su poder*. En el último siglo y medio el promedio de la vida humana ha aumentado en cuarenta años. Es decir, hoy la vejez comienza cuarenta años después y es mucho más saludable —y por tanto más capaz— que antes. Durante este tiempo la óptica, la acústica, la traumatología, la mecánica de locomoción, la sicología, la odontología, la geriatría y la sociología permiten al viejo salir de su ceguera, de su sordera, de su cojera, de su traumatismo, de su invalidez. Así como ha cambiado también la de su capacidad.

Pero se nos sigue presentando la clásica imagen del viejo desdentado, en muletas, sordo, cegatón, mentecato, inútil, desechable. A pesar de la inexactitud de esa imagen de otro tiempo, ella sigue circulando como un cliché medieval prefabricado. El viejo mismo, pese a su benéfica realidad circundante, la secunda.

¿Cuál es la normalidad del viejo capaz para continuar realizándose? El ideal sería tomar caso por caso, si aceptamos que no hay vejez, sino viejos. Pero, como ese casuismo es utópico, ha de acudirse entonces a la evolución científica y técnica de los promedios estudiados y confirmados por la experiencia.

Como culminación del proceso de vivir, la vejez es acendramiento y aquilatación de los valores de cada uno, adquiridos a través de su recorrido por la existencia. Los grandes cambios de la vejez no destruyen el pretérito, hacen olvidar algunos aspectos y sacan a flote otros. Para no caer en el casuismo imposible una edad para cada viejo, un viejo para cada edad, tan impráctico como el abstraccionismo metafísico fuerza es acogerse a promedios indicativos, pero sin aceptarlos como dogmas, pues cada uno tiene la edad que puede vivir. La capacidad de realizar la vida es el mejor indicio de la edad real.

¿Cuál viejo?

No pretendo hacer una enciclopedia sobre la vejez. Me propongo informar a aquellos viejos, todavía con receptividad y en posibilidad de ser ayudados, para tener una vida satisfactoria que puede prolongarse mucho más allá de lo calculado por la sociedad y lo estipulado por sus cánones, frecuentemente míticos. Y, de paso, indirectamente estimular la preparación de jóvenes y maduros para la vejez, durante la cual, y pese a sus cambios, seguiremos siendo "el hombre que éramos". Cicerón advierte cómo los jóvenes detestan la vejez, pero todos quieren llegar a viejos. La vejez acentúa más algunos rasgos de nuestra personalidad anterior, modifica otros, atenúa algunos, o los estimula, o los transforma, pero no destruye al hombre que fuimos en nuestras edades anteriores. Se habla mucho "de los grandes cambios en la vejez". Existen, pero, más que transformaciones, son adaptaciones y adecuaciones. No es vano el "genio y figura hasta la sepultura".

En este propósito mío de ilustrar al viejo para hacer una vida aceptable, la vejez de que trato no es la senilidad, ni la decrepitud, ni la caquexia, ni el encanijamiento, ni la miseria absoluta, cinco fenómenos que el viejo puede evitar o al menos aliviar. El "viejo" de este libro es pues todo varón y mujer de años en posibilidad de vivir mejor y más, aunque él o ella no lo crean.

En esta empresa hay dos grandes enemigos: el egoísmo de la sociedad, tan propagadora de errores sobre la vejez y el viejo mismo, ignorante de sus posibilidades. El "viejo" de este libro supone, pues, un mínimo de recursos económicos o de posibilidad de ganarlos, un mínimo de salud o de posibilidad de recuperarla, un mínimo de información, de ideas, de voluntad y de carácter o posibilidad de obtenerlo. No trato de "casos perdidos" clínica y sicológicamente, aunque sí de probar también cómo esos casos perdidos son bastante menores de los que se dan como tales según los prejuicios de común aceptación social, porque su rehabilitación es posible, a veces.

Tampoco haré mucho énfasis en el fenómeno social de la vejez, aunque no puedo suprimirlo, porque es uno de los factores más influyentes en "perder el caso", ya que la sociedad es condicionante. Me interesa el viejo en su realidad, la que puede rehabilitarse, readaptarse, reeducarse para la utilidad, la placidez y la satisfacción del resto de sus días. Para eso me refiero a usted, el viejo que sí puede, aunque lo ignore, a usted en persona, a usted varón o mujer en el mínimo de los recursos, o en el máximo de ellos. A usted, porque usted, sea cual fuere su sitio en la escala entre el mínimo y el máximo, puede. *Usted sí puede*. Su individualidad humana es más rica de cuanto usted cree. Nadie la ha medido aún exactamente, aunque ya medimos la Luna.

No ha sido fácil preparar este libro. Tengo la pretensión de ser humanista, al menos como observador del hombre. Pero no soy geriatra, ni gerontólogo. He debido, pues, leer, indagar, visitar, preguntar a quienes lo son con autoridad. ¿Cómo escribir sobre el viejo, sin la ciencia y la experiencia de gerontólogos, geriatras, sicólogos y siquiatras, si el viejo es la máxima expresión del nudo indesatable de lo sicosomático? Si al leerlo usted saca conmigo la redentora conclusión de que "usted sí puede" habrá dado la mejor de las gratificaciones a mis años de este trabajo... Para poder no le propongo recursos heroicos, ni métodos sobrehumanos, simplemente un poco de información sobre algunas de las posibilidades de su edad.

La barrera de los mitos

La sociedad –el conjunto de gentes entre las cuales vivimos– fue en otro tiempo generosa con el viejo y lo hizo gobernante, juez, pontífice, brujo y hechicero, mago, consejero, mimado por privilegios y atributos. Entonces el viejo era una excepción a los muy bajos promedios de vida. Hoy hay seiscientos millones de viejos en el mundo –20% en el primer mundo y 12% en el resto– sobre la población total del planta, cuatro mil millones. Y hoy la longevidad es más larga y capaz. Lentamente en el curso de los siglos la comunidad fue tornándose esquiva con el viejo hasta llegar al mito y al tabú adversos, según los cuales la vejez debería ser enfermedad, impotencia sexual, inutilidad, aislamiento, segregación, edad vedada a los placeres y satisfacciones, apenas antesala del sepulcro, especie de muerte en vida, carga individual, familiar y social, "naufragio de la vida".

Este muro de mitos y tabúes persuadió a todos, empezando por el viejo mismo, y colocó al hombre de años en espera del final, mermado y melancólico, herido de prejuicios, convencionalismos, preconceptos y costumbres aniquilantes. Los "vejetes" de Molière.

Afortunadamente esa situación destructiva, patética hasta el primer decenio del presente siglo, ha venido modificándose con la multiplicada presencia del viejo en la comunidad humana. En los últimos ciento cincuenta años el promedio de la vida humana en los países desarrollados ha aumentado en cuarenta años, gracias a la ciencia y a la técnica. Los viejos se multiplican hasta el punto de que en el primer mundo las personas mayores de 65 años componen hoy la quinta parte de la población, contra el 1% de comienzos del siglo pasado y el 4% del inicio de la presente centuria. En Alemania Federal, desde 1975, hay más viejos que niños. En Norteamérica cuatro mil personas cumplen diariamente 65 años.

Esa estadística ha sacudido a la humanidad, ha creado un fenómeno científico, moral, económico, familiar y social para nuevas ciencias en el estudio de la vejez: la gerontología, la geriatría y el humanismo de la vejez, especialidades desconocidas hasta 1910 en las universidades norteamericanas, según confesión del doctor Robert N. Butler y Myrna I. Lewis. En los últimos 40 años, especialmente, las ciencias sobre el viejo se han intensificado en manera tal que hoy hay en Estados Unidos más de 18.000 geriatras y gerontólogos afiliados a sociedades de su especialidad, más de 5.000 establecimientos para viejos y una gran proliferación de entidades e instituciones para viejos, encargadas desde la salud hasta la recreación, todas insuficientes. Sin embargo, según los mismos autores citados, escasean los médicos de ancianos, geriatras y gerontólogos. A pesar de los 18.000 nombrados, no es fácil encontrar el indicado, cuando se necesita, aun allí en Norteamérica, el país bandera en la materia.

Los resultados de los estudios sobre la ancianidad han llegado hoy a las conclusiones positivas que yo resumo así:

1. La vejez no es una enfermedad.
2. La vejez no es impotencia sexual. En un hombre sano el sexo es capaz hasta los ochenta años o más.
3. La vejez, como las edades anteriores, tiene sus problemas específicos, pero también capacidades y facultades propias, tan positivas, como algunas en otras edades, y recursos de compensación.
4. El cerebro, órgano rector de las funciones orgánicas y anímicas del hombre, no sólo no se deteriora con la vejez, sino se mejora si se le usa y cuida.
5. Los cambios en esta edad no son todos negativos. Muchos son positivamente favorables. El viejo sigue siendo el hombre que era.
6. La vejez no es por sí misma ni decrepitud, ni senilidad, dos situaciones equívocamente patológicas, diferentes y evitables en algunos casos.
7. El viejo normal es capaz de trabajo, ejercicio, placer, satisfacción y utilidad.
8. El retiro del trabajo a edad fija, aun con pensión, es un momento crucial, deteriorante e injusto.
9. La mayoría de los problemas del viejo no son de origen somático sino síquico. Y aun los problemas orgánicos frecuentemente se originan en causas sicológicas.
10. El viejo es un ser apto para vivir en sociedad, y realizarse como los demás y con los demás. Ni somática ni síquicamente es una excepción, fuera de la humanidad.
11. Los cuidados al organismo son importantes, pero mucho más los de la vida mental. El todo sicosomático es más integral en la vejez.
12. El gran régimen es ejercicio, trabajo, alimentación y descanso adecuados, dentro de una vida normal de actividad. El ocio total acelera el envejecimiento.
13. La pareja humana en la vejez tiene todos sus derechos, deberes normales y su convivencia amorosa cobra valores significativos.

14. El viejo es partícipe y agente de la sociedad en que vive y tiene derecho a no ser relegado como mero espectador.

15. Los intereses de la vejez son los mismos intereses de la vida a cualquier edad, y deben conservarse actuantes como vínculos con la vida.

16. El proceso de envejecimiento no puede todavía detenerse, pero sí retardarse y ser vivido satisfactoria y útilmente.

17. El viejo tiene derecho a ocupaciones porque es capaz de trabajar, y a privacidad e intimidad porque es capaz de amar.

18. El viejo no es un ser aparte, fuera de la humanidad, "otro" sino un hombre como los demás.

19. Es necesario cambiar la imagen tradicional del viejo ante la sociedad y ante sí mismo, pues ella fue mítica y no corresponde ya a ninguna realidad de nuestro tiempo.

20. La vejez no debe ser un concepto abstracto, sino concreto; no genérico sino específico en la individualidad de cada uno.

21. El mito y el tabú, tan generalizados, son siempre adversos frente a la realidad favorable. Perpetúan ellos una idea tradicionalmente prefabricada en contra del viejo, ante las realidades científicas y técnicas de hoy en pro del viejo.

22. La muerte no es el espantable fenómeno que se pinta. La naturaleza ayuda a morir, como ayuda a vivir.

23. La familiarización con la muerte es buena terapia para vivir.

24. La mejor solución en el tratamiento del viejo es el hábitat y el entorno familiares.

25. El régimen social para el viejo es injusto y desueto porque no ha tenido en cuenta la longevidad actual, más larga y capaz, en la nueva escala de las edades.

26. Nunca el viejo fue más importante que hoy por su número y por sus nuevas posibilidades.

27. El "plazo demográfico" –menos niños y más viejos– se está cumpliendo.

28. En una sociedad utilitarista, la mejor defensa social del viejo es su propia utilidad.

29. No bastan más años para la vida. Es necesaria más vida para los años.

Se impone, pues, una reeducación para la vigencia de esta nueva realidad tan comprobada. Reeducación de la sociedad ante todo, del viejo en sí para darle conciencia de la verdad de sí mismo y liberarlo de tabúes y emanciparlo de sus propias inhibiciones. Reforma de la sociedad para corregir sus injusticias, y de preconceptos del viejo para justificar su realidad. El eminente investigador y cancerólogo francés Maurice Tubiana, en su obra *Le Refus du Réel*, demuestra la estupidez en rechazar la realidad científica y aceptar la irrealidad de los mitos en materia tan importante como la enfermedad, la muerte, el tabaco, el alcohol, la energética, la vejez, la curación. Tubiana dice: Rehusar la aceptación de las evidencias es una manía contemporánea sorprendente en este momento en que la información está presente en todas partes y los éxitos científicos demuestran en todos los dominios el análisis objetivo de los hechos... La experiencia, es decir la conciencia, ha roto los fantasmas protectores.

Desgraciadamente los mitos son tan pertinaces y fuertes que han formado otra realidad. La suya propia.

El viejo mismo, en vez de convertirse a su evidencia benéfica, se atiene al mito maléfico del que él mismo es la principal víctima. El mito de su inutilidad.

Y qué diferencia entre la evidencia de los principios arriba enunciados y aquella tradicional literatura la vejez, invierno de la vida. "La vejez, naufragio de la vida". Esta última de Chateaubriand, quien escribió sus mejores páginas en la vejez; tan repetida por el general De Gaulle, quien realizó su principal obra en la vejez. Es el muro de mitos y tabúes para derribar. Hoy la evidencia autoriza al médico Miguel S. Mosqueira a llamar a la vejez "Los decenios de oro" y el científico Leopold Bellak para denominarla "Los mejores años de la vida". Pero naturalmente ninguna edad es feliz por sí misma, hay que hacerla. La felicidad y el amor son como la paz, de la cual decía Beethoven: "Hay que conquistarla todos los días".

La reeducación social marcha lentamente, pero ha de ser acelerada ante el aumento de viejos en nuestra comunidad. Los viejos son ya un grupo de presión muy grande en nuestro mundo actual, no pueden ser olvidados. Su importancia política lo impide. En el primer mundo constituyen, en promedio, el 17% del electorado. Su implicación económica los defiende. Si no se modifican las leyes sobre pensiones y retiro del trabajo, las seguridades sociales de los países habrán quebrado para fines del siglo. La trascendencia del trabajo intelectual de la vejez comienza a protegerla. En Estados Unidos de América (el país del culto a la juventud y al vigor) las trescientas principales empresas están gobernadas por personas que tienen, en promedio, 74 años.

Pero el primer reeducado ha de ser el viejo mismo. La tarea es convencerlo de que él también puede. Sí, usted también puede. Pruébelo y verá. Hasta ahora le han dicho no. Pero usted ¡sí puede! Ésta su facultad de sí poder derribará el muro.

Contra la dictadura sobre la vejez decretada e impuesta por la sociedad se levantan ya movimientos de protesta en varios lugares del mundo. Uno importante, el de las Panteras Grises en Norteamérica contra el retiro forzoso, el límite de trabajo a los 65 años, el destierro del viejo "fuera de la sociedad", su codificación de "inútil" e "inepto" y la demolición del absurdo de fijar una frontera matemática y estadística entre la madurez y la vejez, pues cada caso es diferente y hoy la vejez comienza más tarde y es más duradera y saludable. Les sugiero a las Panteras Grises para la gran revolución social de la vejez un lema: "El viejo sí puede".

Hubo siempre asociaciones de niños, jóvenes y maduros, agrupaciones y sindicatos clasificados por sectorización de intereses, pero nunca los hubo de viejos. La agrupación de éstos, con agresiva capacidad de lucha en la tercera edad, comienza a aparecer aquí y allá y está motivando la transformación de la edad social, impuesta sólo por haber cumplido años.

Humanismo

Soy capaz de cierta interpretación humanística del misterio de envejecer, no solamente porque estoy entrando a la tercera edad, sino porque he sido un observador atento a ella, como lector de sus temas y testigo de la injusticia con que se la trata. De la gerontocracia, cuando el viejo era el gobernante, se pasa a la gerontoplebe, el viejo gobernado, manipulado y abandonado, denegado en sus derechos. Pero sobre todo aislado y excluido, flotante sin verdadera identificación, en un medio todavía hostil.

La Unesco ha promulgado los "Derechos del Niño" y los "Derechos del animal". Siglo y medio largo después de la declaración por la Revolución Francesa de los "Derechos del Hombre", Juan Domingo Perón y Evita divulgaron en la Argentina "Los Derechos del Anciano". Hoy esos derechos son, ante todo, económicos y sociales, asistenciales: pan, abrigo, drogas. Pero mientras se le mantenga excluido de la humanidad, sin derecho a trabajar, y a ser hombre como cualquier hombre, ese movimiento pro-viejo fallará por la base. No basta ni el pan, ni la farmacia, si se está fuera de la corriente de la vida.

Las sociedades organizadas se inquietan ante la proliferación de la presencia del viejo. Los Seguros Sociales bien establecidos –La Seguridad Social en Francia, por ejemplo– se alarman ante la consideración de que el aumento de la longevidad acumula una gran carga de pensiones que, para fines del siglo, no podrán ser ni financiables, ni costeables si se tiene en cuenta que el viejo no aporta y los trabajadores cotizantes decrecen demográficamente. El fenómeno, *cada vez más viejos y menos niños*, será la bancarrota de la asistencia social dentro de 20 años y el espanto de los actuarios, si no se reajustan las estructuras teniendo en cuenta el "plazo demográfico".

La imagen del viejo, tan importante otrora en el gobierno, el consejo, la consulta, la magia y la profecía de muchos pueblos, tan olvidada después en Occidente, emerge ahora, pero desgraciadamente como una amenaza y rivalidad en la mesa del culto a la juventud, como un competidor en el reparto.

De esa imagen me quiero preocupar. Tiene demasiados intereses en acecho en torno a ella. El viejo como objeto y sujeto de sus tradicionales derechos, más teóricos que prácticos. Mi objetivo es demostrar en el viejo un hombre normal como cualquier otro, a la escala de su edad, con todo el pleno derecho a la vida, en todos sus campos, y a vivirla sin la mengua causada por los prejuicios, las convenciones, los tabúes y los mitos acumulados sobre él para disminuirlo y aplastarlo, impidiéndole la realización normal de la vida, para la que está capacitado en casi todos los campos, desde el sexual hasta el del trabajo efectivo, privando a la sociedad de sus luces, sabiduría y experiencia, al condenarlo al islote de la vejez, como a un ostracismo, en vez de estimular su condición de realizador y partícipe.

Para el humanista el viejo es ante todo un hombre y no deja de serlo sino con la muerte.

La importancia de ser viejo

Después de la última guerra europea, en los países beligerantes, la tercera edad ha sorprendido al mundo por la fuerza de su presencia y acción. El exterminio de los jóvenes en las batallas la colocó frente a escombros de un mundo sin juventud que los maduros deben reconstruir con la colaboración del viejo. Una excelente prueba de su aptitud y utilidad. Mientras los jóvenes morían en el frente, el viejo ocupaba sus puestos de trabajo en fábricas y labranzas. El "retirado" regresó a sus labores en la posguerra inmediata, y demostró su eficacia. Esta mayor presencia del viejo en la sociedad inquieta a muchos. De una parte el maquinismo automático y las limitaciones económicas del empleo reducen el trabajo y aumentan la desocupación y, de otra, la prolongación de la edad alarga la vida del trabajador que necesita estar ocupado. Afortunadamente la sociedad exige cada día más producción frente a un mayor consumo.

El viejo está ahí. No debe ser un enfermo, ni debe ser un conflicto mayor que cualquier otro hombre. Se está convirtiendo en tema de consideración. Sociólogos, moralistas, laboralistas, gerontólogos, sicólogos y sicoanalistas lo estudian y lo tratan. Es un caso humano. Pero ante todo, ha de humanizarse él en primer término, para que la sociedad en que vive se humanice frente a él. Él mismo debe llegar a la realidad de esa humanización: ni el venerable y privilegiado anciano de otros tiempos, interlocutor de Dios, ni la carga social y familiar como se le ha venido estimando.

El viejo ya no es patriarca, profeta, ni mago, como otrora, cuando envejecer era símbolo de predestinación, calidad y fortaleza, pues sólo los muy fuertes sobrevivían a los 50 años. El viejo, por doquier ahora, ya no es ese personaje. Hoy es un hombre, con los derechos y deberes del hombre.

Hay dos curiosas excepciones de la palabra "viejo" en el uso del español en algunos países latinoamericanos. La una es de cariño y de respeto; el hijo se refiere al padre llamándole afectivamente "el viejo", no importa su edad. El amigo, trata cariñosamente al amigo (así sea joven), con igual deferencia de "viejo", "hola viejo". La otra es despectiva, agresiva, peyorativa. Se insulta a una persona, con la intención de disminuirla llamándola "viejo", con el mismo propósito que en las colecciones se distinguen "antigüedades" de "vejeces". Es el pleno sentido de la "vetustez", en el habitual rechazo social. Es la expresión de un criterio bastante usado en nuestra sociedad para deprimir a las personas de edad. El viejo se aparta porque va adquiriendo temor a la gente, para no ser ofendido, hasta llegar a privarse de los espectáculos públicos de su predilección, para no encontrarse con la gente.

Al viejo se le ha negado su ubicación en la sociedad de la cual él mismo se va retirando. Cuando en realidad hoy su presencia en ella es importante. Una lección ilustrativa es la ofrecida en la actualidad por Estados Unidos de América. Los norteamericanos inventores de campeonismo y del "Aunque usted no lo crea", sociedad dinámica por excelencia, rinden un culto especial a la destreza, al vigor, a la rapidez, a los hits a los récords, a las supermarcas. La patria de Superman. Es una sociedad de consumo tan activa, con tan poderosa capacidad de compra, que lo ordinario, lo habitual, lo común y corriente, lo comprable no tiene importancia. Se necesita "lo súper". Hasta Jesucristo se popularizó cuando lo llamaron "Superestrella". La virgen María en el papel de starlette pasa apenas. Habría que publicitarla como "supermadre". Y entonces...

Los norteamericanos lógicamente rinden pleitesía al dios joven. La juventud –aunque sus primeros pasos son penosos allí– capitaliza la atención. No obstante, allí la dirección de la gran empresa está en manos de viejos. El viejo allí empieza a cambiar su imagen, gracias a muchos factores, entre ellos la demostración de su utilidad. Cuando el general Douglas MacArthur fue destituido por Truman de su preconsulado imperial de Oriente, no por falta de eficiencia, sino por celos de poder, los norteamericanos le tributaron al general la más grande ovación de la historia. En una encuesta entre los que protestaron por la destitución, muchos dieron sus causas: los méritos de su sentido de mando, su eficacia militar, la visión de las circunstancias, su opinión de que las guerras son para ganarlas, y no para fomentarlas dejándolas ahí congeladas, sin liquidar, su concepto sobre la misión del poderío americano y la necesidad de conservarlo, su lección de hombre y de combatiente, etc... Pero buena parte de los protestantes contra Truman alegaron como causa de su protesta: "Porque MacArthur tiene 73 años". Exactamente los 73 años que tienen en promedio los dirigentes de las 300 más grandes empresas norteamericanas.

Mientras en Europa un hombre de éxito comienza su ascenso a los 35 años, en Norteamérica lo empieza a los 25, y en algunos países de América Latina llega a la cumbre a los 38, como el caso de Jaime Roldós en la presidencia del Ecuador, aunque allí mismo, Velasco Ibarra, a los 85 años dirigía situaciones públicas, después de ser cinco veces presidente, durante su tercera edad.

La ciencia y la técnica de hoy, en muchas de sus aplicaciones, evitan a sus operadores el empleo de la fuerza física pero les exigen reflexión, maduración mental y responsabilidad y otra serie de condiciones en las cuales el viejo tiene plena realización. Un índice de éstos son las estaciones rastreadoras de satélites. Sus operadores no son viejos aún porque ésta es una nueva especialidad de hace 25 años a esta parte. Pero basta verlas funcionar para confirmar cómo quienes las sirven podrán hacerlo prácticamente sin límite para un retiro por edad mientras tenga salud normal... Otra demostración de las nuevas posibilidades del viejo y su importancia la están dando las máquinas de precisión y el vuelo de los grandes aviones cuyos pilotos capitanes son ya hombres de mucha experiencia, al filo de los 60 años.

Algunas viejas civilizaciones procedieron y proceden de otra manera con los "viejos". Los valoran, los utilizan, los veneran. Vamos a ver algo de esa revaloración. Pero ya oigo a algunos lectores decir: "Eso es en la historia" alzando los hombros. "Yo no soy la historia, yo soy apenas un viejo". No. Se dan los grandes ejemplos por ser demostrativos. Pero los hay también indicativos. Se da ese índice de ancianos útiles, no solamente porque fueron generales, héroes o próceres. También porque supieron ser viejos. Pueden citarse muchos de la vida corriente, como usted encontrará algunos a su derredor. No es necesario ir al Olimpo para hallarlos.

Y empiezo de arriba para abajo, en el tiempo y en las categorías. He visto a la Europa de posguerra renacer, reorganizarse y progresar, bajo la dirección de hombres mayores de setenta años: Churchill en Inglaterra; De Gaulle en Francia; Adenauer en Alemania; Tito en Yugoslavia; Oliveira Salazar en Portugal; Franco en España; De Gasperi en Italia; Stalin en la Unión Soviética. He viajado en barcos y aviones comandados por mayores de 60 años. A más perfección en la máquina, más experiencia en su conducción. He visto al profesor Nervi, el padre de la moderna arquitectura italiana, septuagenario y cargado de trabajo, viajar semanalmente en tren de Turín para ir a dictar su cátedra en la Universidad de Roma. He visto a Carlos Lleras Restrepo, de 72 años, trabajar quince horas diarias sobre la ciencia y la técnica del Estado. He visto a Gabriel Vargas, campesino santandereano, labrando su parcela en Cácota, sonriente y seguro a los 87 años. He visto a Camilo Daza, el padre de la aviación colombiana, tomar un curso para volar en helicóptero a los 70 años. He visto por televisión a un médico septuagenario de Chicago dirigir una operación de jóvenes médicos en otro continente. He visto a Elías Rotman, conducir una oficina de negocios en Bogotá, y a Estanislao Céspedes, de 80 años, también, sembrando caña en Palmira y a Gonzalo Lozano, de 75, amansando potros en Cúcuta. He visto a don Agustín Nieto Caballero, de 83 años, dirigiendo un colegio y su automóvil, mientras Cenón Sánchez, de 79 años, herraba mulas salvajes en Chinácota. La edad moderna comienza a utilizar al viejo y con ello a revitalizarlo.

Podría argumentarse todavía que estos son casos de selección biológica o de superdotación. Pero mire usted en torno suyo y verá que no. Ya veremos cómo Cicerón, al citar los grandes ejemplares de longevidad activa, repite: "También los encuentro entre los labriegos de la campiña romana".

Las religiones, potencias políticas y económicas y aun militares muchas veces, han sido gobernadas siempre por ancianos. El papado romano, por ejemplo, salvo la excepción de Juan Pablo II. Es un anciano el octogenario ayatola Komeini, el que, desde Teherán, desató la fuerza islámica sobre el mundo, y le quitó el liderazgo musulmán al joven coronel Kadaffi.

Hemos visto la multiplicada presencia de viejos por todas partes y su crecimiento demográfico y su porcentaje en auge entre los habitantes del planeta. Para el año 2000, la población de ancianos en el globo terrestre será de ochocientos millones.

En Colombia, según el programa televisivo "Vamos a Ver", del 28 de abril de 1980, sobre 25 millones de habitantes actuales, ochocientos mil son mayores de setenta años, y esta cifra para el año 2000 ascenderá a dos millones, según cálculos de los estadígrafos. Colombia es uno de los dos países del tercer mundo en donde la longevidad se alarga más día a día y la rata de natalidad alcanza índices menores.

La explicación es siempre la misma: aumento de reducción de nacimientos y mayor promedio de vida. Fenómeno en el cual se basan los cálculos para llegar al "plazo demográfico" (véase capítulo sobre El Retiro) que en Europa habría de cumplirse a partir de 1985. Según la revista alemana Scala –No. 12 de 1979– en Alemania Federal, ya a partir de 1975, los viejos son más que los niños.

En Francia, según Tubiana, a mediados del siglo XVIII los viejos eran el 1%, el 4% al comenzar el siglo XX, el 15% a mediados de este siglo. Al terminar la presente centuria serán el 17%. (A veces repito estadísticas, por la importancia del aumento y el olvido social del mismo).

Se ha dicho mucho sobre la capacidad de los viejos, desde los ejemplos antiguos en las sociedades de la gerontocracia griega, judía y romana, cuando el gobierno pertenecía por derecho propio a los ancianos, hasta los de algunas comunidades indígenas, actuales aún en África, donde a quien está por morir se le confina a las fieras o a la intemperie para dar cuenta de ellos.

Como el lector está inclinado a ver en los ejemplos históricos lecciones de excepción inimitable, cito casos de 1979, aquí donde escribo, bien conocidos de mis contemporáneos, porque viven o vivieron con nosotros y entre nosotros.

Algunos viejos contemporáneos

Nathan Ganitsky es hebreo, procedente de Polonia, con 50 años de vida en su país adoptivo, Colombia, a donde llegó de 19 años para enfrentarse a la vida dura de los pobres en el trópico, en todos los oficios y en todos los climas, hasta llegar a hacerse una posición destacada en el mundo de la industria y las finanzas. Cuando la tuvo, a los 69 años fue secuestrado y sometido, día tras día, a la incertidumbre moral y física del rescate o la muerte. Treinta y nueve días con una sola pijama, un camastro y dos cobijas en un socavón, sin saber de nada y de nadie en espera de lo peor. Cuando fue liberado, Nathan no había perdido ni su integridad física, ni la moral, y, después de la recuperación de rigor, regresó al mundo habitual de su vida sin ninguna mengua, sin un reproche en los labios contra nadie y con la misma fuerza habitual en la dirección de sus empresas. Ahí sigue sonriente, activo, bondadoso, dinámico, resuelto a vivir "lo que le queda de vida" y convencido de que vivir es un deber. No estamos obligados a responder de nuestra muerte, pero sí de nuestra vida.

Por asociación de ideas, he recordado la misa del Papa Juan Pablo II en Auschwitz, en donde estuvieron presentes varios octogenarios que no sólo sobrevivieron a ese campo de exterminio sino que reconstruyeron sus vidas y siguen siendo hombres útiles. A propósito de las ceremonias papales, la televisión las dio a conocer, pero yo doy testimonio por haber tratado personalmente a dos viejos sobrevivientes de Auschwitz y de donde salieron esqueléticos, traumatizados, miserables. Después de haber perdido todo, la edad no les impidió reconstruir su salud y su patrimonio y continuar la vida útil y satisfactoriamente. Nunca es tarde para recomenzar.

A los 72 años *Atahualpa Yupanqui*, el máximo representante del folclor serio argentino, poeta, compositor y ejecutante musical, creador de toda una filosofía en el poema, el canto y la guitarra, sigue asombrando a su público a lo largo y ancho del planeta. El 18 de mayo de 1979, por la televisión colombiana, concedió a Fernando González Pacheco un reportaje, del cual extracto las siguientes ideas: –No tener miedo. –No hablar en voz baja como el indio que no lo hace en tono alto porque le tiene miedo al eco. –Esto no significa ni hablar mucho ni hablar poco, sino hablar normalmente, sabiendo que las verdades no abundan. En el hombre no hay estaciones, hay vida vivible en cualquier edad. Quince minutos de vida verdadera bastan para destruir el invierno. –La sabiduría no existe sino en el tiempo, en la piedra y en el hombre, cuando los tres son viejos. –La soledad es un prejuicio burgués. –Con lo que hoy hay que ver por dentro y observar por fuera no hay tiempo para la soledad en ninguna etapa de la vida. –La soledad sólo es aconsejable para hacer balances espirituales y filtrar lo que nos sobra. –Ser solidarios con los demás, he ahí la eterna juventud. –La solidaridad se nota en la mirada, en el gesto, a flor de piel. –El pudor es una de las conquistas de la edad. –Nos acompaña y nos salva. –El otoño no es la edad de la melancolía, sino de la pintura. –No hay por qué sentirse viejo porque uno siempre está comenzando. –El que piensa que ha llegado, nunca ha salido. –La noche es para ganarla en el reposo y la meditación y no para perderla. –No odiar la muerte, amar la vida. Ayudar siempre. –Todo lo que ayuda es bueno. –Hay que descansar, pero haciendo algo. –Salvador Maza descansaba haciendo versos en francés. –Cada uno tiene una ventana abierta para descansar. –Ser responsables de los demás. –El que ofende a otro me ofende a mí.– Hay que estar siempre vivo, aunque sea recordando aquello vivo que se vivió en la vida.

Hans Hoffman, a los 75 años, el capitán de aviación Hans Hoffman, seguía piloteando su propio avión sobre la selva amazónica colombiana, y entre Estados Unidos y las islas del Caribe. Llegó a Colombia de 23 años, apenas graduado como aviador en Alemania, contratado por la Scadta (Sociedad Colombiana de Transportes Aéreos). Volaba entonces los hidroaviones Junkers monomotores de 6 pasajeros, entre Barranquilla y Girardot, y entre los puertos fluviales y marítimos del sur de Colombia, alargando la línea costanera hasta Guayaquil en el Ecuador y Talara en el Perú. Los vuelos de entonces eran a "palito y bolita", sin instrumentos a ojo, acuatizando cada vez que el motor se recalentaba o se advertía cualquier avería para repararlo allí, anclado, en compañía del mecánico, único ayudante de vuelo, con ardides y recursos muy personales, ayudados por una caja de partes que debían improvisarse cuando los repuestos previstos no estaban en "el estuche". Eran los tiempos cuando quien volaba no era la máquina sino el hombre.

El capitán Hoffman, con su licencia renovada en el bolsillo, por emergencia de combustible, a los 75 años, solo en su pequeño aparato, aterrizó de noche y sin luces en el aeropuerto de Curaçao y sigue volando, fiel a su dicho: "La vida es mejor de lo que uno cree, aun en los momentos más aciagos... y yo he vivido muchos. Después, actuar, trabajar, ejercitarse, mantener el espíritu joven, desintoxicarse y pensar que seguimos siendo hombres con la obligación de realizarnos hasta la muerte, y reír y servir y amar todas las cosas, naturalmente a la mujer también. Y navegar, volar y caminar".

Lord Luis Mountbatten, marino con acciones heroicas en el mar, hombre del mundo galante y del estudio, virrey de la India, comandante del ejército inglés en Asia, contra los japoneses en la última guerra mundial, artífice del Commonwealth, político y diplomático, asesinado después de una vida de 80 años, dechado de trabajador de muchas horas extras diarias, a pesar de su inmensa tarea cotidiana, parecía un *playboy,* un hombre deportivo, porque nunca hizo de su inmensa energía un clima de fatiga. Cuando le preguntaban el secreto de su eterna juventud respondía: "No atormentarse nunca".

El lector recusará el ejemplo de Mountbatten, por ser éste un tipo superior al promedio de la escala humana. Pero acabo de almorzar con el padre Joaquín Luna, fundador en Colombia de nueve granjas infantiles, donde los niños desamparados encuentran trabajo, escuela y hogar. Director de las mismas, con 83 años a cuestas y a costa de muchas horas diarias de trabajo todavía. Todo sin presupuesto. Preguntado cómo hacía para tamaña labor, me contestó: "La confianza en Dios y el optimismo. No me arrimo a los pesimistas. Éstos son vencidos antes de entrar en combate. Sus malos humores son contagiosos".

La edad no tiene límites prefijados, ni en ella el amor, el trabajo, la satisfacción, la noble tarea de vivir. Mientras la madre de los Kennedy en Norteamérica nadaba en el mar a los 87 años y superaba felizmente una intervención quirúrgica, su consuegra, la madre de Jackeline v. de Kennedy, Janet Lee Auchinenloss, de 71 contrajo su tercer matrimonio con Binghan Morris, de 72, y viven su luna de miel como dos jovencitos... He visto al poeta venezolano Jorge Smichdke recitar entusiasmado sus versos a los noventa años. Y al historiador, político, periodista, profesor, diplomático colombiano Germán Arciniegas organizar conferencias y cursos universitarios, a los ochenta años, con la misma laboriosidad de los cuarenta... En Caracas presencié cómo Heriberto González Méndez, que desde la juventud llevaba en su carne las cicatrices de las cadenas y los grillos de las prisiones de Juan Vicente Gómez, dirigió a los 75 años, con lucidez meridiana, una oficina de arquitectura de la Contraloría de la República... y vi en Quito al gran pintor Oswaldo Guayasamín, sexagenario, trabajar catorce horas diarias en su taller y, después, tener ánimo para hablar dos horas sobre por qué Buda fue gordo y Cristo flaco.

Interpretación del hombre

El objeto último del humanismo es la identificación del hombre, y de su realización dentro de los elementos de su identidad, según las exigencias, apetencias, medios y fines de la persona humana. No basta definir al hombre, si no se logra su plenitud dentro del desarrollo y aplicación de sus facultades. Toda frustración o contradicción o ignorancia en este proceso produce necesariamente un desequilibrio interior.

No puede decirse que el hombre antes del Renacimiento estuviera identificado y realizado. El "Conócete a ti mismo" de Sócrates sigue siendo tan actual como en la filosofía griega de su tiempo. El Renacimiento enriqueció al hombre con muchos valores del clasicismo griego y latino, olvidados o negados después.

En este libro veremos, a propósito del malestar humano, la tesis de Alexis Carrel (1936), según la cual con el Renacimiento, sin embargo, comenzó una tendencia de supervalorización de la materia, con predominio sobre lo espiritual y moral, en auge siglo a siglo, con las crecientes conquistas de la ciencia y la tecnología, muy superiores a las de las disciplinas humanísticas –filosofía, artes, moral y política– hasta llegar al nuestro, cuando lo científico y lo tecnológico prevalecen visiblemente en producir más que nunca la depresión humana en la paradoja del hombre abastecido, con dominio ya hasta en el cosmos, pero espiritual, moral, artística y filosóficamente empobrecido, víctima de un progreso material, nunca antes registrado, que le da todo lo externo, pero le quita la armonía y la satisfacción interiores, de donde resultan la angustia, la ansiedad, la conciencia desdichada, la neurosis por el desequilibrio y la inadecuación del hombre individual, la persona, a los inmensos medios que lo rodean, que le sirven, lo enriquecen, le facilitan tanto la vida, por un lado, en el consumismo, pero no le dan ni el bien ser, ni el bienestar personales...

La demostración histórica de este fenómeno es evidente. Bastaría, por ejemplo, citar los factores de la inseguridad actual, de las enfermedades mentales, de la zozobra, de los estados de ánimo, de la búsqueda de una espiritualidad, de la soberanía del dinero, cuya reacción ha llevado a extenderse por el mundo la protesta juvenil y la boga de las tesis de Marcuse para sustentar la revolución de una élite de las promociones universitarias.

Para Carrel, ya desde la segunda anteguerra del siglo, si el hombre no alcanza a dominar con su espíritu, su mente y su moral los progresos de la ciencia que han superado su medida, no podrá resistir sin modificar su estructura humana.

También aludiré en estas páginas a la tesis de otro médico francés, en 1978, Maurice Tubiana, para quien no son la ciencia ni la tecnología los culpables, sino la falta de adaptación sicológica y mental para aceptarlas y usarlas, y la prevalencia del mito contra la realidad demostrable.

Desde enfoques diversos, y aun antagónicos, las conclusiones de Tubiana, al afirmar "la enfermedad de nuestro siglo es mental", no difieren sustancialmente de los de Carrel. En realidad, tampoco difieren, en lo esencial, las de estudiosos del fenómeno de las más disímiles escuelas. En su visita de junio de 1980 al Brasil, el papa Juan Pablo II afirmó que el progreso desintegrará al hombre si éste no restablece su propio equilibrio. En su programa televisivo especializado, el 5 de julio de 1980, Ramón de Zubiría, con la aceptación de Abelardo Forero Benavides –dos eminentes humanistas de la universidad laica colombiana– comentando el aserto del pontífice, dijo: "Se trata de restablecer la paz entre la máquina y el hombre".

El mundo exterior, indudablemente, está en guerra contra el interior del hombre por haberlo sobrepasado y desbordado, como la contaminación industrial lo está con la ecología. Es un problema también de ecología humana. Nuestro hábitat interior está roto.

El viejo es víctima del fenómeno, más que las generaciones posteriores. Éstas tampoco se han librado, pero, por haber crecido dentro del aluvión del progreso, la desadaptación es menor. Para un joven la "civilización del transistor" es menos extraña que para un anciano. Como la del avión para un europeo con tradición de navíos, carros romanos, coches de cuadrigas, diligencias, globos aerostáticos y ferrocarriles, es menos ajena que para un aborigen de la montaña andina.

El viejo ha sido, en la prolongación de su vida, uno de los más favorecidos de nuestra civilización. Pero este es, hasta cierto punto, un beneficio incómodo si el viejo, en vez de integrarse a ella, se halla inadecuado a ella por falta de información y de familiarización. Especialmente el viejo del tercer mundo.

Se impone, pues, para hacerle asimilar los cambios al viejo y no mantenerlo como un ser extraño en nuestro mundo de hoy, un humanismo de la vejez, una filosofía para el viejo de hoy. No bastan las prestaciones de hospital, pan y drogas. Se requiere también la integración humana del viejo a nuestro mundo, tan distante y diferente del de su infancia. También una ecología de la vejez.

CAPÍTULO I

Definición e identificación

¿Qué es el envejecimiento?

Aún nadie ha podido explicarlo y la pregunta de Aldous Huxley sigue sin respuesta: ¿Por qué un pez como la carpa puede vivir novecientos años y un hombre, si tiene suerte, apenas 75? Este desconocimiento de las causas de la senescencia es parte apenas de la ignorancia general del hombre sobre el Hombre. El socrático "conócete a ti mismo" no culmina aún. Conocemos más el cosmos que a nosotros mismos. Ni Saturno ni la Luna son ya un misterio. Sabemos que la vejez llega con el paso del tiempo, pero no sabemos exactamente qué es. Algunos, con buenas razones, la explican por la falta de renovación de las células. Todas renovables, menos las del cerebro. Las células se renuevan por división. Del mismo núcleo se forma una nueva para su reemplazo. Esta operación de división se repite aproximadamente cincuenta veces, como promedio, en el curso de la vida, salvo en el caso de elementos externos renovadores, que algunos colocan en la vitamina E. Otros atribuyen, con iguales buenas razones, la causa del envejecimiento al agotamiento o deterioro cerebral, se da más en quienes no usan el cerebro, ya que las personas de trabajo cerebral son más longevas y está demostrado cómo el cerebro se conserva mejor trabajándolo que dejándolo ocioso. Probablemente la verdadera causa del envejecer está en los dos fenómenos y en otros, hoy en trance de investigación. Otros la explican por las enfermedades degenerativas, pero éstas no son por sí mismas una causa sino un efecto. Se habla también de involución, o sea el momento cuando la evolución biológica deja de ser progresiva, y comienza la regresión. No podemos detener el envejecimiento, lo podemos retardar y llegar a la longevidad útil, satisfactoria y plácida.

Envejecer es una ciencia, un arte, una técnica que todos podemos aprender, sin necesidad de Gerovital de la doctora Asslan en Rumania, y sin esos menjurjes de la farmacopea barata, casi todos estimulantes contraproducentes. Si no podemos guardar la eterna juventud –hasta ahora leyenda– sí podemos evitar la vejez inútil, con una vida normal a cada edad, ayudando a la naturaleza, sin contradecirla, ni reemplazarla. No intentemos buscarle sustitutos al sol. Asoliémonos. Lo que naturalmente está bien hecho puede ser imitado pero no sustituido. La ciencia ayuda a la naturaleza, pero no la reemplaza.

Edades varias

Existen diversas edades en una misma persona: la *cronológica* (edad del calendario), la *biológica* (edad del organismo y sus funciones), la *sicológica* (edad del espíritu), la *mental* (edad del criterio y entendimiento), la *social* (edad impuesta por la comunidad), la *cultural* (edad de los conocimientos) y la *económica* (edad de los recursos para satisfacer necesidades). El equilibrio entre esas edades nos daría teóricamente la edad ideal de una persona. Ese equilibrio existe en determinados casos. Un difícil ideal porque estas edades son diferentes en cada individuo. Y tampoco es aconsejable, como una norma definitiva, la medición de cada una de las diversas edades en puntos, y la división del total de puntos por el total de factores. De ahí sale un coeficiente de edad, válido como indicativo, pero no como conclusión absoluta. Las diferencias entre una edad y otra no se compensan como los puntos en un examen escolar. Son indiciarios solamente, como lo es "el ingreso per cápita". El hombre no es un hecho estadístico. La riqueza de su cuerpo y de su espíritu rebasa y desborda la estadística. Para él los números no tienen alma. No basta para la salud tener los demás órganos sanos, si hay uno enfermo. El hombre es una integridad absoluta donde la cadena no es más fuerte que su eslabón más débil. Pero nuestros eslabones son vigorizables, recuperables. En estas páginas encontrará algunas informaciones sobre usted. Ninguna es definitiva. Corresponde a usted evaluarlas, rechazarlas o asimilarlas a su medida, situándose en su realidad. Pero no disfrace su realidad.

Ante todo trate de hacer conciencia sobre usted mismo. El mejor apoderado del viejo debe ser el viejo mismo. No espere todo de los demás. Usted también puede. El equilibrio entre sus diversas edades no siempre depende de usted. Pero usted es un factor primordial en él. Y puede moderarlo y rehabilitarlo. De todas maneras usted será la víctima o el beneficiario. Usted es quien tiene que vivir. Sea usted responsable de su vida. Su vida no es la del catálogo, la clasificación o el promedio, sino la suya.

Edad social

Sobre las otras edades iremos discurriendo en este libro. Pero desde ya, una alerta sobre la "edad social", o sea aquella impuesta por la sociedad, cuando lo declara "viejo". Todos los autores citados aquí —especialmente Simone de Beauvoir, Miguel Mosqueira y Bellak— coinciden en reconocer a la edad social como a la gran tirana del viejo en la historia y en la actualidad. La sociedad le asigna al viejo una edad. La edad de la inutilidad y la degradación. Gran injusticia, especialmente ahora cuando la ciencia, la técnica y el humanismo demuestran cómo usted sí es o puede ser útil. Usted sí puede.

La sociedad comienza por exigirle al viejo muchos deberes y reconocerle pocos derechos, hasta confinarlo al ostracismo extraterrestre. Cuando es generosa, le decreta el retiro con una desvalorizada pensión, o, en su defecto, y en el mejor de los casos, el asilo, el hospicio, casi siempre en condiciones infrahumanas. Y entonces el viejo debe considerarse afortunado, porque sólo una pequeñísima minoría de desvalidos lo logran.

La tercera edad está más subordinada a la sociedad que las anteriores. La sociedad, regida por intereses míticos, clasistas y generacionales, absorbe cruelmente al viejo hasta imponerle una imagen de sí mismo. Frente a ese fenómeno, la principal defensa es la valorización del viejo por sí mismo y la capacitación para seguir practicando sus valores útilmente para sí y para los demás.

Aun en las gerontocracias en Grecia, Roma e Israel, el régimen social del viejo fue siempre despótico e inhumano, aunque estuviera gobernado por viejos. En el último siglo ha comenzado a humanizarse especialmente en Suecia, Dinamarca, Suiza, Inglaterra, Francia y Estados Unidos de América. No puede desconocerse el influjo en ese cambio inicial de algunos apóstoles de la vejez. Pero la causa principal ha sido la multiplicada presencia del viejo en la sociedad. La sociedad ignora aún la actual longevidad más larga y saludable, y la mejor formación del longevo. Es decir, la causa principal del incipiente cambio social es el viejo mismo. Y lo será mayor a medida que el viejo sea más. A la sociedad sí le conviene por razones de utilidad. Y usted es útil, o puede serlo.

El geriatra doctor Kurt Walter dice: "No es la tercera edad la que hace vieja a la gente, sino el ambiente que la rodea. Con el paso del tiempo el ser humano no se vuelve menos capaz, sino que es la mentalidad de la sociedad en que está inserto la que le otorga menos posibilidades".

¿Qué es la vejez?

No hay todavía una definición de la vejez unánimemente aceptada. Sigue siendo un concepto abstracto, como decía Proust. Entre la infancia, la niñez, la adolescencia y la juventud hay límites, más o menos flexibles, pero que permiten marcar la frontera entre esas edades. Entre la madurez y la vejez, la situación de alinderamiento varía, como varía la escala de las edades. Simone de Beauvoir tiene una frase clave para explicar la dificultad de una definición: "La vejez no es un hecho estadístico, es la conclusión y la prolongación de un proceso". Ese proceso es el de la vida misma dentro de un desarrollo existencial, cambiante. La dinámica de la vida tan rica, extensa y variada como la persona humana, implica el cambio permanente o inestable, regular o fortuito, armónico o desordenado, durante el cual el equilibrio no es una constante, sino un promedio que se tiene y se pierde, para luego volverlo a obtener. Si tuviéramos un espectro de la vida, o la pudiéramos ver en un microscopio, observaríamos sus múltiples variaciones, las mismas de los elementos operantes en nosotros. El hombre es uno de los seres más variables, porque piensa y progresa. Uno de esos grandes progresos ha sido la longevidad mayor y mejor hoy. Unos hombres cambian más que otros. Los cambios no están regidos en nosotros por un ciclo fijo. Cada uno cambia a su manera, para su bien o para su mal, más o menos intensamente, con más o menos frecuencia y el proceso se acelera o se retarda individualmente en cada uno, conforme a gran diversidad y multiplicidad de causas de orden personal, ambiental, alimenticio, dietético, higiénico, emocional, cultural, moral y social. Y aun político, porque cuando la vejez es un factor de poder, los cambios frecuentes sobre ella accionan de modo diferente de cuando solamente es un elemento ineficaz e inútil. La historia es rica en ejemplos, de donde resulta más fácil describir la vejez por sus efectos, que por sus causas, o por género y diferencia específica, si no queremos caer en la deficiencia de conceptuar abstractamente sobre la vejez, como sobre una entelequia cerebral.

Ni siquiera sobre las causas del envejecimiento hay acuerdo completo, aunque se cite con más posibilidades el término de la no renovación celular. Hay al respecto teorías recurrentes que aparecen, desaparecen y reaparecen a lo largo de la historia, como la del vitalismo, aceptada en el siglo XIII por Dante, olvidada luego, y resucitada en este siglo por Alexis Carrel. También la del proceso degenerativo al paso del tiempo, que parece comenzar a los 35 años, y la de la involución, la preferida de Simone de Beauvoir. Pero esto es relativo, porque los límites de edad han venido fluctuando en el proceso humano. El tiempo promedio de la vida de los romanos de la República era de 30 años, y 21 siglos después, a mitad de la centuria pasada, cuando comenzó la revolución industrial, en ciudades fabriles como Coventry, en Inglaterra, apenas era de 35. De ahí en adelante un hombre era viejo. Todavía en regiones desnutridas y antihigiénicas del Tercer Mundo, a los 40 se es anciano. Pero el promedio de vida hoy, en el primer mundo, es de 75 años, y se estima a los 65 el comienzo de la vejez, aunque los rusos lo sitúan en los 75.

Cada persona es un mundo, un microcosmos sicosomático, irrepetible, con su propia edad cronológica, biológica, síquica, mental y social, cultural, diferentes. Estas edades no suelen estar de acuerdo en el mismo individuo, a no ser en aquellas personas que, por haberlas armonizado a todas entre sí, han logrado la maravillosa conquista del equilibrio. Hay personas cronológicamente de 60 años, biológicamente de 30 años, síquicamente de 40, mentalmente de 50, culturalmente de 20, y socialmente de 80. De ordinario la edad social es muy superior, en la misma persona, a las demás edades, porque la sociedad es cruel con el viejo al imponerla; lo subordina y lo condiciona.

El complejo mecanismo de lo sicosomático es una integración cuyo influjo es determinante para la salud en cualquier edad de la vida, pero especialmente en la tercera edad. Quienes gozan de ese equilibrio entre su cuerpo y su ánimo (alma, espíritu, mente, cuerpo) retardan su envejecimiento: viejos de 85 con vitalidad de 50. Al contrario, quienes hayan roto ese equilibrio entre cuerpo y alma pueden ser viejos anticipadamente.

Con el creciente aumento de la longevidad y de la conservación y preservación de las facultades en ejercicio, el viejo es cada vez más difícil de identificarse como tal, a no ser ya en la decrepitud y la senilidad para los cuales tampoco hay un límite estadístico preciso, porque hay decrépitos y seniles a los 60, y otros a los 95 no lo son. Los efectos de la vejez han sido mejor descritos que sus causas, sobre todo médicamente: disminución de los sentidos, deterioro fisiológico, apatía, perturbación síquica, merma y desarreglo fisiológico. Pero los moralistas y los políticos comprometidos, y los poetas, comprometidos también, han exagerado estos efectos por razones de su compromiso. Visible es el fenómeno en las gerontocracias, como venganza contra los viejos gobernantes, y en las sociedades de costumbres puritanas, donde la hipérbole en la descripción de los efectos de la vejez es frecuentemente dirigida contra la tiranía política, moral o económica de los viejos. Tal por ejemplo en las gerontocracias y gerusias de Grecia y Roma paganas. Solón y Cicerón defienden la vejez reinante, pero en la literatura griega y romana abundan los jóvenes para presentar al viejo como un guiñapo humano, a las puertas de la muerte. Es la eterna lucha de las generaciones, las clases y los intereses, a quienes el viejo estorba.

Dañina es la metáfora "la vida es un cambio hacia la muerte" donde se confunde la condición de estar vivo para poder morir, con los valores de la vida y de la muerte. La vida y la muerte son distintas y la jerarquía de sus valores es diferente. Aunque se entrelacen. El hecho de que la muerte comience donde termina la vida, no las identifica. La nada es también la negación de la vida y, sin embargo, la nada no muere, porque no existe. El contexto existencial es de tener en cuenta para afirmar la vida. Somos responsables de la vida, de la muerte casi nunca. Usted no es viejo porque alguien –de ordinario la sociedad– lo haya decretado. Usted tiene *la edad que puede vivir y la vida de las obras que puede hacer*. No se deje encasillar hacia la muerte. Su responsabilidad es vivir, no morir. Sin embargo, los promedios de la catalogación de las edades existen. Pero para el viejo han de tomarse apenas con un plano de referencia. En cada caso, para identificar el viejo, se debe saber cuál viejo, quién.

En la escala casi infinita de la persona humana no hay dos iguales. El hombre no es meramente naturaleza pura. La cultura, primitiva o desarrollada, le ha agregado bastante en dos millones de años. Para Simone de Beauvoir el hombre no vive en estado de naturaleza, porque la sociedad lo condiciona. Evidente afinidad con Rousseau, para quien la sociedad es corruptora, y, por contradicción, con Baudelaire, para quien lo natural es detestable. Acondicionamiento social en la comunidad familiar, municipal, continental; la "edad social", la más tiránica para el viejo, porque lo limita, lo determina, lo rige, lo gobierna y muchas veces lo estrangula. Una edad social no dependiente de él, sino de los usos, costumbres, leyes y mentalidad del medio. Por eso la reeducación del viejo en sí mismo y la reeducación de la sociedad frente al viejo es indispensable. No basta para el barco flotar, es preciso avanzar sin naufragar. Las consideraciones de Rousseau, "el hombre nace bueno y la sociedad lo corrompe" tienen tangencias evidentes con la vejez y retrospectivamente confirman el diagnóstico de la Beauvoir sobre la situación del anciano como índice del fracaso de la actual civilización, y la dificultad del concepto abstracto de la vejez, la más larga peripecia de la aventura humana.

Los promedios, ¿parámetros obligatorios?

Los tratadistas tienen la tendencia a clasificar las edades dentro de los promedios obligatorios con los cuales definen la infancia, la niñez, la adolescencia, la juventud, la madurez y la vejez dentro de rígidos cartabones. "Se es así porque se es joven... hay que ser así, porque se es viejo". Los médicos, los sicólogos, los siquiatras saben cómo los promedios ayudan, las características generales orientan, pero no deciden. Cada uno es un mundo, un "microcosmos" para tener en cuenta su realidad concreta e individual.

La infinita riqueza de la naturaleza humana no hace dos seres absolutamente iguales. Todos somos identificables en la especie, pero diferentes individualmente. Fuera de estas diferencias innatas están aquellas con las cuales crecemos, nos desarrollamos, nos realizamos o no, según una muy vasta y variada escala de circunstancias familiares, sociales, económicas, culturales, morales y aun religiosas. Además, la variedad también es ya principio biológico. Ni siquiera las leyes de la herencia se han logrado definir completamente, a pesar de las aproximaciones. Los genes siguen siendo tan libres como el hombre mismo. La variedad del tipo humano es la más portentosa del universo y en ella no caben determinismos absolutos. No hay dos viejos iguales, como no hay dos niños iguales. De ellos puede decirse lo que el doctor T. Berry Brazetton escribe de éstos, en su libro *Niños y madres*: "Hay tantas variaciones entre los recién nacidos como número de éstos. Difieren en apariencia, sensibilidad y carácter, modo de reaccionar ante un estímulo, patrones de movimiento y capacidad de desarrollo. Al igual que la mujer que se pregunta maravillada: 'Cómo pueden ser todos mis hijos distintos', así también se asombra quien se dedica al estudio de los recién nacidos"... Si eso pasa al principio de la vida, ¿cómo serán las variaciones al final, cuando la vida misma ha aportado sus propias particularidades en el curso del desarrollo de cada quien?

Al viejo se le ha aplicado siempre un estereotipo obligatorio para reducirlo convencionalmente a la impotencia. Hoy la evidencia científica reprueba ese procedimiento. Pero el primero en ser convencido de las posibilidades de la vejez ha de ser el viejo mismo, su propio objeto y sujeto, su mismo agente, el dueño de su vida, el responsable de ella. "Yo mismo y no otro" dice Job en el estercolero.

No se deje encasillar dentro de los catálogos absolutos. Usted no es manufactura en serie. Su cuerpo y su espíritu son más ricos de lo imaginado por usted y por los estadísticos. Usted es un territorio inexplorado aun en gran parte de su extensión. Adéntrese en él, no se convierta en "tierra de nadie". Hay niños prodigio y viejos prodigio. Ambos son una excepción, pero no una conclusión. Ni necesitamos apelar a ellos. La experiencia de todos los días nos demuestra cómo dentro de la vida diaria encontramos multitud de viejos que sí pueden, independientemente de los promedios estadísticos donde se les quiere "fichar". A la vida humana en la persona humana no se la puede clasificar por su peso y volumen como los granos de cereales para exportación, ni numerar como los borregos del rebaño.

Por ser la gerontología y la geriatría ciencias muy nuevas –a pesar de ser muy válido estudio humanístico de la vejez hace 21 siglos, de Cicerón–, los promedios para clasificar la vejez, participan sólo aproximadamente de la seriedad científica del tema en la actualidad, y están todavía muy imbuidos por los preconceptos, de ayer. Rectifíquelos usted ante todo en sí mismo. Ahora hay una nueva escala de las edades, y no es el número de años en la tabla de esa escala suficiente para determinar su lugar en ella. Hay mil factores diferentes para hacer de cada viejo un caso individual dentro de la heterogeneidad de la persona humana: Usted, precisamente usted. El doctor Guillermo Marroquín Sánchez, en su trabajo sobre "escala periódica para el estudio de la Tercera y Cuarta Edad" (*Revista Española de Geriatría y Gerontología*, No. 6 de 1977) está acorde con el profesor Blanco Soler: "La vejez comienza cuando íntimamente se la siente. Nadie pues, como el propio sujeto para definirla".

Los promedios y escala de edades

Establecer promedios estadísticos de edad, con relación a la vida de cada uno, no es fácil. Cada uno comienza la vejez a diferente edad y la realiza de distinta manera: a su modo, según su personalidad, su formación, cultura, salud, circunstancias propias. La vejez es personal. Una estratificación rígida, en un método genérico, no se compadece con la individualidad de cada uno.

La vida promedio de la antigüedad griega y romana era de 30 años. La Edad Media modificó poco este guarismo. El Renacimiento, que tanto lo mejoró espiritualmente, físicamente no lo aumentó. Hasta mediados del siglo antepasado la vida humana promedia era de 35 años. Se era viejo a los 40, y a quienes superaban los 60 se les tenían por "ancianos milagrosos". El caso de los grandes longevos como Miguel Ángel Buonarroti, que hace 400 años se acercó a los 90 en plena capacidad creadora y con fuerza para esculpir el mármol, superaba todo prodigio. Hace cien años, el código farmacéutico apenas sobrepasaba los trescientos medicamentos. Hoy ese código tiene más de cinco mil y el promedio de vida humana, en los más desarrollados pueblos de occidente, es de 75 años, con tendencia a aumentar. Los niños mueren menos, y los ancianos viven más. El caso de Pablo Casals con un matrimonio feliz a los 73, y capaz de asombrar al mundo con su violoncelo a los 79, o el de Andrés Segovia, padre afortunado a los 76, y capaz de tocar treinta conciertos de guitarra en 40 días, a los 80, es frecuente hoy, no solamente en los superhombres, sino en los hombres de cada día y en sus actividades comunes. Mire en torno suyo y lo verá.

Hace cuarenta años, con Guido de Verona, "la vida comenzaba a los 40". Hoy, con el doctor Miguel Mosqueira, "la vida comienza a los 50" y ya se profetiza que pronto comenzará a los 60. Para el doctor Belack los años provectos son "los mejores años de la vida". Este "comenzar" significa llegar a la plenitud de la vida y seguirla viviendo útilmente para los demás y satisfactoriamente para sí mismo. "Los decenios de oro" para el varón, el "otoño dorado para la mujer". Pero ¡cuánto arte se necesita para vivirlos bien!

No es verdad que la civilización contemporánea mate al hombre, aunque colectivamente pueda hacerlo desaparecer de la superficie de la tierra por el estallido del átomo. La menor mortalidad infantil y la mayor vitalidad en la última etapa son evidentes. La primera y la última edad son las favorecidas por la época contemporánea. Ellas eran las de mayor peligro antes. En cambio, la edad mediana no está tan garantizada. La tensión de la vida actual y sus presiones sobre la salud de los hombres de acción y de los habitantes de las grandes ciudades hacen de las enfermedades cardiovasculares, los accidentes de tránsito y de las enfermedades degenerativas, una causa frecuente de muerte en ese período medio. No tanto sin embargo como para impedir la constante elevación del promedio de la longevidad.

El doctor Mosqueira, basado en sus propias experiencias de geriatra y en las de biólogos y gerontólogos eminentes, sostiene que el potencial de la vida humana debe llegar a un tope entre 104 y 110 años. Es decir, se han ganado por lo menos los primeros cien años de los 300 años anhelados por Bernard Shaw.

Las edades se han identificado por los cambios físicos y espirituales que, desde el nacimiento, el desarrollo va produciendo en el ser, según su evolución y su involución. En mi infancia se decía que el cuerpo humano renovaba sus células cada 7 años... Las etapas eran niñez, adolescencia, juventud, madurez y vejez. La escala de siete en siete años, al parecer entonces número cabalístico, o bíblico, ahora es resucitada científicamente por algunos gerontólogos como el doctor Marroquín Sánchez, en Colombia.

Mi padre, quizá influenciado por Bernard Shaw, anhelaba trescientos años: 100 para aprender, 100 para ejercer y realizar y 100 para enseñar.

Hoy la división de las edades es más simple y más compleja a la vez, sin abandonar la esencia de esos parámetros. Se sabe cómo todas las células se renuevan –menos las del cerebro– hasta un promedio de 50 veces. Hay gentes que mueren solamente por consunción, o sea el límite de la involución celular. Hoy la escala de las edades se renueva y amplía. Ya se reconoce escribir de la cuarta edad, más allá de los 80, o "segunda vejez". Esto como la vida de los motores y turbinas de aviación depende de la calidad y del *over all*, del mantenimiento y reparación.

Se afirma de la tercera edad ser la más larga porque, teóricamente, según el potencial biológico, debía durar 45 años. La infancia, la niñez, la adolescencia y aun la madurez son más cortas. La vejez resultará la peripecia más larga en la aventura de vivir.

Los promedios estadísticos en años para la edad resultan muy difíciles porque su apreciación es cambiante y variable, y reflejan más la edad social, la estatuida por sociedades, cada una según el criterio de los pueblos de su civilización, cultura y economía.

La edad mental y cultural depende bastante de la cantidad de conocimientos de quien la vive; la edad sicológica se rige más por la mentalidad y los sentimientos. A la edad cronológica y biológica podrán ajustarse métodos menos volubles y tornadizos, porque el almanaque y la ciencia médica sobre anatomía, fisiología y biología son más exactos. Sin embargo el transcurso de los años, la personalidad de cada uno, su desarrollo y formación, su salud y sus circunstancias nunca son iguales. La experiencia nos muestra todos los días a jóvenes viejos y a viejos jóvenes y el fenómeno de la jovialización de la vejez y del envejecimiento de la juventud es frecuente, individualmente considerado. Hay un concepto abstracto y teórico de la vejez estratificada en promedios como método genérico, pero no específico, porque en concreto la vejez es personal y vivida conforme a las circunstancias y variaciones del individuo en sí, del viejo concreto. De usted.

De agregar es también el aumento progresivo de la longevidad durante el último siglo, y especialmente en los últimos 30 años, gracias a la higiene, la ciencia y la técnica, que ha cambiado totalmente la clasificación antigua porque en 150 años el promedio de la vida se ha duplicado y la longevidad es no solamente más larga, sino también más capaz, útil y satisfactoria. La escala de las edades, más amplia hoy en el primer mundo, se reduce un poco en el tercer mundo por carencia evidente de higiene, nutrición, prevención y preservación de la salud mental y física.

A pesar de esto, hay indudablemente promedios estadísticos válidos, con aproximación apenas, en cada país o región de países, aunque con muchas excepciones, originadas éstas en el caso individual, social, económico y cultural de cada pueblo. Por eso la escala de las edades en Norteamérica y Europa no es la misma de la de África o América Latina. En Colombia, un país típico de América Latina, porque aúna las características de los más desarrollados, en unas zonas, y de los menos desarrollados en otras, la doctora Elisa Dulcey en su libro la *Jubilación en Colombia*, ha clasificado las diversas etapas de la vida según el siguiente cuadro del geriatra colombiano, doctor Guillermo Marroquín Sánchez:

Etapas de la vida humana

Juventud (Primera edad 0 - 21 años)	a) Niño b) Adolescente c) Joven	Información Estructuración Preparación	Intelectual y económicamente IMPRODUCTIVA

Evolución máxima – involución mínima

Adultez (Segunda edad)	a) Adulto joven b) Adulto c) Adulto maduro	Creatividad Tecnificación Estabilización Realización	Plenitud intelectual y económicamente PRODUCTIVA

Equilibrio de la evolución e involución
Etapas del geronte
Involución progresiva – evolución disminuida

	Edad cronológica		
Tercera edad (Vejez 49 - 77 años)	a) 49 - 56 b) 56 - 63 c) 63 - 70 d) 70 - 77	Vejez incipiente Vejez activa Vejez hábil Vejez pasiva	CUMBRE Intelectual y económica GRADUAL

Evolución mínima – involución máxima

Cuarta edad (Senilidad 77 - 105 años o más)	a) 77 - 84 b) 84 - 91 c) 91 - 105	Senectud probable Senectud posible Senectud excepcional	Intelectual y económicamente IMPRODUCTIVO relativo.

La nueva escala de la edad

Los soviéticos han trabajado mucho en el estudio de la vejez, llevando la gerontología a campos de avanzada, y han reestructurado la escala de las edades en una forma nueva, comprendida dentro de los siguientes conceptos, recogidos por el diario *El Vespertino*, de Bogotá, en su número de diciembre 21 de 1979. Según ellos, la juventud dura de los veinte a los cuarenta, la madurez de los 40 a los 60, la edad avanzada de los 60 a los 75 y la vejez, o cuarta edad, de los 75 en adelante.

Esta clasificación cambia continuamente con los progresos de la ciencia y las condiciones de la salubridad. Se calcula que para el año dos mil la adolescencia durará hasta los 30 años y la juventud de los treinta a los sesenta años. El gerontólogo norteamericano Roy Waldorf deduce que, aunque parezca increíble, la edad mediana del hombre será de los sesenta a los cien años y que, únicamente después de los cien años, empezará la edad avanzada. Roy Waldorf fundamenta su vaticinio en el progreso de la humanidad, en datos de los cambios de la naturaleza y en el papel del desarrollo de los factores socioecológicos, también con el cambio de actitud en la gente, en la consideración de la edad avanzada y en el creciente nivel cualitativo de la sanidad. Demuestra científicamente que así como el niño de hoy crece más de prisa que el de hace treinta años, el hombre maduro envejece más lentamente también. El actual "rejuvenecimiento de los abuelos" ha replanteado el concepto de las edades.

En este tema, como en casi todos los referentes a la vejez, se ve ya claramente el influjo de la nueva longevidad, y al lado de ella un contraste angustioso: el de las leyes sociales de la jubilación, ignorantes todavía de estos factores renovadores, con un límite para el trabajo inspirado aún en las viejas escalas de la edad, hoy totalmente desuetas y superadas.

El doctor Guillermo Marroquín Sánchez en su "Escala periódica para el estudio de la tercera y cuarta edad", publicado por la *Revista Española de Gerontología y Geriatría*, en su número 6, de noviembre - diciembre de 1977, amplía gráficamente su clasificación como se observa en el cuadro de la página siguiente.

La vejez es humana (ni masculina ni femenina)

La vejez no es ni masculina ni femenina, es un fenómeno humano atinente a varones y mujeres por igual, apenas con las lógicas diferencias del sexo y sus implicaciones. Desgraciadamente la historia ha sido machista en todas partes. Cuando menos "patriarcal", una forma más benigna del "machismo", pero de todas maneras "machista", aun en los pocos paréntesis del "matriarcado" registrado en la crónica humana. Todo gira en torno al macho, que lo hacía todo a su conveniencia, hasta los requiebros y gentilezas a las hembras, casi por el único interés sexual.

Viene de lejos la civilización machista en la historia occidental. En la *Biblia*, su raíz oriental, antes de los tiempos, los ángeles, primera noticia para nosotros en "la noche de los tiempos", son masculinos. Se ha escrito y hablado siempre de "los ángeles", jamás de "las ángeles". Daría lo que no tengo por encontrar una

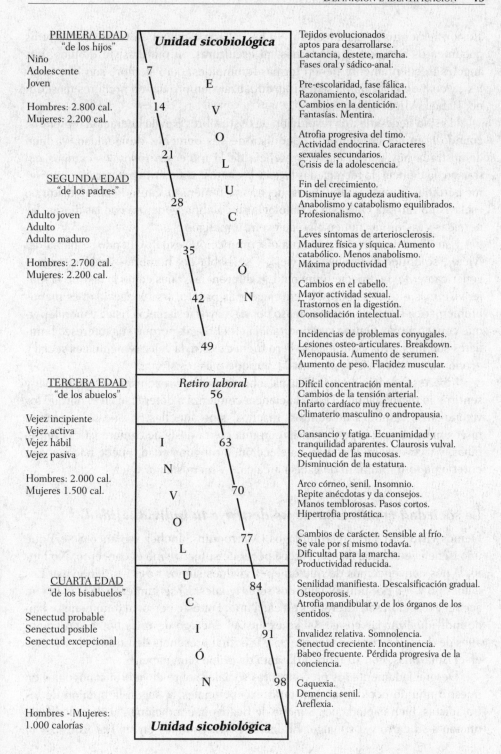

PRIMERA EDAD
"de los hijos"

Niño
Adolescente
Joven

Hombres: 2.800 cal.
Mujeres: 2.200 cal.

SEGUNDA EDAD
"de los padres"

Adulto joven
Adulto
Adulto maduro

Hombres: 2.700 cal.
Mujeres: 2.200 cal.

TERCERA EDAD
"de los abuelos"

Vejez incipiente
Vejez activa
Vejez hábil
Vejez pasiva

Hombres: 2.000 cal.
Mujeres 1.500 cal.

CUARTA EDAD
"de los bisabuelos"

Senectud probable
Senectud posible
Senectud excepcional

Hombres - Mujeres:
1.000 calorías

Unidad sicobiológica

EVOLUCIÓN

7
14
21
28
35
42
49

Retiro laboral
56

INVOLUCIÓN

63
70
77
84
91
98

Unidad sicobiológica

Tejidos evolucionados
aptos para desarrollarse.
Lactancia, destete, marcha.
Fases oral y sádico-anal.

Pre-escolaridad, fase fálica.
Razonamiento, escolaridad.
Cambios en la dentición.
Fantasías. Mentira.

Atrofia progresiva del timo.
Actividad endocrina. Caracteres
sexuales secundarios.
Crisis de la adolescencia.

Fin del crecimiento.
Disminuye la agudeza auditiva.
Anabolismo y catabolismo equilibrados.
Profesionalismo.

Leves síntomas de arteriosclerosis.
Madurez física y síquica. Aumento
catabólico. Menos anabolismo.
Máxima productividad

Cambios en el cabello.
Mayor actividad sexual.
Trastornos en la digestión.
Consolidación intelectual.

Incidencias de problemas conyugales.
Lesiones osteo-articulares. Breakdown.
Menopausia. Aumento de serumen.
Aumento de peso. Flacidez muscular.

Difícil concentración mental.
Cambios de la tensión arterial.
Infarto cardíaco muy frecuente.
Climaterio masculino o andropausia.

Cansancio y fatiga. Ecuanimidad y
tranquilidad aparentes. Claurosis vulval.
Sequedad de las mucosas.
Disminución de la estatura.

Arco córneo, senil. Insomnio.
Repite anécdotas y da consejos.
Manos temblorosas. Pasos cortos.
Hipertrofia prostática.

Cambios de carácter. Sensible al frío.
Se vale por sí mismo todavía.
Dificultad para la marcha.
Productividad reducida.

Senilidad manifiesta. Descalsificación gradual.
Osteoporosis.
Atrofia mandibular y de los órganos de los
sentidos.

Invalidez relativa. Somnolencia.
Senectud creciente. Incontinencia.
Babeo frecuente. Pérdida progresiva de la
conciencia.

Caquexia.
Demencia senil.
Areflexia.

alusión femenina a "las ángeles". No he hallado ninguna en textos, ni en otros documentos antiguos ni modernos, ni esculturas, ni pinturas, ni dibujos. Los ángeles frecuentemente tienen formas feminoides, pero siempre son "los ángeles", y cuando en la *Biblia* se les individualiza, siempre tienen nombres masculino: Rafael, Miguel, Gabriel.

Ha sido necesaria una revolución de costumbres para la liberación femenina, cuando la mujer comienza la conquista de sus derechos de igualdad, ya bien demostrada hoy con la eficaz presencia de la mujer en todos los campos del trabajo, la ciencia, la técnica, las artes y las letras, suficiente para probar la enorme pérdida, durante tantos siglos, del aporte femenino, causado por el histórico esclavismo varonil. Hasta en la mitología grecolatina, generosa con las diosas, las nereidas y las ninfas tienen algo de espíritu maligno.

Este libro no parte de ninguna discriminación sexual. Cuando se habla del "viejo", se entiende también la vieja, y se habla del hombre –varón o mujer– genéricamente: la especie humana. Las diferencias, tales como la de que la mujer vive más que el varón, pero envejece más pronto, y su longevidad es menos problemática sicológicamente, acaso por su mayor resistencia física y moral, porque conserva más tiempo su importancia en el hogar, porque sus intereses familiares son más vivos y duraderos. Pero fuera de esto, la vejez femenina es social y económicamente más desamparada, aunque más resistente.

Libértese al viejo de esta historia sobrecargada de machismo. Deje de vivir y sentir "a lo mero macho". Hasta la ciencia comienza a detenerse en el porqué los varones más varoniles no son los "machos" sino aquellos en que se combinan rasgos masculinos preponderantes con una cierta dosis de características femeninas, y viceversa en la mujer. La elección, a ninguna edad, puede hacerse con criterio de toro miura, ni de gacela arcaica… y menos en la vejez.

La sociedad condicionante no destruye la individualidad

Hemos visto con varios gerontólogos (Marroquín Sánchez y Blanco Soler) que uno tiene la edad que siente. Parece pecar de subjetivismo el concepto. No tanto, si nos convencemos de que quienes vivimos somos nosotros. Uno vive. Los demás no viven por uno. No hay dos seres iguales. El sentimiento de la vida y su acción y reacción son diferentes en cada uno. Por este personal fenómeno se han de individualizar las cosas. Así se explica el encargo de unas botas con veinte años de duración para un viejo de 95 y la actual presencia de Ludwig de 83 años en el Amazonas, con su fábrica flotante de pulpa para papel.

Desgraciadamente los preconceptos sociales sobre el viejo sí son iguales en nuestro mundo occidental, con raras excepcionales, y, según la opinión de los tratadistas, bien captada por Simone de Beauvoir, condicionan al viejo, lo llevan uncido a su carro y a su yugo. El doctor D. B. Bromley en su *The Psycology of*

Human Ageing reconoce que la actitud social frente al viejo varía de una comunidad a otra, pero se identifica en generalidades comunes en casi todas partes. En la Inglaterra de Bromley, en 1966, todavía un buen número de jóvenes y adultos creían en la jubilación como la marca definitiva de la vejez y el límite de la vida, más allá del cual se muere muy fácilmente.

La imagen social del viejo, la de los otros sobre él, envejece hasta el punto que Jean Paul Sartre ha dicho: "Un viejo nunca se siente viejo. Mi vejez no es entonces algo que de por sí me enseñe algo, como sí lo hace la actitud de los demás respecto a mí. La vejez es una realidad mía que no siento, pero que los otros sienten. Me ven y dicen: 'ese viejo', y son amables porque pronto moriré: los otros son mi vejez".

El gran esfuerzo de los apóstoles de la vejez –cambiar la imagen del viejo en el viejo mismo– choca contra la resistencia de la imagen social del anciano, siempre con deterioro, pesimismo despectivo, y, si acaso, con una falsa piedad para compadecerse de él, mientras lo abruma de deberes y le recorta derechos... Si la reeducación individual del viejo no va paralela con la reeducación de la sociedad frente a la vejez, la tarea será ímproba, tanto como si el viejo mismo no se ayudara en el cambio.

La vejez no es por sí misma un mérito mayor que la vida misma

La vejez es un valor, como la vida misma, aumentado por la acumulación de vida. Un valor exigente por sus circunstancias, cuando es desvalida, de la solidaridad humana en la especie y la ayuda social de la comunidad. Pero en ningún caso el viejo, por el solo hecho de serlo, debe imponer la autoapreciación, la autoestima o creerse acreedor a un régimen de prerrogativas y privilegios especiales. Esta es la mejor manera de hacerse odioso y de acrecentar las prevenciones contra él. La otra tendencia es la autodegradación. Creerse más es tan perjudicial como creerse menos.

Cicerón anotaba, con razón, la autoridad como atributo del anciano. Pero este no es un atributo gratuito e inherente. Debe ser merecido y ejercido si se ha podido realizar a través de las experiencias, la sabiduría y el propio mérito personal. El orgullo del viejo, la dignidad del viejo, el acatamiento del viejo, auto-promovidos y exigidos, pueden ser fuentes de graves frustraciones. Fluyente, la autoridad espontánea de una personalidad añosa, experimentada y sabia es reconocida sin obstáculo por los demás, con gratificación para el viejo en satisfacciones. Una de las terapias indispensables de su estado: la gratificación.

Tampoco la vejez es una degradación. Subestimarse es tan nocivo como sobreestimarse. Así como la autoapreciación le mermará la estima de los demás, el autodesprecio aumentará el de los demás hacia usted. Ser viejo es continuar teniendo los valores de la humanidad. Son ya bastantes, conténtese con ellos. No se crea una casta intocable.

Identidad

La crisis de identidad –ignorancia de una definición de sí mismo– perturba frecuentemente a los viejos, y no solamente a los viejos. Hay personas que viven sin saber quiénes son y mueren sin saber quiénes han sido. Por eso desconocen su pensamiento, su acción, su voluntad, y pasan sus años dentro de la inseguridad y la inestabilidad, sin ubicación en la vida, mineralmente, vegetalmente, animalmente –nunca humanamente– y a veces con gran inteligencia, pero dislocada ésta, inasible e incausable. Dicen la mitad de lo que quieren decir y la mitad de lo que no querían decir. Las crisis de identidad, de autenticidad, de impersonalidad, son graves a cualquier edad, pero sobre todo en la tercera, porque en las anteriores o hay menos exigencias o hay otros recursos y más tiempo para corregirse.

El viejo necesita afirmación, un mínimo de equilibrio y de armonía mental, de conocimiento de sí mismo, de ausencia de dudas, sin titubeos fundamentales. El fundamento de nuestra personalidad es siempre uno mismo, imposible si no sabemos quiénes somos, qué podemos, qué no, qué queremos y cómo lo podemos lograr. Quienes padecen la crisis de identidad, fácilmente crónica, son seres oscilantes, entre motivos extremos de pasividad y dinamismo: cuerdas flojas a veces y otras extremadamente tirantes, entre un pluralismo dislocador de querer, pensar, hacer mucho y no hacer nada. La tensión, mortal enemigo del viejo, es el resultado de uno y otro caso.

La sicología, el sicoanálisis y la siquiatría tratan hoy este caso. Pero la sapiencia árabe sigue siendo modelo de la sabiduría antigua cuando afirma que la felicidad –el bienestar– está en ejercer un oficio, dedicarle al menos el 80% del tiempo útil, ser apreciado en su ejercicio y equilibrar el círculo de los sentimientos íntimos. A ninguna época de la vida eso es fácil. Pero, con disciplina, algo o mucho se puede lograr, no importan los años.

La indefinición, producto de la inautenticidad, es un tormento a cualquier tiempo, pero sobre todo en la vejez, como la definición es una fuente de eficacia y satisfacción, bien conocida desde los romanos, "temo al hombre de un solo libro".

Defínase, no importa no ser el mejor. Si es deficiente su definición, será siempre mejor que la indefinición. Esto lo hace ambivalente, tambaleante. Es preferible el ejemplo de Taras Bulba, el guerrero, que cuando no tenía guerras las inventaba para enseñar a su hijo a guerrear, que el Novikov, el dubitativo, que nunca hizo la guerra, pero tampoco la paz.

Preparación para la vejez

En gran parte prepararse para la vejez es una cuestión de educación. "La educación del hijo debe comenzar veinte años antes de su nacimiento, con la educación de la madre", decía Napoleón Bonaparte. (Y "con la educación del padre" se ha de agregar. Napoleón era machista). Lo mismo se predica para educarse para la vejez. Pero sin haber comenzado antes, puede principiarse a cualquier edad, aun durante la vejez misma, porque el hombre es perfectible hasta el momento de su muerte. Es incalculable la capacidad y receptividad del hombre para mejorarse. Incontables son los casos de quienes en la tercera edad sanaron de enfermedades adquiridas antes, o aprendieron un oficio, o un arte. Bossuet aprendió hebreo viejo y con fiebre casi permanente. En algunas universidades nocturnas de Bogotá se ven padre e hijo y abuelo sentados en el mismo banco de las aulas.

Los médicos dan testimonio de la buena reacción de los proyectos a muchos tratamientos, los pedagogos y sicólogos de la capacidad de los ancianos para educarse y reeducarse. No es un axioma el dicho "loro viejo no aprende a hablar". Lo es así el de la sabiduría campesina: mientras tenga vida y salud, no se ha perdido nada. No hay optimismo exagerado en ello. La capacidad de hacerse y rehacerse del organismo y el espíritu humano es portentosa. Vi al expresidente de Colombia, contralmirante Rubén Piedrahíta Arango, literalmente triturado por un tractor, hecho y rehecho luego, vivir 25 años más en pleno ejercicio de su profesión civil de ingeniero, gracias a su voluntad. Los gitanos compran caballos viejos, los rejuvenecen y los venden como nuevos en la feria. Mi mejor linotipista, Rafael Maz, a los 75 años, tuvo un accidente con conmoción en el cráneo. Lo creímos muerto. Dos semanas después estaba sentado frente a su máquina y continuaba siendo mi mejor linotipista.

Es verdad que en el vientre de nuestra madre recibimos los genes de nuestros antepasados influyentes siempre, y, de vez en cuando, determinantes. Pero recibimos también la potencia de la personalidad humana individual, diferente de la de los demás, apta para ser modelada y remodelada por nosotros mismos, mediante la inteligencia y la voluntad individuales, al servicio de cada uno, no importa a qué edad, para mejorarnos en la vida. Aceptar la vejez, como un penado atado a las cadenas de la herencia, ayuda apenas a envejecer más, aceptar la vejez y muerte como un fenómeno natural, contribuye también a morir y vivir sin sobresaltos, a envejecer menos y a morir mejor.

Todo cuanto hagamos por mejorar nuestra salud física y mental y moral a lo largo de nuestra vida, desde el principio, nos prepara para la vejez, pero aún durante ella podemos incrementar esta preparación, o simplemente comenzarla. Nunca es tarde para aprender.

La vejez y la mujer

La mujer vive, en promedio, más que el varón, está menos propensa a ciertas enfermedades como las cardiovasculares y concretamente el infarto, pero envejece más pronto y su tercera edad es más difícil por razones económicas, sicológicas y sociales. Económicamente la mujer es menos productiva que el varón. En sociedades bien organizadas como la inglesa, las mujeres constituyen el 77% de la población económicamente inactiva. Moralmente más resistente, síquicamente es más sensible a los síntomas del envejecimiento, disfrazado por ella con cosméticos y afeites, cirugía plástica y menjurjes, en lucha con un mundo donde todos los medios de comunicación deifican la juventud, la belleza y el vigor. El tratamiento social a la vejez en la mujer es aún más injusto que el del varón.

Grahan Hanlocck y el informe sobre la Situación de la mujer en el mundo, publicado en 1979 por el Centro de las Naciones Unidas para el Desarrollo Social y Asuntos Humanitarios, dicen: "En todas las regiones del mundo las áreas urbanas atraen y retienen un mayor número de mujeres ancianas... Son las más desfavorecidas de la sociedad industrial".

La mayor longevidad de la mujer, pero también el más temprano envejecimiento y mayor desprotección síquica y económica, da por resultado un mayor número de ancianas que de ancianos, con mayor necesidad de asistencia para éstas.

Según las mismas fuentes citadas, en el censo de Estados Unidos de 1975 aparecen seis millones quinientos mil viudas ancianas, equivalentes al 33% del total de ancianos norteamericanos en la fecha, al 53% población femenina anciana... Según el censo de Francia de 1968, había allí un total de seis millones ochocientos mil personas mayores de 65 años, de las cuales dos millones doscientos mil eran mujeres viudas y en el grupo de mayores de 75 años, el 70% eran mujeres.

Estas circunstancias colocan a la vejez femenina en estado de emergencia, con necesidad de una mayor atención material y moral por parte de la sociedad. El informe citado de Naciones Unidas concluye: "La sociedad reprocha a la mujer que envejezca antes que el hombre... Sus valores como 'mujer objeto' se basan casi por completo en su juventud y belleza, sus únicos capitales, o en su papel como madre... Mucho menos solicitada que el hombre por su misma edad, y, lo que es peor, resignada a la idea de su desvalorización, la mujer de edad se convence de su inutilidad con mayor frecuencia y antes que el hombre..."

De considerar son tantos aspectos de la ancianidad femenina, entre ellos, el de la soledad, cuando la sola compañía es la televisión, el gato, el canario y el espejo... Una mayor justicia social exige un régimen especial para la ancianidad femenina.

"Las mujeres de edad deben dejar de hacer lo que nuestra cultura les impone, dizque para aparecer más jóvenes. Yo casi no me maquillo. No tengo vergüenza de tener la edad que aparento. Cuanto más me afirmo en esta convicción, mejor me siento. Eso da resultado con todo el mundo", ha escrito Tony Pucci en su libro *O Segredo da Barboleta*. Y también: "Anímense. No dejen que la sociedad las haga sentir más viejas de lo que son. No se preocupen por operaciones plásticas ni se dejen obligar a ellas por la sociedad. Preocúpense por vivir ustedes y se sentirán mejor. El sexo, ese derecho que ustedes conquistaron al nacer, tienen derecho a él, sin importar la edad".

La mujer busca de ordinario un proceso de rejuvenecimiento estético, con perjuicio de su envejecimiento biológico. Mujeres de 40, con la piel del rostro arruinada por el abuso de cosméticos, con la siquis perturbada por el uso incontrolado de barbitúricos, somníferos y tranquilizantes. Algunas prefieren su imagen social a su verdadera imagen íntima. Una su figura en público, y otra su real figura en el lecho conyugal, cuando, después del trajín social, despojadas de su máscara artificial, el marido las encuentra tan diferentes, con la palidez, las arrugas y la piel marchita, minutos antes enmascaradas por cremas y menjurjes. Sacrificar la intimidad por la exterioridad, error.

Sin embargo, en las civilizaciones progresadas, la mujer es más longeva que el hombre, aunque más frágil. ¿Por qué? Se buscan explicaciones en diferencias de fisiología. La menstruación en la mujer es una fuente de incomodidades, pero también de equilibrio. La menopausia o climaterio de que el hombre carece, para la mujer es el fin de su edad fértil para concebir, pero de ninguna manera de su vida sexual. Al contrario, la vida sexual de la mujer después de la menopausia puede ser tan rica como antes y, además, más serena y segura, sin el temor del embarazo no deseado. Su vida sexual no está condicionada a eyaculación alguna, y su goce sexual, del clítoris o de la vagina, o simultáneos, no se subordina a condiciones de secreción forzosa. Es una placentera sensación de orgasmo que ella puede manejar por otros mecanismos. El varón, en cambio, si no tiene eyaculación, es incapaz. La exigencia de producción y eyaculación de esperma lo comprometen, y, en algunos, después de cierta edad, los atemoriza. Es la diferencia entre la condición activa del coito masculino y la pasiva de la cópula femenina.

Pero en las civilizaciones del progreso, una de las principales causas de la superior longevidad femenina parece ser la mejor dieta de las mujeres que cuidan sus líneas porque comen menos y más equilibradamente y la prolongación de sus intereses en el ámbito familiar. El exceso e indiscriminación de la comida es una de las causas de mortalidad en la tercera o la cuarta edad. La mayor resistencia emocional de las mujeres, de ordinario más moderadas en el trabajo. Antes eran menos alcohólicas y fumadoras. Aunque esto ha cambiado bastante últimamente, el fenómeno tiene toda clase de consecuencias, hasta el punto de que en Estados Unidos, donde el infarto u otras enfermedades matan antes a los varones, la mujer, a causa de la herencia, las pensiones alimenticias, la separación de bienes en el divorcio, es la dueña de la mayor parte de la riqueza norteamericana.

En las sociedades primitivas, sin embargo, la longevidad del varón y de la mujer es igual o mejor dicho, no existe para ninguno. Ambos mueren prematuramente por desnutrición, falta de higiene y de recursos médicos y farmacéuticos. Aún se da el caso en las sociedades indígenas latinoamericanas, donde mujer y varón envejecen prematuramente.

¿El viejo es un maestro?

Usted no está obligado a ser un ejemplo ni a preocuparse por ser siempre un maestro, aunque habrá quienes pretendan imponerle esa obligación. Como cualquier hombre, tiene usted el deber de la función social de la propiedad, es decir, de que lo suyo sirva a los demás, por lo menos en aquel grado que rebasa la satisfacción de sus propias necesidades.

Y "lo suyo" es no solamente la propiedad de los bienes materiales. También la de los bienes intangibles, espirituales y culturales. Lo suyo es también sus conocimientos, sus experiencias, su sabiduría, su saber pensar y obrar, de donde se deriva lo que se ha llamado clásicamente "el don de consejo". No se convierta en un consejero espontáneo y a toda hora... Se ha dicho que el viejo, por no poder hacer malas acciones, da buenos consejos. Pero, entre la multitud de sus semejantes, hay quienes, por derecho propio adquirido o por derecho propio natural, esperan de usted consejos, orientaciones y guías. Cuando sea el caso, no los niegue. La propiedad intangible del conocimiento, la experiencia, el sentimiento –o sea la propiedad espiritual y la cultural– es también una propiedad como la de su casa, la de su vehículo o la de su vestido. Tiene, por tanto, una función social hacia los demás. No la niegue, cuando sea pertinente y oportuna.

Pero no la prodigue indiscriminadamente porque se convertirá o lo convertirán en "magister" odioso y usted se verá sometido a la tensión del *furor pedagógico*, frecuentemente no tan pedagógico.

Vejez o no vejez

No podemos impedir el envejecimiento porque la senescencia es un proceso natural inatajable. Lo que podemos, y eso es mucho, es retardarlo conservando nuestra buena salud física y mental y con ellas nuestras facultades y la totalidad de nuestra relación humana plácida y satisfactoriamente. Esa es nuestra responsabilidad: por lo menos no deteriorarnos, ni degradarnos.

El fenómeno "vejez", desde el punto de vista humanístico, es diferente. La historia y la realidad nos demuestran cómo se puede plantear el problema "vejez o no vejez". Hay muchos casos de personas que mueren octogenarias, y por lo tanto envejecidas desde el punto de vista físico, pero sin que hayan sido nunca viejos; de otras que en la vejez han encontrado juventud haciendo veraz el Salmo 103,5 en aquello de que "renueva tu juventud como el águila". Hay un tercer caso, también demostrable por la historia y por la realidad de todos los días: personas que no tuvieron juventud, y la encuentran por primera vez en la vejez. Esto parece un escarceo literario o un simbolismo mágico. Pero no. Hay casos de ayer y de hoy. En Bogotá, Rosa Moscovici se descubre pintora a los 75 años. En París el muy premiado escritor suizo Claude Delarue al reescribir la obra maestra de Thomas Mann, *Muerte en Venecia*, habla de descubrir, después de 50 años de trabajo y reflexión, la naturaleza y el papel de la creación. Todo el que crea se redescubre joven, no importa a qué edad.

San Pablo no tuvo vejez, para él la juventud era Cristo y todos los días era más joven porque la edad lo acercaba a Él. Desde su conversión, cuando fue derribado del caballo en la vía de Damasco, corrió mil peligros en los caminos de la tierra y el mar, se empleó y se superempleó al servicio de su doctrina y murió, al filo de la espada romana, viejo ya, pero en plena juventud del pensamiento y de acción. Y acabo de ver al doctor Germán Zea Hernández, en Colombia, que a los 80 años desempeña el Ministerio de Gobierno de la República, con los mismos bríos de hace medio siglo.

Los sicólogos atribuyen mucha importancia a la opción o escogencia que cada uno haya hecho en la vida y a las relaciones significativas que en ella establezca. El doctor Hernán Vergara, fundador de la clínica Santo Tomás en Bogotá, y hoy su director eficaz en el límite de los 70 años, afirma que el secreto es la opción dentro de la relación significativa. El elegir y realizarse dentro de la elección. La alianza entre conocer y poder sobre una plataforma de acción.

Dentro de la humanidad

Ha dicho bien Simone de Beauvoir que nuestra sociedad mantiene al viejo "fuera de la humanidad". Para ella el viejo es "el otro". Un extraterrestre, con más deberes que derechos. Ya sabemos: todo órgano erradicado de su organismo perece; todo organismo rechaza los cuerpos nuevos. La gran lucha de Christian Barnard por implantar corazones extraños en tórax ajenos. Al encontrarse el viejo fuera del organismo social suyo, y sin nuevos organismos donde implantarse, por fuerza se aísla, se confina, se silencia, se exilia. Las consecuencias de ese exilio, físicas y síquicas, son ruinosas, exterminadoras. El viejo tiene que vivir en "otra parte". Pero ¿cuál "otra parte"? Su hábitat normal lo rechaza, sin ofrecerle otro nuevo. No en vano el filósofo colombiano Fernando González, en su vejez, se fue a vivir al campo, y puso un gran letrero en la fachada de su casa: "Otra parte".

No todos los viejos tienen el privilegio de ser filósofos y poseer una "otra parte". Pero ninguno es "otro". El viejo es un hombre como los demás, en plena vivencia y ejercicio de su humanidad y, si no está enfermo (si lo está no es por ser viejo, sino por la enfermedad, la vejez no es enfermedad) tan capaz para actividades adecuadas a su edad, como los demás, y mejor aún en las intelectuales. La segregación del viejo de la sociedad es tan cruelmente inhumana como la del negro. La humanidad lucha hoy a brazo partido contra el racismo y el *apartheid*. ¿Por qué no se promoverá contra el segregacionismo de la tercera edad? Una explicación es, como siempre, los mitos, los tabúes. Y otra la resignación del viejo a quien la sociedad ha convencido de su exilio, de que no es el hombre que era, sino "otro".

No se deje vencer por el conformismo, ni abatir por la resignación. A la escala de su edad, usted puede como los demás hombres. Pruébelo. Usted sí puede.

Vejez prematura

En el trópico todo envejece prematuramente. Hay algo deletéreo en la humedad, en el calor, en el bochorno, en el mismo frío y en las costumbres y el desorden social, para atacar la vida y anarquizarla dentro de culturas apenas incipientes, no definibles aún. A fondo poco se cuida, se repara o se restaura. La pasión de la novedad de turno –pronto antigualla–. los repentinos cambios dejan atrás el ayer y anticipan el mañana para convertirlo pronto en ayer. La carrera tropical de las novedades queda siempre inconclusa.

¿Ha visto usted los edificios tropicales de hace 20 años? Ya están manchados y agrietados. Pregunte a los muchachos por Stalin, Roosevelt (Franklin D.) y De Gaulle. Para ellos, si se acuerdan, son personajes tan lejanos como los de Plutarco. La avalancha de la historia se precipita y nos diluimos sin consistencia en ella, porque no la hacemos, sino que la esperamos.

En el trópico, los aludes del clima, la geografía y la historia son arrolladores. Pretenderán también envejecerlo a usted. No se deje. Y no se afane. En el trópico normalmente se puede vivir tanto y tan bien como en cualquier otra parte, si usted está alerta y se cuida de los riesgos, ventajas y desventajas del entorno. Conozca sus posibilidades y limitaciones. No se deje avasallar por una naturaleza avasallante. Es cierto, aquí casi todo está por hacer o por terminar –magnífica pero incómoda oportunidad– y carecemos de normas determinantes en lo social, en lo moral y en lo político, casi nunca autóctono, sino reflejo de otra parte. Pero usted tiene más posibilidades dentro de su libertad de acción, porque tiene más tiempo y más espacio. Aquí también se puede ser longevo, plácido, satisfecho y útil. Trabaje y vigile. ¿Ha pensado usted en su tiempo y en su espacio? Como decía alguien, aquí no se nace atado a un borceguí, sino ante un horizonte ilímite.

Edad tope para vivir

¿Hay una edad tope para vivir? En los certificados actuales de defunción se toman como corrientes las muertes entre un día, o menos, de nacido y 88 años. De ahí en adelante el registro decrece sensiblemente y de pronto registran las grandes excepcionales longevidades: 100-110-120 años.

No conozco otras teorías sobre un tope normal de la vida humana diferentes de las del doctor Miguel Mosqueira y la doctora Diana Woodruff. El doctor Mosqueira sitúa ese tope entre los 104 y 110 años, con el argumento de que el cerebro humano viene cargado de neuronas suficientes para ese lapso, si se las consume normalmente... La doctora Woodruff, en cambio, en su libro *Cómo vivir cien años y más*, señala el tope de la vida de 120 años "porque todos tenemos capacidad biológica necesaria"... La doctora Woodruff hace énfasis, como factores de longevidad, en la uniformidad del peso a través de los años, y en la herencia, especialmente materna, y propone una tabla de edad posible para la mujer, oscilante entre 79 y 90 años. La diferencia entre esta perspectiva de posibilidades en un organismo normal y los 120 años de su tope de vida se debe, según ella, no a nuestra naturaleza, sino al mal trato dado por nosotros mismos a nuestro propio organismo, ya en trance de superación gracias a los progresos de la gerontología.

CAPÍTULO II

Imagen

Imagen literaria

La literatura propagó de la vejez la imagen de "perro con moscas en la cabeza", hasta principios del siglo XX, cuando comenzaron a crearse seriamente las ciencias y técnicas de la vejez (geriatría, gerontología, humanismo de la tercera edad), mientras magnificaba la juventud, el "divino tesoro" de Rubén Darío, para anegar muchas mentes de viejos fijados en unas frases de prosa y verso como si fueran decálogo inapelable. Una de ellas la de Leopardi: "Del neblinoso puerto del olvido a la blanca escollera de la muerte"... Conozco dos casos de dos viejos útiles y capaces, pero día a día más disminuidos en la convicción de que ya están en ese puerto frente a esa escollera. Ese verso en su significado alegórico lo vamos a vivir todos a cualquier edad. La travesía sin retorno. La vejez no es un puerto de olvido. Es, como la misma vida, una nave. Y aquí sí "navegar es vivir"... La noción de "puerto" no se compadece con la dinámica de la vida, ilimitada en su capacidad de movimiento. Realmente nunca podemos decir haber llegado.

Las píldoras literarias son peligrosas. Es bueno precaverse contra la influencia de imágenes, ideas y símiles hechos, estereotipados en la mente del anciano y aceptados sin discriminación. La literatura es muy útil en la tercera edad como ilustración, información y recreación. Es bueno el ejercicio de observar la vejez en las grandes obras. Los grandes viejos de la literatura nos enseñan a cada rato y hasta se tornan como modelos tipos para el estudio sicológico. Sus características trazadas con genio o con talento son prototipo para aprender y a veces ejemplos para seguir, pero con discernimiento y a conciencia de que no son los otros quienes nos determinan, sino nosotros mismos. Y, si vamos a tomar modelos literarios de ancianidad, hemos de hacerlo en su contexto, y no como imagen obligatoria de nosotros mismos.

Hay un tipo de viejo seductor en la literatura contemporánea: El príncipe de Lampedusa en su *Gatopardo*. El príncipe va envejeciendo mientras Italia va rejuveneciendo política y socialmente hacia su unidad, en la mitad del siglo pasado. Garibaldi y sus mil han desembarcado ya en las costas sicilianas y han plantado allí su estrella, la estrella de los mil. Navegante en dos aguas, la tradición y la revolución, la plebe y la nobleza, el príncipe va envejeciendo con desprecio a la nueva generación de nobles que se divierten en vez de combatir.

Aquel vistazo a esa nueva generación aristocrática en el baile del palacio de Palermo lo torna despectivo: entre aquellos jovenzuelos de frac, y aquellas doncellas, como miriñaques con crinolina, no hay materia prima para salvar las posiciones de la alta clase, cuya solución consiste en su alianza con los recién llegados, de clases inferiores. El príncipe la propicia mediante el matrimonio de su sobrino y la hija del alcalde del villorrio de Donnafugata, Concetta.

El envejecer del príncipe de Lampedussa hubiera sido mucho más duro en el declinar de sus fueros y privilegios, si en vez de una actitud de observación y comunicación con la juventud y su ambiente y su clima, hubiera adoptado una actitud de rechazo, enfrascado en sus privilegios. Lo salva su apertura hacia las nuevas generaciones y los nuevos hechos. El príncipe envejece hacia la juventud.

Haga usted un esfuerzo por abrirse. Encastillado en su carcaza, apenas imitaría a la tortuga. Escoja bien sus modelos literarios. Chateaubriand, Leopardi, Lamartine, Carrasquilla, lo deleitarán con sus talentosas creaciones. Pero si usted es pesimista, busque autores más optimistas... Los desbordamientos literarios sobre la vejez perturban la mente de viejos con una pésima imagen de sí mismos, más leída que vivida. *Caricatura de los hombres*, de Bioy Casares. La literatura, como las demás artes, es expresión estética o filosófica. La fuerza creadora del artista se libera de circunscripciones de tiempo y espacio. El ámbito de su creación es casi infinito. Para el viejo no artista, la literatura es el arte más al alcance de su mano, porque puede llevarlo consigo mismo y disfrutarlo a su voluntad –también sin limitaciones de tiempo y espacio– aun en las vigilias de su propia cama. (Ver el capítulo "Amigos").

El testimonio literario sobre la vejez, escaso el favorable hasta Victor Hugo, nos debe ilustrar pero no determinar. Refleja él la adversa condición social del viejo, creada por ignorancia, prejuicios, compromisos e intereses de generación y de clase o por la sensibilidad de los autores. Es interesante tenerla en cuenta –no para leerla al viejo pesimista, pues de él no sacarás sino acritud, en oposición a tanta buena literatura optimista y letificante– como elemento de criterio y de información. Sobre todo para versados en la materia. La literatura sobre la vejez –salvo honrosas excepciones del pasado, mucho más frecuentes ahora en el presente– ha sido una confesión de parte de la injusticia social. Sirve sobre todo a especialistas. A usted no tanto.

El viejo, proclive al pesimismo, debe elegir una literatura optimista, porque la literatura influye mucho consciente e inconscientemente en el estado de ánimo. De las muchas citas literarias aportadas por Simone de Beauvoir en su libro

La vejez, el 98% son deprimentes, despectivas para el viejo. Consideran, con notoria hipérbole, la deformación de la vejez. Los literatos hacen sobre la senectud lo contrario de los científicos. Mientras éstos afirman demostrativamente todas las posibilidades de la vejez, aquellos se polarizan en sus limitaciones. Si usted no lee sino limitaciones, se limitará.

El caso de Adolfo Bioy Casares

Podría argüirse que la inmensa mayoría de las citas de la De Beauvoir están extraídas de la literatura clásica del pasado. Las más nuevas terminan con André Gide, quien se lamentaba de la vejez, pero vivió una espléndida vejez útil, satisfecha y productiva. Desgraciadamente la literatura actual sobre la vejez, contra la evidencia de la ciencia, ha cambiado, pero no mucho, ese enfoque peyorativo sobre la senectud... La más reciente obra literaria que leí leída sobre el tema es *Diario de la guerra del cerdo*, publicada por el Círculo de Lectores, y escrita por el novelista argentino Adolfo Bioy Casares, mayor de 65 años.

En el relato de Bioy Casares ocho viejos (Vidal, Bogliolo, Néstor, Dante, Jimi, Arévalo, Rey y Manuel) "Los muchachos" se reúnen habitualmente (¿por qué todo ha de ser "hábito" en la vejez?) en un café frente a la plaza las Hereas, en Buenos Aires, a jugar cartas y a comentar, en medio de zozobras, sobre una organización juvenil descontenta con la historia hecha por los antepasados, que, no pudiendo matar a sus autores, porque los próceres ya están muertos, persiguen a los viejos hasta el asesinato, como el perpetrado en dos del grupo: Manuel, a quien muelen a palos, y Néstor, a quien arrojan desde las gradas de un estadio.

Los ocho viejos están totalmente intimidados, con una sola excepción, por los prejuicios sociales e ideas prefabricadas sobre la vejez, como las del horror a la caja de dientes, dizque porque todos los observan, y por frases acuñadas como dogmas inapelables. "La fijación en la infancia". La "impaciencia de la gula". "La desidia en auge con los años". "El miedo a los cabellos blancos y la necesidad de teñirlos". "El asma, la sordera y la miopía". "El retiro en su caparazón de carne y huesos"... "La avaricia". Ya no me interesan las mujeres... ahora me interesa el dinero"... "Nunca dejamos de ser muchachos. ¿Por qué los jóvenes de ahora no lo entienden?" – La cobardía: el grupo presencia el ataque de los jóvenes a su compañero Manuel, sin hacer nada para defenderlo... "La invencible propensión a la tristeza"... "La alarma por pasar la noche en vela"... "Alejarse de las mujeres para que no piensen que él es un degenerado o algo peor"... "El deterioro de su posición en la sociedad"... "El vicio de los recuerdos"... "He llegado a un momento de la vida en que el cansancio no sirve para dormir y el sueño no sirve para descansar"... "El temor de ese ardor" (después de comer)... "La manía de la dentadura"... "La duda de 'molestar' siempre"... "La sabiduría triste de la aceptación de las propias limitaciones"... "Los buenos tiempos"... "A cierta edad la gente instala el club en la necrópolis"... "Una mala combinación: impaciencia y reflejos lentos"... "No hay estrategia contra la vejez"... "Cuántos años tendrá que vivir el hombre para dejar atrás todas las vergüenzas injustificadas, para madurar completamente?"... "La verdad parece increíble"... "No hay lugar para los viejos porque nada está previsto para ellos"... "Todos los viejos se transforman en una caricatura"... "Cada cual se suministra poco a poco la vida acabada en desconsuelo"... "Me tienen sindicado como viejo"... "La culpa directa recae en los médicos. No han llegado a viejos"... "El viejo es la primera víctima del crecimiento de la población". "La segunda es la individual"... "Orinar, una de las más constantes preocupaciones de nuestra vida"... "Los chicos odian al viejo que van a ser"... "Los sentidos deteriorados forman una caparazón que recubre a los viejos"... "Todo viejo se convierte en bestia envuelto en cuero"... "El pasado, un pozo en que van cayendo personas, animales y cosas"... "Pasada cierta edad, no hay que subir a taxímetros de jóvenes"... "Supóngase que realmente sobra el viejo inútil. ¿Por qué no lo llevan a un lugar como la gente y lo exterminan por métodos modernos?"... "Se disgustó de ver como recuerdo lo que estaba viviendo"... "La mala costumbre de preguntarme si lo que me sucede no me estará sucediendo por última vez"... "La estadística nos enseña que la muerte no llega hoy a los 50 años, sino a los 80 y que mañana vendrá a los 100"... "Conciban el número de viejos que se acumulan... se acabará la dictadura del proletariado para dar paso a la dictadura de los viejos"... "Hoy por hoy esa mujer es un hombre asqueroso"... "Duermen (los viejos) como cadáveres que respiran"... "La visión demasiado frecuente de la quietud de las cosas"... "El contagio probable por una aparente afinidad con el medio, de la insidiosa, de la pavorosa vejez"... "Ya desde hace años no hablo sino con viejos"... "Éstos (los ravioles) son mejores que los del recuerdo. Yo pensé que nadie iba a superarlos". "Todo lo que me recuerde que todavía estoy en la vida, en ese momento se volverá precioso". "Todo viejo es el futuro de un joven"... "Un fiscal, borracho de cólera, lo acusaba de ser viejo"...

He espigado estas frases a lo largo de 200 páginas, en la boca de los viejos, de Bioy Casares, porque recogen la imagen fraguada por la sociedad durante siglos y de la cual el viejo ha imbuido su pensamiento hasta el punto de portarse y comportarse según ella, para inutilizarse. Esa imagen fue producida por la imposición de un mito y no corresponde, ni técnica ni científica, ni humanísticamente a la realidad de la vejez, ahora rehabilitada, porque la vejez sí puede... Los conceptos de Bioy Casares fueron, en abstractos, socialmente exactos. Ese es el concepto social del viejo, ya rectificado, pero viviente porque el viejo desgraciadamente lo vive. Lo viven los ocho viejos de Bioy Casares, salvo Rey que trabaja, y, a veces, Néstor. Los otros seis son inútiles, porque se han dejado degradar por los demás, porque ellos mismos se han desvalorizado. No hacen nada, su jornada transcurre en naderías: el juego, el diálogo sobre el mismo tema; la siesta para quejarse de no dormir de noche, el hábito, el vicio, el temor, los velorios, el "compadreo" y el chismorreo. Todo apto para destruirse. El protagonista Vidal va hasta desperdiciar, por atolondramiento, por falta de proyectos y programas, un amor válido, para el cual él prueba ser capaz, para caer, una y otra vez en el vacío, el aturdimiento y el ocio, tan aniquilante en el viejo. Haraganear es envejecer.

El viejo penetrado de estas lecturas –muy útiles para expertos con criterio– cae en la degradación y el pesimismo. Se señalan los males, pero no los remedios, se muestra el veneno, pero no el antídoto. Por eso la ayuda primaria para el viejo ha de ser cambiarle su imagen aún con la agresividad de las "Panteras Grises" de Maggie Kuhn. Transformarle la imagen del impotente –que no es– por la del capaz que sí es, la de sus limitaciones abstractas, por sus posibilidades concretas. El viejo no es una entelequia cerebral, sino un concreto ser viviente, no un "cerdo", ni un "búho", sino un hombre.

Es frecuente, por exceso de culto a las apariencias, en todas las edades, pero especialmente en la tercera, querer vivir según la imagen que los otros tienen de nosotros y no según la imagen auténtica de nosotros mismos, olvidándonos de cómo la vida para nosotros se desarrolla bajo nuestra propia piel. Entre su cuero cabelludo y sus talones está usted, los otros no.

El viejo está muy tentado a esta deformación por razones de respeto humano, prestigio social, falsa conciencia de su deterioro... No podemos desechar, a priori, el testimonio de los demás sobre nosotros mismos, pero debemos recordar la falibilidad de ese testimonio, tantas veces equivocado sobre tantos y, seguramente, algunas sobre nosotros también. Por ser tan frecuente la equivocación del testimonio humano, debemos tomarlo siempre con cuarentena. Por ser la inseguridad de sí mismo fácil de adquirir, sobre todo en la vejez, debemos analizar nuestra idea de nosotros mismos y no estar conformando nuestra personalidad y nuestra conducta según la opinión ajena. Vale más considerar el ejemplo de las obras de tantos viejos útiles, satisfechos y plácidos y preguntarnos con San Agustín: "Lo que este y aquel hacen, ¿por qué no yo?".

En este libro asoma ya la nueva imagen de la vejez: la del gerontólogo argentino doctor Mosqueira, "la de los decenios de oro" y la de el doctor L. Belack: "Los años más felices de la vida". Cada uno, con la autoridad de miles de historias registradas en su consultorio médico, han escrito sendos libros para demostrarla.

Intermediarios de la realidad

Una conciencia clara de la propia realidad –darnos cuenta de cuanto nos sucede– es una buena defensa. Pero, entre nosotros y la realidad netamente objetiva, hay variados intermediarios que llegan a constituir en torno de nuestra realidad otras realidades, a veces ajenas, pero diferentes de la propia nuestra. Son realidades parásitas nutridas de nuestra realidad. Algunas son imprescindibles, como la de nuestros seres queridos. No podemos arrancarlas, sin arrancarnos. Son un lastre –a veces pesada impedimenta– pero sin él naufragaríamos o nos encerraríamos en una carcaza de egoísmo impenetrable, para hacer más pesado el resto de nuestra vida.

Lo importante es escoger nuestras realidades intermedias: quedarnos con las que valen la pena e incorporarlas a la nuestra propia integrándolas a nosotros; prescindir de las demás porque nos ahogarían o fatigarían. Ya no somos capaces de llevar a remolque tantos fardos.

La vejez es época de simplificación, de transformación de superficie en hondura. Ese fenómeno no nos da la opción de suprimir, aunque a veces sean incómodas, las realidades intermedias originadas en afectos u obligaciones de familia, amor u otros sanos intereses que nos vinculan en la vida de los demás seres, sin los cuales la nuestra sería apenas una estéril planta en decadencia, camino acelerado hacia la muerte. Podar y podarse no es cortar las raíces.

La imagen del viejo pintada con los peores colores de la decrepitud y la senilidad morbosa, como un estropajo sucio para ocultar, viene de lejos. Ya en Egipto, dos mil quinientos años antes de Cristo, el filósofo Ptha-Hotep la describe con rasgos de agotamiento físico y moral, lo suficientemente graves para concluir cómo "la vejez es la peor desgracia que puede afectar a un hombre". Un siglo antes de Cristo, Cicerón nos dice cómo el viejo se siente molesto para los demás, burlado y escarnecido y desechado por los otros.

Mil quinientos años después –precisamente en pleno Renacimiento europeo– Ruzzante escribe: "La vejez se parece a un perro flaco cubierto de moscas que le devoran las orejas".

Aún hoy, cuando el promedio de vida ha multiplicado casi cuatro veces el del Egipto de Ptha-Hotep, y ha triplicado el de la Italia de Ruzzante y esa triplicada longevidad puede ser capaz, útil y satisfactoria, la imagen del viejo sigue siendo desechada en el cine, la televisión, la radio y la publicidad, de donde el viejo está proscrito.

Bioy Casares en 1978 nos presenta esa imagen como la de "una caricatura de hombre" a quien los jóvenes roban la caja de dientes. Más poéticas, pero no menos degradantes son las definiciones de vejez. "Viajera de la noche" de Guillermo Valencia o Miguel Antonio Caro, "naufragio de la vida" de Chateaubriand.

Además el teatro, la pintura, la escultura, contribuyeron, salvo raras excepciones, a vulgarizar la imagen del viejo mentecato, baboso, cegatón, reblandecido, gibado, legañoso, tartamudo y tambaleante, reprobado en todas partes, evitado aquí y allá.

Simone de Beauvoir dedica muchas páginas de su libro *La vejez* a pesquisar el testimonio literario, histórico y etnológico sobre el viejo cuyo resumen –muy compendiado– juzgo conveniente aquí, intercalado con páginas de mi propia cosecha, no sin lamentar cierto desdén de la De Beauvoir por Cicerón –el más precioso testimonio sobre la vejez en dos mil cien años– a quien la De Beauvoir, influenciada por compromisos políticos personales, juzga interesado en mantener la gerontocracia del senado romano.

Imagen etnológica

La De Beauvoir dice: "Las soluciones prácticas adoptadas por los primitivos con respecto a los problemas que les plantean los viejos son muy diversas: los matan, los dejan morir, les conceden un mínimo vital, les garantizan un fin confortable e incluso los honran o los colman de bienes".

"La condición del viejo depende del contexto social. Sufre un destino biológico que entraña fatalmente una consecuencia económica: se vuelve improductivo. Pero su involución se ha precipitado más o menos según los recursos de la comunidad: en algunas, la decrepitud comienza a los cuarenta años, en otras a los ochenta. Su situación material no es lo único que está en juego, sino también el valor que se le reconoce: puede ser bien tratado y despreciado, o bien tratado y venerado, o temido. El sentido que los hombres asignan a su existencia, su sistema global de valores, es el que define el sentido y valor de la vejez. A la inversa, por la forma en que una sociedad se comporta con sus viejos, descubre sin equívoco la verdad –a menudo cuidadosamente enmascarada– de sus principios y sus fines".

"Para cada individuo la vejez entraña una degradación que él teme. Contradice el ideal viril o femenino adoptado por los jóvenes y adultos... Toda sociedad tiende a vivir, a sobrevivir; exalta el vigor, la fecundidad, ligados a la juventud; teme el desgaste y la esterilidad de la vejez".

"Los viejos podrían sobrevivir si conservan su capacidad de trabajo. Pero si han sido mal alimentados, mal cuidados, si se han gastado en el trabajo, se vuelven tempranamente impotentes".

Los *Shilluk*, del río Nilo mataban al viejo jefe, a las primeras señales de debilidad, impotencia.

Viejos de las *islas Fidji* se suicidan voluntariamente.

Los *Dinkas*, cuando el anciano se debilita, lo entierran vivo.

En el *Japón primitivo*, los viejos no tenían tradiciones que transmitir. Cuando los padres eran viejos, nadie se ocupaba de ellos. Las mujeres eran tratadas como parias toda la vida. En 1979 la revista especializada *El Libro Español*, en separata de su número 265, publicó una mesa redonda sobre ciencia ficción en el libro, donde se afirmaba que la mujer sólo apareció en ella en 1978.

Entre los *Sironios* (Bolivia), a los 30 años el hombre está disminuido, a los 40 está desgastado y es abandonado.

Entre los *Bantúes*, durante las guerras, los viejos quedan abandonados y mueren asesinados en gran cantidad.

Los *Koryakes* (Siberia) asesinan a los viejos en forma ritual, en presencia de toda la comunidad.

Entre los *Chuhkess* (Siberia) a los viejos ricos los respetan. Los otros constituían una carga, los invitaban a comer foca, se bebía, se cantaba, de pronto un hijo o el hermano del viejo lo asesinaba por la espalda con una espina de foca.

Los *Esquimales* dejaban olvidados a los viejos en un banco de hielo. El hijo ofrecía un festín a la aldea en que se despedía del viejo, lo izaban en un buey y una escolta lo conducía a una choza apartada, allí moría de hambre o por las fieras.

Entre los *Ojiwas* (Norteamérica), los viejos preferían que los mataran ritualmente. Se daba una fiesta, se fumaba pipa de la paz, se cantaba un himno de muerte, se bailaba y el hijo mataba al padre de un golpe.

En algunas comarcas del Japón, en la montaña de los Pinos, se abandonaba a los viejos... En ciertos lugares del Japón y hasta épocas recientes, las aldeas eran tan pobres que para sobrevivir era forzoso sacrificar a los viejos: los trasladaban a las montañas de la muerte y los abandonaban allí.

En *Tierra del Fuego* (Suramérica), los viejos son servidos y se les da mejor choza. Nunca se les deja solos, siempre hay un hijo para cuidarlos. La experiencia de las gentes de edad sirve a la comunidad. Aman la sociedad y sus semejantes. La lucha por la vida entre ellos es difícil (viven de la caza y pesca), pero desprovista de la aspereza egoísta.

Entre los *Aleutianos*, como en los Yaganes, la suerte de los viejos es afortunada. *Se valora la experiencia y el amor paternal-filial*. Los hijos adoran a los padres y se empeñan en endulzar los últimos años: abandonarlos es un deshonor. Llegar a viejo es un gran ejemplo para la posteridad.

Entre los *Arandas* (Australia) los miembros más respetados de la comunidad son "los hombres de cabellos grises". Los "casi muertos", demasiado decrépitos para llevar una vida consciente y activa, son bien alimentados, cuidados, acompañados, aunque no tengan influencia. Los *entrecanos desempeñan un papel de primer plano*, como técnicos y con poderes progresivamente mágicos. Entre los *Arandas*, el entrecano triunfa en los tres campos.

Entre los *Zandas* (Sudán) la magia predomina y el hombre de edad funda su dominio sobre el miedo. La dirección de la comunidad está en manos de ellos, por el miedo a sus poderes.

En el *Gran Chaco* (Suramérica), los viejos son los que dirigen. El jefe es un hombre de edad, tiene influencia debido al carácter sagrado conferido por los años.

Entre los *Navajos* (Norteamérica) la sociedad civilizada cuida de los débiles, inválidos, inadaptados. Se ocupa con deferencia de los viejos.

Entre los *Kikuyus* (Kenya) los hombres de edad también asientan su autoridad en el respeto que inspira su sabiduría. Acuerdan una gran importancia a las clases de edad que comprenden a todos los hombres circuncisos del mismo año. Cuando los padres son viejos, los hijos se hacen cargo de ellos.

Entre los *Mendes* (Sierra Leona), en familias patriarcales, el jefe de la familia es el hombre de más edad. Los más viejos son llamados los "grandes". Los Mendes viven en estrecha intimidad con el espíritu de los antepasados que llaman "los abuelos", otros son mediadores entre los dos mundos.

Entre los *Lepchas* (Himalaya), dentro de la familia se honra la edad, la familia es patriarcal, los niños son felices. Se califica a alguien de viejo para demostrarle respeto. Los hijos rodean de cuidado a sus viejos padres.

Entre los *Cunas* (Panamá), gracias a su salud, las gentes de edad y aun los muy viejos siguen llevando una vida muy activa.

Entre los *Incas* (Andes Suramericanos), existía lo que podría llamarse el empleo completo. A partir de los 5 años de edad todo el mundo debía servir para algo. De un modo general los hombres de edad eran temidos, honrados y obedecidos, servían como autoridad.

Imagen histórica

Confucio reglamentó en *China* las relaciones familiares bajo el principio de obediencia al hombre de más edad, y asimiló la vejez con la posesión de la sabiduría, cuyo proceso en las edades él describe en sí mismo: "A los 15 años me dediqué al estudio de la sabiduría; a los 30 me afirmé en él; a los 40 ya no tenía dudas; a los 60 no había nada en el mundo que pudiera chocarme; a los 70 podría seguir los deseos de mi corazón sin trasgredir la ley moral".

El neotaoísmo chino se propuso como ideal la búsqueda de la "larga vida", como compendio de virtud y santidad.

En *Egipto* el primer texto conocido sobre el tema escrito por el filósofo Ptha-Hotep en el 2500 antes de Cristo, describe la penuria de la ancianidad, el debilitamiento de los sentidos y de las facultades mentales, clasificando la vejez como la peor de las desgracias.

En *Israel*, el pueblo judío, desde sus orígenes, venera la vejez y le concede toda autoridad. Cuando la comunidad hebrea se divide en 12 tribus, cada una es gobernada por un comité de ancianos, y la unidad entre las 12 está asegurada por un consejo también de ancianos. Para las funciones claves de la judicatura se eligen de preferencias provectos. Los patriarcas son de ordinario viejos y en torno a ellos se desenvuelve el núcleo familiar, social y político. Los profetas, en cambio, los revolucionarios de la época, son de preferencia jóvenes. Sólo cuando se crea la monarquía, 1000 años antes de Cristo, con David, el segundo rey, llega un gobernante de relativa juventud. Al sacerdocio no se asciende sino por la escalera de la edad. En la *Biblia* se consagra en los varones la edad, aunque entre las mujeres la edad no constituye requisito. Algunas de las grandes figuras femeninas de la *Biblia* son jóvenes: Judith, Ruth, Raquel... solamente en épocas de guerra la juventud toma importancia en el ejército como combatiente y gana la historia con el ejemplo de los hermanos Macabeos. Para los judíos el gran consuelo es la promesa de un redentor, desde la expulsión del paraíso. Un salvador que les devolvería la patria material y la patria espiritual. Asediados de enemigos por todas partes, como aún lo están hoy, los hebreos van materializando la imagen del Mesías como la figura de un libertador militar, algo así como el gran Macabeo. Históricamente, aparte de consideraciones teológicas, puede ser esta una de las razones por las cuales Cristo escogió ejercer su misión entre los 30 y los 33 años.

Sin embargo, el concepto de la *Biblia*, favorable a los ancianos, continúa ininterrumpido desde los primeros hasta sus últimos libros. Si la vida es un don, la prolongación de la vida es un privilegio de ese don. Por eso la longevidad aparece bíblicamente como una recompensa a la virtud, especialmente a la justicia en la cual la mentalidad israelita cifraba el compendio de todas las virtudes. Por el contrario, la abreviación de la vida era un castigo a la impiedad. Los Proverbios dicen: "El temor de Jehová aumentará los días, pero los años del impío serán acortados". El Levítico es determinante: "Delante de las canas te levantarás y honrarás el rostro del anciano".

En el Nuevo Testamento, en el Evangelio, aparece otra edad privilegiada: la niñez. Cristo es amigo de los niños y los pone como ejemplo: "Si no os hiciereis semejantes a uno de estos pequeños, no entraréis en el reino de los cielos". El influjo de esta frase se recobrará en la Edad Media, desde cuando Francisco de Asís funda la institución del Pesebre.

El Nuevo Testamento, sin embargo, no interrumpe la tradición bíblica sobre el anciano. Cristo escoge sus 12 apóstoles entre todas las edades: Juan el joven, Mateo el maduro, Pedro el provecto. Jesús ama a Juan, respeta a Mateo, pero el comando o gobierno del colegio apostólico se lo da a Pedro, el primer papa. La tradición de la gerontocracia eclesiástica se continuará hasta prácticamente el fin de la alta Edad Media, período en el cual todos los sumos pontífices fueron viejos. En el ínterin del final de la Edad Media hasta el Concilio de Trento, se interrumpe la tradición de la gerontocracia eclesiástica y pueden contarse algunos papas jóvenes. Pero con el Concilio de Trento la interrumpida tradición se restablece. Los pontífices vuelven a ser viejos, hasta nuestros días, cuando en 1979 se elige como sumo pontífice al cardenal polaco Wojtila con el nombre de Juan Pablo II, a quien, a pesar de sus 58 años, se le considera joven en comparación a sus antecesores.

En *Grecia* se tipifica la sabiduría en los gerontes y la fuerza en la juventud. Sobre el anciano Néstor triunfa el joven Ulises. Pero la vejez continúa siendo por excelencia la edad honorífica. En el areópago se ven muchas canas.

Para Platón virtud y verdad son logros de la edad avanzada y la sabiduría en el gobierno reside en la gerontocracia. Aristóteles se le opone en la necesidad de no confundir la inteligencia con la ancianidad a la que pertenecen más que el gobierno, el don del consejo.

Roma recoge en su pensamiento filosófico y en sus costumbres sociales y políticas el criterio platónico, especialmente latinizado por Cicerón. El poder de *pater-familiae* era ilimitado hasta la muerte. El hijo que pegaba a su padre era considerado *monstruoso* y execrado. El supremo poder de la nación residía en el colegio de ancianos, senado, y en el pueblo, a quien los senadores representaban. Todas las grandes decisiones se tomaban siempre en nombre del "Senado y el pueblo romano".

En la alta *Edad Media* continúa la tradición romana, pero se instituye la figura del "mayorazgo".

Del siglo XI hasta el siglo XV los jóvenes comienzan a gobernar porque eran los triunfadores de la fuerza física, probada en la guerra, cuyo ganador automáticamente se convertía en gobernante. Principal motivo de influencia en este cambio es que en esos mismos 4 siglos, del XI al XV, el culto al padre eterno en el cristianismo se debilita y va siendo reemplazado por el culto al hijo. La cristología avanza en la filosofía, la teología y en el arte. La iconografía de la época es cristocéntrica y a Cristo se le reconoce como el "Rey de Reyes" con todos los poderes del cielo y de la tierra, del tiempo y de la eternidad en las manos. En la misa, el gran rito cristocéntrico, el crucificado aparece como rey, no solamente de judíos, sino de todo el universo.

En las pocas veces que de este período el anciano aparece en la literatura es para vejarlo, deprimirlo y ridiculizarlo, tendencia que culminará en los cuentos de Bocaccio. En el siglo XIV comienza en el cristianismo la devoción al Niño Jesús y a su Madre Santísima. Y aparece una vigorización del pensamiento de la muerte y de la necesidad de prepararse a ella. Paralelamente, la literatura profana se complace en el escarnecimiento del viejo y en su mofa. Con el Renacimiento, en el siglo XVI, mientras van naciendo las primeras formas de un capitalismo comercial y de un gran florecimiento cultural, inspirado en el humanismo antiguo de amor a la vida y a la belleza, se va revaluando la idea de la ancianidad a la cual se opone, sin embargo, el odio a la fealdad, de la cual algunos autores serios, como Erasmo, hacen prototipo al viejo.

Comienzan a surgir autores que reivindican la vejez como Brantome, aunque para muchos escritores, como Ruzzante, la vejez siga siendo asquerosa. Shakespeare, a pesar del culto a la juventud de su *Romeo y Julieta* y de otras de sus obras, por primera vez en ese período personifica en el rey Lear la heroicidad en un viejo.

En *Francia* durante el siglo XVII la mayoría de los adultos morían entre los 30 y 40 años. Sólo algunos burgueses llegaban a la cincuentena; a los cuarenta ya se era "vejancón" y a la vida pública se entraba de los 18 a los 20 años. Los "vejetes" de Molière tipifican un criterio colectivo.

En el siglo XVIII comienzan los progresos de la higiene y la medicina y la longevidad, sobre todo en las clases privilegiadas comienza a alargarse. Los sexagenarios participan en la vida social y económica y artística. El matrimonio entre hombres de edad con mujeres jóvenes ya no es motivo de befa. Con el crecimiento de la burguesía y la moral laica se rehabilita la ideología de la vejez. El anciano vuelve a simbolizar la unidad y la permanencia familiar. Es obligatorio asistirlo y el abate Saint Pierre populariza la palabra "beneficencia" como sustitución de la caridad material, mientras que el laicismo la sustituye por la de *filantropía*, o sea el arte de ser feliz haciendo felices a otros.

El siglo XIX empieza a reparar las injusticias literarias contra los viejos quienes reaparecen con majestad, equivocados a veces, pero siempre nobles.

Victor Hugo escribe la primera gran consagración del siglo XIX al viejo y la aparición de este favorablemente en la gran literatura. Victor Hugo en *Los miserables*, escribe: "Si se ve fuego en los ojos de los jóvenes, en el ojo del viejo se ve luz". El siglo XX la literatura conserva en algunos campos la rehabilitación literaria del viejo del siglo XIX, en otros también la tradicional malquerencia hacia él, especialmente en los nuevos medios de comunicación, donde la imagen del viejo está casi siempre proscrita, por lo menos en los papeles principales en cine, radio, televisión.

Así como el fortalecimiento de la burguesía comercial fue favorable al viejo, el incremento de la industrialización fue perjudicial. La presencia del viejo en la sociedad industrial del siglo XIX en Francia, Inglaterra e Italia, constituye un verdadero calvario para él, pues su edad lo desplazaba por completo del nuevo campo de trabajo fabril exigente de fuerza muscular.

En este sentido, la situación no ha cambiado mucho en nuestros días, pero sí comienza a modificarse grandemente, como veremos en otras páginas de este trabajo.

Imagen médica

Grecia. Hipócrates, el primero en comparar las etapas de la vida humana con las cuatro estaciones de la naturaleza y la vejez con el invierno, escribe: "Los ancianos necesitan menos alimentos que los jóvenes, padecen de dificultades respiratorias, de catarros que provocan accesos de tos, de disuria; de dolores en las articulaciones, de vértigos, de apoplejía, de caquexia, de prurito generalizado, de somnolencia; expulsan aguas por los intestinos, los ojos, la nariz; suelen tener cataratas: su vista disminuye, oyen mal".

Roma. Galeno considera la vejez como intermediaria entre la enfermedad y la salud. No es exactamente un estado patológico, sin embargo todas las funciones del viejo están reducidas y debilitadas. Concilia la teoría de los humores con la del calor interno. En su obra *Gerocomia* piensa que, con arreglo al principio *"contraria contrarüs curantur"*, hay que calentar y humedecer el cuerpo del viejo.

Que tome baños calientes, que beba vino y además sea activo. Pone como ejemplo al viejo Antioco que a los 80 años visitaba todavía a sus enfermos y al viejo gramático Telefos que conservó hasta los 100 años magnífica salud.

Siglo XI. Avicena hizo interesantes observaciones sobre las enfermedades crónicas de los viejos.

La escuela de Salerno se dedicó a confeccionar "regímenes de salud y longevidad". Esta escuela, la más célebre de la Edad Media en Occidente, dio mucha importancia a evitar las frustraciones, para alargar más la vida.

Inglaterra. Siglo XIII. Bacon Robert consideraba la vejez como una enfermedad. Escribió para Clemente VI una higiene de la vejez.

Del siglo XIV, hasta fines del siglo XV, las obras sobre la vejez son tratados de higiene.

Siglo XV. Zerbi escribe *Gerontología*, la primera monografía sobre la patología de la vejez... *Siglo XVI*. Para *Paracelso* el hombre es un "compuesto químico" y la vejez resulta de una autointoxicación... *David Pomis* describe enfermedades seniles exactas y adelantadas, sobre todo hipertensión arterial... *Siglo XVIII. Gerard van Swieten* considera la vejez como una especie de enfermedad incurable... *Borelli Baglivi* introduce la *iatrofísica* con las ideas de la Mettrie: el cuerpo es una máquina, un conjunto de cilindros, de husos, de ruedas.

El pulmón es un fuelle. Continuarán las ideas mecanicistas de la antigüedad sobre la vejez (Demócrito y Epicuro). El organismo se degrada como se gasta una máquina cuando ha servido mucho tiempo.

(Es error pues en ejercicio lejos de gastarse se mantiene. Si sus actividades cesan, se atrofian)... *Morgagni*, sobre correlación entre síntomas clínicos y observaciones de autopsias, dedicó una sección a la vejez.

Sthal inaugura la actividad conocida como *vitalismo*. Existiría en el hombre un principio de actividad vital, una entidad cuyo debilitamiento acarrearía la vejez, desaparición y muerte.

Fischer rompió con la tradición de Galeno y describió sistemáticamente la involución senil de los órganos.

Siglo XVIII. Rush publicó un estudio fisiológico-clínico. En 1779 *Seiler* dedicó una obra a la anatomía de los viejos... *Siglo XX. Cazalis*, el hombre tiene la edad de sus arterias, la arteriosclerosis es factor determinante del envejecimiento, que viene de una disminución del metabolismo... *1914, Nasher*, padre de la geriatría, creó en Viena una rama especial de la medicina de la vejez. En 1909 publicó su primer programa; en 1914 publicó su libro en New York, donde fundó la Sociedad de Geriatría... *1939*, un grupo de científicos ingleses y profesores de Medicina, fundaron un club internacional de investigaciones sobre la vejez. *Coudry* publicó su monumental obra: *Problems of Ageing... 1954*, Index Bibliográfico sobre Gerontología, *Revue Française de Gérontologie... Escoffier-Lambiotte*: el envejecimiento y luego la muerte no están en relación con cierto nivel de gasto energético, con un número de latidos cardíacos, sino que sobrevienen cuando ha llegado a su término un programa determinado de crecimiento y maduración... *Carrell,* las células mismas son inmortales, sólo sus combinaciones se desharían con los años... *Orgel,* la edad acarrea desfallecimientos en el sistema que habitualmente determina y planifica, con precisión, la producción de proteínas celulares... *Destrem,* lo que caracteriza la senescencia es la transformación peyorativa de los tejidos. La masa de los tejidos metabólicamente activa disminuye, mientras aumenta la base de tejidos metabólicamente inertes; tejidos intersticiales y fibroscleróticos son objeto de deshidratación y degeneración grasa. Hay involución de determinados órganos, se producen fenómenos bioquímicos... *Hawell,* "la senescencia no es una pendiente que todos bajan a la misma velocidad. Es un tramo de peldaños irregulares por los que algunos se precipitan más rápido que otros". Hay una enfermedad, la *progeria*, que hace envejecer prematuramente todos los órganos del paciente. (Esta enfermedad indicaría la existencia de un agente de envejecimiento desconocido).

Veintiún siglos después, de nuevo Cicerón

A pesar de los inconmensurables cambios de la humanidad en nuestro siglo, los valores esenciales del hombre permanecen, como el hombre mismo permanece. Ha cambiado la ciencia y la técnica, pero su autor, el hombre, es el mismo, con sus intereses trascendentales, uno de los cuales es la vida en sí, y la etapa culminante de la vida: la vejez.

Puede observarse en esa literatura, en las ciencias y las técnicas de la vejez progresos pero, salvas excepciones, deficiencia de filosofía y humanismo sobre el problema de envejecer. Para los griegos, los israelitas y los romanos de antes de Cristo, carentes de la ciencia y de la técnica de hoy, la vejez fue, ante todo, una filosofía y un arte, como la vida misma, cuyo máximo documento ha llegado hasta nosotros desde el siglo I antes de Cristo, es decir hace 21 siglos: *De Senectute* (*Sobre la vejez*) del romano Marco Tulio Cicerón, donde éste pone en boca de un viejo admirable de 84 años, Catón el Censor (Catón el viejo), con una vida plena en todo momento, la gran lección para sus jóvenes contertulios Escipión, Emilio y Cayo Lelio. Es el primer gran documento humanístico sobre el tema.

Es muy curioso notar cómo los autores modernos sobre la vejez muy pocas veces citan *De Senectute*, de Cicerón, pero coinciden con él, salvo en el capítulo sobre el placer que Cicerón trata al modo muy severo de Catón, hoy totalmente revisado, porque la ciencia y la experiencia demuestran cómo los placeres de la vida no terminan sino con la vida y el viejo puede y debe disfrutarlos lícitamente, incluso en la sexualidad.

Con excepción de este espartano ascetismo catoniano de Cicerón, lo escrito por Cicerón, hace dos mil cien años sobre la vejez, está vigente aún y es importante hacer una síntesis apretada de sus ideas útiles de figurar aquí, pues cada día son menos citadas y más actuales. Haber mantenido su validez por más de dos milenios son su mejor credencial. Las partes sin comillas son comentarios del autor de este libro.

Uso la edición bilingüe *De Senectute* (latín-español), de Boseh, Casa Editorial Barcelona – 1954, cuyos 4 temas son:

   I. La ancianidad no impide la vida activa, ni la gestión de los negocios.

  II. La ancianidad debilita algunas fuerzas corporales, pero compensa con la vigorización de las fuerzas mentales.

 III. La vejez priva de ciertos placeres, pero conserva y desarrolla otros hasta la edad más avanzada.

 IV. La vejez es vecina de la muerte. Pero, según el orden de la naturaleza, la muerte no debe ser temida sino deseada como tránsito a otra vida inmortal.

Cicerón encuentra en los años una *"carga opresora y amenaza cercana"*, pero también un don, y, en la reflexión, la vejez se le hace *"dulce y placentera"*... y en la filosofía una habilitación para pasar sin molestias todas las edades de la vida. El autor escoge a Catón, el Censor, octogenario, quien soporta, trabajando, con gran facilidad la vejez, tan odiosa a la generalidad. Catón da la explicación de su ancianidad *plácida, satisfactoria y útil*: "Toda edad es gravosa para los que en *sí mismos* ningún recurso tienen para vivir honrada y felizmente; en cambio, a los que buscan en *sí mismos* todos los bienes, nada que les sobrevenga, por necesidad natural, puede parecerles malo"...

Aquí, en estos dos *sí mismos*, hallamos una gran clave: somos *nosotros mismos* los agentes –el objeto y el sujeto– de nuestra vejez, los responsables de vivirla. Nosotros y no otros. Aquí también podría decirse: no hay vejez sino viejos. Y otro hallazgo: la búsqueda de los bienes en *sí mismo* significa fe, seguridad y estabilidad, tres factores muy tenidos en cuenta hoy para el bienestar de la tercera edad. El lamento contra la vejez es insensato: *"Todos desean alcanzarla, y al tenerla la vilipendian"*...

La vejez, como toda obra de la naturaleza, está bien hecha. "Os diré que en esto sí soy sabio, al seguir al mejor de los genios, la naturaleza, y obedecerla como a un dios; no es verosímil que habiendo compuesto bien las otras edades de la vida, se haya descuidado, como un poeta sin arte, en el último acto"... Los tratadistas contemporáneos, con excepciones muy contadas, concuerdan en que la naturaleza es la gran terapia para el viejo, sin olvidar los recursos de la ciencia y la técnica de hoy.

"Muchas veces he presenciado las lamentaciones de gentes de mi edad... Pero a mí me parecían que no acusaban lo que tenían que acusar... Pues si esto (los lamentos contra la vejez) sucediera por culpa de la vejez, lo mismo me sucedería a mí y a todos los hombres de edad, de los cuales he visto a muchos soportar la vejez sin lamentos... *La culpa de todas estas lamentaciones radica en el carácter, no en la edad"*... Los necios imputan a la vejez sus propios defectos y su culpa"... Hoy está establecido cómo el viejo achaca a la vejez enfermedades y percances no causados por la vejez, sino por otras razones.

"Ni en la extrema indigencia puede ser llevadera la vejez para el sabio, ni para el necio puede dejar de ser pesada aun cuando nade en abundancia"... Hay un nivel económico de bienestar necesario, pero satisfecho éste, la riqueza no importa, mientras sí mucho el nivel moral e intelectual. "Las armas más adecuadas para la vejez son los principios y la práctica de las virtudes"... "La dignidad templada con la cortesía impide a los años dañar el carácter"... Era la lección del viejo Quinto Máximo quien, "a pesar de su edad hacía la guerra como un joven y con su paciencia hacía tascar el freno a la juvenil fogosidad de Aníbal"...

Cicerón se da cuenta de que el ejemplo de los viejos eximios no entra en el promedio, por excepcional. Cita por eso, casos de vejez afortunada en el ciudadano común, especialmente entre los campesinos de la campiña romana, que repiten, a su escala, la proeza de Cemcio, con sus 107 años cumplidos sin haber interrumpido nunca su actividad. "La vejez puede ser corcel brioso y vencedor"... Con Ennio comparaba la suya, a pesar de su pobreza.

I. *La vejez no es inactividad*. Lo que perdemos en fuerza física lo ganamos en fuerza mental. "Ninguna razón aducen los que niegan toda actividad a la vejez y son como si uno dijera que en la navegación el piloto está inactivo, ya que mientras que unos trepan por los mástiles, otros van y vienen por el puente, otros achican la sentina, él está sentado tranquilamente en popa con la mano en el gobernalle"... "Las grandes empresas no se administran con la fuerza, la agilidad o la velocidad del cuerpo, sino con la reflexión, el prestigio, el juicio, cualidades que con la vejez no sólo no se pierden, sino que se acrecientan. De no ser estas cualidades propias de la vejez, nuestros antepasados no hubieran llamado 'senado' a la suprema asamblea"... Exactamente lo que ocurre hoy con los Estados Unidos de Norteamérica.

"¿La memoria se debilita con los años? Lo creo si no la ejercitas, o si eres algo tardo de natural"... "El anciano recuerda todo lo que le interesa"... "Conservan los ancianos sus facultades mentales, con tal que subsistan en ellos el interés y la aplicación"...

El ejemplo de los grandes ancianos plácidos, satisfechos y útiles que trabajan hasta morir: "Homero, Hesíodo, Simónides, Isócrates, Georgias, Pitágoras, Demócrito, Platón, Xenócrates, Zenón, Cleantes, Diógenes"... pero también los campesinos del campo sabino"...

No hay que sentirse molesto ante los demás. "Agradable antes que molesto. Pues así como los ancianos sabios se deleitan con los jóvenes de buena índole y con el respeto y amor que la juventud les guarda que les hacen más llevaderos los años, así también los mozos gustan de las enseñanzas de los viejos"... Es decir la rejuvenecedora convivencia con la juventud, también terapia de hoy... La vejez, lejos de ser lánguida e inerte es, al contrario, activa, ocupada... "Solón se hacía viejo aprendiendo algo cada día y yo en vejez he aprendido el griego"... "¿Qué caso hay más agradable que una vez rodeada de una juventud afanosa de aprender?"... "El desfallecimiento de los años es más causado por los vicios de la juventud que por los de la vejez"... "Tengo ochenta y cuatro años... cierto que no tengo las energías que tenía cuando era soldado en la guerra púnica... pero no me ha enervado ni abatido la vejez y la curia no siente la falta de mis fuerzas, ni el foro, ni mis amigos, ni mis clientes"...

"Hacerse viejo pronto, si quiere uno ser viejo mucho tiempo". "Lo que es yo, más quisiera ser viejo menos tiempo, a ser viejo antes de tiempo". "El curso de la vida está predeterminado y la ruta de la naturaleza es una sola y es sencilla; a cada edad de la vida se le ha dado el carácter peculiar"...

"Masinisa a los noventa años cuando emprende una marcha a pie no monta a caballo en absoluto, cuando a caballo, no se apea; ni lluvias ni fríos le reducen a cubrirse la cabeza: de complexión extremadamente enjuta, puede así cumplir con todos los deberes y funciones de un rey. Pueden por tanto el ejercicio y la templanza, conservar, incluso en la vejez, algo de primitivo vigor". Ejercicio y templanza también terapias actuales. La mala salud no es escuela de la vejez: "Qué tiene de extraño que algunos ancianos sean enfermizos cuando ni los jóvenes pueden evitarlo"... "Esa estupidez senil que llamamos chochez es propia de viejos frívolos, no de todos"... "Como Apio, mantener el espíritu en tensión, y no rendirse lánguidamente a su vejez"... "Me gusta un mozo en cuyo carácter haya algo de anciano, y así mismo un anciano que tenga algo de joven"... "Esta es mi gimnasia intelectual: sudando y atareándome en ella. No tengo necesidad de fuerzas físicas"... "El que vive ocupado en estos afanes y trabajos, nos se da cuenta del insensible insinuarse de la vejez".

II. Privación de placeres. Cicerón acude aquí, en boca de Catón, el Censor, uno de los hombres más austeros de todos los tiempos romanos, a dos argumentos: uno de hecho: "No importan los placeres si no se desean" y otro moral: "Los placeres son los culpables de todo mal público y privado". Ambos están enmendados hoy por la ciencia, la técnica y la moral, como los veremos en las páginas de este libro sobre el placer. Se explican en el autor, dada la falta de una exacta concepción biológica y sensorial del cuerpo humano en la época y la extralimitada licencia de costumbres romanas en ese período, en que Cicerón preveía una de las causas de la decadencia romana por la deformación del placer lícito convertido en vicio, que él combatía en Catilina, al cual enfrentaba como ejemplo, a viejos modelos de virtud: Catón, moralista, y Cincinato, asceta, a quien sorprendió el nombramiento de dictador mientras araba su campo.

Por otra parte, Cicerón estaba imbuido en la filosofía de Platón que desprecia el cuerpo por encumbrar el alma, otro error comprobado luego, y especialmente peligroso para la vejez. Cicerón usa el término "placer" sensual confundiéndolo con el de "placer sexual". Ni uno, ni otro son ajenos al viejo, cuyo sexo y demás sentidos tienen derecho al placer lícito, como en cualquiera edad. Lo veremos más adelante.

Es tal la aversión de Cicerón que llega a agradecer a la vejez "el quitar el deseo de hacer lo que no debemos" y a afirmar "El apetito carnal impide la reflexión, es adversario de la razón, ofusca, por así decir, los ojos del entendimiento y no tiene trato ninguno con la virtud". Exageraciones todas rectificadas hoy cuando se ha demostrado por todos los medios que el viejo es capaz de vida sexual y que ésta restablece el equilibrio y mejora su salud. Cicerón alude más al abuso que al uso. Y a la deformación del criterio vicioso sobre el "apetito carnal".

Cicerón tiene ante sus ojos la costumbre romana de ver en el placer un debilitamiento del enemigo, usarlo para vencerlo. "Los placeres de Capua"... Este placer romano era la orgía con abuso de todos los sentidos. No pueden aplicarse sus palabras a la sana concepción del placer.

"La tertulia, el convite" (convivencia) son aconsejables. "Una cierta medida de placer es quizá natural"... Catón reúne todas las noches un convite de vecinos para llenar la mesa y dilatar la conversación hasta bien entrada la noche. El placer del diálogo.

"Quien no echa de menos no carece... La ausencia del deseo es mejor que el goce"... Ignoraba Cicerón que el deseo del deseo también existe. "Nada es más delicioso que la paz de una ancianidad semejante"... "La vida, como el teatro, es una cuestión de fila. Lo mismo ve el de la primera que el de la última".

El deleite de hacer obra y gozarse en ella es grande ayuda en la vejez. Cicerón da como ejemplo de ellos a los viejos Galo, Plauto, Lublio, Licinio y Publio Escipión. El viejo, como Solón, siempre puede aprender, "ningún deleite es mayor que este placer del alma"... "Los deleites de la agricultura en que yo increíblemente me recreo"... El campo, el mejor hábitat para el anciano... "A mí de la tierra me encantan no sólo los frutos, sino también la fuerza creadora que les es natural"... El maravilloso espectáculo del procedimiento desde la semilla hasta el fruto...

El placer de la autoridad: "La gloria no es tener oro, sino mandar sobre los que lo tienen"... En el campo vivían los senadores, es decir los ancianos, y desde sus granjas eran convocados al senado... "Digo esto por terminar haciendo las paces con el placer"... El campo "donde la vejez puede calentarse al sol y a la lumbre, o al revés, más saludablemente refrescante a la sombra en las aguas"... aceptar las privaciones "sin eso puede también ser feliz la ancianidad"... "La edad no es obstáculo para conservar hasta los últimos años nuestras aficiones de cualquier clase que sean".

"La corona de la vejez es la autoridad". "Tiene la vejez, especialmente la adornada con honores públicos, tan grande autoridad que ella sola vale más que

todos los placeres de la juventud"... "Yo elogio aquella vejez que descansa sobre fundamentos de la juventud". La concatenación es inevitable "niñez, infancia, vejez". Pero los cambios también son inevitables, hay que aceptarlos y buscarlos... "Ni canas, ni arrugas pueden repentinamente conferir autoridad como último fruto"... "Lacedemonia, el más honroso domicilio de la vejez". "Terminar bien el drama de la vida, sin desgraciarse en el último acto, como hacen los actores inexpertos"... "Los viejos se creen despreciados, desdeñados, burlados"... "No todos los vinos se agrian con los años. Así no todos los caracteres"... "Apruebo la severidad en la vejez... la acritud de ningún modo"...

III. *"El acercamiento de la muerte"* "La muerte... la cual creo ver más claramente cuando menos disto de ella"...

Y el grito de esperanza, como el de Job "... creo que vuestros ilustres padres (ya muertos) viven, por cierto, la única vida digna de este nombre"...

Cicerón cree firmemente en la inmortalidad del alma, concepto recibido de Platón, Aristóteles y Pitágoras y defendido argumentando su simplicidad, su indivisibilidad, su actividad meramente espiritual, su operación por sí misma, su autoabastecimiento, su organización divina... En Cicerón encontramos ya el desprecio por el cuerpo, tan resucitado en la Edad Media y tan rectificado hoy, cuando cuerpo y alma forman indivisiblemente una sola persona.

"Pues mientras estamos encerrados dentro de esta estructura del cuerpo, cumplimos como un destino impuesto por la necesidad y soportamos una pesada carga; pues el alma es celeste y desde su altísimo domicilio ha sido derribada y como sumergida en la tierra, lugar inadecuado para su divina naturaleza y para la eternidad"... "Cuando el alma se ha liberado de toda mezcla en el cuerpo y ha empezado a ser pura e incontaminada, entonces es sabia".

Se vislumbra ya aquí "la desechable envoltura corporal", frase medieval tan acuñada, el evangélico "el espíritu está pronto pero la carne es perezosa"... A Cicerón se le ha apreciado como filósofo precristiano.

Al enumerar las facultades –cognoscitivas, creativas y volitivas del alma– Cicerón concluye: "Es imposible que una naturaleza que tales maravillas contiene sea mortal"... "Cuando más sabio es uno, mayor es su serenidad al morir, cuanto más necio, mayor es su desesperación".

Y al lado de la tesis de la inmortalidad, Cicerón escribe la del reencuentro más allá de la muerte: "El deseo de ver... a los que honré y amé... y no solo anhelo encontrarme con los que yo conocí, sino también con aquellos que oí y leí"...

"¡Oh anciano infeliz el que en vida tan larga no haya aprendido a despreciar la muerte! La cual o es del todo despreciable, si extingue enteramente el alma, o hasta deseable si la conduce a un lugar donde ha de ser eterna"...

La filosofía platónica latinizada en Cicerón, sobre la inmortalidad del alma, no contempla, como la cristiana, ni el premio, ni el castigo ultraterreno. Para

Cicerón, al ser inmortal el alma, la sola existencia eterna es la causa de los placeres espirituales que el alma por sí misma genera. Y así Cicerón plantea el dilema: o la muerte es el aniquilamiento total, y entonces por qué temerla, si después de ella no hay nada y seremos nada: o, después de ella sobrevive el alma como fuente de satisfacciones: "¿Qué he de temer pues si no he de ser desgraciado después de la muerte, o aún he de ser feliz?...".

"¿Qué acusación es la muerte contra la vejez, puesto que veis que el morir es común también a la juventud? Es que el joven tiene más vida que esperar. Pero la que éste espera, el viejo ya la obtuvo"... "Todo lo que sucede de acuerdo con la naturaleza debe tenerse como un bien"... ¿Y qué más de acuerdo con la naturaleza que para los ancianos el morir? Lo mismo sucede también a los jóvenes...

Hay que madurar para la muerte, y con la conciencia de la muerte y esa evita temores y nos familiariza con ella: "Madurez que, por lo que a mí hace, es tan placentera que, cuanto más me acerco a la muerte, mejor me parece divisar, por así decir, la tierra y el puerto al que tras larga travesía me toca por fin llegar"...

"Pero a la vejez no le es fijado término alguno (para morir) y se vive bien en ella mientras se puedan cumplir y mantener las obligaciones. De lo que resulta que la vejez es más animosa que la juventud y más valerosa que la juventud. Este es el sentido del viejo Solón al tirano Pisístrato. Preguntado en qué confiaba para oponérsele con tanta audacia, dicen que contestó Solón: en la vejez"...

La naturaleza ayuda a morir y debemos dejar que la naturaleza obre, sin disfrazar la muerte... "Pero el fin más bello de la vida es cuando integra la mente y activa todos sus sentidos, la naturaleza disuelve la obra que ella misma compuso"... "Pitágoras prohíbe que sin permiso del general, o sea de Dios, nadie abandone la guardia o el puesto en la vida... Y no cree que ha de llorarse una muerte a la que sigue la inmortalidad... nadie puede sin tal meditación (la de la muerte) conservar su tranquilidad de espíritu"...

El pensamiento de la muerte la hace más tolerable. Es el caso del soldado en guerra: "Nuestras legiones muchas veces partieron con ánimo alegre y levantado a lugares de donde no creían poder volver nunca" ... "Si hay jóvenes que desprecian la muerte, ¿por qué no la desprecia el anciano? La saciedad de todos los deseos produce la saciedad de la vida. La infancia tiene sus gustos propios: ¿los siente acaso la juventud? ¿Los tiene la mocedad:? acaso la edad viril, la que llamamos media, los experimenta?... Los tiene (los gustos propios) también esta edad... Tampoco la vejez desea los anteriores. Hay unos que desean extremos de la vejez. Así como mueren los afanes de las anteriores edades, mueren igualmente los de la vejez, y, cuando esto sucede, la saciedad de la vida trae consigo el tiempo maduro para la muerte"... Es decir, la muerte llega cuando los intereses de vivir se acaban.

"Pitágoras y los pitagóricos, casi compatriotas nuestros, en otro tiempo conocidos con el nombre de 'filósofos itálicos', nunca tuvieron duda de que nuestras almas fuesen emanadas de la mente divina y universal"... "Esta es mi convicción, este es mi sentir: siendo tan grande la movilidad del espíritu, tal su memoria de las cosas pasadas, tal su habilidad para prever las futuras, tantas las artes y ciencias que posee, tantos sus descubrimientos, es imposible que una naturaleza que tales maravillas contiene sea mortal; y puesto que el alma está siempre activa sin que haya un principio de su movimiento, pues es ella misma quien se mueve, tampoco este movimiento ha de tener fin, puesto que nunca el alma se abandonará a sí misma; y si es indivisible, no puede morir"...

A su vez en Jenofonte, Ciro el Mayor moribundo habla así: "No creáis, hijos míos carísimos, que yo, cuando haya partido de vosotros, no esté en parte alguno o no exista en absoluto. Pues tampoco cuando estaba con vosotros veíais mi alma, sino que entendíais que estaba en este cuerpo por las cosas que yo hacía. Creed, pues, que continúa existiendo, aunque no la veáis"... Hasta aquí Cicerón.

La joroba no es obligatoria

La imagen del viejo, como caricatura de hombre, es la más difundida. Entre las características naturalmente no falta la giba o joroba. Se le concibe como a una ex persona muy cargada de espaldas, doblegada la cerviz, los ojos clavados en la tierra. Pero la joroba no es obligatoria y el hombre puede morir tan erguido como era al mes de su nacimiento. ¿Para qué aceptar, entonces, esta triste figura de un hombre que ha perdido su característica esencial de animal racional: la nuca y la cabeza verticalmente puesta sobre su tronco también vertical?

Con la edad los huesos se vuelven porosos, los músculos blandos o rígidos según el caso y los tejidos adiposos. Es decir, hay tendencia física a curvarse ante el peso de la cabeza. Pero la porosidad ósea, la flacidez muscular, la adiposidad de los tejidos se pueden prevenir con ejercicios y nutrición. Para La Bruyère todo hombre después de los 30 años es responsable de su cara. Podemos agregar: y también de nuestro cuerpo entero.

Si ofrecemos a la sociedad la imagen por ella preferida sobre el viejo, caricatura de hombre, en parte es nuestra falta de precaución y prevención, sin descontar tampoco el caso de algunos ancianos que, imbuidos de pesimismo, o arguyendo su deseo de provocar falsa misericordia, van curvándose hacia la tierra, consciente o inconscientemente. A cierta edad es difícil, pero se puede atenuar y, ante todo, prever y tomar precautelativamente la solución para evitar esta condena de mirar el suelo y no al horizonte. Entra esta estrategia dentro de la consideración que debemos dar a nuestro cuerpo y nuestro espíritu. Usted y yo conocemos gran número de ancianos sin giba alguna. Y además debemos conocer los correctivos. El tiempo de 8 horas diarias sobre un escritorio, sobre una máquina de escribir, sobre un aparato, sobre el surco, debe ser compensado en horas libres con ejercicios de remodelación, para obligar a nuestra columna vertebral, a nuestro cuello y a nuestra cabeza al erguimiento lógico del ser humano. La giba o joroba no siempre es producto del trabajo. Frecuentemente resultan de algunas posiciones al dormir, al caminar, al sentarse, de hábitos o manías que nos van inclinando, a veces desde la misma niñez. Son un defecto no forzosamente resultado de la vejez, sino a veces de causas extrañas a ella, en nuestra mano para enmendar. Acontece con la giba o joroba lo que con otros defectos y enfermedades: se creen consecuencias obligadas de la vejez, cuando en realidad son producidas por causas extrañas a ella, muchas veces por la propia voluntad consciente o inconsciente.

CAPÍTULO III

Cambios

"Cambiar" es ley de la vida en todas las edades para el individuo y de la historia para la humanidad: cambios morfológicos, síquicos, físicos, sociales y demás. El proceso de evolución es indetenible. No nacemos ni fosilizados, ni estereotipados. El tiempo es movimiento y el espacio, las técnicas y las artes del hombre, desde el hacha de sílex hasta las herramientas atómicas, son producto del cambio. Pero el cambio no supone transustanciación de materia, metamorfosis de esencias. A pesar de los cambios, y aun modificados por ellos, hoy y hasta último momento, seguimos esencialmente siendo quienes fuimos.

El gran error del tratamiento social al anciano parte de exagerar los cambios de la vejez para convertir al viejo en "otro", un ser extra-humano, fuera de la humanidad, de "otra parte". Es la muerte social. Esa actitud social frente a la tercera edad comienza a cambiar también, gracias a la mayor presencia del viejo hoy en el mundo de cuya población aun numéricamente él es parte muy importante. Pero mientras la sociedad se empeña en hacer del viejo "otro", el viejo mismo se cree tal. Por tanto, el primer disuadido del error debe ser el viejo mismo. Mientras no lo haga, la lamentación contra el tratamiento social será poco eficaz. ¿Por qué pedirles a los demás lo que nosotros mismos no hacemos? En último y en primer término siga usted siendo hombre, a pesar de los cambios exigidos por su edad. Seguir siendo hombre en la tercera edad es una necesidad ya demostrada por la ciencia y la técnica, no solamente por el humanismo y la filosofía.

La ciencia y la técnica de hoy han cambiado totalmente la noción de vejez, al aumentar tanto el promedio de la vida humana en el primer mundo. El viejo actual comienza su vejez mucho más tarde y saludablemente. El viejo conserva sus facultades vitales en su vida de trabajo, sexo, afecto, utilidad, satisfacción, placidez, y su capacidad de seguir realizándose en la vida, conforme al hombre que es cada cual. A disposición del viejo hay recursos técnicos para suplir sus deficiencias orgánicas: lentes, audífonos, prótesis dental, implantes internos y externos, transporte mecánico, alimentos predigeridos y asimilables, televisión y radio, información y esparcimiento. Ya no tiene razón de ser la clásica imagen del "viejo desdentado, baboso y cegatón". Frecuentemente el viejo va cambiando sin darse cuenta, porque la naturaleza no obra a saltos, sino pausada y ordenadamente a través de muy sutiles transiciones. Para percatarnos de esos cambios necesitamos de continua reflexión y análisis de nosotros mismos. Esta conciencia de nuestros cambios individuales en nosotros mismos es necesaria para prepararnos y poder adecuarnos y adaptarnos a ellos, con tal de no ser ni demasiado optimistas, ni excesivamente pesimistas. No. Ni tanta luz para deslumbrarnos, ni tanta sombra para enceguecernos. Por eso conviene siempre consultar a personas autorizadas a nuestro derredor. Algo sí es indeclinable: la necesidad de gobernar nuestros cambios. Para lograrlo, la tercera edad tiene ventajas sobre las anteriores: mayores elementos de juicio, de conocimiento y de experiencia, y la disposición de medios modernos para suplir deficiencias. Todo eso llamado "sabiduría", aplicado frecuentemente por el viejo a los otros más que a él mismo.

Cada edad tiene sus cambios propios en lo orgánico y en lo espiritual. Son naturales en el proceso vital y, si aceptamos la vida, hemos de aceptar también los cambios. Desde la semilla hasta la cosecha, ¿cuántos cambios? Los de la tercera edad no son tan graves, aunque sí molestos, si no nos adecuamos a ellos. La naturaleza lo ha dispuesto todo bien, con tal de no contradecirla. El viejo, deformado por prejuicios, se empeña en contradecirla frecuentemente, con una falsa mentalidad de viejo, queriendo anticiparse a los cambios o resistiendo a ellos. "No por mucho madrugar amanece más temprano".

Fuera de los cambios físicos y síquicos personales, existen los cambios históricos realizados día a día, ahora más que nunca, a nuestro derredor. Estos cambios pueden ser incómodos al viejo, pero a veces pueden serle favorables, aunque no estén de acuerdo con la opción de vida adoptada en su juventud. Precisamente por esos cambios de la ciencia y de la técnica muchos viejos están viviendo todavía. En el siglo anterior a su edad sus bisabuelos ya habían muerto.

El viejo tiene la tendencia a convertirse en moralista frente a los cambios, a compararlo todo con un pasado idealizado como mejor. Y a sacar moralejas contra el presente. Si el pasado, cuando usted nació, fuera mejor, usted no viviría. En ese tiempo el promedio de vida era de 40 años menos.

Los cambios trajeron siempre, y traen, crisis morales, sociales y económicas. Y otras. Pero eso siempre fue así y no es razón a favor del pasado. La naturaleza tiene su propia dinámica indetenible y afortunadamente progresiva. Progrese usted con los cambios.

Los cambios no se realizan, de ninguna manera, a plazo fijo en todas las personas. Varían en cada una según el complejo de circunstancias exteriores y de las peculiares de cada individuo. Se ha dicho que cada persona es un microcosmos, idéntico en la especie, pero diferente en la individualidad. No hay dos personas iguales. Es la casi inconmensurable riqueza y variedad de la especie humana.

Hasta principios del siglo XX fue común en algunos círculos la creencia de que el organismo humano cambiaba cada 7 años, período supuestamente necesario para la renovación de las células. Esa teoría no tiene fundamento en cuanto a periodicidad, aunque en la escala de las edades especialistas en gerontología, como el doctor Marroquín Sánchez, aceptan el módulo de 7 en 7. Hay, a pesar de los cambios, una cierta identidad de personalidad y carácter, que se conserva con la edad y se afianza con ella. La sabiduría de la tercera edad nos confirma que siempre seremos nosotros mismos, aunque con modificaciones que pueden hacernos mejores. No nos metamorfoseamos en otros. No somos ni la crisálida, ni la mariposa.

Vaya vigilando sus cambios, aceptándolos naturalmente. Son, a veces, una oportunidad. Nunca serán negativos, si usted no lo permite. Usted los puede gobernar, y matizar con ellos su vida. ¿Qué tal que fuéramos exactamente iguales de la cuna al sepulcro? La naturaleza no es monótona.

La dialéctica del cambio

Hemos sido mal preparados para el cambio, porque la mayoría de nosotros, consciente o inconscientemente, fuimos formados en las categorías metafísicas de las esencias, las sustancias, los géneros y las especies inmutables, con ideas transcendentes e inmodificablemente estáticas. La dialéctica dentro de esa metafísica era un arte de discutir, un estilo de pensar, un manejo de las ideas, más que las ideas mismas. La metafísica de las identidades inmutables, de los estereotipos estáticos, de las esencias invariables, permeabiliza la mentalidad occidental, desde Platón y Aristóteles, hasta la Edad Media, cuando Santo Tomás, tan grande como ellos, y quizá más, las recogió en la escuela filosófica católica, la escolástica tomística, y, aunque separando filosofía de teología, estableció un puente entre las dos por donde transita una teología filosófica y una filosofía teológica, dentro de la cual cambian las mutaciones accidentales de la materia, pero no las del espíritu y las ideas. Era la metafísica estática frente a la dinámica de los hechos. A mitad del siglo pasado, Hegel revaluó la dialéctica, haciendo de ella no ya una manera de hacer filosofía y una disciplina mental para defenderla como estrategia, sino una filosofía. Hegel es idealista y su dialéctica gira en torno a las ideas en sí. Tomado el hegelianismo por Engels, se vuelve en sus manos materialista, y la dialéctica hegeliana se convierte en la dialéctica del cambio de la materia, de la evolución material, en la cual las ideas no son estáticas sino dinámicas, con el mismo dinamismo de la evolución de la materia que en su proceso fue, es y será según sus cambios. Según ellos, los seres no son definibles de manera absoluta en sí mismos, sino en este proceso móvil entre las diferencias de su pretérito, su presente y su futuro. De donde resulta el cambio y la movilidad como ley de la historia y de la filosofía, contra el inmovilismo metafísico de la escolástica esencial. Es ya la dialéctica materialista del cambio que Marx toma y estudia en todas sus implicaciones y consecuencias políticas, económicas y sociales. En la aleación Hegel-Engels-Marx se configuran el comunismo y sus leyes materialistas como determinantes de la historia.

Esta breve disquisición no pretende hacer ningún proselitismo. Intento incursionar en una explicación de por qué nos sorprenden tanto los cambios. Porque nuestra mentalidad no estaba adaptada a ellos, y ellos nos rodean por todas partes. Al viejo le interesan todos los cambios porque son uno de sus problemas. No solamente los cambios propios de la vejez y los sociales, económicos, científicos, técnicos y aun religiosos, ante los cuales debemos hacer un esfuerzo de comprensión, para no vivir amargamente de sorpresa en sorpresa...

Quizá un ejemplo ilustre el tema; hace dos mil años, metafísicamente, por lógica, se descubrió el átomo como mínima expresión indivisible de la materia. La metafísica tenía razón. Ahora los cambios de la ciencia y la técnica han hecho posible la fisión (o fisura) del átomo y la creación de la terrorífica fuerza nuclear. En principio del átomo estuvo la metafísica, y ahora está la dialéctica en su evolución física.

Nosotros los cristianos no podemos negar ni una ni otra. Los hechos nos indican un sano eclecticismo que, aplicado al viejo, nos demuestra cómo él sigue siendo el hombre que era, ahora con sus cambios. Los cambios naturales de la edad, los internos, no siempre independientes de los cambios de su mundo y su civilización. Gracias a ellos usted vive un promedio de 35 años más que el de sus abuelos.

Los cambios familiares

De cuantas estadísticas, encuestas y muestreos se publican, aparece siempre la familia como el mejor hábitat para el viejo. En ella éste es más longevo, sano y satisfecho, aunque la mayor permanencia en ella y la disminución económica le cree nuevos problemas, como el de sentirse inferior a su mujer, la gobernante habitual del hogar y su insustituible centro, razón por la cual la mujer de edad se resiente menos porque sigue realizándose en sus tareas habituales. La plenitud del hogar le compensa de otros vacíos.

Pero ¿cuál es la familia para el viejo? Indudablemente la de siempre, con sus parentescos consanguíneos o políticos, sus afinidades y vinculaciones. Pero a estas horas suyas, la familia, en este sentido total y genérico, ha crecido y se ha dispersado. Está formada ya por varios o muchos hogares, cada uno con sus intereses propios. El ideal es conservar el suyo. Esto no siempre es posible.

La sacudida de los cambios familiares puede ser traumatizante para el viejo, para quien el amor, filtrado va en esa síntesis de todos los amores que es la familia, cobra especialmente su opción significativa.

El hijo es lo mejor que el hombre hace. Esto establece una indestructible relación de causa a efecto y viceversa, perdurable a lo largo de la vida. En cierta manera somos el hijo y el hijo es nosotros. Pero también es cierto el dicho oriental: "El hijo es como la flecha: cuando parte del arco, no regresa". Es inútil empeñarnos como padres en guardar de nuestros hijos su imagen de niño. Los hijos ahora son grandes, mayores de edad, con su propia personalidad, su propio interés, su propio mundo, su propio empleo de tiempo, su propio círculo de afectos y hostilidades, su propia realización. Y ahí están en su lucha por un lugar en el mundo. Para los hijos ahora lo nuestro es de ellos. Pero lo de ellos no es nuestro. Sus deficiencias y fracasos son nuestros. Sus aciertos no. Dura de aceptar esta ley. Acuérdese de cuando usted era hijo.

El viejo se encuentra frente a los hijos con una situación de cambio multiplicado. A los cambios propios de la tercera edad se suman los cambios propios de la edad de los hijos, difícilmente comprensibles por los padres ilusionados todavía con aquello de "Quién pudiera mirarte siempre niño", "Quién pudiera tus años detener".

Antes usted era padre y él hijo solamente. Ahora usted es padre o madre, suegra o suegro, abuelo o abuela. El hijo es padre y esposo. Es decir la relación se ha multiplicado por 3, quizá por 4, porque antes usted era el protector y ahora, posiblemente, algunos de sus hijos quieran protegerlo. Y aun por cinco, porque usted antes era maestro, y ahora, por lo menos en algunos terrenos, ellos son los maestros. Por ejemplo, la enseñanza de las matemáticas modernas difiere tanto de la de nuestro tiempo, y la tecnología actual es tan extensa que uno necesita las explicaciones de ellos. Yo aprendí lo de los transistores por la explicación de un hijo. Lo mismo cómo se había podido medir el planeta Tierra.

Esa multiplicidad de cambios y nuevas situaciones será aun más importante si usted es viudo, separado o divorciado, y si usted quiere de nuevo casarse, enamorarse o vivir con alguien. Los hijos le aplicarán a usted viejo la misma represión sexual que usted les aplicó a ellos niños, cuando tan falsamente se creía a la niñez y a la vejez sin vida sexual. Esto sucede aún, parcialmente, en sociedades tan sexualmente liberadas como la norteamericana y la francesa. Es probable el caso del hijo tremendamente posesivo de usted, con todo un complejo de celos hacia su nuevo amor. Son también posibles los excesos de avaricia, de ambición de dinero, de exclusión de competidores en una posible herencia. Pero hay también los hijos sin todo esto y con usted magníficamente comprensivos, sin ambiciones... En todo caso usted ha de entender: no son ya los mocosuelos de ayer, ahora son hombres como usted, y, a veces, más que usted, con sus propios y personales intereses.

La multiplicidad de esta situación y la de sus cambios se acentúa si usted vive con algún hijo. Usted, padre o madre, suegro, suegra, abuelo, abuela, protegido y discípulo frente a su hijo, también él padre, esposo, protector y maestro.

Se necesita flexibilidad de carácter, comprensión, paciencia, moderación y cortesía de parte suya para con su hijo y su familia. Y viceversa. En caso de soledad, vivir con un hijo es una buena solución teórica. En la práctica lo mejor es la independencia. Pero se dan hechos afortunados de convivencia del padre o la madre en la familia de su hijo, con resultados óptimos para todos, y, cuando no, tolerables. Dependerá mucho de su sabiduría para evitar conductas de dependencia. Si usted vive todavía con su esposa de siempre, la madre de sus hijos, en el hogar de siempre, recuerde: los hijos no son el matrimonio, sino su efecto. No se deje invadir de los hijos, ni permita que lo usen demasiado. Muchas veces los hijos son enemigos del matrimonio y desarman y aun separan la pareja que, ante todo, tiene el derecho a su privacidad, a su intimidad, a su amor.

El ideal es la amistad para regir estas relaciones de *hijos adultos y padres viejos*. Entre amigos es más fácil resolver los problemas. En todo caso, para problemas de hoy no hay soluciones de ayer. Ya no hay pañales.

Cuando su tercera edad comience, algunos de sus hijos serán adultos y posiblemente maduros. Y algunos quizá querrán protegerlo, revirtiendo el orden de antiguos protegidos suyos. Llega la época del regreso, con reversión de valores familiares, muy de tener en cuenta. Sus hijos, si le ayudan, están tentados a hacerle sentir su tutela, lejos de la elegancia evangélica de que la izquierda ignore lo que la derecha da.

Para usted sentirse hijo de sus hijos es incómodo, tanto como para ellos sentirse padre de usted. Debe evitarlo, en cuanto posible sin falso orgullo. Pero cuando necesite ayuda debe pedirla sin asomo de vanidad herida. Sus hijos de la autosuficiencia pasarán a la solidaridad. Se trata de solidaridad humana y no de deudas por cancelar. No dude. Usted debe ser protegido porque protegió. Deje que la naturaleza obre sin presentar facturas y no confíe mucho. Hay una concatenación imprescindible: todos necesitamos de todos.

Ser abuelo no significa ser padre o madre de los hijos de sus hijos, salvo emergencias especiales. Usted ya cumplió con el deber de "criar y educar". Ahora les toca a ellos. Un abuelazgo bien llevado le dará sobresaltos –pero también placidez y satisfacción–. El abuelo no debe reencarnar la paternidad frente a sus nietos. Ella le pertenece ahora a sus hijos, padres ya.

Los nietos tienden a reblandecernos y a infantilizarnos. Pero en el maravilloso mundo de la infancia, si lo asimila bien, usted encontrará una fuente de renovación. El niño entiende más de lo que se piensa e interpreta ciertas situaciones humanas mejor. Además, su frescura ante la vida lo refrescará a usted. Mi hijo menor, niño aún, es quien mejor ha entendido mis más grandes dificultades y quien mejor las trata. Y es de suponer a sus nietos los niños más próximos a usted. Ámelos sin dejarse invadir por ellos, trátelos sin dejarse absorber. No reemplace a sus padres. Les hará bien a ellos y a usted. Es una razón más para vivir, sin dejarse convertir en padre y sin asumir actitudes o misiones ajenas, ni subordinarse ni desvelarse por deberes ajenos. Conviene combinar la distancia y la aproximación. Podrá ser excepcionalmente usted un útil intermediario en épocas de conflicto de sus nietos con sus padres. Pero que no lo conviertan habitualmente en puente, porque usted se disminuirá ante unos y otros.

Integración a la humanidad

Los cambios no desintegran al viejo de la humanidad. Para los cambios forzosos de la edad, no dependientes de nuestra voluntad, debemos prepararnos precavidamente para adecuarnos y adaptarnos a ellos, aceptándolos como tales. Ante los cambios gobernables para nosotros mismos, no dejarnos alienar o esclavizar por el hábito o el vicio o la costumbre a fuerza de repetirlos. No supone esto ni gastos, ni grandes esfuerzos de voluntad, simplemente vigilancia y propósito. Por ejemplo: durante algún tiempo vi al abuelo jugar "parqués" con su hijo, y el hijo de éste, su nieto menor. El padre escogía siempre las fichas amarillas. Al ser interrogado por qué, contestó alegando que aquellas eran más visibles. El abuelo, con menos capacidad visual, cambiaba frecuentemente de fichas, tomando ora las rojas, ora las verdes, ora las azules. Preguntado por qué, contestó no querer hacerse costumbres a la larga esclavizantes, porque de tanto reiterarse en el mismo acto terminan por enajenar la voluntad o caer en la pesada rutina, factor de tedio y aburrimiento, aun en los pequeños quehaceres. El abuelo variaba con frecuencia sus actos para evitar ser determinado y tiranizado por los hábitos. Así, no siempre desayunaba con pan de trigo; cambiaba a pan de maíz, a galletas o a cualquier otro sustituto. Ni se dejaba encauzar por los rígidos horarios ni por las convenciones a plazo fijo. A la postre, su espíritu era más juvenil que el de su hijo. Esto no significa exponerse a cambios violentos.

De este peligro de las mutaciones sorpresivas hay un ejemplo en Colombia: hace unos decenios se descubrió, en una aldea de Santander, un anciano de ciento diez años: Javier Pereira. Traído a la capital y examinado por especialistas, algunos opinaron, como el mejor sistema para hacerlo vivir, el de dejarlo en su ambiente continuar su vida, sin someterlo a cambios traumatizantes. Otros resolvieron aplicarle medicamentos, nunca antes ingeridos por Javier, para suplirle sus deficiencias de calcio y vitaminas y levantarle la presión arterial. Javier no soportó bien este cambio. Luego lo descubrió la publicidad para utilizarlo; en avión viajó a Miami, con fotos de las cabineras besándolo y bien visible el nombre de la compañía aérea transportadora. Almuerzos con reinas de belleza, tomando una determinada marca de licor, asistencia a cinematógrafos donde por primera vez descubría el cine. Javier murió a las pocas semanas.

No es fácil adaptarse a los cambios propios de su edad y los del mundo en que vivimos, más cambiado ahora que a lo largo del resto de su historia. La capacitación del cerebro para una vida intelectual activa –a la escala de cada uno– y la del cuerpo a través del fomento de la salud y del ejercicio, son un buen método. Es decir, informarse, ejercitarse y educarse para los cambios. No dejarse enmohecer. Es insospechable la velocidad de los cambios de ahora en el mundo. Hemos de conocerlos, si no queremos sufrir la suerte de los maderos de barcas naufragadas, empujadas por el oleaje a la playa y dejados allí por la resaca, pudriéndose a la intemperie...

Para un botón de muestra de los cambios sucedidos solamente en los campos en la educación, resumo el caso de la familia Nikitin, tomado de la revista soviética *Cultura y Vida*, No. 7 de 1979... En total, una familia de 10 personas. El padre, Boris P. Nikitin, ingeniero y escritor, la madre, la señora Nikitin, empleada de tiempo completo en una fábrica, el abuelo activo todo el día y siete hijos: 3 varones y 4 mujeres. Domicilio: el pueblo de Bolshevo, en las cercanías de Moscú. El primer libro de Nikitin sobre educación familiar *¿Tenemos razón?*, escandalizó a los lectores con fotos de niños desnudos y descalzos corriendo por la nieve, de los siete al levantarse descendiendo del segundo piso, no por la escalera, sino por un asta de hierro. Luego todos hacen ejercicios acrobáticos, se familiarizan con máquinas, planos, diagramas. Algunos tocan el piano, todos trabajan en el laboratorio casero de química. Para la televisión poco tiempo y solo para aquellos programas escogidos por acuerdo del consejo familiar... Plena confianza en el niño. Ninguna imposición ni órdenes: "Haz esto... No hagas aquello... Acuéstate ya... Come algo más". Los padres hacen como si se desentendieran de los hijos. El comentarista del nuevo libro de Nikitin lo resume como "una pedagogía basada fundamentalmente en dejar que los niños se comporten a su antojo"... Si los chicos cuelgan la cama del techo para mecerse como en una hamaca nadie se lo impide.

Sin embargo hay orden en la casa de Nikitin y solidaridad y eficacia. Los hijos se ayudan y cuidan mutuamente y cada uno quiere ser el mejor y soportan bien la ducha fría en pleno invierno moscovita. Papá Nikitin no cree que la mejor compañía para el niño sea la de los de su misma edad. Los mezcla con mayores y menores, y en el mismo laboratorio trabajan Anton, estudiante universitario, y su hermanito Iván, aun en la escuela de tercer año... Todo el método Nikitin está encaminado a desarrollar en los chicos el ingenio y no la erudición, más la capacidad para resolver problemas y la sociabilidad, la fuerza muscular y espiritual y la salud.

Los resultados físicos e intelectuales de los chicos son óptimos. Todos son esbeltos, sanos y en estudios van tres años adelante del grado correspondiente a su edad. A los trece años han alcanzado coeficientes de inteligencia entre 140 y 150. No hay entre ellos tabúes, ni mitos, ni conflictos familiares, ni de generación. El abuelo ha asimilado el sistema como sus mismos nietos. A pesar de que allí todo está permitido, hay un gran respeto entre hermanos y hacia los padres, y gran jovialidad y satisfacción, no obstante los modestos recursos de la familia, siempre abierta a los demás, incluso para hospedar niños extraños, que se benefician del invento de papá Nikitin: ocho juegos con 475 dibujos, para desarrollar la memoria visual, el pensamiento matemático, la imaginación tridimensional, la combinación de síntesis y análisis, la capacidad creadora, según el libro de papá Nikitin "escalones creativos, o juegos que desarrollen la mente".

Los viejos, siempre empeñados en tener razón, deben compararse con papá Nikitin: "¿Tenemos nosotros razón?" No podremos adaptarnos a los cambios, mientras estemos pensando tener siempre la razón. Pensemos en la adaptación del abuelo Nikitin a los cambios.

Nunca hubo abismo tan grande entre la generación de los nietos y la de los abuelos, como el de hoy, en un mundo transformado decenio a decenio, donde las novedades cotidianas van dejando todo atrás. No las podemos digerir, ni asimilar mentalmente todas pero las tenemos todos los días en el periódico, la radio y la televisión. Al compararlas con las de nuestra infancia, nos envejecemos, por sentirla muy distante... En 1879 la locomotora construida por Werner von Siemens alcanza la extraordinaria velocidad de 7 kilómetros. Hoy algunos trenes de Europa y el Japón hacen una velocidad horaria de 250 kilómetros... Ochenta y cinco kilómetros era una buena velocidad de horario en los aviones de 1914. Hoy usted puede transportarse en un Concorde o en un Tupolev a 2.400 kilómetros. Y hay terrenos donde las diferencias son aun mayores. En la electrónica, la madre del último tercio de nuestro siglo, son abrumadoras.

Nuestros nietos, y aun nuestros hijos, con la mente bombardeada por la novedad, no pueden entender nuestro pasado. Somos nosotros quienes debemos comprender nuestro presente. Si no lo hacemos, las novedades nos irán confinando en el ostracismo de nuestro mundo y nos sentiremos más viejos. No podremos comprenderlo sin un esfuerzo continuo de adaptación a través de la información, la curiosidad, la lectura, el uso, el trato con la juventud y la apertura de la mente, para repetirnos continuamente que el tiempo pasado no es mejor, a priori... Si no nos compaginamos con la actualidad, moriremos pronto desencuadernados.

No hay cambio a la infancia

No es raro oír hablar del "infantilismo senil", de la "segunda infancia" en la vejez. Desde la antigüedad es extendida la creencia del regreso a la infancia, como muy defendido aquello de "los extremos se tocan" y, un poco más hondo en filosofía, el de "los contrarios tienen la misma razón o definición". Así por ejemplo el amor y el odio. La influencia de la infancia es muy marcada en todas las etapas de la vida del hombre. "La infancia, ese país de donde venimos todos", repito con Antoine de Saint Exupéry. La sicología y el sicoanálisis descubren en la infancia la motivación o la explicación de muchos actos y situaciones del adulto. Y de ahí la importancia atribuida hoy a los primeros mil días del hombre, y a los subsiguientes dos mil, y luego al muy difícil período de la adolescencia. El viejo no escapa de esta ley universal, como no escapan las edades anteriores, pero, salvo excepciones escasas, no regresa a la infancia, porque ésta es iniciación a la vida y la ancianidad es acumulación de la vida. Ni cronológica, ni biológica, ni mentalmente ese regreso es posible. La vejez, empero, puede acentuar ciertas predilecciones de etapas anteriores, y, entre éstas, algunas de la infancia. Hay viejos viudos, separados o divorciados, que se casan con una antigua novia, o van a vivir a su pueblo natal o realizan proyectos de alguna de sus edades anteriores, o se vuelven sensibles y caprichosos como niños y repiten algunas necedades infantiles.

Pero de ahí a aceptar como norma la infantilización del viejo hay un gran trecho. Es uno de los míticos convencionalismos que la sociedad ha aceptado para negar ciertos derechos al viejo, como el del sexo, el del trabajo, el de la participación activa en tantos campos, de los cuales el viejo no puede estar proscrito, pero de donde lo excluyen.

El doctor Miguel S. Mosqueira afirma: "Aristóteles y Shakespeare describen a la vejez como una segunda infancia, pero ahora en este último tramo del siglo XX tal concepto entre personas cultas es inaceptable. Esos que viven la vejez como una segunda infancia nunca crecieron". No es de confundir la inocencia con la sabiduría. La primera, espontánea, la segunda, razonada y discreta. El adagio popular dice: "Dios habla por la boca de los niños y de los ancianos". Eso puede ser verdad, pero por causas diferentes. La falta de malicia en el niño y el cúmulo de experiencia en el anciano, más la libertad de ambos para hablar sin dependencias convencionales, ni cálculos de previsión egoísta. Pero no se identifican. Usted no es un niño. No se crea tal.

Sin embargo, la presencia del niño y la del viejo en la sicología moderna pueden andar juntas, pero no confundidas. El sicólogo James Haillman ha escrito el libro *Senex et Puer* en que prosigue la fundamentación de la por él llamada "sicología arquetípica" y en donde afirma existir el complejo "viejo y niño" como un arquetipo permanente, con influencia en el comportamiento del hombre a lo largo de todas las edades, incluso en la niñez donde aparecen también atisbos sicológicos del viejo. No es un argumento para demostrar que la niñez se anticipa a la vejez o que la vejez retorne a la infancia, sino simplemente una teoría según la cual el arquetipo niño-viejo o viejo-niño sería un sustrato sicológico más o menos actuante en el trasfondo de conciencia y comportamiento a lo largo de la vida.

Continuidad en la especie

Sentirse continuado en la vida de sus obras, no solamente en las grandes creaciones, como vive aun Platón en su idea de la inmortalidad del alma, Galileo Galilei en la rotación de la Tierra, Cervantes en el *Quijote*, sino también en lo que hacemos nosotros y que, de un modo u otro, subsiste, es un buen sentimiento para el viejo. Tenemos la vida de nuestras obras grandes o pequeñas, algo de ellas quedará para los demás.

También nos sentimos supérstites en la continuidad de la especie. Hace 40 años Teilhard de Chardin demostraba cómo en realidad la célula viva es inmortal porque perpetúa la vida. Nosotros somos un ejemplo de ello: hemos recibido la vida y la damos, a veces aun sin tener hijos, porque nuestras obras pueden retornar ya que fuera de la vida biológica existe la vida intelectual, la social, la religiosa y otras más. La cadena de la vida es interminable. En el caso concreto de la muestra, de la vida del hombre, interesa más alargar el período de la productividad que retardar fecha cronológica de la muerte. Cuando se es productivo no se es viejo. La productividad comprende muchos cambios.

La productividad a cualquier escala es el verdadero elíxir de la vida, de la eterna juventud, la del espíritu, tan frustradamente buscada hasta ahora por el hombre a lo largo de su historia. Es de tener especial cuidado en no dar demasiada importancia a los tratamientos para detener la senescencia, pues ello puede llevar a contradictorios resultados sicológicos. De un lado la esperanza como balance favorable, pero del otro la frustración, como aspecto negativo. Los experimentos de los buscadores de rejuvenecimiento no han resultado. La respuesta del cuervo de Allan Poe –"nunca más"– no ha sido contradicha.

Hace unos 90 años Voronov fracasaba al querer prolongar la juventud trasplantando glándulas de monos a organismos humanos. Hacía especialmente el implante de testículos, hoy innecesarios porque en un viejo normal el poder sexual continúa por mucho tiempo. Treinta años después, otro científico ruso, Bogomoletz, fracasaba también con su suero contra el envejecimiento. Hace unos 50 años se pensó en la jalea real, de la abeja reina del colmenar, para lograr efectos antisenescentes. Hasta Pío XII usó esta receta suiza. Ahora se demuestra como fallida la fe puesta en ella aunque es ayuda, como lo son los buenos alimentos dosificados y adecuados. Pero no más. En Rumania la doctora Anita Aslam, con su Gerovital, tampoco es aceptada por muchos médicos como medio definitivo, aunque puede ser coadyuvante. Sí es posible retardar la senescencia con recursos naturales y científicos, pero ninguno de ellos definitivo o exclusivo. Es mejor un sistema metódico de régimen de trabajo, ejercicios, higiene mental y física, nutrición, todo adecuado y adaptado a las circunstancias de cada uno y ayudado por la voluntad y la buena información. Ni en Vilcabamba, ni en Villa de Leyva, de proverbial longevidad, conocen otro régimen.

Acepte los cambios y adáptese a ellos sin buscar la definición dogmática porque éstas se revalúan día a día, incluso la de la muerte cuya definición legal de "cesación permanente de la vida" comienza a ser rectificada, como lo es ya, aun teológicamente, la de la inmortalidad que algunos comienzan a concebir más bien como una segunda vida por transposición.

CAPÍTULO IV

Retiro

El retiro

El gran traumatismo institucional de la tercera edad es el retiro del trabajo, con el cual frecuentemente comienza. El retiro, así sea forzoso con una buena pensión, si se trata de trabajadores públicos o privados, o voluntario con recursos suficientes, si de empresarios o profesionales independientes, es un conflicto social, e individual y familiar muy grave. Constituye un gran capítulo en la problemática de la tercera edad, a todas las escalas.

Conflicto social, porque por el solo hecho de cumplir 55, 60 o 65 años, después de acumular cuatro, cinco o más lustros de servicio, la comunidad se priva de los oficios de un trabajador que, por la formación y experiencias sucesivas y progresivas, está capacitado aun. Se arguyen dos causas, muy discutibles ambas.

La primera es de origen falsamente humanitario, respecto al "retirado" o pensionado. "Pobrecito, ya le llegó la edad del descanso y merecido se tiene su sueldo". Sofisma piadoso, porque la primera víctima del retiro es el retirado.

La segunda es de carácter socioeconómico: se necesitan sitios de empleo para colocar, por lo menos parcialmente, la multitud de jóvenes anualmente entrados a la oferta en el mercado del trabajo y en espera de un puesto.

Las hemos aceptado ambas sin beneficio de inventario. Pero hay mucho para discernir en ese inventario. Por ejemplo, "el plazo demográfico", mencionado en estas páginas, la utilidad del viejo desperdiciada, el choque familiar provocado con la disminución económica, la dificultad de un nuevo trabajo, el rechazo empresarial al trabajador retirado, la condena al ocio demoledor, el riesgo de adaptaciones y desadaptaciones, la crueldad del tiempo muerto, el difícil empleo del tiempo libre prolongado.

El trabajador (funcionario, empleado, profesional, hoy se habla de trabajador para todo eso), desde el punto de vista mental, síquico, sicológico, somático, a la edad habitual del retiro legal, no ha llegado a la edad del descanso, ni quiere llegar. Realmente, en términos absolutos, el hombre nunca llega a la edad del descanso. Necesita el trabajo, casi siempre económicamente, y siempre sicológicamente, con la lógica de las adecuaciones exigidas por la edad.

Salvo los casos en que el retirado tenga los suficientes medios, voluntad y capacidad para crearse un trabajo nuevo, el retiro lo va a disminuir económicamente, porque si su salario total no le alcanzaba para satisfacer las necesidades normales, menos la "pensión", un porcentaje de aquél. Y menos en un mundo donde el alza del costo de la vida y la devaluación monetaria son fenómenos constantes y universales. Cada vez menos cosas por más dinero. La inflación galopante desinfla cualquier presupuesto.

La disminución sicológica es más notoria aun. El retiro comienza de ordinario con la tercera edad, la época de los cambios. El retiro es por sí mismo un sensible cambio, sumado agobiadoramente a los otros. El hombre se encuentra entonces acribillado de cambios cuya asimilación le exigen tiempo, paz, seguridad, graduales transiciones para no temer el futuro, ni desconcertarse. El pánico por el porvenir (aunque el porvenir lo estamos viviendo ya) suele ser una enfermedad mortal en los viejos: la inseguridad. ¿Qué hacer con el tiempo? ¿Cómo subvenir a las crecientes necesidades? ¿Qué hacer con los hábitos contraídos, así sea sólo en la distribución del horario, marcado durante tantos años?. El mayor tiempo a disposición de ordinario exige mayores gastos que el empleado en trabajos, y mayores recursos espirituales para usarlo bien. ¿Cómo atenderlos?. Y la vida de relación con sus semejantes, en el trabajo facilitada y racionalizada, ¿en qué se convierte ahora? Y la conciencia de ser útil, tan necesaria para el buen metabolismo físico y espiritual, ¿cómo reacciona ahora? Y la estima de sí mismo, o aun el amor propio, ¿cómo va a funcionar al verse relegados? Y ¿cómo va a aplicar sus conocimientos? Ese campanazo de alerta ¿cómo va a repercutir en su siquis, en su yo persona...? Pasados los primeros días, durante los cuales el ocio puede parecerle agradable, ¿cómo va a ser el encuentro con su yo, dentro de su piel acostumbrada a un régimen? Se cambia el régimen, pero no se cambia de piel. Y su puesto en el hogar ¿cómo va a quedar con su multiplicada presencia en él?

A usted lo retirarán de todas maneras y no lo reengancharán otros dadores de trabajo. Ya usted conoce los anuncios para solicitar trabajadores... "Se necesita... menor de 40 años". Tan crueles como aquellos: "Se arrienda habitación para matrimonio sin niños". A la nostalgia de su trabajo se añadirá la de verse rechazado por su edad. No se entregue a la nostalgia, la melancolía o la añoranza. Desembocará en la tristeza y ya veremos que ella "seca los huesos" y "perjudica más al cuerpo que las otras pasiones". No se dé al ocio. El ocio lo destruirá más, mucho más que cualquier trabajo. El ocio cuando no es creador es la nada. Usted necesita el trabajo para amparar su salud. Y a veces, sobre todo para su salud. Al respecto Tubiana cita algunos argumentos de autoridad reconocida. Carrel escribe: "La actitud natural del hombre frente al mundo y a sus semejantes es la lucha... El trabajo es un medio más eficaz que el alcohol y la morfina para suprimir las condiciones adversas del ambiente... El más grande malestar que la civilización científica aporta al hombre es la ociosidad"... "Aun dentro del bienestar la monotonía perjudica" ... Pascal apunta: "Nada es tan insoportable para el hombre que estar en pleno reposo, sin pasiones, sin negocios, sin diversiones, sin aplicaciones. Entonces siente su nada".

Tubiana escribe: "Todas las investigaciones médicas y sicológicas subrayan la ineptitud de un retiro brutal a edad fija, idéntica para todos. Sería necesario prever una reducción progresiva de las actividades que, evitando los inconvenientes de los responsables senescentes, dejaría un lugar al hombre que envejece".

La Comisión Francesa del Plan, a la cual Tubiana ha pertenecido, ha propuesto la reserva de alojamiento para los senescentes y la asignación a ellos de una función útil, así sea la guarda de niños. Es la manera de evitar la sensación de soledad y marginamiento. Los viejos aumentan y exigen, como las Panteras Grises de Maggie Kuhn, tener en cuenta su derecho a trabajar dentro de la sociedad y no fuera de ella. Tubiana: "En Francia los mayores de 65 años eran en el siglo XVIII 4%, ahora son el 15% y pronto serán el 18%... Hay que evitar que esta masa de retirados no formen un cuerpo extraño en el interior de la nación"...

Tres años después de escrito lo anterior, desde París la Agencia France Press ha difundido por el mundo entero el siguiente comunicado que confirma lo de Tubiana y lo dicho en este libro a propósito de seguros sociales y el retiro prematuro, en un documento escrito precisamente por la Comisión del Plan, a la cual Tubiana pertenecía en la época de sus afirmaciones, y publicado en *El Tiempo* de Bogotá, el 9 de mayo de 1980: "Francia corre hacia la 'catástrofe' si se generaliza la jubilación a los 60 años y se mantienen las actuales leyes sociales, sostiene un informe divulgado hoy aquí, que aporta recomendaciones económicas y sociales para el plan quinquenal francés 1981-1985".

La rebaja de la edad de jubilación contiene ventajas a corto plazo principalmente para el empleo, pero amenaza a la Francia de mañana con graves desequilibrios sociales y financieros, afirma el documento elaborado durante un año por un grupo de trabajo del comisariado del Plan. El documento comprueba que la proporción creciente de personas ancianas en la población francesa y el aumento inevitable de los gastos para vejez crearán un fardo intolerable para la colectividad en el umbral del año 2000.

Francia corre hacia la "catástrofe" si continúa la rebaja de la tasa de actividad de las personas de 55 a 65 años comprobada desde 1975, con el añadido de la generalización de la jubilación a los 60 años y los golpes de las legislaciones sociales actuales, dice el informe... El fenómeno de envejecimiento demográfico que conoce Francia desde hace dos siglos continuará lentamente y se acelerará a partir del año 2050, de tal modo que la proporción de personas de más de 65 años pasará de 5.6% en 1800 y de 14% en 1980, a 17.8% en 2020.

El informe agrega que, contrariamente a lo que piensa la opinión general, el envejecimiento demográfico no será la causa del aumento de los gastos para la vejez, ya que la relación entre activos (de 20 a 64 años) e inactivos que es actualmente de 55% –seguirá estable en el año 2050. En cambio, serán los factores económicos los que determinarán los problemas futuros, si se mantienen las políticas actuales de aumentos esporádicos de las jubilaciones o las rebajas de la edad para jubilarse.

Más aun, si la situación del empleo no se restablece y el crecimiento económico no se mantiene, el peso de estos gastos sobre el Producto Interno Bruto del país (PIB) pasará de 10% actualmente, a 17%. El informe señala que sustracciones que superen el 15% del PIB no podrán ser toleradas por la comunidad y el poder de compra de los jubilados en el 2000 no podrá ser mantenido. El informe propone abstenerse de generalizar la jubilación a los 60 años y abrir el derecho a la jubilación en función de la duración del trabajo y no en función de la edad, para lo cual preconiza un promedio de 42 años de actividad. Por último, el informe propone una serie de medidas destinadas a evitar las exclusiones prematuras de las personas de edad avanzada y el fenómeno de la "muerte social".

Así se pretende evitar la "sobremedicalización" actual que se caracteriza por el exceso de ancianos instalados en hospitales y clínicas siquiátricas donde el Estado los toma a su cargo a 100% actualmente.

El ocio permanente lo vuelve a usted pesimista dentro de un estado de alma, a su edad, agravado por exceso de introspección, y de duda y aprehensión. Solo consigo mismo no se soporta. El ocio atizará su imaginación, y la enloquecerá más de lo habitual. Ella "la loca de la casa". El ocio permanente lo vaciará a usted mismo y el vacío de sí mismo es tan grave como el de los abismos.

El viejo mental y físicamente sano es capaz de trabajar, y, aun sin necesidad económica, necesita trabajar. Sólo el trabajo da conciencia de realizarse a sí mismo, necesaria en todas las edades, pero sobre todo en la vejez. Es lógico, el trabajo del viejo ha de ser adaptado y adecuado (el ideal sería hacerlo más cerebral que muscular) y sobre todo plácido y satisfactorio. Esta regla de placidez y satisfacción, no tiene excepciones en la tercera edad. En pocos principios están tan de acuerdo todos los tratadistas.

Si no tiene un trabajo suyo, no le va a ser fácil conseguirlo. Pero va a resultar más difícil si no lo busca. Y es posible buscarlo. ¡Tantos lo han encontrado! Usted está en condiciones excepcionales para ser útil y saber emplearse a sí mismo. Su edad es negativa para muchos, pero constituye una gran credencial para otros. Y si no lo consigue, invénteselo. No se deje inhibir ni frustrar, ni siquiera por sus propios sentimientos.

La segunda razón del retiro, la social económica, no es un dogma. La familia, la sociedad, el empleador han invertido en el retirado un capital. Y el retirado también lo ha invertido en él mismo. ¿Por qué retirarlo cuando más sabe, cuando más experiencia tiene, cuando está mejor formado? Eso, además de cruel, es socialmente antieconómico, y a veces tan gravoso que los Seguros Sociales de algunos países organizados, como Francia, ya se están dando cuenta del error y preparando una reorganización de los mismos.

Las generaciones de atrás presionan y hay que ocuparlas. Ocupar a veces hasta cuatro para hacer el trabajo de un experto en retiro. Pero nadie ha probado como su único trabajo la ocupación de la cual lo han retirado. Con astucia, tenacidad y diligencia usted puede escudriñar otros campos de trabajo o inventarlos. Ya están surgiendo asociaciones para buscar trabajo a los retirados. Además, si se cumplieran los cálculos sobre "plazo demográfico", lentamente a partir de 1985, los retirados serían reenganchados, porque la restricción de la natalidad, a partir de esta fecha, haría notorio el déficit de trabajadores en los países industrializados.

Por lo pronto, el fantasma del retiro está ahí como la amenaza de un rayo. Prepárese para él, como para los demás cambios... Uno de ellos, a veces dramático, el de su actitud frente a los hijos y el de ellos frente a usted, del cual tratamos en otra parte.

Pero si no encuentra trabajo, no se condene al ocio. La inactividad es letal. Algo encontrará para emplear el tiempo, si usted quiere. Algo en casa para preparar, tantos a quienes ayudar, asociaciones con las cuales colaborar, y leer, y oír, y pasear, y comprometerse con proyectos y planes, así sean minúsculos. Todo, menos el ocio demoledor.

El retiro, contradicción sicológica y económica

Entre las crueldades de la sociedad contra el viejo, quizá sea el retiro obligatorio del trabajo la más ultrajante e injusta, como estereotipo para imponer "la hora de la vejez" y la negación del derecho al trabajo, inherente a la vida y necesario para retardar el envejecimiento.

No hay justificación alguna para él, ni siquiera la "ineficacia o la disminución de productividad". Las estadísticas aducidas por Simone de Beauvoir prueban cómo la disminución de la capacidad para trabajar en personas normales en su salud es muy poca entre los 65 y los 75 años. Y a veces es superior, sobre todo en trabajos preferentemente intelectuales, o de precisión, o de especial responsabilidad. En todos, aun en los meramente normales, el "saber hacer" cuenta mucho, y este se mejora con el paso de los años. Si la cuantificación de su trabajo ha disminuido, su calificación debe aumentar. Reemplazar la cantidad con la calidad es propio de la vejez.

El retiro parte del presupuesto de decretar, por la ley, la incapacidad para el trabajo, porque se ha llegado a una edad determinada, oscilante entre los 55 y los 65 años, según los diversos países y oficios. Se es viejo entonces por ley del Estado. Por haber trabajado un determinado número de años y haber cumplido en la edad otro número... Los sindicatos vieron en el retiro remunerado una de sus grandes conquistas. Y pudo serlo en una época en que se envejecía más temprano y se vivía menos. Hoy, cuando la escala de la edad se ha alargado y la vida del longevo es más saludable, ese triunfalismo sindical no es válido. El retiro es ya un atentado contra el derecho a trabajar y la marcación, por lo menos sicológica, de la degradación del hombre al condenarlo a la inutilidad, cuando aun le quedan años útiles por delante. Es el toque del ocaso y la declinación prematura. Cuando se está lejos del retiro, el trabajador sueña con "la pensión". Pero cuando llega a ella no sabe qué hacer de sí mismo. No se encuentra.

Entre las causas aducidas para justificar esa injusticia se da la improductividad del trabajador, no probada sino en algunos casos. Una causa económica contra tantas causas de humanidad. La economía no puede ser la determinante para condenar a un hombre a la inutilidad, en una sociedad de hombres, donde las empresas pueden ganar menos, a cambio de conseguir una vejez mejor para sus miembros. Pero además el argumento económico no está demostrado individualmente sino en algunos casos de oficios extenuantes. Más adelante lo veremos en las encuestas de Bethnal Green.

Como solución se propone, después de cierta edad, el retiro voluntario por parte del trabajador o una liquidación parcial del contrato de trabajo existente y de sus prestaciones sociales, y la firma de uno nuevo con horario reducido, con menos sueldo, aprovechando de los conocimientos del trabajador, para seguir empleándolo en la misma empresa, en trabajos adecuados. El caso del Japón, China y la Unión Soviética, donde el retiro no prescinde del todo de la utilidad del viejo, sobre todo no lo exilia ni erradica de su medio, resulta aleccionador.

Fuera de los muchos efectos deteriorantes producidos por el retiro al declarar hoy "viejo" a quien no lo era ayer, hay otro argumento injusto. Los jóvenes y los maduros, los principales beneficiarios del trabajo del viejo, lo expulsan del trabajo, por haber trabajado para ellos, sin tener en cuenta que se prescinde del retirado cuando más necesidad tiene él de este trabajo.

Si esa necesidad no es siempre económica, lo será siempre sicológica. Todos los estudios, análisis y muestras están de acuerdo, sin excepción, en que el hombre sin trabajo, aun abastecido económicamente, envejece más rápida y prematuramente.

Fuera del retiro empresarial, inconveniente a veces para la empresa y casi siempre para el trabajador, es decir inaceptable aun desde el argumento del "lucro", porque la empresa pierde un trabajador calificado, y el trabajador es todavía un capital humano aprovechable, hay dos clases de retiro dignos de tener en cuenta: el retiro militar y el eclesiástico. Ejército e Iglesia, dos instituciones reputadas como modelos de buena organización... Cuando a los profesionales de la milicia –suboficiales y oficiales– se les retira por haber cumplido el tiempo reglamentario de servicio, éstos continúan devengando un sueldo bastante aproximado al de la actividad, y conservan para siempre el título militar, más otras prerrogativas, dentro de agrupaciones y gremios que le buscan trabajo y lo apoyan... No obstante, el retiro abate a muchos de ellos y disminuye a todos en el tránsito de la vida militar a la civil, con resultados tan peyorativos que ya las fuerzas armadas de algunas naciones comienzan a organizar instituciones para reeducar a sus retirados en la nueva vida y buscarles ocupación. Los primeros resultados han sido óptimos, económica y sicológicamente, para aliviar las consecuencias de la devaluación y la inflación, y la nostalgia del uniforme y el mando. En el ejército norteamericano, el candidato a retiro, con el apoyo de la institución, comienza a preparar su nueva vida dos años antes, si quiere, y recibe asistencia para buscar empleo.

En la Iglesia, especialmente en la católica, prácticamente no hay retiro. El sacerdote lo es eternamente, con carácter indeleble y los cargos principales (sobre todo los de párroco) canónicamente son de por vida, aunque sea trasladado a otra parroquia a voluntad del obispo. Para las jerarquías superiores nunca hubo retiro, ni siquiera en caso de enfermedad grave, como no lo hay en las órdenes religiosas regulares, donde el religioso sigue trabajando en la comunidad hasta el último momento y ésta cuida de él hasta la muerte. Paulo VI dictó un decreto pontificio en el que fijaba los 75 años como límite para el retiro de las dignidades más altas. Pero esto parece más bien optativo, pues salvo raras excepciones no se cumple. El mismo Paulo VI tampoco lo cumplió.

Es de suponer a los ejércitos y a las iglesias "sin ánimo de lucro". Pero, si en el trabajo civil es el lucro el indicador del retiro civil, tendremos que confirmar, con Simone de Beauvoir, cómo el tratamiento de la sociedad al viejo es la mayor prueba del fracaso de nuestra civilización.

Las Panteras Grises

Para luchar contra el retiro obligatorio por edad y para dar al viejo y a la sociedad una nueva imagen del viejo mismo –la reeducación individual y social– Maggie Kuhn ha fundado en Atlantic City las Panteras Grises, una asociación ya con diez mil miembros activos, de la cual la Agencia de Comunicación Internacional, en su último boletín de diciembre de 1979, dice:

"Voz de los ancianos: Tóquennos! Las arrugas no son contagiosas". En una manifestación de las Panteras Grises en Atlantic City, Nueva Jersey, Maggie Kuhn, de 72 años de edad, llevaba un cartel que decía: "Tóquenme! ¡Las arrugas no son contagiosas". Tras una frase aparentemente humorística, el cartel presentaba un potente mensaje.

En la mayoría de las sociedades del mundo existe un penetrante prejuicio en torno a la vejez. La ancianidad es usualmente considerada como un desastre y una enfermedad repulsiva que nadie confiesa tener. Sin embargo, todo el mundo, tarde o temprano, la contrae. La "infección" no respeta a ninguno.

Pero Maggie Kuhn parece disfrutar con esa "infección". "La vejez es una época hermosa de la vida!", dice ella radiante. "Creo que tenemos una obligación en nuestros últimos años de demostrar que la vejez no tiene por qué ser temida. Por el contrario, es una parte de la continuación de la vida".

Diez mil Panteras Grises comparten su opinión. Fundada la organización por Maggie en 1970, es una coalición de jóvenes y viejos dedicados a la lucha contra la discriminación basada en la edad.

Maggie Kuhn es la encarnación de lo que se ha llamado en los Estados Unidos "la nueva estirpe de viejos". Cuando le impusieron el retiro obligatorio, después de 25 años de servicios en la Iglesia Presbiteriana, se rebeló. Estimó que el retiro obligatorio es injusto y se dedicó a organizar a otros viejos contra el nuevo estilo de vida que se les imponía.

Esta enérgica filadelfiana pertenece a incontables comités y grupos de acción, da por lo menos 200 conferencias al año, y todavía encuentra tiempo para formar parte de desfiles, cabildos y marchas de defensa de una cuestión que valga la pena.

El objetivo fundamental de las Panteras Grises es acabar con los mitos y estereotipos en torno a la vejez. Al respecto Maggie dice: "A los ojos de la sociedad, a la edad de 65 años todos nos convertimos en tontos, incapaces de aprender cosa alguna. Es solo cuestión de tiempo antes de que la senilidad se imponga. Por supuesto que esto es ridículo. Uno puede aprender a cualquier edad. En cuanto a la senilidad, con frecuencia la confunden con los síntomas de enfermedades físicas, desnutrición y depresión de ánimo".

Existe otro mito análogo acerca de que los viejos son inútiles. Tan pronto como se jubilan, sus habilidades de repente se consideran fuera de tiempo o anticuadas. En una sociedad organizada sobre la ética del trabajo, el retiro obligatorio sirve para perpetuar esta actitud.

Acabando con un mito

Las Panteras Grises trabajan con mucho empeño para destruir las actitudes negativas acerca de la vejez. Uno de sus métodos es la difusión por medio de los órganos de publicidad: publican sus propios periódicos y tienen programas radiales en algunas ciudades de los Estados Unidos.

Otra de sus actividades es la llamada "vigilancia sobre la prensa". Un grupo voluntario observa detenidamente los programas de televisión y los periódicos y presentan sus protestas contra las que son objetables desde el punto de vista de la edad. Las protestas específicas han comprendido los estereotipos negativos acerca de los viejos en ciertas comedias y la casi total ausencia de viejos entre los maestros de ceremonias y los directores de programas.

Mientras las Panteras se esfuerzan por eliminar de la sociedad norteamericana los estereotipos negativos en torno a la ancianidad, también tratan de reemplazarlos con imágenes positivas. "Tenemos que dar a los viejos nuevas imágenes de sí mismos como individuos valiosos para la sociedad", dice Maggie Kuhn.

Esas imágenes comprenden la creación de nuevos papeles y actividades. Por ejemplo, los viejos pueden cumplir magníficos papeles de observadores: vigilantes de las comisiones de servicios públicos, de los concejos municipales, las juntas de hospitales, tribunales y las empresas. También pueden concebirse como defensores de los derechos de los consumidores, de los pacientes en hogares de ancianos y en hospitales, de los sordos, del "derecho de trabajar" y de actividades constructivas en diversos centros cívicos para ancianos.

El cambio de 65 a 70 años en la edad para el retiro obligatorio mucho se debió a los esfuerzos de las Panteras. Desde su fundación, la organización ha hecho del retiro obligatorio su especial objetivo legislativo. Pero todavía no están satisfechos. Desean eliminar este punto por completo, "luchar por que se considere a la edad como el criterio para medir la competencia, la productividad o la creatividad".

Retirarse de su actividad profesional empresarial u obrera no es retirarse de usted mismo. Usted sigue siendo usted mismo. El retiro del trabajo suele ser casi siempre estafa social. No se estafe retirándose de usted mismo.

Bethnal Green

Con el correr del tiempo se fue descubriendo cómo no había motivo para tanto júbilo, para el triunfalismo sindical sobre el retiro, por lo menos en cuanto a retiro obligatorio del trabajo a una edad fija, ya corta hoy. Nadie rechaza el retiro voluntario, pero ya todos coinciden como Peter Townsend –*The Family Life Old People*– en que "La jubilación es un evento trágico para muchos hombres especialmente en cuanto se refiere al bienestar individual y a la seguridad hogareña y familiar". Peter Townsend ha trabajado sobre materiales de muy serias entrevistas realizadas en Bethnal Green sobre tan delicado tema, precisamente entre retirados, que veían su jubilación con malestar y temor. Sus conclusiones son convincentes y algunas pueden resumirse así:

Las mujeres se manifiestan las menos afectadas por cuanto las relaciones familiares y los trabajos hogareños, en continuación no interrumpida, les hacían menos manifiesto el cambio. Los varones en cambio confiesan ser víctimas de desplazamiento que los mantiene inestables y les hace buscar un ambiente diferente en las salas de los sindicatos, de los partidos políticos, de las tabernas. Muchos varones confesaron preferir seguir trabajando aun después de largas enfermedades, incluso de noche, compensando la disminución de capacidad física con su experiencia y conocimiento. Prefieren aceptar trabajos inferiores a permanecer ociosos, pero de todas maneras se quejan de la degradación frente especialmente a los jóvenes y ante la pérdida de categoría del varón en el hogar, por haber disminuido también su función en mantenerlo.

La mayoría de los retirados se habían jubilado entre los 60 y 70 años. Según el Ministerio de Pensiones, de los retirados a los 65 años, sólo el 28% estaba afectado por enfermedad o pesantez del trabajo. Fue común entre los encuestados la evidencia abrumadora de que el retiro voluntario era muy raro. Las mujeres se adaptan mucho más a su nueva vida que el varón. Dos tercios de éstos manifestaron su inferioridad por sentirse inútiles, y su aburrimiento, más la preocupación de ser una carga familiar y el deterioro de la salud y del ánimo por ausencia de trabajo. La mujer en la familia del retirado era muchas veces la jefe de la familia. Pocos varones consideraron el hecho favorable para conocer más a la esposa y generar más solidaridad familiar. Muchos reconocieron en el retiro nueva causa para crear fricciones por el hecho de ser inferiores a su esposa en las relaciones familiares. Se confesaron más un estorbo que una ayuda en las tareas domésticas. Preferían las reuniones de amigos o las charlas de la esquina. Muchos, sobre todo durante el primer año de retiro, quisieron mantener relaciones con sus antiguos compañeros de trabajo, pero se vieron frustrados en el intento. Aun los beneficiarios de pensiones más elevadas preferían seguir trabajando. La lectura, los paseos, las visitas a los hijos, la radio, el cine, la jardinería eran buenos empleos del tiempo, pero no alcanzaban en ello a autoexpresarse ni encontrar suficiente justificación para la vida, cuyo fin veían llegado en la jubilación. El 39% de las mujeres entrevistadas se habían retirado entre los 50 y los 75 años, pero los trabajos en la casa las indemnizaban por lo menos sicológicamente. La mayoría de las mujeres trabajadoras en la vejez eran solteras o sin hijos.

En las conclusiones de Peter Townsend encuentro que entre el 50 y el 55% de los jubilados había plena capacidad para continuar trabajando. Se hizo evidente la necesidad de crear una agencia de empleo para personas de edad, manejada y patrocinada por el Estado. En 1951 se creó el primer sistema de empleo experimental para retirados en el distrito londinense de Finsbury... Peter Townsend no duda de su conclusión final: "La jubilación es un tremendo golpe especialmente para el varón y motiva una rápida degeneración física". De la encuesta en Bethnal Green, aumentada luego por encuentros semanales con uno o varios familiares del retirado, con vecinos, amigos, asistentes sociales y médicos, se dedujo también cómo el retiro es causa agravante del aislamiento y la soledad y se comprobó que el aislamiento es más físico que espiritual, mientras la soledad es más espiritual que física. Algunos aislados no se sentían solos, pero casi todos los solitarios se sentían aislados, aunque no lo estuvieran y aun el 20% de quienes llevaban en su jubilación una intensa vida social, se sentían solos. Los privados de contactos familiares tenían más necesidad del hospital y morían antes que los demás. Las mujeres casadas tenían mejor salud que las solteras.

Estas observaciones, espigadas parcialmente en la obra de Peter Townsend, aunque recogidas experimentalmente en las cercanías de Londres, han sido reconocidas como aplicables, con las mutaciones en la escala natural, a otros lugares y ambientes, pues los efectos del retiro o jubilación son, con muy pocas diferencias, universales.

El plazo demográfico

En Europa, el continente forzosamente modelo para nosotros occidentales, se ha dado en llamar a 1985 "el plazo demográfico", cuando la mano de obra empezaría a decrecer, mientras el consumo aumentaría, ya que desde un tiempo acá la población disminuye en los nacimientos, (con la única excepción de Irlanda, donde aumenta anualmente el 1.6%) pero se prolonga en la etapa final, por el constante alargamiento de la longevidad.

El fenómeno generalizado es: *cada vez menos niños y más viejos*. La política demográfica fue hasta ahora de restricción de la natalidad con el argumento de que los recursos naturales no alcanzaban para la multiplicación constante del género humano. Malthus realizado un siglo después. Tal política está en apuros ante el "plazo demográfico", porque la estadística demuestra cómo los cuadros de trabajo no solamente no se renovarían de la misma manera a partir de 1985, sino disminuirían notoriamente hasta la escasez de mano de obra. Grave fenómeno en el momento cuando la creciente sociedad de consumo exige más trabajo para la producción de más bienes, para cuya creación –demostrado está ya hasta la evidencia– la sola automatización mecánica no es suficiente. Los mecanismos necesitarán siempre un manipulador con cerebro de hombre, no sustituible.

¿Tendrá resultado una política estimuladora de la natalidad, después de los últimos decenios, empeñados en formarle una mentalidad de restricción a las nuevas generaciones? No lo creo. Donde tal estímulo ha comenzado, sus resultados han sido negativos, con raras excepciones. Pero, sea de ello lo que fuere, el viejo tiene ahora nuevas oportunidades de trabajo, gracias al fenómeno social de la restricción de la natalidad, y al individual de su renovación, su capacitación y su longevidad mayor.

La restricción de la natalidad comenzó a despoblar los campos del trabajo a partir de 1985, y Europa a vivir, en cierta manera en este terreno, el fenómeno de las posguerras, cuando los viejos vuelven a sus puestos de empleo, por escasez de jóvenes. Esta vez, sin embargo, la presencia del viejo en la producción va a ser mucho más eficaz, porque será más proficua y congrua, ya que la misma ciencia y el mismo humanismo que han alargado la vida del viejo, lo deben capacitar también para ser más útil a los demás y más satisfactorio a sí mismo, si es que se emprende desde ya la reeducación para la vejez, y si el viejo se deja reeducar para sus nuevas posibilidades.

CAPÍTULO V

Tratamiento

El tratamiento al viejo –personal - social - económico - religioso– ha seguido el mismo desarrollo de la historia del hombre y de las comunidades en que vive, su cultura y civilización. Lo hemos visto en la imagen literaria, etnológica y médica del viejo a través de los siglos pasar de la gerontocracia a la gerontoplebe, de la cumbre del pontificado y el reino, a la degradación del manipuleo y el abandono.

En Occidente también la alternativa oscila de extremo a extremo. De la cima a la sima. De los privilegios y las prerrogativas hasta el desprecio. Fuera del tratamiento personal, determinado por la posición económica del viejo o por el afecto o desafecto de sus familiares, en general el tratamiento ha sido dictado por la caridad o la beneficencia para pocos afortunados. Hasta se fundó una orden religiosa para protección de ancianos desamparados. Pero la caridad, la beneficencia y la filantropía no han cubierto sino una pequeña parte de la zona necesitada. El desamparo de la vejez no comienza a enmendarse como norma social, sino después de la primera guerra mundial del siglo, cuando, por los años veinte, comienza a establecerse en el Primer Mundo la legislación social sobre pensiones y asistencia pública, obligatoria para el Estado y como un derecho para el senescente, culminada ahora en Francia, donde, el Estado, en la mayoría de los casos, cubre hasta el ciento por ciento de la nutrición, techo y medicación para el provecto. Esta situación, sin embargo, en la misma Francia se prevé insostenible para el año dos mil. Ya se oyen voces allí de protesta contra el excesivo costo de la ancianidad como carga social. En orden de asistencia seguirán a Francia, Estados Unidos de América e Inglaterra. En ese libro hemos visto cómo el cuarenta por ciento de los ancianos de Nueva York viven en grande penuria y un porcentaje parecido en Londres.

El tratamiento familiar, en familia, se deduce como el mejor para el viejo. Es en este hábitat de familia donde el viejo logra su mejor estar, su buena realización, porque, de ordinario, en familia no se le exilia de la humanidad, no se le confina a la condición de ex hombre, ni se le desintegra de sus afectos e intereses esenciales. Para esto, empero, se requiere un mínimo de recursos económicos y de buenos sentimientos del entorno familiar, no siempre posibles ni los unos, ni los otros.

El crecimiento de las ciudades, la reducción de espacio en viviendas familiares, las costumbres de la sociedad de consumo, el creciente egoísmo y la disociación hogareña estrechan cada vez más el tratamiento familiar. Fuera del recurso, precario por cierto, del asilo, el hospicio, el hospital, ante el auge del desalojo del viejo de la familia, han proliferado las casas para ancianos, en sus más variadas formas, desde las gratuitas, hasta las residencias, pensiones y hoteles costosos, en forma empresarial, algunos en cadena tan importante que sus acciones han llegado a cotizarse en las bolsas norteamericanas de valores. En estas páginas leímos las estadísticas de cinco mil instituciones del género en Norteamérica, ya insuficientes... Hasta en Bogotá una firma constructora privada ha edificado un gran complejo arquitectónico (Plenitud) para parejas de la tercera edad con apartamentos particulares y servicios comunes con confort y asistencia. Su utilización ha sido lenta, pues a pesar de sus facilidades de compra para clase media alta, la colectivización no parece agradar a los viejos, más urgidos que en otras edades de privacidad e intimidad. Se había supuesto gregario al viejo. Parece no serlo.

Sea cual fuere el tratamiento al viejo, según las peculiares características de cultura, civilización y economía de los diversos pueblos y medios sociales, hay una verdad universal: ningún tratamiento, por abastecido que sea, es suficiente si se reduce a pan, techo, medicina y farmacia. Eso es ya mucho pero no es todo. El viejo necesita, sobre manera, ser tratado como el hombre que es, con posibilidades de continuar realizándose y actuando, como actor dinámico de sí mismo y partícipe y agente de su destino. La pasividad, aun la cómoda y bien servida, lo va reduciendo a la impotencia y con ella al envejecimiento acelerado. Hasta el mismo exceso de atención y servicios le perjudica porque le va persuadiendo de su inutilidad. El viejo tiene aun recursos vitales para servirse a sí mismo en algunos campos de su propia asistencia. Suplantarlo en esto es crearle una negativa conciencia de incapacidad a la cual la mayoría de los viejos son propensos. No se pueden rehuir las ayudas en caso de invalidez o limitaciones reales. Pero cuando este caso no se da verdaderamente, el exceso de ayudas es perjudicial porque el viejo terminaría por crearse ficticiamente limitaciones e invalidez, graves siempre en sus consecuencias muy traumatizantes cuando el auxilio ajeno falta.

Cada edad implica su tratamiento peculiar. La vejez también, pero con especial cuidado en su dosificación, porque la abundancia perjudica tanto como la deficiencia, ya que una u otra pueden crear el "complejo de vejez", tan dañino a esas alturas de la vida. Antes de responsabilizar a otros, hay que responsabilizarse a sí mismos.

En el tercer mundo el tratamiento social y público al viejo es todavía muy deficiente. La desorganización, la pobreza, la imprevisión, la miseria, la inestabilidad institucional, y la apenas naciente seguridad social, a la par que la concentración del capital y la injusta distribución del ingreso hacen mendigos a muchos viejos.

De cuanto he leído, visto y observado, deduzco como el tratamiento más útil y eficaz, la capacitación del viejo y su reeducación, para que siga activamente viviendo su vida, a la escala de su condición humana, y el ser útil, como mejor argumento para hacerse tener en cuenta por la sociedad utilitarista. No hay todavía un patrón prototipo de tratamiento a la vejez, a pesar de los parámetros históricos útiles porque en los últimos cincuenta años la vejez ha cobrado tanta importancia hasta situarse en el primer puesto de la problemática social, contra el agravante de que no es un fenómeno definido ya y filtrado, sino en constante evolución, e imprevisible crecimiento, por lo menos igual al aumento constante de ancianos en el mundo, en continua transformación. Mientras decrece y decrece el índice de niños, el anciano es cada vez más longevo, saludable y capaz.

El fenómeno más ancianos capacitados, menos niños y más jóvenes sacrificados por la violencia, el terror y la guerra, está cambiando el criterio del tratamiento y traerá una grande revolución social: la de la dictadura de los viejos que sustituirá a la dictadura del proletariado. Este hecho, de progresividad innegable, invalida en parte los modelos del pasado. En los gremios medievales, prerrenacentistas y renacentistas, como las corporaciones del trabajo y la producción de Florencia (Italia), la corporación reserva una parte de sus utilidades para los viejos. Algunos sindicatos modernos quisieron hacer lo mismo. Esto evolucionó en las pensiones de vejez o retiro, garantizadas por el Estado en la estructura de la Seguridad Social obligatoria, en un fondo formado con aportes de los trabajadores, la empresa y el Estado. Este sistema, fuera de que no puede cubrir la totalidad de los ancianos, sino solamente a los inscritos y antiguos cotizantes, empieza tambalear ya. Hemos visto en estas páginas cómo en Francia, el país modelo, el sistema no podrá financiarse, si su estructura no cambia y no se aumenta y prolonga el plazo de edad para el retiro, calculado no por la edad individual del trabajador, sino por los años de trabajo, estimado en 42, como plazo necesario para 1999, cuando habrá en el mundo una población de ochocientos millones de personas mayores de 65 años. Este estudio de la Comisión del Plan Francés contrasta con la iniciativa del Ministerio de Trabajo en Colombia, cuando en 1980 propuso la jubilación a cualquier edad, después de 20 años de servicio, con el resultado de tener jubilados a los 35 años, pues hay gente que comienza a trabajar a los 15.

Independientemente de cuál va a ser el tratamiento oficialmente adaptado por el primer mundo y por el tercero, se requiere siempre la previsión y la colaboración de los jóvenes, incluso por solidaridad para el futuro de ellos mismos. Es verdad la de Bioy Casares: "Cada viejo es el futuro de un joven".

Los modelos actuales de tratamiento al viejo, aunque muy adelante en Norteamérica y Francia, desde el punto de vista humanístico todavía siguen siendo orientales. Algunas muestras.

El modelo soviético

No hablo del hospicio, del ancianato de caridad, a la larga es naturalmente mejor que el desamparo total. Hay una sociedad que los rechaza por razones bien conocidas: la soviética. Sobre el tema se llenan libros y libros, y hasta yo mismo he publicado uno: *La Unión Soviética, reto moral* (1968). Cada uno podrá pensar de ella lo que quiera si tiene informaciones válidas para hacerse un criterio, pero no podría desconocer la evidencia de los hechos. El viejo Soviético ha llegado a un status que, sin ser ideal, nos alecciona en campos varios.

El estándar de vida soviético ha venido evolucionando en 60 años, desde la Revolución a hoy, de la miseria a la pobreza, de la pobreza a lo indispensable, de lo indispensable a lo necesario y ahora aspiran a llegar a lo suficiente dentro del criterio socialista. En el recorrido de esta escala hay dos seres privilegiados: el niño y el viejo.

En la URSS, el retiro del trabajo profesional es forzoso al cumplir la edad o el tiempo de servicio, variable según la mayor o menor peligrosidad del oficio para la salud. Después del retiro oficialmente no se puede ocupar puestos remunerados, a no ser en el trabajo intelectual, desde cualquiera de sus ángulos, desde la creación hasta la docencia. El viejo es entonces un ser aparentemente desocupado. Pero en la mayoría de los casos sigue desempeñándose y realizándose como hombre, ya a cualquier nivel o en el trabajo de familia, cuyos vínculos son más fuertes de lo imaginado. Los abuelos en un hogar son para los hijos un tesoro, aun desde el punto de vista económico, porque la mujer y el hombre trabajan por igual. El viejo se convierte en el guardián de la casa, en su ordenador, en la tutela de los hijos, cuando éstos no están en la escuela, en los jardines de infancia, guarderías o casas de "pioneros". La institución de "La babuztca" (abuela) es allí sagrada. Cuando el viejo muere se le vela en ataúd destapado –como lo hacían los florentinos con las mujeres bellas– para contemplarlos hasta el borde de la sepultura. Es difícil presenciar una explosión de sentimientos más enternecedores que el del entierro de un anciano allí.

Sin que falten los ancianatos del Estado la familia procura retenerlo. Puede vivir con su pensión, la asistencia médica no le cuesta nada, la sociedad lo acoge, las otras edades lo respetan. Sigue siendo un hombre útilmente.

La tendencia general soviética es la de procurar en el viejo la continuación del desarrollo de su personalidad hasta el último momento y darle los medios de esparcimiento y distensión, uno de cuyos instrumentos son los espectáculos de la casa, televisión, radio, libro, ajedrez, ejercicios, oficio y diálogo, cuyo abaratamiento y popularización son proverbiales allí. Es clásica la figura del viejo ruso que llega al parque, cuando hay sol, arma sobre el escaño su tablero de ajedrez y espera al primero que pase (conocido o no) y quiere jugar con él, para emplear horas y horas sobre torres y alfiles, teniendo en su espalda el calor familiar de un hogar. El recinto familiar es apreciado allí como el mejor para el viejo.

El modelo chino

China, madre de una cultura y una civilización multimilenaria, en resurrección ahora, es, desde Confucio, un modelo de tratamiento al viejo, que nunca allí se desarraiga de la vida, sino al contrario, se profundiza en ella, y va enraizándose en la tradición hasta penetrar en el culto de los antepasados, unidos a los presentes en la sola urdimbre del tejido de la vida y de la historia. Todo comienza en China aquella mañana cuando el príncipe Confucio salió a pasear en carruaje del palacio de su padre y encontró en el camino un anciano mendigo a quien recogió para proteger. Confucio no se contentó con la limosna, penetró en el espíritu de ese viejo, exploró su reconditez, atisbó su alma y su cuerpo, comprendió cómo no bastaba la dádiva. Era necesario incorporarlo a la vida, a la humanidad de donde había sido expulsado, a pesar de seguir siendo hombre, y como a hombre total Confucio lo reinjertó a la vida china, en el torrente circulatorio de la sociedad de sus semejantes con todos los derechos de un hombre. Lo hizo parte de su doctrina, de su religión, de su sabiduría. En ninguna otra manifestación el humanismo chino resplandece tanto como en el tratamiento al viejo. Quizá en ese momento nació el adagio chino: "No basta regalar un pescado al hambriento, hay que enseñarle a pescar".

Desde entonces el viejo en China ocupó el primer lugar en la familia de la cual nunca ha sido extraditado, vive en ella, trabaja en ella, se realiza en ella y, cuando muere, se queda en ella, con los otros muertos, frecuentemente sepultado en su mismo hogar, partícipe de la veneración a los antepasados, que nunca se fueron. Están ahí como el subsuelo familiar, en unidad estrecha con los vivientes, unidos todos en la continuidad de la especie, el afecto, las costumbres y la inmortalidad, convertido en *humus* de la cosecha humana.

En la China actual la célula familiar continúa siendo núcleo epicéntrico y en ella el viejo sigue siendo una especie de numen tutelar, de dios penate del hogar, pero no a la manera mítica de los romanos, sino en la realidad actuante de cada día. No se le encienden lámparas, porque él mismo continúa siendo la llama.

El modelo japonés

La tendencia soviética de conservar al viejo en familia y permitirle la continuación del desarrollo y el ejercicio de su individualidad coincide con la japonesa, no obstante la enorme diferencia histórica y actual entre estos dos pueblos. Los rusos nuevos en cultura y civilización (en 1854 celebraron apenas el primer milenio de la civilización rusa) antiquísimos los japoneses, emparentados con la civilización china diez veces milenaria. Socialista marxista la sociedad rusa. Individualista pero comunitaria la japonesa. Curioso individualismo del Japón. Como lo hace notar uno de sus estudiosos, el francés Robert Guillain: "El japonés antes que individuo es miembro de un grupo". Ese grupo es la familia, la empresa, el barrio, el municipio, y frecuentemente la comunidad de estos cuatro elementos. El viejo retirado del trabajo permanece en familia, que de ordinario lo toma por su cuenta. Pero no está del todo ocioso, ni se erradica, ni lo erradican. Hay oficios para viejos, y con frecuencia la misma empresa, fuera de la indemnización más o menos cuantiosa de retiro, lo mantiene en trabajos menores, remunerados parcamente. Una especie de sinecura (Robert Guillain. "L'E Depress" en 2464). Así resulta un Japón cultor de la vejez que mantiene allí activa su capacidad de orientación de la comunidad (Toshio Doko, 83 años, presidente de Keidanren), junto a la férvida admiración por la juventud donde el Kamikaze de la pasada guerra (19 a 23 años), el aviador suicida contra barcos enemigos, va tomando la aureola del legendario samurai. El testamento de Kamikaze a su hijita –"cuando estés sola, ve al templo, allí me encontrarás en el fondo de tu corazón"– ha sido siempre el legado del viejo japonés a la juventud. Allí el viejo vive en la familia, en el grupo, en el fondo del corazón. Solo los ancianos sin protección de grupo o familia van a los hospitales, asilos o ancianatos.

¿El modelo rumano?

Comienza a hablarse con insistencia del "modelo rumano" que tiene dos orígenes: el cuidado del gobierno de Rumania, uno de los países de más longevidad hoy, en el tratamiento humanístico y social al viejo, y el hecho de ser rumana y actuar en Bucarest, "la capital de la esperanza y el rejuvenecimiento", la doctora Ana Aslam, de ochenta años, la geriatra más nombrada en el mundo, por su Gerovital H3, ya en venta en 35 países, a juicio de muchos, el mejor revitalizador físico y mental de los hasta ahora conocidos.

El caso de la doctora Aslam es discutido por varias autoridades científicas, como se lee en otras páginas de este libro. Pero hay también eminencias médicas para aceptarlo y el testimonio positivo de personajes conocidos en el mundo que han sido sus pacientes. Rafael Gómez G., bibliotecólogo y escritor colombiano, ha seguido la trayectoria de la Aslam y la ha entrevistado en Madrid y en Bucarest y ha conocido sus clínicas e instituciones. En su libro *De mis andanzas por el mundo* Gómez G. da sus experiencias de la Aslam, y cita sus palabras según las cuales el hombre debe vivir 120 años. La doctora pone el secreto no solamente en el Gerovital H3, sino también en el método de vida, aplicado por ella a la suya propia, que le permite a ella, ya octogenaria, trabajar como una jovencita dinámica.

Situación actual del viejo

Mientras la ciencia médica prolonga la longevidad útil y satisfactoria, el nuevo humanismo, necesario ante la deshumanización de la técnica, ha habilitado también la imagen del viejo tan deteriorada por los tabúes y prejuicios de una sociedad cada vez más idólatra de los dioses del vigor, la fuerza, la velocidad, es decir, de la juventud y el campeonismo. El caso de Norteamérica es palmariamente indicativo. En aquel país, donde se alardea tanto del culto a la juventud, el viejo aunque no lo parezca recobra su influencia hasta en las principales empresas norteamericanas. Quienes a la postre deciden en el mundo del comercio, la industria, las finanzas, la política y la guerra no son los jóvenes. Los generales de 28 años, después de Napoleón y José María Córdova, no se repiten –El poder de decisión no es juventud.

El nuevo humanismo, junto con la ciencia, comienza a situar al viejo en su verdadero lugar: un hombre, con todos sus derechos y deberes de hombre, naturalmente dentro de su escala, como tienen su escala propia la primera y la segunda edad.

Uno de los grandes pasos en la rehabilitación social del viejo lo ha dado la política. El aumento de longevidad ha multiplicado la presencia del viejo en todas partes, incluso en las urnas electorales. El viejo ya no es la curiosidad buscada con linterna. Hay hombres y mujeres de la tercera edad en todo, por todo y para todo, en pleno ejercicio de sí mismos. Se les ve en todos los campos, incluso en los del amor, un terreno inexplicablemente vedado para ellos por la dictadura social, hasta hace poco.

En Francia son el 15% del electorado y el 20% en Estados Unidos, donde diariamente cuatro mil personas cumplen 65 años, y donde la medicina y la higiene y la nutrición alargan cada año, como en otros países del primer mundo, el promedio de la vida.

La presencia masiva del viejo en las elecciones ha despertado el interés de los políticos quienes comenzaron a incluir en sus programas capítulos atañederos de los derechos e intereses de la ancianidad.

La economía comienza a obrar también en este sentido. El significado económico de la vejez es hoy muy grande. Ya la jubilación, la pensión de retiro, los subsidios o ayudas de las cajas de compensación y fondos especiales (excepcionales todavía estos últimos) son insuficientes, porque mientras de un lado la cuota de personas en la tercera edad, a quienes el retiro les impide trabajar pudiendo, crece y crece, los nacimientos disminuyen, lo que daría como conclusión la falta de mano de obra activa en un futuro inmediato, el del "plazo demográfico". La mano de obra activa es la que alimenta la cadena de la Seguridad Social. El fenómeno de superávit de ancianos y déficit de niños debilita los eslabones intermedios, es decir, el sostén financiero de jubilaciones y pensiones. Los trabajadores. Las seguridades sociales de los países comienzan a ubicarse ante el problema con perspectivas amenazantes.

Los factores a favor del viejo obran mediante una mecánica científica humanística, política y económica ya en marcha. Indefinible porque toca todos los intereses. Lo importante ahora es trabajar sobre el viejo mismo para que él no se oponga a la realidad de ser capaz de trabajar y satisfacerse, lejos de inhibiciones y frustraciones. Es decir: la circunstancia social para el cambio sobre la vejez está creándose, a pesar de la sociedad misma. Debe cambiar también la circunstancia individual. Se va modificando la imagen del viejo ante los demás. De modificar es, ante todo, la imagen del viejo ante sí mismo.

La sociedad de hoy –la de consumo o la de en vías de serlo– regresa un tanto a la primitiva, en la cual los elementos determinantes de la vida con los de la subsistencia, aunque subsistir no sea el problema de la de hoy, sino consumir. El consumismo ha cambiado las reglas de la vida. En los países desarrollados y en vías de desarrollo el utilitarismo positivista define la posición del individuo en la sociedad como productor. A otra escala, el fenómeno se parece en cuanto a tratamiento de la vejez al de las primitivas comunidades existentes aun. Cuando el viejo deja de ser útil, se le confina, se le abandona, o simplemente se le mata para eliminarlo como competidor en el plato insuficiente para todos. Simone de Beauvoir en su libro sobre la vejez tiene todo un largo capítulo de historia antigua y contemporánea sobre este tema.

Las sociedades progresadas del primer mundo desarrollado se han visto obligadas a ir modificando las políticas frente al viejo, porque la presencia de los mayores de 65 años se multiplica en nuestros días y se seguirá multiplicando. En Francia cuando Simone de Beauvoir escribió hace 12 años su libro, los viejos eran el 12% de la publicación. Hoy son el 15%. En Norteamérica ya el 20%. Veremos en este libro cómo la presión de este aumento demográfico de los viejos, hasta en el campo electoral, está motivando rápidos progresos en el tratamiento social del viejo, tomados como bandera de asociaciones y sindicatos para hacer conciencia de solidaridad consigo mismo, pues los de las otras edades también un día van a ser viejos.

En un mundo utilitarista, el viejo no puede confiar en la sociedad como su protectora si ésta lo considera inútil. Y si él mismo se considera inútil. La sentencia de inutilidad con que nuestra sociedad ha condenado a nuestros viejos ha sido eficaz para convencer al viejo mismo de ella. Sin embargo, el arma de defensa del viejo es él mismo, con su utilidad en todos los campos ya demostrada. A una sociedad utilitarista no la vamos a convencer sino siendo útiles.

Las ciencias y el humanismo sobre el viejo son muy nuevas y sin influencia social todavía lenta. La geriatría y la gerontología comienzan en Norteamérica en 1916, cuando Nascher, el padre de la geriatría, autor del primer programa en 1909, fundador en 1912 de la Sociedad Geriátrica de New York, en 1914 no consiguió editor en New York para su libro principal, punto de partida de esta ciencia del viejo.

La reeducación de la sociedad frente a la vejez se está produciendo lentamente bajo presiones ya indicadas aquí, y quizá se agilice si el "plazo demográfico" se cumple. El gran acelerador de esa reeducación tiene que ser el viejo mismo, si logramos reeducarlo para la utilidad, el argumento contundente de hoy, mostrando sus valores, incluso para la producción.

La personalidad y tener la sensación de que se la ejerce libremente es la mejor receta de la longevidad. Sentirse uno mismo dueño de su propia realización útil y satisfactoria es el gran calor contra la nieve del tiempo y la carrera contra el desmoronamiento y la erosión. Lógicamente para ello hay necesidad de una reserva moral, cultural y económica no siempre posible, porque tanto el individuo como la sociedad olvidan frecuentemente durante el decurso de la vida anterior la preparación para "vivir" hasta el último momento, y a la postre aceptan con fatalismo los últimos años.

La medicina, el humanismo, la política y la economía han vencido el mito del viejo inútil, enfermo y socialmente proscrito, para afirmar la realidad de hombre útil, con capacidad de trabajo y satisfacción, tan injustamente golpeado por el retiro, consistente en pagarle a uno que hace las cosas bien para que se vaya –condenándolo al ocio– para remplazarlo por tres que no las saben hacer. Como esos tres de remplazo van a escasear en un futuro no lejano (déficit de nacimientos), como el creciente consumismo acrece todos los días las necesidades, a veces ficticias, de la gente, la sociedad comienza a darse cuenta del perjuicio individual y social del "retiro" indiscriminado y en el enorme daño de condenar a la vagancia a personas útiles, a quienes la edad no invalida, sino por el contrario, capacita para el trabajo adecuado.

Y gracias a esas causas sociales, el criterio clásico sobre la inutilidad del viejo comienza a cambiar. La paradoja increíble: mientras las causas sociales del maltrato a la tercera edad comienzan a modificarse, el criterio del viejo mismo cambia menos rápidamente porque está más adherido al mito de su inhabilidad contra la realidad de su utilidad. El primer sacrificado de los prejuicios ha sido el mismo viejo. La sociedad lo ha deprimido tanto, lo ha maltratado tanto hasta envejecerlo de su propio "complejo de vejez".

La industrialización ha traído el desproporcionado crecimiento de las ciudades motivado por las migraciones del campo a los centros urbanos, hasta el punto de invertir las proporciones en los últimos cincuenta años en algunos países. En Colombia y Venezuela, por ejemplo, hace medio siglo la población urbana era el 37% y la rural el 63%. Hoy es a la inversa en ambos países.

Graham Hanlock (diario *El Tiempo* No. 79/09/11) anota cómo la población urbana mundial crece en todo el mundo. Entre 1950 y 1975, las ciudades europeas aumentaron en 100 millones de habitantes. Las de Norteamérica y la Unión Soviética en 80 millones.

El fenómeno demuestra un aumento en las fuentes de trabajo de la industria pero un *handicap* para los ancianos. En New York hay un millón de ancianos, de los cuales el 40% viven en barrios pobres. En Inglaterra el 19.2% de los ancianos residen en ciudades, viven solos, sin higiene y sin baño. La gran ciudad para el anciano es de muy difícil manejo. Allí se acentúan más sus dificultades incluso la de la sociedad, porque el habitante urbano de las metrópolis es menos solidario y porque las grandes estructuras urbanas son aplastantes, impiadosas, con la contaminación de las fábricas y el tránsito automotor, el ruido y la congestión... En igualdad de circunstancias, la longevidad es mayor en el campo y en los pequeños centros de población, por su tranquilidad, facilidad en el manejo cotidiano de la existencia, mejor calor humano, mayor solidaridad y por el vivificante contacto con la naturaleza sin obstáculos ni para el sol, ni para el aire, ni para las estrellas, ni para el verde.

CAPÍTULO VI

El cuerpo humano

Dentro de las deformaciones religiosas y filosóficas más nocivas a la humanidad se cuenta la falsificación del hombre concebido no como integración de cuerpo y alma en una sola naturaleza integrada física y espiritualmente, sino como contraposición de dos principios opuestos y enemigos. Por un lado, el alma generadora de ideas, sentimientos y espiritualidad y, del otro lado, el cuerpo mal inclinado, fábrica de excrementos morales y materiales e instrumento de pecado, desechable envoltura terrenal. En la vejez este concepto es fatal. En occidente se origina en la filosofía espiritualista de Platón, en su metafísica hiperbólica, en su deseo de probar la eternidad por el solo hecho de la excelsitud del alma indivisible, bien coreada por Pitágoras y luego seguida en Roma por varios autores, especialmente por Cicerón, como mis lectores pueden verlo en las citas del *Tratado de la vejez*, en este libro.

El cristianismo, teológicamente para los cristianos revelación divina, históricamente ha estado influenciado por esta filosofía precristiana de antagonismo entre cuerpo y alma.

Cristo no despreció el cuerpo humano. Al contrario lo proclamó, como sus exegetas interpretaron "templo vivo del Espíritu Santo", frase que 19 siglos después encontraría eco en el Papa Pío XII cuando, al aprobar la cirugía estética, alegó este pontífice cómo ella debería ser lícita puesto que siendo la persona humana un compuesto de cuerpo y alma, la obligación de mejorar el alma implicaba la de perfeccionar su instrumento: el cuerpo.

Desgraciadamente, las exageraciones ascéticas y místicas del cristianismo en el curso de los siglos fueron despreciando el cuerpo hasta extender a él la doctrina maniquea de los dos principios, para el bien uno y otro para el mal. El bien sería el espíritu y el mal sería el cuerpo en la vulgarización maniquea.

La Edad Media, tan reiterativa en la falsa interpretación de la palabra de Cristo "el espíritu está pronto pero la carne es perezosa" –referida al sueño de sus discípulos– es una demostración histórica de este desprecio corporal. No existía la higiene física. El primer baño aparecido en un castillo medieval es el de la fortaleza de Wistburgo, en Alemania, pero era solamente para los caballos. Los malos olores del cuerpo no se combatían con agua y jabón, sino con perfumes. La grandeza de Luis XIV en Versalles se apuntó por primera vez en aquel palacio la instalación de letrinas. Pero aun a principios del siglo XIX, en el castillo de Fontainebleau, Napoleón se quejaba del mal olor de los muros exteriores contra los cuales cortesanos y cortesanas aligeraban el vientre y la vejiga. A mitad del siglo pasado, el conde de Lampedusa en su *Gatopardo*, tan magníficamente interpretado en el cine por Visconti, en el espléndido baile del palacio de Palermo entre el fulgor de sedas y joyas, y no lejos del comedor de las viandas exquisitas, muestra el cuarto de las bacenillas repletas a la madrugada. Baldomero Sanín Cano, en su estudio sobre el estado de Latinoamérica a la época de la Conquista y la Colonia, afirma haber sido los indígenas más aseados e higiénicos que el español.

Esa mentalidad deprimente del cuerpo llevó a condenar todo cuidado para éste y a considerar despectivamente sus funciones. No merecedor de cosa diferente de sayal y cilicio dentro de un régimen de penitencia y expiación contra la carne pecadora.

Afortunadamente, el cristianismo comienza a enmendar este error volviendo a la lógica de su concepción primera de la persona en integración indivisible de cuerpo y alma, tan indivisible que no resucitaremos solamente con nuestra alma, sino también con nuestro cuerpo, como ya había soñado Job en el estercolero: "Y en mi propia carne veré a Dios, mi Salvador". El cristianismo aprecia, con esta doctrina de la resurrección de los cuerpos, más la materia que el espiritualismo precristiano de Platón y Cicerón, según el cual el cuerpo se disolvía definitivamente con la muerte, mientras el espíritu seguía viviendo eternamente.

Para el viejo, el cuidado del cuerpo, desde el punto de vista higiénico, médico, estético, es de vital importancia. Asearse, vestirse bien, afeitarse para el hombre, embellecerse con cosméticos para la mujer, andar erguido son una urgencia primordial para el anciano, pues si se descuida, su propia apariencia desagradable va a darle a él mismo una idea lastimera. En la juventud, la misma vitalidad puede soportar cierto desaliño. No así en la vejez, cuando es más cierto aquello de: "El hábito no hace al monje, pero también el hábito" y "las fachadas viejas necesitan más sostenimiento"... La sociedad quiere envejecerlo a usted, no le dé el gusto de enmohecerse usted también descuidando su cuerpo y mostrándolo como una piltrafa. Su cuerpo es usted mismo.

Su cuerpo, conformado por su alma, es la obra maestra del Creador. Nadie, después de Él ha podido repetir su cuerpo. Es la más alta maravilla de la creación, la verdadera máquina del universo; ha podido pesar los millones de toneladas de la Luna, mientras su peso promedio es de sesenta y cinco kilos, y de sólo mil cuatrocientos gramos el instrumento con que la ha sometido: el cerebro, el gran conquistador no sólo del planeta, sino del cosmos.

¿Se ha puesto alguna vez frente a su cuerpo para entenderlo con los ochenta mil millones de células cerebrales, las once mil cuerdas de la garganta, y los kilómetros de tejidos, fibras, filamentos nerviosos, músculos, venas, arterias, arteriolas, cuya red total es más extensa que las autopistas de Italia juntas? Y todo dentro de las exiguas dimensiones de usted, para que usted funcione maravillosamente dentro de su fisiología y de su capacidad de conocer, pensar, sentir, informarse, informar y comunicarse.

Se ha dado cuenta de ese prodigioso instrumento de trabajo y de placer de que usted dispone para bien suyo y de los demás: ¿su cuerpo? No diga que, a causa de los años, no lo emplea. Lo mejor de ese instrumento es el cerebro, y si se le ejercita, el cerebro puede ser mejor en la tercera edad.

El cerebro

El cerebro es el prodigio de esa maravilla que es su cuerpo. Gracias a él, usted piensa, reflexiona, recuerda, siente, se comunica con los demás y con usted mismo, habla e imagina. Su cerebro regula los millares de operaciones simultáneas realizadas por su cuerpo. De él parten la mayoría de los mensajes, órdenes o señales que ponen en función muchos órganos. Pero ante todo, él, su cerebro, es el asiento, el instrumento de su razón, gracias a la cual nos distinguimos de los animales, y, después de haber salido de las cavernas, vamos ya en los astros.

Esto no es una figura literaria. Analice el hombre de las cuevas y vea ahora el hombre del cosmos, caminante por la Luna y explorador de Marte.

A nuestro cerebro debemos haber podido sobrevivir a todas las catástrofes cósmicas. El hombre es, entre los animales superiores, uno de los más pequeños. Sin embargo, logró superar los conflictos geológicos y climáticos, donde perecieron otros animales, mucho más grandes en peso y estatura, que están ahora fosilizados, hoy apenas esqueletos, visibles en los museos de historia natural. El hombre, en cambio, a pesar de tantas amenazas, está vivo, ahí, gracias a su cerebro, más desarrollado que nunca, después de haber vencido a sus enemigos del reino vegetal y del reino animal, y a las fuerzas internas y externas del planeta.

Solamente poder sobrevivir, después de que el hombre nace como la más desprotegida de las aves, es ya una hazaña de nuestro cerebro. Él nos ha enseñado cómo resistir. El cerebro le permite al torero desafiar la tromba de bravura y fiereza del toro de lidia, al jinete hacer de los potros salvajes sus fieles aliados y amigos del camino, al sabio fisurar el átomo, medir las estrellas. Gracias al cerebro, vencemos a los enemigos. Si los orangutanes y chimpancés en vez de tomar el garrote con la mano plana hacia abajo, horizontalmente, lo hicieran tomándolo con la mano vertical, como nosotros, nos habrían exterminado. Si las serpientes venenosas tuvieran un gramo de nuestro cerebro nos hubieran destruido y si nuestro cerebro no nos hubiera defendido de la mosca Tse-Tsé todos estuviéramos dormidos para siempre...

El doctor Mosqueira se complace en calcular cómo, si la ciencia y la técnica pudieran algún día construir una imitación del cerebro humano, hipótesis poco probable, resultaría una máquina tan grande como el alto rascacielo del mundo, el Empire State, de 102 pisos en una base dos veces superior a la del terreno de ese edificio, sin que funcionara como cerebro pensante... Y, en cambio, sí, amigo, el nuestro cabe en una taza de sopa y pesa solamente un promedio entre 1.400 y 1.500 gramos. Y, además, si lo usamos, con la edad obra mejor.

El cerebro es el único órgano de nuestra anatomía cuyas células no se renuevan. Si se renovaran, no tendríamos memoria, porque ésta se estampa en ellas y desaparecería con ellas. Por eso los viejos, si dejan morir sus células cerebrales, tan vulnerables al alcohol, van perdiendo la memoria. Este descubrimiento de la ciencia de hoy recuerda la teoría de San Agustín –hace 15 siglos– según la cual la memoria era una especie de serie de cajoncitos en la cabeza (neuronas), donde guardamos las imágenes de los recuerdos.

Estas células no se renuevan, pero, por ser tantas, las neuronas, nos alcanzan para una vida de 110 años, a pesar de las que van muriendo todos los días. A otras muchas destruye el alcohol, la nicotina, el exceso de drogas, la mala nutrición, las grandes fatigas y la falta de uso. Estas neuronas, como todo aquello que no se usa en el organismo, mueren también por falta de empleo. En cambio, se vitalizan, se restauran, y se energizan con el ejercicio mental. Quienes piensan continuamente mantienen su energía cerebral por más años durante la vejez. El ex presidente colombiano Carlos Lleras Restrepo, a los 72 años, trabajaba 14 horas diarias escribiendo y estudiando, con una memoria feliz. La cultivaba, se dice, repasando todos los días un poema y alguno de los presupuestos nacionales de los últimos sesenta años.

El ocio mental es tan perjudicial como el físico. Ambos destruyen, sobre todo en la vejez. El hombre común no aprovecha sino el 5% de su potencia mental. Cuando el hombre llega al 10%, ya es extraordinario, cuando va en el 15%, ya tiene poderes mentales capaces de gran talento. Con el 20% de aprovechamiento mental comienza el prodigio de verdad, y el milagro del genio.

El cerebro es lo mejor que usted tiene en la vejez. Usted verá cómo muchas de las obras maestras de la ciencia y el arte de la humanidad fueron producidas por viejos entre los 60 y los 90 años. En el cerebro está impreso aquello que usted vio, sintió, estudió, pensó y reflexionó antes. Una reserva muy útil ahora. Todo un arsenal apto para tantos usos, incluso para el de la experiencia y la sabiduría. Y su cerebro funciona si usted lo pone en marcha. Vigile y piense, no lo deje dormir.

Ese cerebro suyo, así provisto de recursos, es un gran instrumento para hacernos útiles y seguir viviendo. Los niños lo veneran, los jóvenes lo envidian, los maduros lo necesitan. Empléelo a fondo, sin temor. No lo sobrecargue, porque le puede dar un colapso, pero no lo deje ocioso porque se le muere. En la vejez hay una regla para todo: el justo medio. La norma de Horacio a los Pisones es una ley para usted: "Hay ciertos límites más acá de los cuales, o más allá de los cuales, no puede existir la rectitud". El cerebro, el instrumento de lo racional, nuestra diferencia con el bruto, puede embrutecerse también. La peor venganza de la historia no es matar, es embrutecer.

El cerebro del hombre, en proporción a la estatura y al peso humanos, es grande: un promedio de kilo y medio, para 70 kilos en promedio. En la ballena es de 9 kilos para seis mil kilos de masa total. Pero, a diferencia de lo que se pensaba en el siglo pasado, no son el volumen ni el peso del cerebro los determinantes de la inteligencia. El cerebro de Einstein pesaba lo mismo que el de su portero.

En realidad, la capacidad intelectiva, cognoscitiva y rectora del cerebro se origina en su organización interna y en la divina chispa creadora que lo ilumina. Günter Haaf dice: "El cerebro humano es el órgano más eficaz para la elaboración de información. En un centímetro cúbico almacena diez mil veces más información que las mejores computadoras existentes"... y agrega el mismo autor: "Nuestro cerebro, una masa viscosa gris rosácea, de apenas kilo y medio de peso, es el órgano más complicado que produjo la naturaleza. El puente y el cerebro dirigen las funciones corporales vitales. El tronco, rodeado totalmente por el cerebro, con sus glándulas (hipófisis, glándula pineal) controla entre otros, los sentimientos. La muy plegada corteza gris del cerebro es la sede del lenguaje, la memoria y la conciencia: cerca de ochenta mil millones de células nerviosas, reunidas en diez mil millones de neuronas ('microcircuitos biológicos') y entrelazadas por quinientos billones de contactos (sinopsis) hacen del Homo el Hombre pensante".

Ni aun en la hipótesis del doctor Mosqueira, de que el hombre pudiera hacer un cerebro mecánico, para el cual necesitaría más peso, volumen y espacio que el Empire State de New York, su funcionamiento estaría garantizado. Nunca sería pensante esta máquina. Tan maravilloso computador no contendría sino la memoria que el cerebro humano grabara en él.

Y sin embargo, el hombre, con la más portentosa maravilla de la creación dentro de su cabeza, usa sus facultades mínimamente, y se da a la tarea de destruirla con los abusos y los excesos. El viejo desaprovecha en su cerebro la mejor arma de su edad.

A pesar de los enormes esfuerzos de la ciencia por conocer esa máquina prodigiosa del cerebro humano, y de las grandes exploraciones sobre él, el milagro continúa, porque el misterio permanece, no solamente en algunos de sus mecanismos, sino también en el aprovechamiento de su potencial, casi infinito, porque desconocemos sus límites. Los científicos rusos (revista *Enfoque Internacional* de la Agencia Novosti) divulgan nuevos experimentos de especialistas de laboratorios de Moscú que han logrado impresionar películas fotográficas con irradiaciones cerebrales. Hasta hoy, ningún otro órgano ha sido capaz de tal.

La gran lucha de la medicina actual no es solamente contra el cáncer, sino sobre el cerebro humano, ya que gran parte de las enfermedades típicas de nuestra era lo lesionan. Su sintomatología es cada vez más comprobada, pero no su etiología y, a pesar de los prodigios de la cirugía cerebral, en este camino parece haber aun mucho por hacer. La gran estrategia todavía no es sanarlo, sino cuidarlo y preservarlo. Nada acontece en la anatomía, en la fisiología, en la biología humana que no pase por el cerebro. Es nuestra central nuclear, el computador para totalizar y ordenar toda nuestra actividad.

En este campo se fabula mucho aun, y se acuñan muchas ficciones banales. Pero no todas. En Tejas, existe una asociación: Control Mental Silva International. No tengo ninguna autoridad para calificarla. Pero oyendo las opiniones de uno de sus miembros, Darío Lostado, me confirmé en lo ya visto y observado sobre la necesidad del empleo del cerebro para resolver los problemas de la vida diaria, las tensiones, el nerviosismo, la falta de concentración, la inseguridad, los temores, las fobias, la ansiedad, la falta de identidad consigo mismo, las deficiencias de autenticidad, el culpabilismo, la interinidad.

Nuestra educación tradicional ha programado mal nuestro cerebro. Nosotros podemos desprogramarlo y volverlo a programar, por lo menos en aquella parte que nos redima de lo negativo, y nos lleve a lo positivo, destruyendo tantos mitos inoperantes de la antigua programación... Se ha probado cómo se puede ser más inteligente mediante un activo desarrollo mental, cuya dinámica en acción es tan indispensable como la del ejercicio físico. La inteligencia, al fin y al cabo, es una facultad que se desarrolla con el ejercicio y el abastecimiento, como todas las demás, sin que por eso solo podamos aspirar a llegar al talento o al genio.

En la tercera edad el cerebro debe funcionar mejor. Póngalo en movimiento... Seremos siempre jóvenes, si conservamos la juventud del cerebro. Y por el número de neuronas con que vinimos al mundo el cerebro humano está hecho para trabajar mucho tiempo, si nosotros no lo aniquilamos.

No es explicable por qué la mayoría de los hombres se empeñan en destruir esas neuronas —especialmente con alcohol y fatiga—. Su mejor patrimonio, el cerebro, paradójicamente, resulta ser también el órgano menos usado, y, frecuentemente, el peor tratado. Se cuenta de un capitán de artillería japonesa que en la batalla de Puerto Arturo sostuvo, bajo las granadas enemigas, 24 horas seguidas el fuego de su batería, sin errar un cañonazo. Al final, cayó muerto sin ninguna herida visible. En la autopsia se encontró su cerebro enteramente negro. Así, desde el heroísmo de la batalla sangrienta por la patria, hasta la hazaña del combate incruento de la ciencia y la proeza diaria de vivir como se debe, el cerebro está ahí como el epicentro rector.

No debe confundirse cerebro con fuerza mental, empleo de la inteligencia, cultivo de la razón y el razonamiento, de todo el cual el cerebro es instrumento.

Ni el cerebro órgano anatómico y su relación con el raciocinio mismo de que es computador, ordenador, coordinador y sintetizador. Según los neurólogos en una persona normal, el cerebro está siempre en actividad, se usa siempre, no puede funcionar alguna de sus partes y otras no, aunque esté sectorizado por zonas para el lenguaje, el habla, la memoria, los sentimientos, la información y la dirección de funciones vitales... Cuando aquí hablamos de "usar el cerebro para aumentar nuestra capacidad mental" nos referimos a la capacidad pensante servida por este órgano. De la misma manera, cuando hablamos del aprovechamiento de la mente, normalmente en tan bajo porcentaje utilizada. Cerebro y mente no son lo mismo, pero están estrechamente asociados y sin cerebro no hay mente.

Habría que distinguir el cerebro anatómica y fisiológicamente –siempre en función cuando es normal– y como herramienta de la inteligencia, su empleo para el razonamiento y el conocimiento, función más abstracta, pero no menos cierta, y en la cual el subempleo del cerebro es notorio en todas las edades y en todas las épocas.

El doctor Tubiana hace residir los principales problemas individuales y sociales del hombre en la mente, trabajada por siglos y milenios por el mito.

La mente humana es el prodigio máximo de la creación. Si no hubiera otro argumento para creer en Dios bastaría la contemplación de este milagro de la mente. La mente es casi un arcano, más en su operación que en su estructura, de la cual sabemos ya. Conocemos por ejemplo su potencial casi ilimitado. Hemos visto con él torcer metales a distancia, como lo hace Uri Geller, o transmitir pensamientos, sensaciones y órdenes, como lo realiza Fasman. Ambos casos presenciados por casi todos los públicos del mundo. Ante el fracaso de la técnica y la ciencia para impedir que el Skylab recobrara su órbita, en marzo de 1979, los americanos confiaron en que si medio millón de ciudadanos concentraran su mente en éste, lograrían su recuperación.

Se habla cada vez más de los métodos del control mental, aun como terapia para aliviar o sanar dolores físicos, no solamente los dolores ficticios por aprehensión, sugestión o autosugestión, sino aun dolores reales. A pesar de cuanto se fabula sobre este tema –como sobre todos sus congéneres, sin comprobación evidente de la experiencia científica– hay en el control mental un fondo de verdad innegable, basada en la función reguladora del cerebro y ordenadora de las demás funciones síquicas y somáticas (de ánimo y cuerpo). ¿Con fundamento en qué podemos negar que el poder de abstracción y de extracción del cerebro puede también extraernos o abstraernos de algunos de nuestros dolores y convertirse en terapia o, al contrario, sumergirnos en ellos creándolos ficticiamente por aprehensión o suposición o sugestión? Los testimonios del control mental, como terapia para partos sin dolor, operaciones dentales sin sufrimientos, cefalalgias y otros padecimientos, son cada vez más numerosos y autorizados. En 1936, yo vi operar de un bocio pronunciado, en Roma, al arzobispo de Rio de Janeiro, Monseñor Leme, sin anestesia. Su control mental le permitió soportar el dolor, sin movimiento alguno que hubiera podido ser fatal para el bisturí del cirujano.

Además el control mental no es nuevo en el mundo, aunque en nuestro occidente puede ser relativamente reciente. Y ni siquiera tanto, porque la fe que transporta las montañas es tan antigua como el Cristo del Evangelio, y aun más, como los prodigios de la *Biblia*. E igualmente antiguo es el escepticismo que en nada cree. El profeta Daniel, ileso en la cueva de los leones hambrientos, seguramente ejerció un control mental en sí mismo y en las fieras circundantes. Y, dos mil años después, ¿qué era lo que hacía Francisco de Asís con el feroz lobo de Gubio? Desde antes de la *Biblia*, algunas religiones y filosofías del Lejano Oriente fundaban ya sus métodos sobre el control mental. Y aun están los fakires durmiendo sin espinarse, sobre un lecho de púas, y los campeones que se encierran semanas enteras con serpientes venenosas, sin ser tocados, porque su control mental les permite inmovilidad total.

Para el anciano, el método del control mental es importante, si se le toma seriamente, en la preparación y la disciplina necesaria, sin hipérbole y sin milagrería.

El cerebro, por ser rector y ordenador de los demás órganos, participa de la salud o enfermedad general del organismo. El estado de sus componentes le afecta directa o indirectamente. La buena dieta le beneficia. Pero ¿hay una dieta especial para el cerebro? Inés de Salgar en *El Vespertino* (Bogotá, junio 25 de 1980) refiriéndose a la erosión cerebral causada por la muerte diaria de las irreparables células cerebrales, escribe: "... La única manera de contrarrestar y retrasar este proceso del cerebro es alimentarlo correctamente".

"La comida del cerebro es muy simple: glucosa, oxígeno y humedad.

Estos tres nutrientes cerebrales han de estar presentes de manera óptima y racional y no faltar ni un solo momento, así estemos despiertos o dormidos, trabajando o vagando.

Como los alimentos del cerebro no son regeneradores sino mantenedores, hay que tener en cuenta que actúen en el organismo en forma que los residuos nocivos que se acumulan en las células sean fácilmente eliminados por medio de la orina, las heces, el sudor y la respiración. De no eliminarse fácilmente esos residuos nocivos, precipitan más rápidamente la muerte de las células y las que quedan con vida resultan sin el vigor natural de los primeros años y fuertemente alteradas. Esto da lugar a que los nervios se exciten, especialmente en la mujer, y a que en los hombres se inflame la próstata y funcione mal.

Uno de los mejores alimentos mantenedores de las células cerebrales son las frutas cítricas, por los azúcares naturales que proporcionan y la abundancia de jugo diurético "limpiador", que a través del ácido ascórbico (vitamina C), que contiene óxido, destruye y elimina los materiales tóxicos acumulados en la célula y en esa forma impide que los nervios y los canales urinarios funcionen mal.

Hay otros alimentos mantenedores, como la cebolla y el ajo, que aportan compuestos sulfurados. Esa es la razón para que la humanidad los haya escogido como alimentos indispensables en la cocina, aunque por muchos años esto se ha realizado de manera empírica y sin conocer la verdadera función de esos alimentos en las células.

El aceite de oliva y la manzana son asimismo, por su excepcional composición biológica y bioquímica, alimentos mantenedores de la vitalidad del cuerpo y de la mente".

Actitud frente al cerebro

La actividad humana ante el cerebro resulta sorprendentemente negativa, cuando se la analiza a la luz de la razón, diferencia específica del hombre, este animal racional, cuyo comportamiento consigo mismo es frecuentemente poco racional. Podría citarse la irracional actitud frente a la salud, contra la cual tantos atentados cometemos; frente al sexo, piedra angular de la vida, del cual tanto ignoramos; frente al amor, cumbre y síntesis de todos los valores, tan sacrificados hasta afirmarse ser el hombre el único animal que "mata lo que más ama"; frente a la alimentación, de cuyo equilibrio no nos preocupamos. En general somos un enigma frente a nosotros mismos: aprendemos tantas disciplinas, oficios, profesiones, deportes e historias, pero aprendamos a caminar bien, a respirar bien, a dormir bien, a trabajar bien, a descansar bien, a comer y beber como es debido, a "higienizarnos" correctamente, a modular la voz, a preservar nuestra piel, a gobernar nuestra voluntad, a conservar la correcta posición de nuestros músculos en cada uno de los empleos exigidos durante el día.

Consciente o inconscientemente adquirimos hábitos y vicios que nos deterioran. De todo eso nos libraríamos si usáramos bien el cerebro y ajustáramos a él nuestra voluntad. No es racional no emplear bien el principal instrumento de nuestra razón, el órgano capital de la vida que ordena y comanda todas nuestras funciones, desde el sueño, parálisis de toda función activa, hasta el acto sexual, compendio de toda actividad síquica y física. Sabemos esto pero muy pocos proceden en consecuencia. En la práctica, hasta los cultores de los sentidos por los sentidos olvidan que "nada hay en el entendimiento que no haya pasado por los sentidos".

¿En dónde está la "racionalidad" de ser racional para consigo mismo? Múltiples explicaciones pueden aducirse, todas ellas corregibles, pero no siempre corregidas. Una de ellas es la pereza de pensar. Ha llegado hasta afirmarse: "Pensar es un dolor". Y sin embargo el pensamiento (la razón) es la que nos ha sacado de la cueva de nuestros antepasados cavernícolas, hasta los astros, en donde la ciencia cósmica nos tiene ya, en esta edad espacial. Y al cerebro debemos la prolongación de nuestra vida.

El viejo debe percatarse, día a día, de que el cerebro es para todos, pero sobre todo para él, su órgano más importante y el único al que la edad, en vez de desmejorar, perfecciona. Si lo mantenemos bien y lo usamos correctamente.

Si algún elíxir existe para la eterna juventud éste está precisamente en el cerebro, la mejor defensa del viejo. Así como ejercitamos nuestros músculos para darles flexibilidad y vigor, debemos ejercitar el cerebro. Cada vez más practicamos deportes musculares. Y eso es excelente. Pero, ¿por qué no hacemos también deportes cerebrales? Para conservar la memoria, la nemotecnia existe y también el tirocinio y arte de aprender a raciocinar, en ejercicios cerebrales de cada uno, cada día. Si nos limpiamos las uñas, nos lavamos los dientes, ¿por qué no hacer lo mismo con el cerebro? Cuidar el cerebro es retardar el envejecimiento.

Usted será viejo solamente cuando su cerebro envejezca. Racionalice su actividad frente al cerebro y será mucho más hombre, porque esa es nuestra diferencia con los irracionales.

Un dato consolador: en la autopsia de los ancianos sanos, muertos por accidente, se encuentra siempre el cerebro como el órgano mejor conservado y más apto. Ni se ensordece como el oído, ni se entenebrece como el ojo, ni pierde su poder de absorción como las paredes intestinales, ni se endurece como las venas, aunque tenga que ver con todo eso. En cambio, se marchita con el alcohol excesivo y los otros abusos de actividad o de ocio. Cualquier afección cerebral repercute en todo el mecanismo síquico y físico del hombre.

Si el hombre dedicara al cultivo y ejercicio del cerebro, como centro pensante y volitivo, una mínima parte del tiempo y el dinero consagrado al de los sentidos –todos gobernados por el cerebro– la humanidad estaría hoy en un plano superior y la longevidad útil y satisfatoria tocaría los cien años.

Las industrias de los cosméticos y el maquillaje, el enflaquecimiento, la dieta, el deporte y la moda, figuran hoy, en conjunto, entre las más millonarias del mundo, y gastan, todas juntas, más dinero que la industria farmacéutica, y ésta tiene, entre sus cinco mil productos, actualmente codificados, un buen porcentaje de medicinas inútiles o perjudiciales, y uno muy pequeño de las drogas específicas para el cerebro.

Esto se explica por la poca "racionalidad humana" en el tratamiento de sí mismo y por la muy difícil medicina del cerebro que, como órgano máximo en la dirección de la vida, es también el más complicado. Se preserva fácilmente, se cura difícilmente.

Con todo, la medicina del cerebro es antiquísima, como clínica y como cirugía. La tuvieron babilonios, egipcios, griegos y romanos, a su manera, y en América la practicaron los nazcas y los incas. Sobre todo estos últimos cuyas trepanaciones de cráneo sorprenden hoy, a pesar de los adelantos de nuestra ciencia médica y farmacológica. La "fosfórica materia gris" sigue siendo un cierto misterio, a pesar de los modernos "escanogramas" hechos e interpretados por computadora, cuyo costo escapa a la mayoría de los bolsillos.

Además en este absurdo confusionismo de mitos, tabúes, costumbres e ideas hechas o prefabricadas, desde la antigüedad, para rechazar o desconocer la realidad, el cerebro, como el órgano más difícil de explorar en el hombre, y el capital supremo del mismo, sigue siendo objeto directo de la mentira de curanderos, charlatanes y brujas, hechiceros y comadronas especialistas en pócimas y en brebajes.

La prevención cuenta más que la curación. Su preservación es parte del cuidado general del espíritu y del organismo, de la sanidad total, como total es su influencia sobre el resto del organismo. Como gobernador de los otros órganos estará mejor cuando éstos le respondan mejor.

Cerebrícese frente a su cerebro. Él es su mejor gracia, gratifíquelo usted. En él reside no solamente la fuente de la dinámica de la vida, sino también su equilibrio y armonía mental y emocional, tan necesarios a su edad. Los enemigos del cerebro son muchos. Pero si pregunta por los principales, los especialistas le dirán –aparte de los congénitos– tres: el ocio, el exceso de fatiga y el alcohol que pulveriza las neuronas, como el fuego las pajas. Y recuerde: ellas no se renuevan. No llegue a la triste necesidad de la lobulotomía para convertirse en idiota pasivo, en animal disminuido. Y si usted no es un tarado, la farmacopea está en sus manos, más que en los laboratorios. Racionalice su vida. Usted puede. Su cerebro le ayuda. Su cerebro es usted mismo, en su mejor identidad.

La hipérbole de la propaganda habla ahora del "cerebro electrónico", hasta para anunciar dispositivos antirrobo en automóviles. Es una profanación. Los computadores, por perfectos que sean, no crean, operan según la programación que el cerebro humano haya grabado en ellos, calculan según esa programación y dan datos. Pero no producen ni una sola idea de las producidas por sus operadores dotados de cerebro. No hay "cerebros electrónicos", porque ninguna de esas máquinas piensa. "Computan apenas" lo dado a ellas por el cerebro humano. Hablar de "cerebro electrónico" es como hablar de "alma mecánica".

La salud

Es la base de su bienestar. Vejez no es enfermedad, ni caquexia, ni decrepitud, ni "encanijamiento", ni "senilidad".

Usted puede evitar el estar caquéctico, decrépito, "canijo" o "senil". Ante todo *evitando "el complejo de enfermedad"* tan común en ciertos viejos, más por aprehensiones mentales que por lesiones físicas. Usted tiene el derecho a la salud, pero también la obligación de conservarla y vigilarla. La vejez tampoco es renunciamiento o privación. Usted no debe renunciar a nada de aquello que su cuerpo o su mente le permiten y, menos, privarse de las satisfacciones normales de su edad.

Pronto va a aparecer en la literatura médica y sicológica un nuevo complejo: el de Howard Hughes, dueño de un imperio periodístico norteamericano, que pensó conservar su vida exagerando la asepsia y la higiene, hasta vivir en la oficina y en su casa aislado entre cristales y algodones, con purificadores de aire y vidrios entre él y sus interlocutores para librarse de "contagios", posibles según él, hasta en la respiración de las mariposas.

A este complejo de puritanismo higiénico, patológico, se opone también el de Daniel Ludwig, a los 82 años, explorador industrial del Amazonas.

Entre uno y otro hay, indudablemente, un justo medio. Aunque la vejez no es período de "mediatización", ni de "mediocridad", así ella sea "dorada", los "justos medios" son en ella necesarios. No somos atletas juveniles, pero tampoco cadáveres ambulantes. Debemos *cuantificarnos* a nosotros mismos, pero también *calificarnos*. Si estamos sanos, nuestro cerebro es mejor que antes y nuestro cuerpo funciona *adecuadamente*. El secreto es no perder de vista esa "adecuación" para cuánto servimos y cómo servimos. Seremos más, seguramente, si derribamos las barreras mentales negativas. El exceso de cuidados de Hughes, fuera de ser económicamente imposible para quien no sea multimillonario en dólares, es ridículo y sobre todo contraproducente. En vez de evitar la enfermedad la acelera en el cuerpo porque lo priva de sus defensas y le cohíbe la mente porque obsesiona. Los maniáticos de la salud se enferman más ligero que los temerarios de la salud. La prevención excesiva es peor que el riesgo, porque debilita las resistencias del cuerpo y del espíritu e impide la formación de nuevas defensas.

El Ludwig, empresario de la selva amazónica, es la reacción contraria. Y ahí está, octogenario, con una fábrica flotante de pulpa sobre el río.

No tema a la intemperie. La intemperie, si usted se protege debidamente de los excesos de frío y calor, no mata, sino tonifica, vivifica y revitaliza. El hombre necesita la intemperie como cualquier animal o planta. En este caso la intemperie son los elementos mismos de la naturaleza: el fuego (sol), el aire, la tierra, el agua. En parte, de ellos estamos hechos y de ellos vivimos. El viejo, excesivamente protegido de la intemperie, se debilita.

El exceso de abrigo lo hace propenso a resfriados y gripes; la carencia de sol le dificulta la fijación de calcio y sus huesos se harán más porosos y frágiles; la falta de sudor acumulará más elementos tóxicos en su organismo y la quietud le impedirá la reactivación de la circulación sanguínea y, por lo tanto, facilitará el endurecimiento de sus arterias y músculos, con sus consecuencias peligrosas y dolorosas y, a veces, mortales. Use la intemperie cuanto más pueda. Ella es un estimulante apropiado de sus funciones físicas y mentales. Con ella respirará mejor, comerá, dormirá, asimilará y secretará mejor. El abuso de la intemperie tiene sus riesgos. No abuse de nada. Pero el riesgo del abuso de la intemperie es preferible al de la sobreprotección. Lo natural es siempre menos peligroso. La naturaleza está bien hecha, es sabia. No la contradiga. Use su razón para ser superior a los animales. No inferior.

La salud, en la tercera edad, debe ser, desde luego, más cuidada. Ella está más protegida frente a algunas enfermedades (sobre todo las microbianas tradicionales) porque el organismo ha creado más defensas, pero más desamparada frente a otras, sobre todo las degenerativas y traumatizantes.

Las ciencias especializadas en senescentes –la gerontología y la geriatría– indican como las principales causas de mortalidad en los provectos: el cáncer, las enfermedades cardiovasculares, las enfermedades degenerativas y los accidentes. La sicología y el sicoanálisis agregan las enfermedades mentales como incremento y a veces causa. Todos están de acuerdo en que la senescencia no puede impedirse (el hombre ha vivido muchos siglos pidiendo en vano el milagro de la eterna juventud), pero sí puede retardarse y capacitarse. No llegar a la muerte antes de tiempo y llegar preparado para morir.

El cáncer

Para el eminente médico doctor Tubiana, el problema del cáncer estará resuelto para el año 2000. Muchos cánceres diagnosticados a tiempo y tratados oportunamente son ya curables. Y, de hecho, muchos ya han sido curados. Otros no son curables, pero sí controlables. Otros ni son curables, ni controlables. Pero estos últimos no son tantos como la gente piensa. La mejor protección es el examen general, cada año al menos. No se contagie de la sicosis del cáncer, puede ser ella más peligrosa que el cáncer mismo.

El corazón

Para muchos el corazón es la caja de la vida y en él ponen el secreto de la salud. Para mí el secreto de la vida es el uso activo de la mente, de la inteligencia y de todo el cuerpo. Es la inteligencia la que ha defendido a la humanidad, a través de tantos milenios, para permitirle vivir, y supervivir. Es ella la autora del notable aumento de la longevidad actual. Sin duda, usted y yo le debemos a ella los años que estamos viviendo.

El abogado y humanista Julio María Sanguinetti, ex ministro de estado del Uruguay, escribe: "El corazón, noble como todo músculo, avisa. Cuando empieza a hacerlo hay que escucharlo. Eso quiere decir cuidar amores y esfuerzos. No renunciar ni a unos, ni a otros, pero sí asumirlos con la tranquilidad que cabe. Si los años de experiencia no sirven para eso, no sirven para nada".

Como es habitual en la paradoja del hombre, explorador de la Luna, pero desconocedor de sí mismo, la ignorancia sobre el corazón está todavía muy extendida, a pesar de tantas conquistas de la ciencia médica sobre él, hasta la experiencia actual del doctor Barnard, de cambiarlo por otro, quizá continuación de los experimentos del doctor Carrel, en los años treinta, de hacer vivir a una tortuga con corazón artificial, o la de hoy de regularizar su marcha con un "marcapasos", gracias al cual muchos cardíacos siguen viviendo.

Conocemos mal nuestro corazón y nos comportamos mal con él. Hay muchos equívocos sobre el corazón. Uno muy divulgado es el reconocerle como sede de los buenos y malos sentimientos. (Buen corazón, mal corazón, corazón de oro, corazón de piedra). Acaso porque los sentimientos o sensaciones repentinas aceleran o disminuyen sus palpitaciones. No. La sede de los sentimientos, como la de los conocimientos a los cuales están supeditados de ordinario, es el cerebro computador de los sentidos, de toda la inmensa red sensorial, de la cual el cerebro se nutre para allegar materiales de trabajo y a través de la cual se vale para repartir sus señales, sus órdenes al resto del organismo.

Es el corazón el "noble músculo". Trabaja ininterrumpidamente del nacimiento a la muerte, con una capacidad sorprendente de bombeo sanguíneo ininterrumpido, pero expuesto a perturbaciones. Otro equívoco es la creencia vulgarizada de las enfermedades cardíacas producidas únicamente por afecciones o lesiones localizadas en el corazón mismo. Esa es una causa; pero hay otras. Una de éstas es la circulación de la sangre, los componentes de la sangre misma y el estado de la red arterial y venosa que constituye la tubería por donde esa circulación se realiza. Algo así como el "sanguinoducto" de nuestro organismo, a través del cual, sin pausa alguna, el corazón bombea millones de litros de sangre durante la vida. Además muchos otros factores: glucosa, diabetes, colesterol, arteriosclerosis. Ellos también son controlables a tiempo. Pero es aquí donde su médico tiene la palabra... No se deje tomar de la sicosis. De la sicosis del colesterol, por ejemplo. El doctor Mosqueira dice que sobre el colesterol no hay todavía la última palabra. Existe, obstruye los ductos sanguíneos, causa graves esfuerzos al corazón. Pero también es controlable. Contrólelo. Su médico, con el examen de laboratorio, le dirá cómo.

El estrés

Una de las causas más comunes de las enfermedades cardíacas, producto de situaciones individuales, familiares y sociales, emociones, fatiga, es el estrés, la enfermedad del siglo. Nuestra civilización nos lo ofrece a cada paso. Aquí sí el humanismo a secas tiene algo que decir.

El estrés no es nada distinto de la tensión física, espiritual, moral y mental impuesta por el trabajo, los sentimientos, las emociones, las sensaciones repentinas o continuas, en aumento y disminución. Todo ese forcejeo sobre la bomba de impulsión, el corazón, y la neblina de la mente manejadas imprudentemente. Contrólese usted. Estamos sumergidos en la civilización científica y técnica, para prolongar la vida o disminuirla, según como la usemos. No pretendo señalar a la técnica como forzosamente culpable del estrés. Pero, si la usamos para querer aprovechar simultáneamente cuando nos ofrece, sobrecarga, multiplicando el trabajo del corazón más allá de sus fuerzas. Eso también es controlable, y su médico, y su consultor moral, pueden ayudarle. Pero el que tiene que controlarse es usted. Aquí, como en toda acción o acto humano, la responsabilidad definitiva es suya. Y nada más que suya. No se contente con diluirla en los factores sociales y ambientales. Otro pretexto del viejo: trasladar la culpa a la colectividad.

¿Cómo controlar el estrés?

Se indican muchos medios, desde los puramente físicos –relajamiento, respiración– hasta los meramente mentales, como el de poner en blanco el cerebro. Todos son útiles. Los tres más usuales son distensión, abstracción y extracción o sustracción.

Todos los materiales tienen un límite de resistencia, aun en las máquinas y edificios. Los calculistas dejan siempre un margen de tolerancia para la distensión. Si esto sucede en las resistencias matemáticas exactas, qué no sucederá en el organismo humano, un complejo tan variado donde el todo, casi perfecto, está compuesto desde corpúsculos microscópicos que pueden morir con una gota de alcohol, como las neuronas, hasta la materia más resistente como los huesos de gran fortaleza. La resistencia de ese maravilloso complejo no se regula por la ley de que la menor resistencia es la resistencia total. "Ninguna cadena es más fuerte que su eslabón más débil". Ni por la sabiduría popular: "La cuerda se revienta por lo más delgado". En el cuerpo humano a veces ceden los órganos más fuertes.

Nuestro corazón no es, ni con mucho, el más débil de nuestros órganos. Al contrario, como músculo es de los más fuertes. Ninguno hace el esfuerzo por él realizado. Pero la tensión nos hace reventar por ahí, precisamente, al someterlo, por encima o por debajo de su ritmo normal, a un trabajo suplementario, de "horas extras".

Distenderse

Aflojar la tensión, reducir el ritmo, bajar el voltaje y el watiaje, mermar el agua en el tubo, la llama de la hoguera, las revoluciones en el motor. Difícil de aprender, pero absolutamente necesario.

El arte y la ciencia de vivir tienen algunas normas fijas, pero otras muy relativas y aun subjetivas, porque dependen de cada caso y de cada persona y de cada ambiente y de cada organismo. A un campesino tenso por la tarea del surco le es fácil distenderse en la ciudad. A un banquero le puede resultar mejor el campo. Un matemático puede distenderse más cortando leña, y un leñador leyendo. Pero la distensión en sí será igual en su efecto de relajación. Se piensa que el trabajo es tensionante, estresante. No, si es normal y ejecutado racionalmente. No es la ocupación la que estresa, sino la preocupación y el continuo impacto de sentimientos y sensaciones y emociones con que nos asaetea la vida actual. Nuestra propia tontería se empeña en exponernos continuamente a lluvia de la metralla estresante. No vale el argumento "Huy, el mundo de hoy". No es ese mundo el que va a morir, sino usted, si se deja tensionar.

El doctor Art Ulene, en su libro *Cómo vivir mejor* expone, como lo ha hecho también en sus muchos años de programas norteamericanos de televisión para mejorar la salud, métodos prácticos de distensión, fáciles de realizar, pero exigentes de una metodología disciplinada, no fácil para muchos incapaces de métodos y sistemas de cierto rigor. Es aconsejable, entonces, un método practicable por todos: el de la *abstracción* y la *extracción,* productos de un primario control mental.

Abstracción

Se basa en el viejo principio del escepticismo y del estoicismo: "no somos dueños de los acontecimientos, pero sí del efecto que ellos produzcan en nosotros". Consiste en alejar la mente del medio circundante. Usted no puede siempre buscar su habitación en un barrio tranquilo. Pero si le toca vivir en uno ruidoso, puede, mediante el ejercicio de su fuerza mental, acostumbrar sus sentidos a no perturbarse con el ruido. A abstraerse. Napoleón podía dormir unos minutos, u horas, en su tienda de campaña en medio del cañoneo de las batallas. Pero eso no era por su genio, sino por la concentración de su mente. Algunos compañeros míos de trabajo cerraban la oficina en plena faena, para dormir diez minutos. Y hasta yo mismo lo he hecho. En mis tiempos de universidad, en Bogotá, la mayoría de los estudiantes éramos pobres, mal alojados. Tres o cuatro en un mismo cuarto. Acudíamos a estudiar de noche en la mesa de los cafés públicos, bullangueros y perturbadores, porque allí, además de café, había menos frío. Y podíamos estudiar abstraídos del ruido de una clientela clamorosa.

¿Cómo abstraerse?

Los estudiosos lo saben bien, porque la idea pura es una abstracción de los elementos de donde lo deducimos o la concebimos. Pero la abstracción, como defensa contra el estres, no siempre es la abstracción lógica, metafísica o dialéctica, sino el alejamiento mental de los elementos tensionantes causantes del estres o tensión.

No se necesita ser filósofo, ni académico, para lograr la abstracción del medio circundante. Y no me diga usted, persona de la tercera edad, que no puede hacerlo. Entendería su respuesta negativa si estuviera pidiéndole romper ladrillos con la palma de la mano. En la tercera edad, el cerebro funciona mejor, porque además de sus mecanismos propios tiene acumulados todos los materiales de su trabajo anterior, como elementos concomitantes y coadyuvantes de su acción. Vea usted cuánto han producido los cerebros viejos, sin necesidad de estimulantes externos.

La abstracción se logra mediante una concentración de cerebro y voluntad para lograr que nuestros sentidos, guiados por nuestra mente, se ausenten de fenómenos, personas o cosas, de los cuales físicamente no podemos alejarnos. Pero sí podemos sacarlos de nuestra mente, como si físicamente no existiesen para nosotros. Es una educación de la mente sobre nuestros sentidos, un dominio de ellos. Que el oído no se agite por el ruido, la vista por la luz o la oscuridad, el tacto por el calor o el frío o por las asperezas de otros cuerpos o corpúsculos. No se trata de lograrlo a tan alto grado como el fakir para dormir en un lecho de puntillas, sin punzarse. Es más simple, no tiene nada sobrehumano en ninguno de los casos mayores o menores. Y no se alarme si no lo consigue de una vez. Es un proceso de mente y voluntad, largo y tenaz. Exige su tiempo. Comience por lo más sencillo. Por leer, por ejemplo, mientras los otros hablan. Y no busque, para comenzar la lectura, las tablas de Pitágoras o *La crítica de la razón pura* de Kant. Escoja una novela amable e intrigante, o la crónica en el periódico del día. Vaya progresando día a día, exigiéndose cada vez más. Verá cuánta satisfacción le produce. Verá, si usted tiene automóvil, cómo en vez de maldecir el semáforo, el policía y los demás automovilistas en los embotellamientos de tráfico, oirá plácidamente la radio o echará a volar su imaginación por sus campos predilectos. Y, si no tiene automóvil, haga lo mismo en la cola, mientras espera el bus, o el turno de pagar el agua o entrar a cine. En vez de codazos contra el vecino, usted tendrá una sensación humanizada para no alterar el ritmo ni de su corazón, ni de su cerebro, con los cuales usted estará en otra parte. Evíteles las aceleraciones repentinas y los frenazos bruscos.

Eso acaba hasta con las máquinas. Y cuando usted asista a una discusión con quienes no entiendan la diferencia entre carne de res y carne de pescado, en vez de participar acaloradamente en ella, transpórtese en su interior a contemplar la belleza de las truchas en la laguna —ballet de las aguas— y de las ovejas y los recentales en la pradera. No importa si los demás le dicen lunático. Usted irá más tarde que ellos a la luna de la muerte. Atahualpa Yupanqui, septuagenario, cuenta haberle preguntado a otro septuagenario, Miguel Ángel Asturias, cómo permitía a tanta gente hablarle de tantas imbecilidades. La respuesta fue: "No. Yo les dejo que digan delante de mí, pero no los oigo".

La extracción

Usted conoce los elementos perturbadores causantes de su estrés, o debe conocerlos. Usted ha de saber cuáles son. Todo ser racional debe saber lo sucedido dentro de sí y a su derredor. Haga un esfuerzo por identificar esos elementos perturbadores, puntualícelos, inventaríelos y "extráigase". Es decir, evítelos, saliéndose de ellos. Con la *abstracción* usted se ausenta mentalmente, se fuga. Con la "extracción" evita ponerse delante de ellos. Como usted no los puede quitar, usted mismo se quita, se va físicamente.

Ya estamos en la edad para reducir las cosas a su mínima expresión, a su simplicidad elemental. Usted ya pasó el cabo de las tormentas. Y ahora ese estrés, esa tensión es por sí misma un tormento. Lo tortura. Sepa qué la produce y "quítese" de su radio de acción. Ello se parece a la mínima definición andaluza del toreo: "Llegas tú, y se pone el toro; te quitas tú o te quita el toro". Ese tormento se capea como el toro: *quitándose*. Es decir, "extrayéndose". Si usted no se quita lo quitará la tensión.

Si los tumultos le "tensionan", ¿para qué se coloca en ellos? Si no tiene una obligación perentoria, ¿para qué se mete en los apretujones de las multitudes, en los nudos gordianos de los embotellamientos de vehículos, en los torbellinos de los espectáculos de masas, en las grandes concentraciones de peatones? No vaya a eso y evitará tensiones. Si determinados temas le quitan el sueño, no lea y no hable de ellos. Si determinada gente le pone de mal humor no la trate. Eso es como si usted comiera a conciencia de hacerse mal. Recuerde: *"El estrés es un gran mal a toda edad, pero sobre todo en la tercera"*. El corazón no aguantará por mucho tiempo el martilleo del estrés sobre él. Abstráigase mentalmente de lo que físicamente no puede evitar y "extráigase" físicamente cuando pueda hacerlo. Es decir: líbrese de estres ahuyentando sus causas. Usted puede.

Aprehensiones

El enfermo cardíaco, especialmente el viejo, generalmente toma su diagnóstico como una sentencia de muerte, mientras acepta otros diagnósticos a veces sobre enfermedades más graves, con relativa calma. De ordinario no tiene razón, y lo que hace es agravar su enfermedad tomándola en tan alto grado de peligrosidad. Indudablemente, todas las afecciones del corazón son graves, porque él es la estación de bombeo de la vida. Su parálisis es la muerte. Pero el corazón es también el más noble y resistente músculo del organismo humano y su tratamiento médico ha progresado más que el de otras enfermedades, si, naturalmente, se cuida debidamente... Las historias médicas revelan, en la mayoría de los casos, la larga duración de los pacientes cardíacos diligentes en la aplicación del tratamiento, conscientes de que hay que ocuparse del corazón, sin preocuparse tanto por él, porque la preocupación trae la aprehensión constante, el miedo del corazón, estimuladora de tensiones a veces más peligrosas que la misma enfermedad.

Un corazón bien tratado habitualmente sigue latiendo por mucho tiempo. En Colombia, el ex presidente Laureano Gómez, derrocado en junio de 1953, dijo a bordo del avión del exilio, al despedirse: "Volveré. Los enfermos del corazón que nos cuidamos duramos mucho tiempo...". Años después, un candidato presidencial, el ilustre escritor y político Gilberto Alzate Avendaño, confesaba: "Los diagnósticos médicos traicionaron mi carrera presidencial. Para lanzar mi candidatura estuve esperando, por muchos años, el infarto del doctor Laureano Gómez... ". A Jean Paul Sartre, en 1952, le descubrieron en Moscú el ventrículo izquierdo afectado gravemente y sin muchas posibilidades de soportar la hipertensión de Sartre, con frecuencia en 29 de máxima, cuando la normal, a su edad de aquella época, sería de 16. En París le confirmaron el diagnóstico moscovita. Sartre murió en 1980, a los 75 años. Vivió activamente 28 años más. Y no es de objetar el puesto de excepción de estos personajes. Sucede lo mismo a nuestro derredor todos los días. Mi abuela murió casi octogenaria, después de vivir cardíaca 30 años.

Parto del caso de que el diagnóstico sea verdadero y justificado. En algunos casos no lo es. Hoy cualquier médico serio está en capacidad de no equivocarse sobre el corazón. Sin embargo, es el especialista, con disposición a su mano de los recursos actuales de la cardiología, quien tiene la última palabra... El autodiagnóstico es casi siempre equivocado. El viejo aprehensivo está tentado en presentir lesiones del corazón, cuando en realidad éstas no existen. Descubren síntomas de infarto en indicios engañosos: esa presión en el lado izquierdo del pecho... Muchas veces es sólo presión de gases intestinales curables con mejor dieta y aliviables con cualquier producto de carbón... Ese ardor en el mismo sitio... frecuentemente obra de un pequeño desgarramiento muscular... Esa taquicardia... efecto solo de esfuerzos incontrolados... Antes de asustarse y pensar en el testamento vea al médico. El autodiagnóstico y la automedicación son fuentes de graves riesgos, sobre todo si del corazón se trata... He visto aun a médicos capaces en Europa equivocarse en la lectura de un electrocardiograma... Esas ondas T tan altas... Luego en Bogotá, el doctor Fernando Valencia estableció la verdad a la luz de radiografías y pruebas de resistencia; eran normales, el paciente tiene un corazón vertical que las emite por su forma vertical, sin peligro. Serían alertadoras y preocupantes si vinieran de un corazón ensanchado en su base o de estructura anormal. El corazón vertical, por su morfología solamente, no mata.

Los medicamentos

Indudablemente la tercera edad es "medicamentable". Aun sin enfermedad diagnosticada, hay suplementos alimenticios necesarios. Ya no tenemos la misma capacidad de absorción y asimilación de los nutrientes de la comida normal. Los minerales, el calcio, las vitaminas son útiles, sobre todo después de los setenta. Pero –¡ojo!– las especificaciones y las dosis es el médico quien debe dictarlas. No se autodiagnostique. No se autorrecete. No se deje tentar de las bondades de uno u otro fármaco, ponderados por su amigo o vecino. Cada persona es un caso aparte. Antes de la enfermedad está el enfermo. Lo bueno para su vecino no siempre lo será para usted. Y no caiga en la manía de la farmacia.

Los maniáticos de los medicamentos mueren antes, porque su atiborramiento de remedios, además de hacerles resistentes a su efecto, les va dejando un sedimento químico destructor. La mayoría de los remedios para curar y aliviar un órgano enfermo o dolorido perjudica a otro. En un siglo, el código farmacéutico ha elevado hasta cinco mil sus productos. En esa maraña sólo el médico puede escoger, ni autorrecetas suyas, ni recetas de sus amigos, ni farmacomanía. Remedios, sólo cuando sean necesarios.

Esto es claro a la luz de la razón, pero no lo es tanto a la de los hechos. La automedicación convertida en manía degenera en mito y tabú... Y el fenómeno es más o menos colectivo. Hay pueblos racionales, como el francés, que han caído en él. Ante todo la medicación debe ser natural. La artificial sólo cuando aquella no basta y el médico la indique. La sabiduría popular reza: "Donde entra el sol no entra el médico". Los muertos armados son tan tristes como los muertos supermedicamentados.

Sentidos, sensaciones y sentimientos

Son sus grandes amigos. Son los transportadores al cerebro de los elementos con los cuales éste trabaja para que usted sienta, oiga, vea, recuerde, piense, imagine, hable. "Nada hay en el entendimiento que antes no haya estado en los sentidos", es un aforismo de la filosofía tomística, no desmentido aun. El proceso del conocimiento culmina en el cerebro, pero comienza en los sentidos, para aprehender la imagen. Alguien que fuera simultáneamente ciego, sordo y sin tacto desde el nacimiento no podría conocer.

La tercera edad agudiza los sentidos. No tanto cuantitativamente cuanto cualitativamente. El viejo avanzado puede disminuirse en su vista y en su oído (deficiencias corregidas hoy por audífonos y lentes), pero si no ve más que antes, si no oye más que antes, entiende mejor, percibe porque sabe ver y oír, porque los otros sentidos se refinan con el tiempo, como el tacto y el gusto. Veremos el ejemplo de Rebeca en *Cien años de soledad*. Hay que estar decrépito y agonizante como Isaac para confundir la pelambre de un cabritillo con el vello de su hijo primogénito. Los viejos son, de ordinario, grandes catadores y grandes gustadores.

Cultive sus sentidos. Su edad es tiempo de culturización y de cultivo y calificación. Sensibilícese y sensorialícese, pero no se sensacionalice. (Eso da estrés). Ni caiga en la sensiblería ridícula y tensionante.

Cierta moral tradicional –"moralacha"– despectiva del cuerpo le da una significación peyorativa al adjetivo "sensual" porque ha puesto la malicia en todos los órdenes de la vida, contagiándolo todo. "Sensual" proviene de sentido, *sensus* en latín, y califica la operación de los sentidos. En ninguna manera ha de confundirse con "hedonista", "gozador", como si el regodeo fuera la única función sensual. Como si los sentidos no "sensorializaran" también el dolor. Cada sentido (vista, oído, olfato, gusto, tacto) implica una operación necesaria en el obrar del hombre con su mecanismo propio, aporta un placer puesto por la naturaleza como un incentivo de la acción. Ese placer es bueno de por sí, participa de las cualidades trascendentales del ser: bondad, unidad, verdad. El placer de ver, de oír, de olfatear, de gustar, de tocar. ¿Por qué poner malicia en estos actos elementales de nuestro ser? Sólo serán malos cuando el vicio, la deformación, la aberración, la malicia los conviertan en nuestro mal.

Los falsos moralistas han creado una moral de los sentidos excesivamente rigurosa y quieren aplicársela especialmente al viejo. En la vejez los sentidos son más necesarios y significativos y su buena aplicación forma una eficaz terapia para retardar el envejecimiento y estimular la vida a través de la utilidad, el placer y la satisfacción. En la tercera edad la vista y el oído se deterioran (disminución compensada por la ciencia y la técnica), otros como el olfato, el gusto, el tacto se mejoran. Los viejos son mejores catadores de perfumes, de vinos y platos, y su tacto se refina hasta el punto de poder reemplazar con él las deficiencias de la vista y el oído.

¿Por qué privar al viejo del disfrute satisfactorio de sus sentidos, en nombre de una errónea concepción del pecado, cuando precisamente ese disfrute le hace bien para sentirse vital? Aquí también hemos de regresar a la definición elemental de la ética: bueno es lo que hace bien, y malo lo que hace mal. Si los sentidos del hombre fueran, de por sí, malos, Cristo no hubiera devuelto la vista a los ciegos, el oído a los sordos, la palabra a los mudos, el movimiento a los paralíticos, el gusto a los hambrientos. Con esta devolución, Cristo se identifica ante los discípulos de Juan Bautista, enviados por éste a preguntarle quién era.

Cuídense los viejos de los falsos moralistas y cuiden sus sentidos como instrumentos de su realización.

Los sentimientos

La acción de los sentidos es la sensación; el sentimiento, la reacción. La primera menos espiritual que la segunda. El viejo necesita sensaciones y sentimientos. En ambos casos los hay en una extensa gama, desde la material –sensación de frío, de calor...– hasta la espiritual –sentimiento de tristeza, alegría... El viejo ha de cuidar sus sensaciones y sus sentimientos, a fin de controlarlos, porque la exageración de unas y otros le producen traumatismos y tensión, dos de sus grandes enemigos. ¿Cómo controlarlos? El primer método es abstraerse mentalmente y extraerse físicamente de las causas que producen el descontrol.

Si el ruido callejero exacerba sus sentidos, evite las calles ruidosas. Si la conversación de ciertas personas lo perturba, no se ponga delante de ellas. Si tiene que soportarlas por obligación, abstráigase. Si su cuerpo no puede escapar, su mente sí. Si no puede evitar el acontecimiento, por lo menos puede moderar el efecto por él producido.

Extroversión

Las sensaciones y los sentimientos se educan, como todo en nosotros. No quiere decir esto que usted ha de reprimir siempre sus sensaciones y sentimientos. Esa represión, si es sistemática y metódica, le podrá causar depresión y ésta también le hace mal. A toda edad existen ciertos tipos de depresiones inevitables (afortunadamente pasajeras), más frecuentes en la vejez. ¿Por qué agregar las evitables? No se deje sobrecargar de sensaciones y sentimientos detenidos o reprimidos. Comuníquelos, manifiéstelos, descárguese. Use para ello las válvulas proporcionadas por la naturaleza: las lágrimas, el llanto, el diálogo vivaz, la escritura, el canto, los mensajes de comunicación y exteriorización. En último caso, los gritos, aunque son de mal gusto. Después de esto, usted se sentirá aliviado. Use estas defensas tan naturales que los niños las emplean de modo maestro... Otra de las injusticias de la comunidad con el viejo es exigirle la contención, en nombre de una fementida "circunspección social" para impedirle extrovertirse, extravasarse y condenarlo así, por lo menos, a la neurastenia, al impedirle manifestarse espontánea y sinceramente. Es ilustrativo el ejemplo del caballo: cuando éste recibe las ayudas del jinete –acción del talón, la pantorrilla, la espuela, la fusta, las riendas– tiene una sensación a la cual da escape aligerando o acortando el ritmo de marcha, tascando el freno, enarcando el cuello, y, en último caso, coleando o piafando. Si el caballo no da salida a la reacción, su sensación, producida por la acción del jinete, o no sirve para nada o es peligroso. Haga usted lo mismo: dé salida a sus sensaciones y sentimientos, exteriorizándolos.

No tema exteriorizar sus sentimientos. Procure, además, compartirlos. El amor es el gran canal de dos vías de comunicación. Hay otros muchos. No se deje imponer la represión por la cortesía (salvo en caso verdaderamente necesario, especialmente cuando hacen mal a los demás) y menos por la hipocresía, más venenosa que otros tóxicos. Aprenda de la naturaleza. Los sentimientos son el hervor de la vida, la espuma de nuestro torrente interior en su curso desde la epidermis hasta el alma. Sienta con la planta, con el animal y con el hombre. Sólo el hombre comprende el sentimiento vegetal, el animal y el racional, porque es él mismo todo eso.

No embotelle sus sentimientos, déjelos fluir desde el llanto hasta la risa. Eso le hará bien, le mantendrá la apertura hacia los seres y las cosas, cuyo contacto es un elemento de vida. Pero no confunda los sentimientos, hasta llevarlos al sensacionalismo y al sentimentalismo. Estos dos extremos son peligrosos para usted. Lo someten a estado de alarma. La tercera edad necesita sacudidas, pero no terremotos, porque éstos lo llevan insensiblemente a la falsa definición de la vejez como apocalipsis de la vida, cuando debe ser precisamente lo contrario. Sensibilícese, sentimentalícese, pero sin traumatismos. Sensorialícese pero no se sensacionalice. Ser insensible es casi tan grave como ser insensato. Nuestros cinco sentidos –preciosa herramienta de nuestra vida inteligente y afectiva– equilibran la vida o la desarmonizan. La operación conjunta de todos ellos, comandada por el cerebro, es el sentido común, llamado sexto sentido, para una buena dirección de nuestro pensar, nuestro sentir, nuestro obrar, nuestro juzgar.

La comida

Es una necesidad, puede ser un placer. Para usted debe ser ambas cosas. Sus papilas gustativas están más desarrolladas y su paladar es más capaz de paladeo. Sus platos favoritos le tientan más. No se prive de ellos. El doctor Mosqueira los aconseja y el doctor Ulene también, pero agregan: variándolos y adecuándolos y combinándolos y dosificándolos. La vejez es tiempo de selección. No coma sin hambre, y no la sacie nunca hasta el hartazgo. No sobrecargue nunca su cuerpo, ni su espíritu. Los gerontólogos están unánimes: para una digestión disminuida, las tres comidas rituales no son rigurosas. Los provectos deben comer cuando tienen hambre, y abstenerse cuando no la tienen, aunque llegue la hora de costumbre y los llamen a la mesa... Muchas de las enfermedades graves tienen su origen en la comida sin balanceo, sin proporciones y sin adecuación. "Por su boca muere el pez". Usted también puede morir por la boca.

¿Qué comer?

Ante todo lo que le guste y sólo cuando tenga hambre. Después lo conveniente a su estado, y con variedad y variaciones para las diferentes necesidades de su organismo. Este es un compuesto de muchas sustancias químicas que debemos conservar o acrecentar nutriéndolas a todas, no solamente con sólidos, sino también con líquidos. La mayor parte de nuestro organismo es líquido. Beber es tan importante como comer. Y no se deje impresionar por los prejuicios populares de comida y bebida, si el médico no lo justifica. De errores vulgares en este campo están llenos los cementerios.

Nuestro cuerpo es un verdadero laboratorio de transformación, cuya materia prima viene de afuera y cuya puerta es la boca o los músculos y las venas, mediante inyecciones, cuando la boca no funciona. ¿Se ha dado la pena –o mejor el gusto– de conocer el recorrido de un trozo de queso a través de su organismo, desde cuando lo ingiere hasta cuando se convierte en un miligramo de calcio en sus huesos? ¿O el de una porción de carne, hasta mutarse en proteínas para su vitalidad? ¿O el de un cubo de azúcar hasta convertirse en calorías para su calefacción? Ningún proceso de transformación de materia prima en energía, así sea nuclear, es comparable en perfección a este de nuestro organismo en la ingestión, la digestión, la absorción y la asimilación de los alimentos. El proceso del mejor motor, para transformar combustible en energía y ésta en movimiento parece juego de niños al lado de este mecanismo invisible para nutrir el cuerpo humano a través de esa red inmensa de arterias, venas, arteriolas, tejidos, cartílagos, fibras, filamentos, células, nervios, con miles de kilómetros, que es nuestro organismo.

La comida, pues, es fundamental a la salud. Un organismo mal nutrido está enfermo o a punto de enfermarse. Hasta la belleza misma del cuerpo humano, suprema ley de las proporciones en equilibrio y armonía, necesita una dieta adecuada para desarrollarse armónicamente. Los pueblos mal alimentados son pueblos feos. En América Latina se tiene a la Argentina como el país de tipo popular más bello de este lado del continente, no sólo porque ese país, mediante la fusión de razas criollas e inmigrantes, la produce, sino porque también produce en abundancia carnes, pescados, cereales, frutas, legumbres y verduras para una dieta suficiente y equilibrada, cuyo abuso también daña.

Desgraciadamente la estupidez humana –ayudada por la ignorancia– es contradictoria. Con mucha frecuencia las gentes eligen sus vestidos, sus automóviles, sus satisfacciones, pero no la comida, ni la bebida de la cual dependen. ¿Ha visto usted cómo viven la mayoría de los ricos? ¿También sus casas, vehículos y ropajes? Pero por exceso, por deficiencia o por mala selección, comen y beben mal. En esto cuenta un factor cultural. Conocen su coche, pero desconocen su cuerpo, su salud. Una ignorancia imposible para nosotros, porque nos van en ella los más o menos años para vivir, y la satisfacción para vivirlos.

¿Sabe usted bien cómo debe ser su dieta? Ante todo, no debe ser una dieta traumatizante. La obsesión de la dieta es tan perjudicial como cualquiera otra. Esos viejos que, antes de sentarse a la mesa, necesitan una tabla de proteínas, vitaminas, minerales y calorías, están cerca de la obsesión mental. Ni tanto ni tan poco. Su organismo necesita de todo. Y coma de todo. Lo importante es la proporción, la dosis, la integración. Y si está enfermo es el médico el único que puede indicárselo. Cualquier examen de laboratorio le dice hoy al médico lo que a usted le sobra o le falta. Pero si está sano, un poco de información sobre el caso lo capacita para ser usted mismo quien determine su dieta, sin afanes ni prejuicios.

Las grasas animales, en exceso, producen colesterol. ¿Cómo está usted de colesterol? El abuso de harinas y dulces le aumentan las calorías y la grasa. A su edad con 1.600 calorías diarias usted tiene. ¿Está por debajo o por encima de ellas en su dieta? El exceso de minerales lo supercalcifica y daña su digestión. La deficiencia lo debilita. Las vitaminas son todas necesarias, pero en equilibrio de unas con otras. Aun puede usted atrofiar algunos de sus órganos, superdesarrollar otros.

Para el doctor Mosqueira y el doctor Ulene el asunto es claro: las comidas deben ser un placer; no deben realizarse hasta hacerse obligatorias; una dieta

variada, es mejor que las privaciones –algo de todo y mucho de nada–, el contenido de las comidas debe rotarse. Se debe comer cuando se tiene hambre. Para
no sobrecargar la digestión, es mejor comer poco varias veces, que mucho una
sola vez. El sistema alemán es bueno: desayuno y almuerzo normales, comida de
la noche frugal. El vino bien dosificado es agradable y útil; los alcoholes fuertes
no le perjudican, si evita los excesos que le matan multitud de neuronas, tan
necesarias ahora. La mejor bebida es el agua higiénica; cualquier bebida a grandes sorbos, fuera de descortés, es dañina.

Como en todo, la vejez no es tiempo de privaciones, sino de dosificaciones y
selecciones y variaciones. Embellezca la hora de comer, dignifíquela y ritualícela,
no para sentarse a la mesa, porque es la hora, aunque no tenga hambre. No. Sí,
con el propósito de crear un clima agradable y ennoblecedor para comer. Eso
ayuda. Un mantel limpio, platos y cubiertos bien dispuestos, un florero a medio
día, unas velas encendidas por la noche... eso ayuda. Y practíquelo, no como
vanidad social para sus invitados. Para ellos también. Pero, ante todo, para usted
mismo. La comida es un reflejo de su cultura. Y comer satisfactoria, agradable-
mente, no sólo por lo que se come, sino por el ambiente dentro del cual se come,
es una garantía para su buena digestión.

No se sacrifique en la comida. Los sacrificios, a su edad, ya los debió hacer.
Simplemente, contrólese. Contrólese racionalmente, naturalmente, sin dejarse
invadir por el ansia del control, pero tampoco por la gula.

En la tercera edad comer es menos importante. Lo importante es qué comer.
Los especialistas están de acuerdo: comer poco, pero seleccionado y balanceado.
Aquí, como en todo, la tercera edad es la época de cambiar lo cuantitativo por lo
cualitativo, la superficie por la profundidad. Edad de selección en todos los dominios, de aquilatar y acrisolar. Todo lo superfluo sobra, más que nunca, y todo lo
necesario se exige, más que nunca. No estamos de regreso. Eso es una metáfora
falsa, otro tabú. En la vida nunca se está de regreso. La vida es, como el río, sin
retorno.

¿Por qué nos preocupamos tan poco de la calidad de la comida? El amante
de los perros y los caballos escoge cuidadosamente la dieta de estos animales,
pero descuida la propia; come y bebe no importa qué, o por el contrario, rechaza
no importa qué.

El viejo no debe hacer de nada una tortura. Menos de su dieta. Nadie resiste
la tortura permanente. No se necesita ser un especialista diplomado en dietética
para saber su dieta. El cuerpo de cada uno es sabio. Y, como en los animales en
libertad, bastaría el instinto, si no lo contradijera nuestra gula, nuestros errores,
nuestros vicios, nuestra ignorancia. Nuestro cuerpo necesita fundamentalmente
calorías, proteínas, vitaminas, calcio, como materias primas indispensables, más
otras sustancias para ese perfecto laboratorio de digestión, absorción y asimilación de nuestro organismo. Todo lo necesario está en los alimentos naturales o

artificiales de todos los días: leche, carne, huevos, verduras, legumbres, cereales, frutas, más higiene. La higiene ahora es exigencia perentoria.

Esa la objetividad. Pero hay una subjetividad muy atendible: la situación física y espiritual de cada uno. La cuestión es adaptar la dieta a las propias circunstancias de nuestro organismo, que cualquier laboratorio nos puede proporcionar, si nuestro sentido común no nos lo indica. Hoy la ciencia de la nutrición está divulgada. Infórmese.

Ya no es tiempo de creer simplemente: "Con carne, leche y huevos se llega a la edad de Matusalén". Esos son precisamente tres alimentos pesados, y para nosotros peligrosos por la diversidad de sustancias y derivados. No se trata de engullirlos o prescindir de ellos, sino de dosificarlos. Lo mismo con las harinas y con el azúcar, la sal y con los demás. El buen comer no es saciarse, sino el elegir y adecuar. Si ahora alguna gula nos es permitida –y nos es permitida si no llega al hartazgo sin razón– esa es la de frutas y verduras. Ahí podemos ir con seguridad... El buen sabor y la buena mesa no están prohibidos al viejo, con tal de no abusar. Al contrario, pueden servir de estímulo.

Por otro lado, la infraalimentación es menos peligrosa que la superalimentación ahora. Los pueblos orientales son de ello buen ejemplo... y los ascetas... La estadística de la alimentación en el mundo es lacerante. El 30% de la humanidad padece hambre, y por sus consecuencias muere prematuramente. El 30% está mal alimentado. El 20% tiene una alimentación normal. Y el 20% está superalimentado. Un porcentaje de este último muere prematuramente también. Los pueblos con más calorías diarias de las necesarias como el norteamericano y el argentino que llegan a 3.600 –últimamente también el francés y el alemán– son los más torturados por los cursos para enflaquecer y la manía de los fármacos o remedios. Un norteamericano come siete veces más que un chino, y no tiene mejor salud.

Y acuérdese: su salud entra por la boca. Y su enfermedad entra por la boca... y muchas veces es peor lo que usted bebe que lo que usted come. Y, entre lo bebido, el alcohol. Alcoholes sanos, como el vino, en dosis sanas "alegrarán su corazón". Eso es bíblicamente cierto. Pero alcoholes insanos, en cantidades insanas, matarán su corazón, y, peor aun, su cerebro.

La dietética actual nos pone en guardia contra muchos alimentos antes juzgados inofensivos. La sal por ejemplo resulta ahora como uno de los agentes más activos en las perturbaciones de la tensión arterial. El viejo debe dosificarla con especial cuidado. El azúcar, antes tenido apenas como una causa de caries en la dentadura de los niños y de diabetes en adultos y viejos, es motivo de muchas enfermedades. Sobre todo cuanto es refinado. Ana María Echeverry, en el diario *El Tiempo* del 21 de julio de 1979, comentando el libro: *Sugar Blues*, de William Dufty, llega a pavorosas conclusiones. Según Dufty, el azúcar refinado tiene un efecto fatal porque arrastra del organismo vitaminas y minerales y sólo le proporciona "calorías vacías"... El azúcar refinado acumula en el organismo ácidos grasos, afecta el corazón, los riñones, el sistema nervioso constantemente urgido de vitamina B. El exceso de consumo de azúcar ocasiona pérdida de la habilidad de la memoria y el cálculo, acrecienta el adormecimiento de los ancianos y a toda edad estimula el desarrollo de enfermedades como la diabetes, la tuberculosis y el cáncer. Además de causar hábito peor que el del opio y la morfina. William Dufty señala como los azúcares menos nocivos los extraídos de frutas y vegetales, sobre todo cuando éstos se consumen en su estado natural.

El médico

Usted necesita humanizar su vejez. Busque un médico humanista y, ante todo, humano. Aunque su salud sea normal, usted requiere del médico para orientación y prevención. El ideal es un médico amigo porque él, a estas horas, tiene para usted, aparte de sus auxilios profesionales, otros de comunicación e información, en calidad de consejero y hombre de confianza. Por eso no cambie de médico frecuentemente. Elija y, cuando haya encontrado a un médico con capacidad de confidente, quédese con él. Solamente un médico como consejero habitual puede aplicar las terapias físicas, espirituales y morales necesarias a la vejez. El laboratorio, el diagnóstico y la receta no bastan. En la tercera edad es más lo de "no hay enfermedades, sino enfermos". Usted, en ciertos aspectos, es más hombre a esa edad, más usted. Usted ya tiene una historia personal y una responsabilidad. Cada médico nuevo duraría tiempo en conocerla e interpretarla. No le basta su historia clínica. Necesita la del hombre que es, la de usted. No es suficiente el relato técnico, escueto de sus afecciones. Es necesario el cuadro total de su humanidad. Afortunadamente la carrera de la medicina ha logrado siempre un buen número de profesionales selectos, ricos en humanidad. El médico mercantilista, empresario económico de su profesión, existe en número creciente, pero todavía no es la mayoría. Con estos hombres de negocios de la medicina no se meta. Quizá lo curen de alguna dolencia, pero no le darán la asistencia humana tan urgente para usted.

El sacerdote, ministro o pastor

No en vano se les llama "médicos del alma". Si usted tiene una religión, debe informarse y activarse dentro de ella. Mantenerse nominalmente inscrito o bautizado, sin participación y ejercicio dentro de ella, no le conviene. Si ha llegado hasta la indiferencia, mejor es abandonar su credo. Usted no puede quedarse sin credo. El vacío o la frustración religiosa son graves a cualquier tiempo, sobre todo en el suyo, cuando creer en algo para estimularse es urgente. Lincoln afirmaba la necesidad de un credo.

Como el médico, el ministro de su religión debe ser un consultor, su consejero, su amigo. No tema buscarlo. Pero, acuérdese: Santa Teresa aconsejaba a sus monjas elegirlo inteligente y virtuoso, pero, ante todo, inteligente. La torpeza de algunos sacerdotes o ministros puede llevarle a confusiones torturantes, y usted no está para torturarse. Su religión, como todo lo demás en usted, debe ser plácida, sin rehuir esa parte de lucha y control en ella implícita, pero como aliada para vivir. Usted no ha dejado de ser hombre y, por tanto, como todo hombre, usted es un luchador, un soldado de su propia vida. Eso no significa vivir en guerra. Usted ya no está para embarcarse en la discusión sobre la diferencia entre carne y pescado. Y no se deje poner en guerra con su dios. Esas guerras las pierde siempre el hombre, sobre todo cuando está viejo. La religión, alianza para vivir entre el hombre y Dios, es la meta.

El ejercicio

En nada están tan de acuerdo los médicos, desde el antiguo Egipto hasta hoy, como en la necesidad del ejercicio para el viejo.

El prejuicio de la ociosidad conveniente al viejo se extiende a la quietud también. Error, a juicio de médicos y sicólogos. La inacción oxida, herrumbra su anatomía, su fisiología y su mente. Es axiomático que la función crea el órgano y lo mejora; la cesación lo atrofia, y a veces lo destruye. En la historia natural se ven especies que perdieron órganos –de los cuales no quedan sino vestigios– por falta de uso.

Todo su cuerpo necesita, para mantenerse bien, una apropiada irrigación sanguínea. El trabajo la proporciona sólo en aquellos órganos que emplea. Solamente el ejercicio la ofrece total, como reactivación de nosotros mismos. El viejo debe ejercitarse todo él con sus músculos y su inteligencia. El ejercicio, a esta edad, lógicamente debe ser apropiado y controlado. El primer control, el más válido, se lo da el cuerpo mismo. El cuerpo avisa con un síntoma inequívoco: la fatiga. Cuando la sienta, pare, descanse y vuelva a comenzar. Cuando usted no ha hecho ejercicio, o quiera variarlo, es el médico quien debe indicarlo y dosificarlo, mientras usted se adapta y habitúa. No intente el campeonismo, ni la competencia. Su ejercicio apropiado por sí solo basta.

¿Qué ejercicio escoger? Si el médico no se lo prohíbe, el que a usted le guste más. El ideal es el ejercicio al aire libre y ojalá aire puro. Pero si esto es imposible, usted puede hacer ejercicio en su cuarto con tantos objetos... bicicleta estática, pulsadores, pequeñas pesas... o sin nada de eso: la gimnasia rítmica para sus piernas, su tórax, su dorso, sus brazos, sus manos, su cuello. Con ello evitará esos dolores de la espalda, de la cintura, del cuello, de las articulaciones, llamados por usted "dolores de viejo". En realidad no son sino dolores de ocioso.

El ideal es continuar el ejercicio que usted ha hecho siempre. Pero si no ha hecho ninguno, es tiempo de comenzar, bajo orientación médica para el principio. Usted siempre puede comenzar. Mejor es continuar. Continuando o comenzando, lo importante es hacer ejercicio: regalar a su cuerpo con una irrigación sanguínea suficiente, y a su espíritu con un esparcimiento recreativo. Y sentir cómo usted sí puede. La sangre irrigante y circulante es la imagen de la vida. Piense en el viejo ideal de morir con las botas puestas.

Como ejercicio, para quienes no tengan afición por algún deporte adecuado, los médicos recomiendan como el mejor, el más fácil y al alcance de casi todos: caminar un mínimo de cinco kilómetros diarios, con paso regular, cuerpo erguido, y, ojalá por lugares agradables, mejores en cuanto más naturales... Se dice cinco kilómetros diarios en noventa minutos, incluyendo las pausas exigidas por la fatiga, como meta. Pero, no olvide: no se trata de ejercicios esporádicos, interrumpidos, sin ton ni son, practicados solamente cuando le viene en gana. Su organismo y su mente tienen necesidad de ellos todos los días. Se trata de una disciplina consciente, elegida y aceptada, regular y obligatoria como cualquier otro deber, sin traumatizarse cuando, por causas ajenas a usted, no pueda cumplirlas... Usted verá cómo van a empezar a disminuir las píldoras, las pastillas, los comprimidos, las recetas médicas, sus dolores de viejo y hasta la mala cara.

Si no alcanza a los cinco kilómetros en hora y media, hágalos en dos. Si no llega sino a dos o tres kilómetros no importa, con tal de que sean diarios y metódicos.

La ya citada revista soviética *Cultura y Vida* trae datos interesantes sobre el ejercicio: "El que vive en la ciudad, durante su vida consciente, pasa unas ciento cincuenta mil horas sentado. En tal postura, el organismo sólo consume unos doscientos cincuenta centímetros cúbicos de oxígeno por minuto. Tan parca proporción causa trastornos debidos a la hipodinamia. Un paseo al aire libre aumenta el consumo de oxígeno hasta mil centímetros cúbicos por minuto y, si se corre, la cifra se eleva a cuatro mil centímetros cúbicos. Por algo se dice que la mejor manera de obtener buena salud es caminar".

¿El envejecimiento embellece a los varones y afea a las mujeres?

Se ha dicho esto sin pensarlo mucho. En sí mismo no puede afirmarse, ni negarse. En verdad, los años van acentuando y embelleciendo en varones y mujeres ciertos rasgos físicos y espirituales, en paciente labor de remodelación capaz de crear, con el tiempo, una nueva fisonomía, estéticamente más valedera que la anterior. Pero en ese acentuado embellecimiento de facciones sicosomáticas no es un cambio total –como, por norma, ninguno de los de la vejez lo es–, tampoco es una norma fija. La edad embellece o afea, según el caso.

De cuna a sepulcro nunca perdemos nuestra identidad personal. Mejor o peor, con las adiciones de la cultura, el arte, la ciencia, la técnica, las circunstancias, las huellas anteriores y subsiguientes de la vida, sigue siendo la nuestra: lo que fuimos, más lo que somos, más lo que queramos ser. Una buena trilogía para identificarnos. Por mucho que nos suceda contra nuestra voluntad y nuestra inteligencia –o a favor de ambos– si queremos, nunca perdemos la fuerza de nuestra identidad. Pero nuestra identidad nunca será absolutamente definitiva. Varía con el paso de los años para empeorarse o mejorarse.

El complejo mítico existe aquí también, especialmente contra la mujer. Y la mujer es injusta contra sí misma. Alucinada por la diosa juventud, por la diosa belleza, la mujer piensa que fuera de ellas no hay salvación. No creo en la comparación de las edades con las estaciones. Pero, para hacer concesiones, las acepto hipotéticamente aquí. El otoño en la mujer es ciertamente mejor que la primavera. Después de los cuarenta, la mujer tiene más recursos estéticos, físicos y espirituales. Depende de ella el uso de esos recursos, de su cuidado y vigilancia. La misma vejez puede embellecerla, si lo quiere, si ella embellece la vejez. Lo demuestran tantos ejemplos... Ahora la Fontayne, a los sesenta años largos, la Pavlova, casi a los setenta, ¡siguen bailando más bellas y mejor! Y hasta su muerte, en los parques de París las gentes se detenían a admirar las piernas de la septuagenaria Mistinguette, mientras los alemanes siguen aplaudiendo las actuaciones de la Dietrich. Betty Davis, septuagenaria, protagonizó un filme anunciado como su mejor obra. Y esto no solamente se da a esos niveles de excepción femenina. La vida corriente de todos los días nos ofrece demostraciones cotidianas de mujeres ganadoras con los años, aun sin cirugía estética. Abra los ojos y las verá.

Sucede, sin embargo, en muchas mujeres, urgidas de embellecimiento, el abuso de cosméticos, dietas, medicinas y otros artificios, con evidente perjuicio de sí mismas, porque todo eso las marchita prematuramente. Contemple usted el fascinante encanto de la mujer de años que no ha perdido la gracia en ninguna de sus manifestaciones. Ellas, como ellos, tienen el derecho natural de vivir y morir en uso de todas sus facultades, incluso de su belleza. Hay la belleza de los 18 años, pero también la de los sesenta. La belleza no es solamente para el pan de la boda, ni se compone sólo de líneas y de formas externas. Es un todo donde el espíritu y la cultura cuentan.

Cirugía estética y reparadora

En el mundo moderno hay un gran cambio físico y sicológico frente al cual el hombre de todas las edades, pero especialmente el viejo, debe reflexionar: el de la cirugía estética y reparadora.

Cuando la operación quirúrgica es simplemente reparadora, para subsanar deficiencias físicas de enfermedades o accidentes, no hay duda: debe hacerse como cualquier otra operación exigida por la salud. Implante de órganos, carne o músculos de otras partes del cuerpo propio o ajeno para suplir lacras o remodelar cicatrices o heridas, no son problema ya. En la ciencia actual se practican todos los días en clínicas y hospitales, cada vez con menos riesgos, gracias a los progresos de la técnica quirúrgica. No hay razón para que una persona, de cualquier edad, siga siendo traumatizada por mutilaciones de enfermedades o accidentes hoy subsanables.

Diferente es el caso de la cirugía estética porque ésta es opcional. Enmienda defectos congénitos o adquiridos que lo afean. En una palabra: embellece. La fealdad, por sí misma, no es una enfermedad, si quien la padece está conforme con ella y la compensa con otras cualidades y virtudes. Pero si la fealdad le acompleja, estúdiese a sí mismo, consulte con especialistas y busque una solución, porque si la fealdad por sí misma no es una enfermedad, cuando produce complejos, traumatismos o aprehensiones, éstos sí pueden ser una grave enfermedad sicológica, traumatizante y acomplejante, especialmente en algunos viejos.

En la entrevista concedida para la televisión colombiana a Fernando González Pacheco, el 18 de enero de 1980, el doctor Felipe Coiffman, cirujano esteta, divulgó algunas ideas interesantes:

1) La cirugía reparadora es hoy, como cualquier otra cirugía, necesaria cuando el caso médico lo indica.

2) La cirugía estética ha de partir de la opción libre del paciente, advertido por el cirujano de sus consecuencias:

   a) El cambio físico producido por ella en la cara, los senos, el estómago, las nalgas u otros órganos, puede causar traumatismo al paciente o a algunos de sus prójimos. El paciente debe libremente tomar esos riegos o dejarlos, sopesando sus ventajas de seguir como está o cambiarse.

   b) En la ponderación de su elección deben tenerse en cuenta las circunstancias, causas y efectos. Si soportar una nariz deforme no le importa, ¿para qué cambiarla? Pero si aguantarse con ella le crea inquietudes, inhibiciones, frustraciones, zozobra sicológica, ¿por qué no remodelar esa nariz y curarse de esas repercusiones síquicas, como se cura de cualquier otro morbo *físico*? Lo mismo puede decirse de arrugas, cuando son excesivas, de mejillas mofletudas, de mentones exagerados, de labios deformes, de papada abundante, de senos flácidos, en extremo pequeños o grandes, de estómagos caídos, de nalgas protuberantes, etc.

3) Sea cual fuere el motivo, para libremente determinarse el paciente a hacerse la cirugía estética, éste debe ser consciente de los resultados en los cuales siempre hay un riesgo, no tanto de tipo técnico, puesto que la ciencia lo ha reducido mucho, sino de orden sicológico. De ordinario, el paciente se ha hecho la imagen de sí mismo que desearía tener después de la cirugía estética. Algo así como la escultura de sí mismo, para la cual el escultor es el médico. Es muy importante para el médico indicarle al paciente cómo él no es un escultor de su cuerpo, sino un remodelador del mismo y cuáles son los efectos posibles de su tarea remodeladora, porque así puede el paciente es-

coger y aceptar, o no, la operación con sus posibles consecuencias negativas o positivas. Los médicos suelen identificar en el paciente la imagen preconcebida de los resultados de la operación. El sujeto no es operable cuando desconoce ese resultado, porque el riesgo del traumatismo ante su nueva efigie se acrecienta, por inadecuación sicológica a su nueva imagen.

4) Aun en pacientes decididos libremente a la operación por su propia voluntad en algunas ocasiones las consecuencias sicológicas, ante el resultado final, pueden ser contraproducentes. Este es un fenómeno de poca ocurrencia en el paciente voluntario y decidido.

5) La cirugía estética es cada vez más frecuente y ya no necesita clandestinidad ni ocultismo. Se hace en todas partes, a todas las escalas y en las más variadas personas (Marlon Brando, la madre del expresidente Ford, de Estados Unidos, o la vendedora del almacén de la esquina). En los hombres predomina el implante de cabellos en la calva y la corrección de la nariz. En las mujeres la corrección de nariz, arrugas y senos.

6) Hoy en la cirugía estética ya no puede haber escrúpulos ni morales ni religiosos. El doctor Coiffman cita el concepto del Papa Pío XII, quien acepta la cirugía estética con el válido argumento de que, siendo el cuerpo receptáculo del alma y teniendo el cristiano la obligación de mejorar su alma, lógicamente este deber se extiende también a mejorar su cuerpo.

7) De los conceptos más autorizados del Doctor Coiffman, y del sentido común, se deduce cómo el punto más importante de meditar es la adecuación sicológica a la remodelación física. Tal adecuación es indispensable porque de nada servirá corregir la apariencia física si de ella va a resultar una permanente inconformidad de espíritu.

Para el viejo la cirugía reparadora es necesaria y la cirugía estética puede ser conveniente, cuando es adecuada. ¿Por qué sufrir un defecto físico molesto si es remediable? El peligro está cuando los efectos son peores que la causa. Pero si eso le ayuda a vivir, hágalo.

Conclusiones del doctor Tubiana

"Todas las formas contra el envejecimiento son peligrosas". –La buena alimentación y el ejercicio son fundamentales. La superalimentación tan mala como la infraalimentación. "Las recetas médicas son de tipo negativo: evitar los excesos, los tóxicos, la ociosidad intelectual y física, el ocio excesivo y la fatiga excesiva, la apatía y las emociones muy frecuentes".

"Aprender a envejecer individual o socialmente. En el estado actual del caos, ya que es imposible evitar envejecer, lo esencial es aprender a envejecer, y obrar en forma tal que la sociedad acepte nuestro envejecimiento. El problema no es médico, sino sicológico".

"Hay un trío que juega: estima de sí mismo, depresión y considerarse sin compromisos". La aceptación pasiva del envejecimiento acelera el ocaso... Empeñarse en conservar la juventud hace más duro el calvario.

"La vida no puede ser plenamente vivida, si no se acepta la vejez y la muerte como inseparables de ella. Las antiguas civilizaciones habían tejido estructuras familiares y sociales y redes de creaciones y de costumbres que facilitaban esta aceptación. Una de las tareas que debe fijarse la nuestra es volver a ellas".

Recursividad para vivir: "Ella (la historia) enseña los innumerables recursos que despliega el espíritu humano para permitir al hombre vivir ante la perspectiva de su fin".

Conciencia corpórea

A toda edad, pero especialmente en la vejez, carecemos de conciencia corporal, por culpa de haber sido formados en el erróneo concepto del cuerpo y el espíritu, no como dos integrantes inseparables, de eso todo indivisible y único que somos nosotros, sino como dos principios opuestos –espíritu y materia– en pugna en nosotros mismos: el espíritu, elevadísima participación humana en la esencia divina; el cuerpo, apenas objeto para usar, cosa material, rayano en la degeneración principio del mal. Un muy nocivo maniqueísmo doméstico para deformar nuestra integridad sicosomática, cuya importancia práctica pretendo esbozar en el capítulo subsiguiente "Todo usted".

Hoy, afortunadamente, este dualismo antagónico entre cuerpo y espíritu tiende a enmendarse –aun en el mismo catolicismo, a donde se había infiltrado de contrabando–. Y ya comenzamos a hacer una conciencia corpórea, integrante, instituible sobre la conciencia de la totalidad humana, en la cual nuestra anatomía y nuestra fisiología, y todo el acontecer en ellas, no son diferentes de nuestro espíritu, sino que obran con él, resultando la *corporeidad* tan importante como la *espiritualidad*, ya que en el hombre las dos se identifican en un solo individuo personal. Ese que somos cada uno de nosotros.

En la resurrección de esta filosofía –tan antigua como la realidad de la esencia del hombre– trabajan hoy personas y entidades muy serias, en variedad de campos. Una importante, cuyos datos tomo de la bien acreditada revista *Humboldt* (No. 69, 1979) dirigida desde Suiza y editada en Alemania, es la de la Escuela Bayerthal y el grupo del mismo nombre. Desde 1925, Hux Bayerthal, de 20 años entonces, fundó en Frankfurt la Escuela de Gimnasia Consciente que en 1936 se trasladó a Montevideo (Uruguay), de donde salió luego el Grupo Bayerthal, ya un movimiento internacional por la rehabilitación del cuerpo en la conciencia humana, cuyo filósofo principal es Roberto Calabria, a quien pertenecen las siguientes citas, tomadas de su artículo en el mismo número de la citada *Humboldt*.

...."La Escuela Bayerthal propone una educación en sentido inverso a la que nos ha conformado. En esta última (la tradicional) el signo de nuestra relación con el cuerpo es el de *dominio*. Cuerpo es aquello que nos sirve, aquel medio apto para alcanzar ciertos fines... En la primera, en cambio, el signo es el de la apertura de los sentidos a la realidad de nuestro cuerpo... Nuestra conciencia corporal es, en la mayoría de los casos, oscura y confusa. La manera de hablar "tener cuerpo" expresa el error básico de nuestra vivencia corporal: el cuerpo queda reducido al simple rango de la cosa con la cual tenemos una relación de posesión". (No *tenemos* un cuerpo, *somos* un cuerpo).

...."Lo que propone la Escuela Bayerthal es la educación de nosotros mismos *en y por el cuerpo,* ampliando el campo de la conciencia, volviendo la atención hacia esa base que *constituye lo que nosotros somos*, pues el cuerpo es presa del gran olvido ontológico".

...."En la labor que llamamos 'concentración' se dinamiza nuestro cuerpo, el núcleo vivencial manifiesta su carácter motor induciendo la movilización corporal adecuada a sus sentidos"... "El abordaje de sí mismo que se realiza en este trabajo tiene por objeto el conocimiento de nuestro cuerpo en su sentido más literal: el conocimiento de nuestra anatomía y nuestra fisiología que constituye la clave intelectual que nos permite interesarnos en una 'praxis' consciente del acontecer corpóreo"... "Con qué poca responsabilidad vivimos nuestro caminar".

...."Toda nuestra fascinación por la plástica proviene de la oscura intuición de las formas que podemos engendrar con nuestro cuerpo como materia. Sucede como si la contemplación del hecho plástico no fuera más que la vivencia presentida de nuestro cuerpo en el acto de la generación de una forma"... "El trabajo de corporeización plena nos convierte en contempladores de formas, en creadores de formas".

El auge actual del deporte es otro indicio de que estamos cambiando a nuestro cuerpo como nosotros mismos. No está lejano el día en que la gimnasia tendrá en la educación el significado de la filosofía.

Más que una gran historia, el cuerpo humano es la historia de la historia. Sin él no habría historia. Él, junto con el alma en identidad única de persona humana, actora y autora de la crónica del universo, en la más alta cifra de la vida. Nosotros los cristianos, al aceptar el origen bíblico, diríamos que Dios estaba aburrido de la creación sin el hombre, llena de formas superiores en los espíritus puros sin cuerpo (los ángeles) o de formas inferiores, con cuerpo y sin espíritu (los animales). Y qué gran mañana esa última del Génesis, cuando Dios formó a Adán y a Eva, con cuerpo magnífico animado por su soplo, como remate feliz, para completar su obra. Dios ya no estaba solo.

No se crea usted, por sólo ser viejo, más espiritual que corporal. Busque su equilibrio entre la corporeidad y la espiritualidad. Ambas son usted y recuerde a Pierre Paul Lacas quien escribe en *L'Art Sacré*:

"La dualidad cartesiana separadora del cuerpo y del alma está hoy en día bien muerta. El misterio no reside menos grande en sus relaciones. Las cualidades sensibles de formas materiales afectan nuestro espíritu en y por nuestro cuerpo. ¿Qué será más ambiguo hablar de nuestro cuerpo para llamarlo animado o de nuestra alma para calificarla de encarnada? Es ciertamente una manera desdichada de hacer la pregunta de su vínculo. De todas formas, el arte es demasiado del cuerpo y demasiado del alma para dejarnos indiferentes, al mismo tiempo para llenar nuestra esfera de dominar todo claramente, pretendiendo volver todo sea al cuerpo, sea al espíritu. Como el lenguaje que, en un mismo movimiento, vela y revela el pensamiento, lo mismo el cuerpo vela y revela el espíritu que no es él y que, sin embargo, tiene necesidad de él para manifestar su presencia"...

CAPÍTULO VII

Espíritu y mentalidad

La salud mental y espiritual es decisiva en cualquier edad, pero sobre todo en la tercera. El poder o la impotencia del viejo está en la mente. El viejo tiende a socializar, a colectivizar sus situaciones individuales y a trasladar la culpa de sus estados de ánimo a la comunidad. La angustia común, para él, es la causa de su ansiedad. ¿Es justo el procedimiento de trasladar nuestros problemas individuales a la sociedad que padecemos?

Usted es dueño de un espíritu. Y ese es el suyo. Es decir capaz de una actividad inmaterial, intelectiva, moral, volitiva que define su estilo, su personalidad, su comportamiento, su criterio, su conciencia, según su formación, su teología, su filosofía. Ese espíritu no hace dualismo a su cuerpo, no es antagónico a él. Al contrario, está integrado a él, y con él forma una sola persona: esa que es usted, todo uno en cualquiera de sus actos.

Su cuerpo y su espíritu le dan una mentalidad, una manera de pensar, de obrar, y, como consecuencia, de sentir. Su vida mental es la de mejor funcionamiento ahora. Ella es la moderadora de usted, su poder decisorio. La influencia mental activa –aun en la fisiología– determina su comportamiento. Dése cuenta de que su mente y su espíritu son su mejor patrimonio ahora en la cumbre de sus años.

Nadie ha medido las irradiaciones de la mente, más veloces que la luz. Con ella usted transporta su imaginación, al instante, a no importa qué distancia. Usted se aterra de la velocidad de la luz. Su mente puede ser más rápida, ella la midió. En ella fue especialmente donde Dios nos hizo a su imagen y semejanza. Su poder es casi ilímite. Si no lo podemos calificar y cuantificar en sus manifestaciones hacia fuera, sí lo logramos, aunque imperfectamente aun, hacia adentro. Después de Freud, los especialistas de la "psiquis", reconocen en la vida mental la regencia de gran parte de las funciones físicas de nuestro cuerpo y casi todas las de nuestra vida interior y de relación.

Por eso, nada para salvaguardar tanto como la mente. Hoy, sumidos en las múltiples manifestaciones de la vida moderna acelerada por mil exigencias diversas, en la turbulencia desatentada de la sociedad de consumo, la mente está amenazada porque, de un lado, el universo ofrece, por la información, la comunicación y el consumismo, muchas más inquietudes a la mente, y por otro, la educación de ésta no ha logrado la asimilación de los cambios radicales de nuestro tiempo. Y no nos hemos aun adaptado ni adecuado a la totalidad de esos cambios. La estadística enseña que cuatro de cada cinco residentes habituales de las grandes ciudades padecen alguna clase de enfermedad mental, desde la simple neurosis hasta la locura. Presión, tensión, estres. La vida contemporánea nos agobia con un ritmo no soportable para todos, pero sí posible, en alguna manera, de normalizar para nosotros. Eso es difícil pero realizable. Y hay quienes lo logran. Más de los que usted imagina. La angustia individual y social de la vida moderna nos golpea a diario. Pero no son nuestro patrimonio obligado.

Conozco dos libros sobre el caso, un poco antagónicos unas veces, coincidentes otras: *L'Homme, Cet Inconnu* de Alexis Carrel (1936) y *Le Refus du Réel* (1978) de Maurice Tubiana. Dos franceses de indiscutible autoridad universal. Ambos son médicos. Cirujano, filósofo e investigador, Carrel, de gran renombre antes de la última preguerra. Cancerólogo, biólogo, investigador y filósofo, a su modo, Tubiana, de mucha nombradía ahora en la posguerra. Medio siglo los separa y diversidad de métodos y de enfoques. Pero, en realidad, desde ángulos diferentes han trabajado sobre el mismo tema. Aunque no estén de acuerdo siempre, buscan una interpretación del hombre de hoy. Más humanista Carrel, más científico Tubiana.

Para Carrel, en gran síntesis, el hombre de 1936 no podrá soportar el artificio de las presiones de la época, si su progreso cultural y síquico no alcanza al progreso científico y técnico, mucho más avanzado y con prevalencia de la materia sobre el espíritu.

Dice Carrel: "Si la civilización científica abandonara el camino que ha tomado desde el Renacimiento, la materia perdería su primado. Los economistas se darían cuenta de que los hombres sienten y sufren, de que no es suficiente darles alimento y trabajo y de que ellos tienen necesidades espirituales, como también fisiológicas. No estaríamos obligados a considerar como beneficios de la civilización moderna las condiciones bárbaras de la vida en las grandes ciudades, la tiranía de las fábricas y de las oficinas, el sacrificio de la dignidad moral al interés económico, el sacrificio del espíritu al dinero... Nosotros rechazaríamos algunos inventos mecánicos que son perjudiciales al desarrollo humano. La economía no aparecería como la última razón de ser de todo".

Para Tubiana no es la realidad la que nos enloquece, sino la imaginación. La realidad científica y técnica de nuestros días ha hecho progresar inmensamente al hombre, ha mejorado su vida y la ha prolongado. Acontece con la vida de hoy lo que con el cáncer. Antes no se la diagnosticaba y hoy sí, antes no se la informaba y hoy estamos al corriente de lo que le pasa a cualquier hombre de cualquier sitio, así sea antípoda. Y no diferimos esa sobrecarga de información. Sabemos, por ejemplo, de la crisis mundial de la energética debida a la escasez de petróleo, pero no nos damos cuenta de la solución nuclear, solar, carbonífera ya en marcha. Conocemos los índices de la polución, pero ignoramos las soluciones con que los americanos han saneado los grandes lagos y los ingleses el Támesis, donde viven de nuevo los peces. El espectro del hambre nos aterra por el agotamiento de recursos naturales, pero no queremos convencernos del poder de la ciencia para multiplicarlos y descubrir otros. Nos acontece como a los miedosos del avión: leen literatura divulgativa sobre el avión y no son pilotos; cuando van entre nubes ven los peligros, pero ignoran las soluciones. Los temerosos del viaje aéreo casi nunca mueren en accidente. Pero en cada viaje pierden algo de su vida.

Para Tubiana no es la civilización científica y técnica la que nos hace mal, sino el rechazo de su realidad y la ignorancia de sus beneficios y de las soluciones a los problemas. Deformados, como estamos, por mitos y tabúes tradicionales, para mantenernos ficticiamente anclados en el pasado, ciegos ante la mejor calidad de la vida de hoy, nostálgicos del ayer, vemos un mundo ahora muy diferente del de nuestra infancia y eso nos provoca hostilidad. ¿Pero es justa esta hostilidad? Cada nuevo avance provoca un nuevo cambio, para el cual no estamos preparados. Por no estarlo, no lo entendemos y lo rechazamos sin razón.

Para Tubiana "todo hombre tiene la tendencia a rehusar como un cuerpo extraño toda idea nueva y fabrica las novedades, pero no busca hacerlas aceptar sicológicamente". Todos los cambios científicos y técnicos han provocado crisis. El hombre siempre ha salido enriquecido de ellas.

Para Tubiana *"la enfermedad de nuestra civilización es de origen mental"*. Nuestra mentalidad nos está matando, y no los hechos que nos están favoreciendo: "Ahora, cuando el hombre está bien armado para dominar los problemas materiales, está relativamente desarmado para diagnosticar o tratar los desórdenes intelectuales colectivos".

Con matices de diferencia, y hasta de discrepancia, el humanismo de Carrel no está tan distante del cientifismo de Tubiana para una solución humana frente a la civilización de hoy, en usted, en mí y en casi todos fuente de angustia, de ansiedad y de una existencial "conciencia desdichada", muy nociva para el viejo.

La terapia de Tubiana es aceptar la realidad y mejorar mentalmente frente a ella, despojándonos de mitos y tabúes. La terapia de Carrel es buscar la primacía del espíritu y prepararnos cultural, moral y humanísticamente para que la ciencia y la técnica no nos desborden. Las dos terapias son complementarias, no excluyentes.

Para nosotros este cambio angustiado y "conciencialmente" desdichado entre el mundo de nuestra infancia y el de nuestra senescencia, es más grave que para nuestros hijos. Pero, aquí también nosotros tenemos más elementos de sabiduría para superarlo. Las dos terapias –la de Carrel y la de Tubiana– nos ayudarán. Hagamos un esfuerzo humanístico y científico para adaptarnos. Aceptemos la realidad científica y técnica, gracias a la cual estamos viviendo más y mejor, y rectifiquemos nuestra mentalidad y autocritiquemos nuestros hábitos y costumbres (no tenemos por qué creerlos los mejores) y librémonos de la dictadura de mitos y tabúes, porque la vida mental del viejo es más importante que su nutrición, su higiene y su farmacia. A pesar de nuestro pesimismo, la vida de hoy nos favorece.

Y acuérdese: usted no está obligado a solucionar el problema universal de la vida moderna –menos injusta– pero sí está obligado a solucionar el suyo frente a ella. Rechazarla es necio e inútil, aceptarla y aprovecharla es sabio. Aprenda a abrir y a cerrar los "suiches" cuando se fatigue, abstráigase, extráigase, sumérjase en la naturaleza. La naturaleza pura también le cansará. Entonces vuelva a la vida moderna. Rote entre las dos, ambas le ayudarán a vivir plácida y satisfactoriamente. Las soluciones no están totalmente ni en la una, ni en la otra. Están en ambas, pero deben estar principalmente en usted. Dosifíquelas, usted es el responsable. No son un binomio antagónico "ciencia-naturaleza". Ambas son dos términos de una misma ecuación: la vida y frente a ella una sana mentalidad de usted viviente.

El gran tesoro

La mente humana ha sido la causa de todos los progresos de la humanidad, primero por fuerza de la inducción y la deducción lógicas, y luego hoy por los medios de investigación, demostración y comprobación científicas, mediante los instrumentos por la misma mente creados, gracias a los cuales llegamos a la Luna.

Nada hay tan sorprendente como seguir este camino de la mente entre la lógica, la física y la química, del cual el átomo, de entelequia cerebral, convertido en fuerza física, es buen ejemplo.

Infortunadamente, también nada es tan vulnerable como la mente humana, el doctor Tubiana, al afirmar que la enfermedad de nuestro siglo es mental, demuestra cómo los mitos nos aprisionan, nos disminuyen y hasta nos paralizan. No solamente los grandes mitos de la gran filosofía, la gran teología y la gran historia, sino los pequeños de la vida de todos los días: el alcohol, el tabaco, la pereza, la comida, las costumbres, el miedo a la enfermedad, los preceptos y prejuicios, los hábitos prefabricados y heredados secularmente, las aprehensiones y temores subjetivos, para rechazar la realidad. Una realidad, incluso para el anciano, mucho más bella que su enemigo, el mito.

La ciencia (cuidado en no convertirla en mito) ha demostrado la lógica de Santo Tomás cuando afirmaba: "Nada se ejecuta (está en el acto) si antes no ha estado en la mente". Nada menos que el proceso del conocimiento y la conducta.

La experiencia comprueba cómo a la tercera edad se puede llegar con una mentalidad sana y unos sentidos sanos.

La vejez es un clásico ejemplo del poder mental del mito contra la realidad. El mito reduce sus potencias, mientras la realidad las amplía. Hemos oído tantas veces aquello de "viajera de la noche, invierno de la vida", que hemos terminado por creerlo. En el viejo la relación entre lo sensorial y lo mental es muy importante. La sabiduría propia de la tercera edad abarca todo. Bossuet viejo y enfermo aprende la lengua hebrea. Beethoven sordo y anciano compone sus mejores sinfonías. Freud octogenario escribe sus mejores teorías. No es la vejez la esterilizante, es la inactividad mental con su anestesia y el persuasivo mito de la inutilidad ambiente con su autosugestión.

Depresión, enfermedad espiritual

La ciclotimia, la alternación de períodos de depresión y exaltación, puede ser natural o patológica, según la frecuencia del cambio de ciclos, duración de los mismos, efectos pasajeros, duraderos, de especial cuidado en el viejo.

De un modo o de otro, todo extremo le daña. Busque una línea estable, sin pretender evitar siempre los extremos. Cuando los extremos sean inevitables, es preferible afrontarlos en toda su realidad y no fingir ignorarlos, engañándose a sí mismo. El autoengaño agrava la situación y le acumula depresión, cuyo estallido es ineludible después. Los poetas han cantado esos ciclos, los sicólogos los han estudiado, los médicos afrontan las consecuencias... Porfirio Barba Jacob escribió: "*Hay días en que somos tan plácidos, tan plácidos... Hay días en que somos tan lúbricos tan lúbricos... Hay días en que somos tan sórdidos, tan sórdidos... Hay días en que somos tan fértiles, tan fértiles... Hay días en que somos tan lúgubres, tan lúgubres...*"

Esos días lúgubres llegarán para usted, como han llegado para todos. Téngalo en cuenta: "para todos". No se crea una excepción, ni fomente la tristeza. El viejo está inclinado a acariciar su tristeza, a abonar sus "melancolías, a mimar sus nostalgias, a amar el dolor, porque le dijeron y le repitieron mil veces el error: 'Cualquier tiempo pasado fue mejor' ". No. Mientras vivamos, guardamos la posibilidad de un futuro mejor. Lo inescrutable del destino humano está no solamente en lo desfavorable, sino también en lo favorable. Cuando usted compra lotería, está creyendo en una posibilidad contra 9.999. Cuando usted se apunta al destino, está jugando por lo menos 50 contra 50. ¿Por qué se anticipa a la mitad negativa y rechaza, de plano, la positiva? Y, además, piense en los otros días. Todos vivimos, varias veces, nuestra hora de tinieblas, cuando nuestra alma "gime bajo el dolor del mundo". Usted también y nosotros como usted, pero no se crea un privilegiado del dolor, un predestinado para las penas. Aprenda de nuestros cielos tropicales: se encapotan en horrible cerrazón, y, de pronto, el viento los limpia y el azul brilla en su esplendor.

La depresión es un fenómeno del cual no está exenta ninguna edad de la vida, ni siquiera la niñez. Se puede distinguir la natural y la patológica. En las alternativas prósperas y adversas de nuestra vida –salud, economía, moral, sentimientos– nuestro cuerpo y nuestra siquis no pueden mantener el mismo ritmo. Sobre ambos influyen las presiones ordinarias o extraordinarias de nuestra existencia. Se ha demostrado, por ejemplo, cómo sube o baja la presión arterial con las buenas o malas noticias.

El hombre es la más perfecta máquina del universo, pero su misma perfección la hace extremadamente sensible y frágil. Sus mecanismos estabilizadores y regulizadores son poderosos y acuden aquí y allá para suplir deficiencias. Pero la gama de los sentimientos, sensaciones, pensamientos y emociones humanas es casi infinita y, ante ella, esa estabilización y esa regularización tienen también variantes. Una de ellas es la exaltación y otra la depresión.

Hay causas internas y externas para la depresión natural, ese oscuro vacío y desierto túnel de nuestra "hora de tinieblas". Pero, atención, ésta, si es natural, es también transitoria. Usted debe conocerla, analizarla y prepararse para vadearla naturalmente también sin saltos, sin drogas, sin angustias, ni ansiedad, como un trance más de nuestro acontecer. Saldremos del túnel y regresaremos a la luz. Esperar, mientras lo recorremos sin estrellarnos.

La depresión patológica sí puede ser grave. Se la distingue por su frecuente recurrencia, sus efectos prolongados, su intensidad y su no respuesta al propio esfuerzo, a los tratamientos fáciles, la dificultad para recobrar el tono del organismo y el ritmo normal de la vida, el tedio, la abulia, el desinterés. Esa ya es una enfermedad de la cual usted ha de curarse, no por su autodiagnóstico y autorreceta, sino por su médico. El viejo está tentado a no considerarla como enfermedad porque no puede localizar el dolor, como no se pueden palpar las tinieblas. Pero acuérdese: no le duele en ninguna parte, pero todo usted se está doliendo. Antes se creía en la poca reacción del viejo a los tratamientos. Los médicos ahora han comprobado lo contrario. El provecto puede ser más receptivo a la curación... En otra parte de este libro usted encuentra el método de la abstracción y la extracción como alivio a sus depresiones y tensiones no patológicas.

La edad del espíritu

José Antonio Pérez Rioja escribe (*Libro Español* No. 264): "Si lo miramos bien, la vejez por sí misma no existe, lo que hay solamente es viejos y jóvenes, donde cabe incluir los viejos de 20 años y los jóvenes de 80, porque, en definitiva, se tiene la edad que uno mismo quiere; no la de las arterias, las arrugas o el pelo canoso, sino la edad del espíritu –en tanto nos quede un átomo de vida física no se envejece nunca".

El francés Georges Barbarín, en su libro *La vida comienza a los 50 años*, anota: "En realidad ya no hay viejos. Los últimos han muerto de hambre durante la crisis económica, gran liquidadora de pequeños rentistas. Los que quedan se han adaptado a la era atómica, salvo unos pocos retardatarios condenados por ello a perecer... "Nuestra juventud" –dice Barbarín a los viejos– debe ser interior antes que nada, porque es en el interior donde está el puesto de mando".

Jean Paul Sartre al cumplir los 70 años dijo: "No pienso envejecer; me veo, me siento y trabajo como alguien de 45 o de 50 años". Y el mismo Sartre después de repudiar, como culpables a los viejos, chochos, fastidiosos, maniáticos que se sienten castigados por la edad, sin razón, confirma la terapia del trato con la juventud, ya aconsejada en este libro, y escribe, como viejo juvenil que era: "Las personas de mi edad con las que puedo hablar son los periodistas de *Los Tiempos Modernos*, que tienen 15 o 20 años menos que yo".

La aceptación de la vejez

Romano Guardini aconseja como método para vivir más: "La aceptación del envejecimiento, la aceptación del fin sin sucumbir a él ni desvalorizarlo con indiferencia o con cinismo". Describe solamente dos maneras para envejecer bien. La una es la de no envejecer, librarse de la vejez por medio de la acción de la actitud de la juventud espiritual. La otra es la de aceptar la vejez mediante la serenidad y un bien llevado renunciamiento. Comentando a Maurois, José Antonio Pérez Rioja, en la fuente citada, afirma: "Es lo que los franceses llaman 'la edad de oro de la persona' o lo que de manera hoy ya muy generalizada se llama la *tercera edad*, la cual tiene, sin duda, muchas compensaciones".

Los actos humanos

Son los ejecutados con pleno conocimiento y pleno consentimiento. En los actos humanos se realiza todo usted, a conciencia en donde, por tanto, nuestra responsabilidad es completa. Es la manera racional y volitiva, es decir humana, de la acción. A cualquier edad, pero sobre todo en la tercera, desgraciadamente lo racional y lo volitivo, como determinante de nuestras acciones, se disminuye por la costumbre, el hábito, la manía, el vicio, el tabú y el mito. Sin embargo, es la hora de la conciencia y de la gran conciencia responsable.

Hay costumbres aceptadas en principio por nuestro conocimiento y nuestra voluntad, y, por tanto, partícipes del acto humano, aunque su repetición en nuestra conducta las haga casi inconscientes. Son las costumbres liberadoras, los automatismos liberadores. El citado caso de comer con cubiertos... Pero hay también costumbres esclavizantes y por tanto perjudiciales. Se cita mil veces la de comerse las uñas. El caso se agrava cuando de la costumbre se pasa al hábito, del hábito a la manía y de ésta al vicio. El viejo es muy propenso a cualquiera de los puntos de esta escala y debe ejercer una continua vigilancia sobre sí mismo, para enmendarla. Si no revisamos con frecuencia nuestros hábitos y costumbres caeremos en las manías o los vicios.

El viejo maniático, abunda. Maniático de colores, de sabores, de prendas, de actividades, de posiciones, de palabras, aunque sea contra sí mismo. La manía alienante disminuye la longevidad, porque suele ser una acción contra sí mismo, causante de tensiones y preocupaciones. Los ejemplos se dan aquí y allá y si fuéramos a un casuismo de maniáticos no acabaríamos, desde la de comerse los palillos mondadientes hasta la de no poder dormir sino con la cabeza hacia el norte. La manía invalida hasta las mismas virtudes. El aseo, por ejemplo, es una excelsa calidad. Pero la manía del aseo es un defecto. Conozco viejos que no pueden comer si no se lavan las manos con alcohol y niños que comen motas de algodón y lana. Conozco a quien en un avión ruidoso la cabinera le tapó los oídos con algodón y le dio una galleta de chocolate. Se comió el algodón y se tapó los oídos con la galleta.

¿Cómo aceptar que el único animal racional de la creación, el hombre, haga tantos actos irracionales? Los tratadistas nos atiborran de explicaciones. La tercera edad debe ser la más razonable de todas. El viejo sí puede corregirse. Lo grave es creer en la acuñada frase de "loro viejo no aprende a hablar". Es otro mito como tantos. En la vejez costumbres, hábitos, manías y vicios están más arraigados por haberse repetido más. Pero a esa edad experiencia, raciocinio y conciencia también lo están para contrarrestarlos. La vejez donde la sabiduría ayuda a dilucidar la conciencia. No permita que por "chochez" pongan su conciencia y su responsabilidad en entredicho. Se puede aprender a toda edad, y mejorarse. Maggie Kuhn y tantos otros lo han podido. Lo demostramos nosotros mismos cada día.

La voluntad

Las características esenciales que tipifican la definición de la especie humana son la razón y la voluntad: las facultades de informarnos, comprender y querer. Es decir, de saber qué vamos a hacer y decidirnos a ejecutarlo. Es consenso universal exigirle al viejo más razonamiento y más voluntad que a las anteriores edades –con base en la lógica de haber tenido más tiempo para desarrollarlas– o, al contrario, considerarlo un ser agotado sin voluntad y sin razón. Ni una ni otra posición son absolutas. El cerebro es el órgano de mejor función en el viejo normal. Y es entonces cuando los conocimientos acumulados durante la vida –materia prima para la experiencia y la sabiduría– deben permitir mejor la comprensión y el razonamiento con su dialéctica propia. Posible es también que la voluntad por haber sido ejercida tanto tiempo esté más fortificada y porque la voluntad, si es normal el viejo, está más abastecida e iluminada por la información y el conocimiento a quienes la acción sigue. "Nada hay en acto que no esté en el entendimiento".

Pero estos principios, válidos en sí, están dentro del juego circunstancial de cada viejo, la realidad concreta de su salud vegetal, animal y humana: el hombre individuo que somos nosotros dentro de nuestra realidad personal.

Prescindamos de cuanto se nos exige (todo o nada) en materia de razón y voluntad, y concretémonos a nosotros mismos, a cuidar nuestro cerebro, a mejorar nuestra razón, a vigorizar nuestra voluntad, y ante todo, a la voluntad de tener voluntad, "a la voluntad de querer", como en el título del libro de V. Jankelevich, sin caer en el principio nietscheniano de pretender una voluntad omnipotente, sólo característica de Dios. La voluntad, fuerza decisoria, como todo, se desgasta si la utilizamos tanto hasta hacer de ella la única solución, o se anula si no la empleamos para nada. No cometamos el error de gastar el cuchillo a fuerza de afilarlo, o dejarlo herrumbrar por no usarlo. Contentémonos con estar listos para que nuestra voluntad sea como la voluntad de vuelo de las aves, tan bien descrita por Jankelevich: "El pájaro no es un doctor en ciencias que pueda explicar para sus cohermanos el secreto del vuelo... Mientras se discute sobre su caso, la golondrina, sin otras explicaciones, emprende el vuelo ante los doctores sorprendidos. E igualmente no hay voluntad tan sabia que pueda explicar a la academia el mecanismo de la decisión: pero en menos tiempo del necesario para decir el monosílabo (hágase), el pájaro voluntad ya ha realizado el salto peligroso, el aventurado paso, el heroico vuelo de *querer*; la voluntad, abandonando el apoyo del ser, se ha lanzado ya en el vacío.

La voluntad es la autora de la decisión, y usted tendrá que decidirse muchas veces. Es decir: usar la voluntad. Hay caracteres naturalmente de voluntad, fáciles a la decisión y a su ejecución, los univalentes, y otros apáticos, difíciles a decidirse, ambivalentes. Y hay maneras de formación para los dos. Pero, atención a las escuelas de formación de la voluntad... Ofrecen ventajas y peligros y algunos resultados son de apariencias falsas. No confunda la voluntad con lo voluntarioso, ese capricho de imponer sin razón su voluntad a los demás, ni con el "voluntarismo", esa exagerada escuela moral –tan frecuente en algunas pedagogías después de Smiles– que afirman: "querer es poder" para imponer una rígida formación de la voluntad con metas casi heroicas, fácilmente degenerables en manías ineficaces, palabras y gestos vacíos, exuberancias temperamentales y simulación de voluntad u ostentación.

En el viejo, el voluntarismo, así concebido es particularmente peligroso, porque la voluntad mal aplicada, sin objetivos sanos y decisiones razonables, es la voluntad contra la voluntad, destructora de sí misma. Aquí sí el símil de Smiles cuando afirma ser el hombre como las piedras del molino: cuando entre ambas hay trigo, muelen harina. Cuando no, se muelen a sí mismas.

¿Querer es poder?

El voluntarismo lo afirma inconsultamente y echa a perder la relativa fuerza de este principio, motivo frecuente de desilusiones y frustraciones a todas las edades, pero especialmente en el viejo. Querer es la primera condición para poder, pues sin querer no se puede. El querer nos pone en camino de poder. Pero aun no es el poder. Hay que continuar queriendo tenazmente conseguir los medios para realizar el fin. Cuando yo le digo a usted: "Usted, viejo, sí puede vivir vida útil, satisfactoria y plácida", le estoy indicando su capacidad de voluntad para querer este fin y querer allegar los medios a él conducentes dentro de sus posibilidades. Es decir: la voluntad racional y razonable, no la voluntariosa y "voluntarista" frecuentemente degenerada en puro alarde de poder, impotencia a la larga.

Vladimir Jankelevich afirma: "Querer no es poder las cosas que se quieren. Entended: las cosas, valores, objetos que uno quiere, ni hacer milagrosamente y como por arte de encantamiento que el complemento directo material se convierta en real, ni realizar físicamente lo querido. No. Querer no es poder las cosas que se quieren, sino, *ipso facto,* poder querer"... Pero en esta voluntad de querer llegar a un fin está el secreto para comenzar la ejecución. El momento en que el pájaro se lanza al espacio.

En un viejo normal los mecanismos de la voluntad están activos. El peligro consiste en el objetivo *querido*, y en querer también los medios adecuados para conseguirlo. La vejez sin objetivos se abrevia y se destruye. El problema es buscar objetivos no utópicos, adecuados a la posibilidad de nuestros medios. Es frecuente en la vejez la deformación de objetivos –a los 95 años unas botas con 20 años de duración–. Pretender utopías irrealizables es frustración y de ahí resulta la desilusión que postra al viejo y lo convence de su impotencia... Pero la utilidad, la satisfacción y la placidez, a su escala, no son utopías para el viejo normal, sino metas posibles, realizadas por tantos a su edad. Ser voluntarioso lo hará repulsivo inútilmente, ser "voluntarista", lo fatigará en vano. Tener voluntad para fijarse metas practicables en su escala, lo fortificará, porque le dará razones para vivir. Una de ellas, la de continuar realizándose.

"¡Joven, si supieras! ¡Viejo, si pudieras!". Corre acuñada esta frase de envidia social frente a la ciencia, la sabiduría o la experiencia del viejo. Muchos viejos, víctimas de esta vulgar venganza, terminan por creerse impotentes ante la vida.

En la mayoría de los casos, el viejo conoce y puede. Todo está en precisar bien el concepto de sus posibilidades y aprovecharlas sin embarcarse en lo realmente imposible... ¿Lo imposible...? No defiendo la prepotencia de Napoleón Bonaparte al pretender borrar del diccionario el término "imposible". Pero todos los estudiosos de las posibilidades de la tercera edad están acordes en declararlas mayores de las presupuestadas. Si la historia no nos mostrara tantos casos, la realidad nos la indicaría cotidianamente. Cuántas veces oímos, ante la evidencia de muchos hechos realizados por quienes menos se pensaría, el comentario "imposible"... Y sin embargo ahí están no solamente "posibles", sino cumplidos. Y ahí están sus autores, los viejos. No son próceres, ni héroes, ni genios. No. Gentes como usted y como yo. Y pudieron...

Es clásica la dicotomía "conocer y poder", operación la una de la inteligencia y la otra de la voluntad. Un hombre será más hombre cuanto más inteligente y voluntario... Pero no hay entre esos dos máximos atributos del ser humano contraposición o antagonismo para afirmar la acción como reino exclusivo de la juventud y el conocimiento como dominio privativo de la senectud, aunque cada edad sea más apta para conocer o para obrar, según el caso.

El conocimiento precede a la acción. La inteligencia ilumina la voluntad en la elección de su obra. Jóvenes y viejos conocen y obran. El dinamismo del joven no crea, por fuerza, la ignorancia, ni la sabiduría del viejo la impotencia.

Discierna entre las frases hechas, analícelas. No las acepte como monedas de oro. A veces son solamente producto de errores seculares. El hecho de que usted conozca más, lo capacita para obrar mejor, para poder más e incluso para dirigir el activismo de los jóvenes. No hay soldados mayores de 30 años, ni generales menores de 50. Napoleón y José María Córdova son ya paréntesis del pasado. Ya citamos el caso de Norteamérica, imperio de la juventud, donde sin embargo las 300 principales empresas están gobernadas por viejos.

La soledad y la noche

El viejo no está condenado a la soledad, ni la soledad es condena. El hombre es por naturaleza social. Se le ha definido "animal social". Solo, permanentemente no puede vivir. En la cadena de la comunidad humana, espiritual, sicológica, material, moral y económicamente nos necesitamos todos a todos, como las hormigas entre sí, como las abejas entre sí. No somos gregarios. Pero un cierto gregarismo es necesario. Y haga usted un inventario de sus sentimientos, ideas, necesidades, y lo comprobará. ¿Podría usted hacerse por sí mismo sus vestidos, alimentos, transportes, asistencia física y espiritual y aprender cuanto debe saber?

El eremita absoluto no existe. Hay pocas excepciones de solitarios auténticos por amor divino, como Palemón, o de resistencia e ingeniosidad como Robinson Crusoe. Pero esta exigencia natural de la sociabilidad se alterna, en nuestra misma naturaleza, con la apetencia de soledad parcial. La soledad a ratos indispensable para encontrarnos con nosotros mismos, bajo nuestra propia piel, para reflexionar, meditar, establecer balances de conciencia, o simplemente para respirar y desnudarse. Tanto como la sociabilidad resulta necesaria la privacidad y la intimidad.

Leonard Bernstein, el compositor judío americano, creador de tanta buena música, sobre todo tonal, confiesa deber a la soledad sus mejores composiciones y afirma ser la soledad el único clima propicio para reanudar el diálogo consigo mismo, tan interrumpido por la vida social y externa de nuestro tiempo, y para encontrar la idea.

Cuantificar y calificar esa soledad y esa sociabilidad, en la escala, depende de lo subjetivo y lo circunstancial de cada persona. ¿En qué grado usted las necesita? Reflexione usted mismo, analice y busque de establecer ese grado, para que la sociabilidad no le fatigue, ni le aburra la soledad. A nuestra edad, ya deberíamos tener una suficiente reserva de vida interior madura y acumulada para hacer fecunda nuestra soledad, de donde podemos derivar fuerza, sin olvidarnos de ninguna de las otras fuentes. También la sociabilidad, una de ellas.

Hay un ejemplo bien claro: el de la noche, su amiga, no su enemiga. Salvo muy raras excepciones de noctambulismo o vigilia, para las especies animales y vegetales, la noche es el período de reposo. La oscuridad es una desconexión de lo circunstante. En la tercera edad especialmente. Atahualpa Yupanqui atribuye parte de su fuerza creadora a su aprovechamiento de la noche. Un viejo con una buena noche será un viejo salvado de día... Vea usted cuántos elementos, además de sueño, sin el cual no se debe ir a la cama: radio, lectura, televisión, trabajo intelectual. Si usted lo tiene, diálogo y amor. Pero no se ponga en trance de las "noches blancas", ni tampoco de las tempestuosas. Imite la naturaleza, y no aguarde para su soledad el éxodo sabatino de quienes huyen de la ciudad, para ir a buscar la soledad en otra parte. Eso es bueno, pero no indispensable. La soledad la podemos encontrar también en nosotros mismos, aun "en ese populoso desierto" de la ciudad. Aprenda a manejar sus noches y verá que usted no necesita ser el peregrino de los fines de semana. Pero aprovéchelos, cuando pueda, sin crearse hábito por ellos y sin hacer de la soledad el único programa.

Soledad y recuerdos

Atención a la soledad. Puede ser su amiga pero también su enemiga. Es una espada de dos filos. Todos hemos sentido –y seguiremos sintiendo– el mordisco de la soledad, cuando, desnudos como el desierto, nos pesa nuestra propia piel. Sólo las serpientes pueden cambiarla. Nos pesa nuestra propia alma. Y el propio corazón y el propio cerebro nos pesan. Hasta el aire nos pesa entonces. Una neblina invisible nos rodea, y sólo los recuerdos rompen el silencio con gritos mudos y ecos estremecedores adentro, adentro en el horno interior apagado. En los ojos hielo, en los labios vinagre y ceniza, en la cintura la chatarra. Los brazos sin a quién tenderse, las manos sin qué apretar, los pies sin caminos, nuestra piel sin contacto, y los recuerdos, cadáveres de cosas, de hechos y de seres, rondando en la soledad, como centinelas en acecho.

Ahí están los recuerdos, "perros famélicos de la memoria", como única compañía, martillando en la soledad. "Recordar es vivir". Indudablemente. Pero también, a veces, morir. Dante los define como "el mayor dolor" cuando son memorias felices en tiempo de desgracia. Francisca de Rimini en el infierno evoca el beso fatídico.

En la tercera edad los recuerdos –sobre todo si usted comete el error de pensar que todo "tiempo pasado fue mejor– pueden crear fijaciones y hasta obsesiones. Todos estamos marcados por el pasado, y sobre todo por nuestro pasado. Pero no se puede vivir del pasado. Eso es acelerar nuestro envejecimiento. No podemos abstraernos de los malos recuerdos, pero sí vigorizar los buenos. Éstos nos ayudan. Pero no nos engañemos: son parte de nuestro patrimonio, pero no todo nuestro patrimonio. Nosotros somos lo que seamos hoy, en el momento que vivimos, y al que tenemos que construir de la mejor manera posible. Su obligación es vivir mejor que ayer, por lo menos en nuestro espíritu, en nuestro cerebro, y preparar el mañana. Siempre tenemos un mañana.

No escaparemos a la crisis de soledad. Pero no deben ser sino crisis. Es decir, situaciones álgidas, pero transitorias. Si las convertimos en permanentes, la tensión nos matará y la nostalgia y la melancolía nos aprisionarán entre murallas de hielo, privándonos del sol de la vida, todavía caliente para nosotros. No se entierre en el ayer, viva hoy. Para nosotros hoy es parte de nuestro mañana. ¡He visto a tantos viejos alegres edificando su hoy y su mañana! No quiera ser un demolido por su ayer. Usted puede. Sí puede. El sol todavía alumbra. ¿Por qué permitir el eclipse? El consejo evangélico es ser como niños. Ellos no tienen, subjetivamente, ni pasado, ni futuro. Y sin embargo, qué intensamente viven su presente. ¿Son por eso acaso irresponsables? No. Viven y les basta la tarea de cada día. Eso también es evangélico. Lo anticristiano es dejarse agobiar por el pasado y angustiarse por el porvenir. Eso no lo hacen ni los niños, ni las aves, ni los lirios del campo, a quienes el Padre Celestial viste con la pompa de Salomón. Si usted tiene fe en ese Padre, crea en él y en usted mismo. Si no, crea en usted mismo. Esta fe no se puede perder a ninguna edad. Pero, a la suya, perderla es anticipar su desmantelamiento. Le derruirán. Todavía le quedan velas, quillas, vientos, mares y travesías.

Venere sus sombras de ayer. Pero no se deje atrapar por ellas. Se convertirá usted también en una sombra.

En los capítulos posteriores –*amigos, enemigos, amigos o enemigos*– encontrará usted algunas otras informaciones sobre soledad y recuerdos.

El infierno

Más allá de toda disquisición teológica sobre el infierno como lugar de castigo eterno, la palabra tiene una acepción de tormento sembradora de espanto. Todos tememos al infierno, al de la eternidad, si creemos en él, y al de la tierra. Este es innegable. Pocas personas escapan a él. De una manera tangente, transitoria o duradera, entraremos al infierno de la tierra, no siempre por castigo divino, sino por juego normal en las leyes de la aventura. Pero sufrir no es nuestra vocación, ni hemos nacido para eso, aunque suframos y sufriremos.

Ignoro sus dogmas teológicos, sus opiniones filosóficas y sus hipótesis sobre el infierno del más allá. Pero para usted como para mí, transitorio o duradero, leve o grave, hay un infierno del más acá, aquí en la tierra. Está en la condición humana. A veces es económico, a veces sentimental, a veces biológico. Dentro de nosotros mismos, como en nuestro exterior, suceden otros infiernos: los cataclismos, las catástrofes, los tornados, las tempestades, las grandes sequías, los prolongados inviernos, ... las guerras, la enfermedad, la penuria, el desencanto, las penas físicas y morales, la traición, la desilusión.

El mundo está bien hecho, pero no tanto para darnos la garantía perpetua de felicidad. A Dios gracias. Qué aburrido sería el mundo con póliza de compañías aseguradoras de felicidad. Un mundo donde, por ser perfectos, ya no tendríamos qué hacer en ese maravilloso oficio de realizarnos.

No piense, pues, evitar ese infierno terrestre. No. Más intenso, o menos, por más o menos tiempo, con más o menos compensaciones, usted pasará por ese infierno, y mientras más grande sea usted, posiblemente más grande su infierno. Recuerde el libro del embajador de Norteamérica Sherril sobre Mussolini, Hitler, Kamal Ataturk y Roosevelt... qué grandes infiernos los de ellos. Los puentes de Ginebra, la derrota del 18, los Dardanelos, la parálisis infantil... los cuatro venían del infierno. Pero recuerde: con la edad muchos potenciales humanos se vigorizan, se adquiere mayor resistencia a ciertas penas, y mayores recursos de compensación. Eso sirve, como el buen Virgilio para Dante, de guía para atravesar el infierno.

Y piense además: no hemos nacido para el sufrimiento perpetuo, ni para el movimiento perpetuo. Sus infiernitos deben ser transitorios, no se enmarañe con ellos. Conozco personas que, a fuerza de amar sus infiernitos, no salen de ellos. No forme en usted el puerto del dolor, ni la bahía del pesar. Eso es abrir infiernos. Y cultive la esperanza y la fe en la naturaleza, en sí mismo... y, ante todo, no fomente el temor, peor a veces que las cosas temidas. Ya decía La Bruyère que si al placer y al dolor se le quitara lo añadido por la imaginación, quedarían ambos reducidos a la mitad. No cultive nunca sus temores en la cama. La cama, el mejor invento para la satisfacción del sueño y la compañía, "laboratorio para el amor y los sueños", como dice David Cooper, fuera de su fin natural, es una tortura porque presenta los problemas y no deja ver las soluciones. No consultar nada con la almohada. La almohada, fuera del sueño y del amor, es la peor consejera, a pesar de que se llame "buena".

¿Cuál ha de ser nuestra actitud ante el infierno terrenal? Aceptarlo como ineludible, sin magnificarlo, ni vivificarlo; enfrentarlo en sus verdaderas proporciones, realísticamente, sin pesimismos ni optimismos, consultarlo, analizarlo, comunicarlo, buscar inmediatamente quien nos ayude, confiando en que la naturaleza tiene problemas pero también soluciones. Todos pasamos por ahí, pero los responsables, a la larga y a la corta, somos nosotros.

Son frecuentes en la ancianidad las posiciones extremas: olvidar el problema o sumergirse obsesivamente en él. Ni tanta la calma hasta el olvido, ni tanta prisa hasta la obsesión. Si el "infierno" es condición humana, tomémoslo humanamente. Y en la terapia humana del infierno terreno está también la de embellecerlo. Aprendamos de Dante Alighieri, el tratadista poético del infierno teológico. La belleza pone una excepcional calidad a los actos de nuestra vida. También podemos embellecer nuestro infiernito, no para disimularlo o disfrazarlo, sino para encontrar los valores positivos del dolor. Desafortunadamente esta terapia excelente lleva a veces a exagerar el concepto literario de la vida, dentro de una cierta morbosa hipérbole. La de "el llanto del pinar".

No se ha de descartar la solución. Ésta existe. Hemos de buscarla. En último caso habrá siempre una: la de no perder el gobierno de nuestras propias situaciones. Según el estoico: "No somos dueños de los acontecimientos, pero sí del efecto que produzcan en nosotros". No llegar al pesimismo negativista de Germán Pardo García: *"Salí a cazar el tigre comarcano / que devoró mi recental liviano / volví con una tímida paloma. / Partí a buscar turpiales por la loma / torné con una víbora en la mano".*

Sueño

"Primer plato en el banquete de la vida" define Shakespeare al sueño. ¡Y qué manjar, Dios mío, reparador del cuerpo y del espíritu! Es el reposo integral como ninguno. Durante él, salvo aquellos músculos que no paran nunca –el corazón, el principal–, se entra en total descanso. El cerebro baja los interruptores y desconectan el resto de toda actividad, dentro de una cierta parálisis llamada "la imagen de la muerte", pero, en realidad, la mejor recuperación de la vida. Ningún elíxir es más revitalizador y ninguno más tranquilizante. El sueño tan amorosamente preparado por la naturaleza para nuestro bienestar. La peor condena no es la de "ganarás el pan con el sudor de tu frente" sino la de Shakespeare al homicida: "No dormirás. Tú has asesinado el sueño" ...Todos los otros reposos aconsejados no hacen sino imitar el sueño: mente en blanco, relajación muscular, disminución del trabajo del corazón..., etc. Todo eso es muy bueno, pero sólo se realiza a perfección durante el sueño, como liberación física y mental. Hay algunas funciones sustituibles. El sueño no tiene sustitutos.

Coloco al sueño en este capítulo "Espíritu y mentalidad", porque, aunque pertenece por igual al cuerpo y al espíritu, como casi todo en la vida humana, las irregularidades del sueño afectan más al espíritu que al cuerpo. El mal sueño, por ejemplo, no es descanso para el espíritu, sino fatiga, aunque los músculos estén en reposo. De la somnolencia, la duermevela y la vigilia puede afirmarse algo parecido. Aunque corporales siempre, sus efectos son prevalentemente anímicos.

Contra lo habitualmente supuesto, el anciano necesita sueño. El ciclo de la vida impone a cada edad, según su actividad, determinado tiempo de sueño. El recién nacido comienza su existencia durmiendo casi todo el tiempo. Luego el ritmo va paulatinamente disminuyendo. Atahualpa Yupanqui, a los 72, duerme sólo cuatro horas, y el resto de la jornada lo realiza trabajando, intercalando la ocupación con el descanso recreativo: el cine, por ejemplo. Pero hay otras experiencias.

El doctor Mosqueira, casi octogenario y trabajador activo como geriatra, duerme doce horas y trae estadísticas muy serias, una de ellas de un muestreo entre viejos activos, ocupados, la mayoría de los cuales dormían más de once horas. Estos son viejos que trabajan. El ocioso duerme poco y mal. Los tratadistas están de acuerdo en que el anciano debe dormir todo cuanto necesite y desee. No hay un promedio rígido de horas. Cada caso debe indicarlo. La idea generalizada de que el provecto ha menester de poco sueño, no está demostrada. Hay que fomentar el sueño. Y el sueño plácido y satisfactorio, como es el natural. El sueño artificial es sólo un recurso, cuando el natural no se logra. Los somníferos, esas pastillas convertidas en vicio perjudicial, sólo sirven en última instancia. No son buenas de por sí, pero hacen menos mal que los insomnios prolongados. Si usted se ha habituado a ellas puede gradualmente ir disminuyéndolas hasta recuperar los mecanismos naturales de su sueño. El sueño es preferencialmente nocturno, aunque la siesta es una buena costumbre, si no impide o recorta el sueño nocturno. El ciclo luz y sombra en las 24 horas de la jornada no es gratuito sino sabio. La naturaleza vegetativa y animal duerme durante la oscuridad. La ausencia de luz la motiva, por un fenómeno físico y químico que es también el suyo. Las plantas no se desvelan, los animales muy poco. Al hombre lo desvelan el cerebro y los sentimientos mal manejados y peor controlados. Los insomnes no duermen porque se oponen al sueño por un vicio volitivo, sensitivo, mental. Los impedimentos son síquicos, casi nunca físicos, si uno no padece enfermedades agudamente dolorosas.

Se debe preparar el sueño desde la mañana, cuando termina la noche, con un despertar plácido, satisfactorio, no atormentado por las imágenes desagradables de su hipotética programación durante el día. No. Haga lo que está haciendo, y no se preocupe de más. Ya llegará la hora. Usted se está despertando. Hágalo sin prisa, sin sobresaltos, aproveche la duermevela de los últimos minutos. Trátelos bien, trátese bien. Tómelos con calma.

Su despertar debe ser de acción de gracias, y no de reproches. La canción casi infantil "bendigamos al Señor que un nuevo día nos concede con amor". Fomente desde ese comienzo las imágenes agradables, quizá las tiene con sólo abrir la ventana. Qué lindo es reencontrarse con el sol, con la luz, con el árbol, con el animal, con el prójimo, con el amor, con la tierra, con la vida. Qué bello volverse a sentir activo... Los abrojos, las pedruscas, las impertinencias, claro, están ahí. Pero afróntelas con valor cuando toca, no anticipe la lucha, luche a su tiempo, no antes. Usted estará así mejor preparado para la lucha. ¿Por qué comenzar disparando contra blancos todavía lejanos? Se le agotarán los cartuchos antes de ponerse a tiro. Se agotará usted también antes de entrar en batalla y estará ya perdiendo sueño para la noche siguiente.

Y empiece su programa sin dejarse desasosegar. Cada desasosiego del día le hace perder sueño. No es usted dueño de todos los hechos, pero sí de algunos, y sí de los efectos interiores por ellos producidos. Gobiérnelos, manéjelos. Le van a disparar ellos contra su sensibilidad, no se ponga de blanco, evite los impactos. Después de medio día la preparación del sueño es más directa: esas bebidas o drogas estimulantes, ese café o té, esas polémicas inútiles y agotadoras, esas lecturas inquietantes, esas visitas incómodas, esos cigarrillos... ese trabajo contradictorio... esa comida tóxica o excesiva... y cuando vaya a la cama, acuéstese solamente porque está cansado y tiene sueño –el relajamiento lo puede hacer en el sofá, en la silla...–. Que la cama sea sólo para dormir, amar y soñar, y allí un libro agradable, o un recreativo programa de radio o televisión, con la mente limpia, lavada de imágenes perturbadoras. Y no consulte con la almohada. La almohada es para dormir, no para consultar... Y acepte el sueño como es, como debe aceptar la vida y la muerte, como debe aceptarse a sí mismo... No lo rechace, déjese invadir por él, sumérjase en él... él vendrá. Abstráigase de sus problemas. No los ventile en la cama. El lecho paraliza las soluciones porque lo paraliza a usted. En él ve los conflictos pero no la salida. La almohada no es la mejor consejera.

Seguramente durante el sueño usted va a tener sueños o pesadillas. Son inevitables. Todos soñamos forzosamente, aunque muchos de esos sueños no los percibimos. Las mismas pesadillas son benéficas. El doctor Mosqueira aconseja no interrumpirlas. Son descargas de restos del consciente o del subconsciente como defensas automáticas para desahogarnos. En ningún caso usted debe preocuparse por los sueños. Disfrute de los plácidos –"niñez en el crepúsculo lagunas de zafir"– y despreocúpese de los desagradables. No intente interpretarlos. El onirismo no es una ciencia todavía. Hay mucho de magia, mito y tabú en esas interpretaciones, desde sutilezas metafísicas, hasta la digestión sobrecargada. Hay personas fuertemente influenciadas por los sueños. Tanto que llegan a confundir con ellos las fronteras de la realidad, sin ninguna línea divisoria. Y a proceder en consecuencia, en su conducta de todos los días. Cuando se llega a esa confusión es la hora del especialista sicólogo, sicoanalista o siquiatra. Usted puede manejar los valores de sus sueños y evitar llegar a la confusión. Pero si llega, está enfermo, hágase tratar.

La resistencia al sueño

El temor de no dormir, la preocupación del desvelo, la aprehensión del insomnio le van creando la resistencia al sueño, hasta convertir el desvelo en hábito. Usted no duerme no por causas físicas, sino sicológicas. Usted ha engañado el sueño hasta el punto de que, si usted no tiene sobre la mesa de noche el frasco de los somníferos se angustiará y el insomnio será mayor. Pero usted puede recuperar su sueño natural. No repentinamente, de un tajo –en la naturaleza nada se hace a saltos– sino mediante una disciplina mental progresiva, a la cual ayuda el trabajo y se opone el ocio. Recuérdelo bien: el sueño comienza en el cerebro. El cerebro ordena ese magnífico apagón llamado sueño, a través de sus instrumentos físicos y síquicos para comandar casi todas las funciones fisiológicas y sicológicas... Ayude a su cerebro a desconectarse, distiéndase, suelte las amarras, zarpe hacia la noche. Estudie cuáles son las causas del insomnio que tiene. Algunos de los motivos generales están indicados aquí. Los personales suyos los ha de descubrir usted mismo, evitándolos gradualmente. Motívese para dormir. Pero no haga de esta motivación una preocupación constante, obsesiva, fija, porque con ella estará estimulando no el sueño, sino el insomnio. Es una estrategia para persuadirse a sí mismo, y no un nuevo íncubo para angustiarse. Atención a la ansiedad por no dormir.

A su edad, el sueño ya no es ese tajo que inmoviliza a los soldados y los hace dormir en las trincheras, a pesar de los estallidos de las granadas. En el viejo el sueño es el producto de un conjunto de factores, cuyo desequilibrio lo ahuyenta. El equilibrio en usted mismo y de usted mismo con su ambiente es su mejor método. No discuta de noche, no se torture con sus problemas en la tarde, no se proporcione desagrados, ni desavenencias, ni lecturas, ni imágenes preocupantes. Cuando se avecine la oscuridad, abstráigase de cuanto lo perturba interna o externamente. Será la mejor preparación para el sueño. Y trabaje y haga ejercicio físico. El viejo ocioso es siempre un viejo desvelado.

La convicción de que se puede mejorar

La salud del alma y del cuerpo necesita la convicción de que se puede mejorar siempre. Hay viejos penetrados de la idea falsa de que su edad es el ocaso en que todo va apagándose sin que se pueda volver a encender. No es verdad. El destino del viejo no es el deterioro creciente. He visto operados de cáncer, de amputación de intestinos, piernas o brazos a los setenta años, que llegaron a los ochenta después de 10 años de vida útil y satisfactoria... En Moscú conocí a un inválido, antiguo coronel de la guerra. Carecía de las dos piernas, de un pulmón, de un riñón y tenía la quijada de plata. A los setenta años sonreía en su silla de ruedas y escribía piezas de teatro.

A cualquier edad podemos renovarnos. La capacidad humana de renovación es sorprendente. Podemos ser "hombres nuevos" no importa cuándo. Por una curiosa coincidencia, las dos filosofías más fuertes de Occidente (Marx era occidental) la cristiana y la marxista, fueron realizadas por el "hombre nuevo" de San Pablo, y por el "hombre nuevo" de Lenin.

Según informaciones de United Press International de abril 22 de 1980, desde Filadelfia el profesor Ralph B. Little, docente de siquiatría en el Colegio

Médico de Pennsylvania, dice que la preocupación del insomnio es el principal agravante del mismo... porque hay una terrible falta de información acerca de los desórdenes para dormir... Es de diferenciar el *insomne* del insomaníaco. El primero duerme poco, pero el segundo se preocupa por eso y cae en la inquietud, a veces en la angustia maniática y por eso duerme menos.

Little afirma: "Insomnio no es realmente cuando no puedes dormir, sino cómo te afecta. Es cuando la gente se siente cansada e inquieta al día siguiente lo que hace la condición llamada insomnio". Y continúa explicando cómo no hay un tiempo determinado de sueño fijo. Cada persona tiene un "reloj individual" que establece un patrón de sueño, variable con los "cambios". Las drogas para dormir sólo deben recetarse de acuerdo al tratamiento médico, el caso del paciente y a la naturaleza del sueño... Los insomaníacos sienten que la única manera de mejorar el sueño es aumentando la cantidad de horas de sueño... Pero esto no es todo; los insomaníacos pueden dormir mucho, pero tienen horas difíciles tratando de conseguir el correcto tipo de sueño. Como todos los tratadistas, Little aconseja "preparar el sueño" con por lo menos 6 horas de anticipación, evitando bebidas y perturbaciones contraindicadas, incluso la siesta, y no usar la cama sino para el sueño o para el amor y combatir la *preocupación* para no dejarse abrumar.

Fabulación y sueños

Una de las tendencias peligrosas en la vejez es la fabulación. Transponer la realidad a la ficción, adornarla, embellecerla o afearla, inventarla o desmentirla, deformándola, creándola o recreándola al antojo, haciendo una historia, cuento o fábula de algo inexistente ahora, aunque alguno de sus elementos existieran alguna vez. Frecuentemente esto es producto de elaboraciones subconscientes, de antiguas frustraciones, rezagos insatisfechos de episodios, ambiciones o anhelos no cumplidos o interesados propósitos del presente. O simplemente para manifestar algo, decir algo, vengarse de algo, expresar un deseo, un anhelo, una intención. Toma entonces sentido de estrategia utilitarista. A veces es simplemente una forma de mentir o de confesar.

El niño por naturaleza, al no conocer la realidad, la inventa y su pensamiento mágico hace de su invención una realidad: convierte a su pajarita de papel en un avión de combate. El joven, más consciente de su presente, pero ignorante de su futuro, fabula sobre su porvenir. El hombre maduro, prisionero en su actualidad de obligaciones, derechos y deberes, fabula menos pero también, a veces para sí mismo, como escape, se hace su propia literatura de ficción. En esas edades la fabulación es menos importante, porque daña menos, y, en algunos casos, conviene. No hablo naturalmente de la fabulación dolosa, mal intencionada, con ánimo de engaño o utilitarismo. Las invenciones para disfrazar la verdad o darla deformada en mensaje egoísta.

En la vejez la fabulación es de más cuidado. El viejo raramente fabula sobre el futuro, frecuentemente sobre el pasado, y sobre el presente, aunque a sus fabulaciones pretenda darles significados equívocos en tiempo y espacio. De distinguir la fabulación normal, como recurso y aun alivio de toda edad, de la fabulación patológica, efecto de la confusión mental o de intenciones y propósitos no claros, y, a veces, inconfesables de otra manera.

Hay poca distancia de la fabulación a los sueños o a las pesadillas. Hemos de ser benévolos con las fabulaciones de los demás, a veces derecho legítimo a la autodefensa, aunque pueden serlo también a la autocondenación. Especialmente merecen atención las fabulaciones del viejo, no siempre tan inocentes como las de los cuentos del abuelo para fascinar a los nietos. Es interesante saber interpretarlas y ayudar al viejo en ellas, aun cuando sean agresivas.

Para usted las fabulaciones pueden ser amigas o enemigas, según sus resultados. El echar a volar la imaginación no le hace mal a nadie y a usted le ayuda, déjela encumbrarse, pero a la manera de las cometas, con el hilo para gobernarlas en su mano, y no de las balas perdidas, incontrolables. Reflexione sobre ellas. Si le hacen mal a usted o a los demás examínelas y hágase ayudar por los demás, amigos, sicólogos, siquiatras, el sacerdote, pastor o representante de su religión. En ningún caso se deje embarcar por la fabulación ni atrapar en su encrucijada. Ante todo, sea consciente de ellas. Su conciencia está en usted, válida como a cualquier edad, y en ésta más por los mayores elementos de juicio a su disposición para distinguir la fabulación de la realidad. Los sueños pueden ser otro elemento amigo o enemigo de usted. Soñamos todos, a cualquier edad, a veces sin darnos cuenta de ello. Mucho se ha dicho y escrito sobre los sueños, y últimamente desde Freud, en forma más seria y analítica. El onirismo es algo mágico para muchos. ¿Qué son los sueños? No se está de acuerdo. Pero me satisfacen algunas explicaciones: residuos de actividad mental, afloraciones del subconsciente, continuación de una acción interrumpida, proseguimiento de un proceso cerebral iniciado y no concluido, satisfacción de deseos reprimidos, indemnización de frustraciones, válvulas de escape a situaciones explosivas, afloración asociante de recuerdos iluminados por el relámpago de alguna ocasión o afinidad de hechos e ideas.

Los doctores Bellack y Mosqueira están de acuerdo en que los sueños son útiles, y aun las pesadillas. Ni unos ni otras deben interrumpirse, porque se corta su efecto de descarga y alivio y, de ordinario, se continúan después... No se torture usted por sus sueños, goce de los plácidos y no se inquiete por los contradictorios. Salvo el caso de los sueños bíblicos –y la *Biblia* se cerró con el Nuevo Testamento, concretamente con el Apocalipsis hace 19 siglos– los sueños no son augurios, ni profecías, son más bien una fabulación, a su manera, mientras dormimos y con elementos muy heterogéneos, de nuestra propia vida mental, sentimental y ocasional, en forma muy individual, sugerida por el subconsciente u otras causas. No se esfuerce en interpretarlos por usted mismo o por otros. No hay una ciencia para interpretar los sueños, aunque en consideración del sicoanalista o del sicólogo, pueden ser indicios útiles para conocer mejor la situación de usted. No se deje confundir por esa línea imprecisa entre la realidad y el sueño. Si usted confunde esta frontera entre los dos, alármese y consulte a un especialista. Deslinde bien los mojones entre uno u otro.

Examine bien cómo vive, qué come, qué toma, qué drogas ingiere. Los tranquilizantes, sin receta médica y en exceso, pueden causar peligrosas confusiones en los linderos entre lo real y lo irreal y aun distorsión en la proporción y medida de las cosas. Una vez encontré a un amigo a la orilla de la carretera, con cara de espanto. Frené para preguntarle. Me respondió: "No sé qué sucede. Los camiones y automóviles que pasan son todos tan pequeños como los de juguete de mi hijo menor". Mi amigo abusaba del "valium" desde hacía mucho tiempo.

Pero si su fabulación es agradable a usted e inofensiva a los demás, fabule. En vez de confundirse en el laberinto del pasado, fabúlelo. Haga de él un filme donde usted es guionista, personaje, director, productor, cámara, camarógrafo, proyector, pantalla y espectador. Véalo sin amargura, complacido, para gozar de lo bueno y corregir lo erróneo. Pero acuérdese, ese filme no ha terminado. Usted lo está viviendo, cada día suyo es un episodio más, una nueva secuencia. Y el desenlace no se produce todavía. Como cineasta de sí mismo, prepárese un buen desenlace. Embellecer el pasado es útil para mejorar el presente y prepararse al futuro, pero sin anclarse en el ayer. Todavía hay viento para su velamen.

Las voces íntimas

Hay un fenómeno experimentado frecuentemente por algunas personas y registrado ya en varios libros, películas, piezas de teatro: *las voces íntimas*. Con frecuencia se imputan a causas extranaturales, preternaturales o sobrenaturales. No lo niego cuando es el caso de las *voces íntimas* de San Bernardo de Claraval para lanzarlo a las cruzadas o de Bernardita Soubirou para difundir el culto mariano, si ellas pertenecen al terreno teológico de la comunicación directa de Dios con su creatura. Tales como se presumen en las de Juana de Arco para ordenarle la liberación de Francia. Me refiero aquí a *voces íntimas* en una forma o en otras sentidas, sin palabras, por todos nosotros en alguna o algunas ocasiones de nuestra vida, provenientes de nuestro subconsciente, de la fuerza de nuestros sentimientos, ideas o reflexiones preferidas, de nuestra conciencia concentrada, o de otras causas por mí no esclarecidas. Unas veces son consejos de nosotros mismos para nosotros mismos, otras, impulsos, advertencias, informaciones. Probablemente su frecuencia varía según nuestra capacidad de percepción, de recepción, de meditación y aun de comunicación y emisión. Pero, provengan de donde provinieren, todos hemos sentido en algún momento esos "flash", esos relámpagos para iluminar nuestro interior.

Unas *voces íntimas* son claras y otras confusas. No siempre podemos delimitarlas y filtrarlas, ni siquiera saber cómo, ni cuándo vinieron. El riesgo está en confundirlas con la fabulación y el sueño. Sin embargo son respetables y a veces necesarias de oír y acatar. ¿Quién le dijo a aquel pasajero de perder el avión estrellado una hora después?... ¿Quién a aquel invitado no ir a la fiesta de la catástrofe?... ¿Quién a aquel mensajero cambiar la ruta habitual cuando en la normal había disparos?... y así tantos y tantos casos.

El viejo es más propenso a las *voces íntimas*. Se explica porque él tiene más tiempo para la soledad, la reflexión, la contemplación, para oírse a sí mismo, más experiencia acumulada, más subconciencia enriquecida, más sensibilidad y reacción en determinadas ocasiones y fenómenos. Todo aquello para explicar por qué el viento y las olas son favorables al viejo capitán. Pero también el viejo está más inclinado a confundir sus *voces íntimas* y a crearse problemas con ellas, cuando debería ser lo contrario, es decir, estar mejor capacitado para distinguirlas, ubicarlas, seguirlas o no y no dejarlas en un trasfondo de ocultismo y arcano, cuando no de misterio. Lo importante es evitar la fijación, la obsesión o la tortura. En una palabra, no engañarse ni dejarse engañar, ni creer en Juan, joven heredero, metido a medianoche bajo la cama del abuelo para susurrar: "Juan merece tu herencia"... Cuidado... a veces las voces íntimas son una mera aprehensión, un espejismo. Conozco un amigo que cada primero de enero, desde hace 10 años, oye voces íntimas para advertirle cómo en el nuevo año se cerrará el ciclo de su vida... Sigue viviendo.

El falso misticismo, al cual también el viejo es proclive, suele ser otra fuente de confusión, al creer recibir órdenes directas de Dios, durante la oración o la comunión. La revelación directa de Dios es un milagro que nuestra mente modesta y pequeña no puede pretender. Dios obra a través de las leyes naturales de su creación. Las voces íntimas existen pero no las mitifique, ni las mistifique. Examine bien sus aprehensiones, sus presentimientos y no crea que todo fantasma que cruza su mente es un dogma, ni haga de sus entelequias cerebrales una norma de comportamiento. Pero aproveche sus voces íntimas, si es capaz de discernirlas bien. Yo me he arrepentido más de una vez de no haberlas escuchado, y también me ha alegrado haberlas seguido, a veces. La última, el mundialmente conocido caso de la toma de la Embajada de la República Dominicana en Bogotá, en su fiesta nacional, el 27 de febrero de 1980, que mantuvo a más de 30 rehenes entre la vida y la muerte durante 61 días. Tenía yo tres razones poderosas para asistir, y ninguna para no hacerlo. Algo muy hondo, sin explicación razonable, me persuadió de no ir. Indudablemente, hay desdoblamientos íntimos desde donde alguien o algo nos habla sin palabras. Pero no confunda el fenómeno con las voces de la soledad, como el de aquel que repetía: "Cómo dolía mi lámpara encendida en medio de la noche –Cómo...– ¡y cómo la propia soledad ante la vida!".

CAPÍTULO VIII

Todo usted

Su cuerpo y su espíritu, integrados indivisiblemente en usted, son todo usted. Usted no es ni su espíritu solo, ni su cuerpo solo, como el agua, fusión de oxígeno e hidrógeno, no es ni oxígeno, ni hidrógeno, ni éstos son agua.

En la tercera edad hay la tendencia equivocada de sectorizarse, parcelarse. La vivisección, la amputación en vivo, comienza con la separación de cuerpo y alma, como si fueran dos principios distintos, en dos naturalezas diferentes: la corporal y la espiritual. El cuerpo mala envoltura del alma, y el alma prisionera en ese envase corporal. Esa teoría, hoy insostenible pero muy divulgada, no corresponde a la realidad de la persona humana, naturaleza individualizada, compuesta por cuerpo y espíritu, en fusión tal que forma una sola individual sustancia racional en un solo principio de ser y de operar, en la cual nadie puede decir dónde comienza el cuerpo y dónde termina el espíritu. La conciencia humana es simultáneamente conciencia corpórea y espiritual.

Esa unidad es usted, su propia persona, su yo. Usted. Su identificación. Cuando el cuerpo se duele o se regocija se está doliendo o regocijando todo usted y, cuando el alma se duele o se regocija se está doliendo o regocijando todo usted. Juan Ramón Jiménez decía: "Cuando me pincho la yema de un dedo con un alfiler, me estoy doliendo todo yo".

Y esa naturaleza humana, en el todo sicosomático, es absolutamente unitaria, como principio de existencia, pensamiento, sentimiento, acción y responsabilidad. En nosotros no va por un lado el hombre profesional, y por otro el hombre religioso, el hombre político, el hombre familiar. En todos esos aspectos siempre seremos todo el yo que somos. El acto humano es el producto de todo el yo, sea el que fuere ese yo, porque él *es* el principio indivisible de su operar.

La vejez se inclina a sublimar el espíritu y deprimir el cuerpo, o viceversa. Está en las costumbres y hábitos sociales y en el mismo sentir del viejo –mala interpretación evangélica– el predicar la presteza en el espíritu y pesantez en la carne. Chateaubriand, Lamartine, Víctor Hugo se quejan de que su cuerpo ya no obedece a su espíritu, aunque produjeron sus mejores obras en la vejez, como suele acontecer a los creadores artísticos en las artes plásticas y en la literatura. Usted es todo usted –nuestra naturaleza es modelo de equilibrio completo, si nosotros no lo rompemos–. La armonía ha sido siempre ideal de toda cultura. No la mutile usted, porque se desequilibra y usted vive la edad más exigente de equilibrio. Cuando lo somático y lo síquico comienzan a polemizar se entabla una lucha cuyo combatiente es usted, y, vencedor o vencido, usted mismo es la víctima. Es una lucha dentro de usted mismo. El luchador es usted mismo contra usted mismo. No divorcie el cuerpo del alma, porque se está divorciando usted de usted mismo y está entrando en una crisis de identidad. Es tal esta apetencia de integración sicosomática que el cristianismo enseña la resurrección en cuerpo y alma "y en mi propia carne, yo mismo no otro veré a Dios mi Salvador" es el grito de esperanza de la liturgia de difuntos.

Ya los siquiatras y los sicólogos no se divorcian del fisiólogo, ni del cirujano y están de acuerdo con el poeta Juan Ramón Jiménez: el dolor de un alfilerazo es todo suyo. Cuando lo somático se exalta o se deprime lo síquico también. Y al contrario. Desgraciadamente la ignorancia, los defectos de educación, la tiranía de nuestros tabúes, hacen que en el viejo la mayoría de las deficiencias y enfermedades –aun ciertas úlceras gástricas– sean de origen síquico y se ha comprobado que ocho de diez causas de impotencia o perturbaciones sexuales en el viejo son síquicas. El acto sexual es por excelencia la prueba de la indivisibilidad entre el cuerpo y el espíritu. Es el producto de su cuerpo y de su alma: todo su cuerpo y toda su alma están allí, desde la esperma tangible hasta los más elevados sentimientos y sensaciones, si hay amor. Es un ejemplo para demostrar cómo usted es todo usted.

Cuide su integración. No deje atrofiar ni su cuerpo ni su alma. En uno u otro caso será usted un mutilado. Y recuerde usted: ahora es más vulnerable física y espiritualmente, si se descuida, pero puede ser, como persona, más fuerte, si lo quiere, si no se vivisecciona, si no se desintegra.

Su salud, lógicamente, también es indivisible. Poco le servirá cuidar mucho su cuerpo y descuidar el espíritu, o al revés. Roto el equilibrio, se rompe también la salud. Todo desequilibrio es patológico. La antigua meta sigue vigente "mente sana en cuerpo sano". La naturaleza *es* la gran demostración de unidad indivisible: cuando se da en alguno de sus actos, se da toda entera, como la especie en la procreación. A otras escalas es lo mismo. Observe, por ejemplo, el elemental acto de caminar. En él influyen todos sus sentidos: vista, tacto, oído, músculos motores, bajo el comando del cerebro, central de operaciones. Sí. Usted es todo usted en cada uno de sus actos, por insignificantes que parezcan. No se deje desintegrar. Hay muchos interesados en eso. Resista usted. Usted, aun viejo, es todo el hombre. Y, como tal, puede. Y podrá más cuanto más se integre a la naturaleza, a la especie, a la humanidad, porque entonces será más todo usted, más hombre.

La naturaleza

Es la gran aliada de la vejez, aunque la ciencia y la técnica son sus sostenes. La naturaleza misma del hombre cuyas excelencias culminan en la tercera edad, aquilatadas y acrisoladas, y la naturaleza del resto de la creación animada e inanimada: el animal, la tierra, el agua, el fuego, el viento, nuestro planeta y el cosmos. En realidad, no es que haya dos naturalezas: la nuestra de persona racional y la de los otros seres, cosas u objetos. Nosotros los hombres, dotados de razón y por eso reyes de la naturaleza, pertenecemos a ella, estamos integrados con ella. Somos naturaleza. Históricamente se registra el litigio "hombre-naturaleza", un binomio que debe ser integrador y no disociante. En su lucha por la vida, por existir, desarrollarse y subsistir, el hombre, con sus ya dos millones de años a cuestas, ha tenido que luchar con las grandes fuerzas de la naturaleza que, sin el poder de la mente humana, lo habrían aniquilado, como han aniquilado a otras especies. Pero tanto la especie humana triunfante, como las otras especies, son a la larga la misma naturaleza, zonificada, sectorizada en géneros y diferencias específicas. Hay cierta participación en la creación mineral, vegetal, animal y racional. Se la ha llamado: "la madre naturaleza".

El dilema para el hombre ha sido dominar la naturaleza, o ser dominado por ella. Frente a esa disyuntiva hay una tercera posición más perjudicial que la de vencer o ser vencido: el divorcio del hombre y la naturaleza. Ese divorcio en cualquier edad, pero sobre todo en la tercera, es fatal, porque establece tensiones y conflictos y vacíos interiores... No se trata de rechazar la ciencia, la técnica, el artificio, tan útiles y colaboradores, sino de no contradecir el orden natural, siempre prioritario. No rechazamos el calor de las lámparas ultravioletas, pero reconocemos mejor el del sol.

Las excelencias de la ciencia, la técnica y el artificio en buena hora son una conquista. Bien está la bicicleta estática como ejercicio, pero cuando no podemos caminar. Mientras podamos, caminemos. Nada es mejor. Y, además, el aspecto sicológico. Sólo la naturaleza nos da armónicamente nuestro equilibrio emocional. El profesor Antonio Martínez Zulaica, de la Universidad Pedagógica y Tecnológica de Tunja –en *Pensamiento y Acción* (No. 1 de abril de 1978)– dice: "El paisaje no es más que la epidermis de la naturaleza, lo que para nosotros es inmediatamente visible, en general perceptible para nuestros sentidos"... "No es que estemos circundados de paisaje... somos paisaje". Cuando el hombre se funde con la naturaleza alcanza su máxima realización. Y en la vejez usted debe continuar realizándose.

El amor a lo natural está ínsito, innato en nosotros, pero, si no lo cultivamos, se pierde, y con él perdemos una gran fuente de recursos para nuestra edad: la naturaleza, a toda hora y a todo momento, y, casi siempre, sin costo económico, y al alcance de nuestra mano. Si no lo ha hecho, haga el experimento, vaya al campo, o, por lo menos al parque, sistemáticamente. Es triste la comparación entre el primer mundo donde los parques están llenos de ancianos y niños, con el tercer mundo, donde la mayoría de sus viandantes son jóvenes.

El tema es grave en este momento, cuando buena parte de los recursos ecológicos están ya contaminados por la polución industrial. Es decir, nosotros estamos contaminándonos. Estamos perdiendo el derecho a respirar, estamos deteriorándonos como los árboles y las piedras ante el veneno industrial no contrarrestado. Si no se cuida, cada día usted será menos todo usted.

No hay sino tres posiciones del hombre frente a la naturaleza: la de dominado, la de dominador y la de partícipe. Hasta la aparición de la ciencia y las técnicas modernas el hombre fue un dominado por la naturaleza: por sus distancias, por sus intemperies, por sus ciclos y estaciones, por su geografía, por sus elementos y por sus leyes. Al no poder entenderlas ni gobernarlas, y para librarse de ellas, el hombre acudió a mitos y tabúes. La ciencia ha encauzado esas leyes en su provecho, explota su energía y la convierte en su aliada, y hasta extrae sus sustancias y las multiplica sintéticamente. La química y la física y la mecánica han modificado la posición del hombre frente a la naturaleza.

Sin embargo el término de "dominado" y "dominador", aplicados al hombre, no son aquí rigurosamente exactos. En algún sentido la física, la química y la mecánica y sus especialistas también son naturales, puesto que trabajan con materiales de ella, que después de cada cataclismo destructor vuelve a quedar reducida a sus materias primas: hielo, metales, calor, frío, agua, aire, viento, tierra. Los sabios, los técnicos descubridores y manipuladores de la naturaleza, pertenecen a ella también.

Para un anciano el papel de dominador o dominado frente a la naturaleza es de desasosiego. La sola posición es la de "partícipe" que restablece el equilibrio entre el hombre y su contorno, y, en vez de conflicto, proporciona la armonía tan urgente para la tercera y la cuarta edad. Somos "naturaleza". Nuestro cuerpo está compuesto de sus sustancias –minerales, vegetales y animales– y nuestro espíritu participa del gran espíritu de Dios, su creador, que, antes, como dice el libro sagrado "flotaba sobre las aguas".

El sabernos "partícipes" de la naturaleza nos da sentido de seguridad, de estabilidad, de continuidad, de comunidad, tan necesario al anciano, y nos hace disfrutar de la belleza natural, prototipo de las demás, estimulando en nosotros el sentido estético y la capacidad de su contemplación. Y esto no le cuesta dinero. No se trata aquí de la escuela "naturista" o naturalista, con desprecio de la técnica, la ciencia y la cultura. Ciencia, técnica y arte son también naturales, aunque sean conquistas de la mente humana agregadas a la naturaleza pura. Es "lo cultural" que la perfecciona, pero no la destruye.

No se ponga, pues, en estos conflictos, aproveche todas las conquistas humanas, pero sumérjase en la naturaleza, ámela, contémplela, mejórela cuando pueda. Usted también es ella, en su cumbre más positiva. Y por ella no tiene que ir ni a la farmacia, ni al consultorio, ni al gimnasio, ni al almacén. Ahí está a su derredor, lo circunda como el espacio, lo mide como el tiempo. ¿Podría usted vivir sin tiempo y sin espacio?

La naturaleza no es sólo el conjunto cósmico, con sus distancias siderales, sus volúmenes inconmensurables, y sus pesos imponderables. Es también ese paisaje desde su ventana, ese canario en la jaula, ese gato en el sofá, esa flor en su mesa, ese prójimo suyo que le sale al encuentro, esa fruta al alcance de su mano. También esa gota de rocío donde cabe el arco iris para sus ojos, en la hoja de un geranio. Contémplela. Usted se sentirá mejor, porque usted también es ella.

Participar no sólo en ella, sino de ella, en forma consciente y activa, y por extensión en nuestra vida general de relación, es buena terapia para el viejo con tendencia a ser cada día más pasivo, con perjuicio para su edad. No nos contentemos con ser espectadores, seamos también actores. Esto nos sacará del aislamiento, mantendrá activa nuestra vitalidad, nos dará conciencia de utilidad, no permitirá nuestro arrinconamiento, afirmará nuestra personalidad, porque aun estamos ahí. Y somos.

Así como se habla de la democracia de participación debe hablarse de la "vejez de participación". Mientras tengamos intereses con *la vida y para la vida*, estaremos ahí viviendo. Mientras vivamos, siempre habrá un objetivo, el de la vida misma: vivirla y realizarnos en ella.

Continuidad en la especie

El solo concepto existencial de la vida, entre nacimiento y muerte, erradicado el pasado y suprimido el futuro, produce la angustia existencialista. Si, cumplido el ciclo de existir, no tenemos nada para mirar hacia atrás, ni hacia adelante, la losa del sepulcro nos cancela para siempre y el sentimiento de aniquilación y el sentido de la nada nos anulan definitivamente. Ese vacío de espacio y de tiempo, de inexistencia, es la nada, cuyo anticipo es tan desolador en algunos ancianos, si no se la mira como Cicerón quien se consolaba argumentando: si la muerte es el final absoluto no es de temerla porque después de ella, seremos nada, y, si el alma es inmortal, tampoco debe haber temor, porque seguiremos viviendo una vida mejor.

Independientemente de la filosofía y de la teología de usted sobre el más allá, hay una consideración contra la preocupación de la nada: la *continuidad en la especie*. Ese todo usted pertenece a una especie –la humana– que fue antes de nosotros y seguirá siendo después. Nosotros somos parte de esa especie, pero también somos toda esa especie porque la recibimos toda entera al ser engendrados, y la transmitimos toda entera al engendrar. Somos un eslabón de la cadena no interrumpida, porque en ella nosotros reemplazamos a nuestros padres y nuestros hijos nos sustituirán a nosotros. Esa concatenación tiene ya siglos y milenios.

¿Ha pensado usted en los valores de esta especie, la única que comienza en las cavernas y va ya en la Luna y otros astros? Siéntase contento y ufano de pertenecer a ella, de haber vivido en ella, porque usted continuará siendo ella. De ahí la importancia de ser actor y partícipe en ella, y no sólo espectador. Participe en la humanidad para no dejar caer el telón ante sus ojos.

La solidaridad en la especie –letificante convicción de sentirnos con la humanidad, en la humanidad, por la humanidad y para la humanidad– es una confortadora defensa contra la sensación de aniquilamiento en la muerte. Un viejo es alguien en quien la humanidad florece. Nosotros somos también la humanidad y estamos engranados en los cuatro mil millones de eslabones que la forman hoy.

Muchos están como usted

Un amigo de 70 años, en pleno poder de sus facultades físicas y mentales, adolecía de soledad. No estaba aislado físicamente pues vivía con familiares y gestionaba aun sus prósperos negocios, pero sí mentalmente: se alejaba de la gente, se aburría de la gente, desechaba los nuevos contactos y por ser viudo desde hacía años, se quejaba de una soledad calificada por él de "terrible", porque a pesar de su necesidad de amor, evitaba buscar a quien pudiera proporcionárselo. Le aconsejé una agencia de contactos o relaciones de amistad, de amor o matrimonio estable. Se rió casi indignado y calificó tal sistema de simple explotación, casi como si fuera una casa de citas. Le dije cómo de todo había en el mundo, pero también excepciones serias como la aconsejada. Ante su desdén olvidé el asunto. Pocos meses después me convidaba a su matrimonio. Había comenzado a ser todo él.

Se había inscrito por mera curiosidad, pero a través de correspondencia, entrevistas, telefonazos y encuentros primero, fue sorprendido de la enorme cantidad de casos semejantes al suyo, en la mayoría de los cuales no encontró la hipótesis de frivolidad por él supuesta, sino gentes como él o, por lo menos, sus mismas conclusiones. Al principio no surgieron intereses amorosos, pero sí de amistad con personas de su ciudad, de su país y de otros países que a través de sus comunicaciones manifestaban situaciones similares. Por fin fue seleccionando contactos, hasta encontrar alguien con quien surgió el amor mutuo.

El hecho de estar aislado no significa estar solo. La soledad es ante todo circunstancia espiritual. El conocer casos y personas en la misma condición espiritual empieza ya a romper la soledad y puede subsanarse en la forma menos esperada... ¡Tantos están como usted!...

Aleccionadora la ya citada sociedad de personas de baja estatura física en Estados Unidos. No se conocen casi nunca pero, a través de cartas y boletines, se comunican sus experiencias y el sólo saber cómo no son los únicos diminutos en el mundo los alienta espiritualmente y con frecuencia los cura de su complejo.

Las agencias de contactos humanos, en busca de pareja para posibles relaciones de amor y de amistad, ordinariamente parten de la base de compatibilidad de caracteres para la convivencia, deducida de los datos personales y de los tests sicológicos realizados directamente en los candidatos. La actitud ante estos tests suelen ser de indiferencia para los jóvenes y de aprehensión para los provectos. Sin embargo estos tests, como los promedios estadísticos, constituyen un indicio, pero no son un dogma. Frente a su rigidez encasillada, se levanta la portentosa riqueza de la persona humana, su casi infinita gama anímica y sus insospechadas reservas de potencialidades positivas y negativas. No obstante, una estadística norteamericana concluye que el 30% de las uniones provocadas por las agencias de relaciones terminan en uniones estables, con un buen porcentaje de éxito.

Sin embargo, la confiabilidad de todo esto sigue siendo relativa como lo es también la de los tests de partida. Cuando comenzó la moda del test, hace casi un siglo, un pastor protestante, preocupado por definir la vocación de un niño difícil, lo encerró en su biblioteca con una *Biblia*, una manzana y una bolsa de dinero, y empezó a observarlo por la rendija de la puerta, pensando que, si tomaba el dinero, sería comerciante; si leía la *Biblia*, sería pastor; glotón si se comía la manzana. El niño guardó el dinero en su bolsillo, comió la manzana y leyó la *Biblia*. El niño también era todo él.

Planta, animal y hombre

En la tendencia de considerar al viejo en los extremos, sublimado como un ángel, o degradado "como un perro con la cabeza llena de moscas", es útil que usted se considere como es, como un hombre en el cual la vida vegetal, la animal y la racional se integran en el "todo usted", que usted es.

Somos planta, nos nutrimos de plantas. A nuestra manera, como la clorofila y el sol en el reino vegetal, hacemos también nuestra fotosíntesis. Hasta se ha dicho del hombre "árbol que anda" "caña que piensa". En el símil evangélico se lee: "qué salisteis a ver en el desierto, una caña batida por el viento?". La figura, aunque simbólica, no es vana. Como no lo es la medicina naturista que se realiza con el empleo de hierbas como fármaco y terapia. Fue método de curación primitiva, y lo sigue siendo en algunas zonas, aun del primer mundo, donde las "aguas de hierba" siguen empleándose como digestivas y somníferas, y donde los laboratorios utilizan muchas materias primas provenientes de plantas, y la dieta de frutas es aconsejada para todo, especialmente para niños y ancianos.

La escuela naturista, importante para el viejo, utiliza las plantas de mar y de la tierra, como tratamiento predilecto, especialmente aceptado en el campo y por algunos habitantes de la ciudad, donde el vegetarianismo cobra significación día a día, incluso en restaurantes exclusivos.

¿Cómo negar el componente vegetal en nosotros, si está incorporado a nuestro mismo ser? Nuestra afinidad es tal que el abono animal –excrementos o descomposición de cadáveres–, es uno de los nutrientes favoritos de las plantas y sus frutos, como ellos lo son de nosotros.

Nuestro parentesco animal es aun mayor. Dejamos a la aceptación o no de cada lector la posibilidad de nuestro origen animal (Darwin), el antropopiteco como nuestro antepasado. Participamos en gran escala de la anatomía y la fisiología del animal, y de él nos alimentamos en casi toda la gama de las proteínas. Los estudiosos de la evolución no cesan de encontrar afinidades y hasta algunos jinetes hablan, para explicar la comunicación con su caballo, del parecido de las últimas vértebras de la columna vertebral humana con las de la columna vertebral equina. La medicina humana debe mucho de sus progresos a la experimentación en animales.

Prescindiendo de hipótesis, hemos sido definidos "animales racionales", porque la razón es nuestra especificación de diferencia. Ese todo integrado de planta, animal y hombre, que somos nosotros, es muy de tener en cuenta en todo usted, a cualquier edad, pero especialmente en la tercera, cuando el tratamiento planta-animal-hombre es de especial cuidado para el viejo en su totalidad, sin magnificarnos como Luzbel, pero sin menospreciar el componente de especies inferiores que están en nosotros.

Hay una tendencia acentuada en la vejez a un cierto puritanismo de la especie según la cual el hombre debería anquilosar y fosilizar su cuerpo para curar su espíritu, como si la edad fuera lentamente una liberación de la especie. Como todos los puritanismos, este es un error grave para el viejo. Durante la tercera edad, como en las anteriores, el hombre es una integración mineral, vegetal y animal fundidas en su única naturaleza racional. Y pueden agregarse en esa integración dos elementos más: el astral, pues sabido es la influencia de los astros en nosotros –aunque exagerada y perturbada hasta el lunatismo– y el cósmico, pues, en cierta manera, también pertenecemos al cosmos no solamente como exploradores del mismo, sino como partícipes.

El verso del poema inmortal, conocido ya en medio mundo, tiene razón: *Todo está conectado, / no se puede deshojar una flor / sin perturbar una estrella.*

Parte II

Intereses

Preliminares

Los intereses

¿La vida es un problema? Sí. Pero es el único tiempo que tenemos para resolver ese problema. Ahí radica el interés de vivir. La peor actitud frente a los problemas es pretender ignorarlos, o ser indiferente ante ellos, a preocuparse por ellos excesivamente sin ocuparse. La posición lógica es buscar solución a los solubles y no dejarse matar por los insolubles. Todos tenemos problemas solubles o insolubles, y se han de comunicarlos a quienes, por razones profesionales, amigables o familiares, deben conocerlos, y a los partícipes del problema o aquellos cuyos intereses, de cualquier orden, están involucrados en nuestra problemática. En la problemática, comunicarse es ya comenzar la solución. Nadie, encerrado solo con sus problemas, puede soportarlos. Ese diálogo sobre nuestros problemas es necesario.

La vejez, como cada edad, acarrea sus propios intereses y sus correspondientes problemas. Debemos conocerlos y aceptarlos dándoles a cada uno su lugar, sin disminuirlos ni aumentarlos, y, menos, desconocerlos. Frente a ellos la actitud del avestruz –esconder la cabeza– sigue siendo el símbolo de la estupidez.

El primer lugar, es el de los intereses trascendentes especialmente penetrantes en la tercera edad, porque se tiene más tiempo para pensar y porque se piensa mejor. Los problemas trascendentales del hombre en realidad son los intereses básicos de éste: la religión, la política, el amor y la muerte. El viejo necesita, más que nunca, intereses para dar razón y sentido a su vida. Son éstos los mejores lazos para mantenerlo vivo. Cuando se pierden los intereses, la vida pierde su contenido. Vivir sin metas es flotar en el aire "como las leves briznas al viento y al azar". La religión nos vincula a Dios, si usted tiene un dios. Difícilmente se puede carecer de uno. Si usted es cristiano o miembro de algún credo sobre la inmortalidad del alma, tan afirmada en Occidente desde Platón en Grecia y Cicerón en Roma, y tan luminosamente afianzada por Cristo, el saberse inmortal –si la profesa de veras– lo tranquilizará sobre las contingencias del tiempo y lo confortará con la esperanza. Por medio de la religión usted se realizará ante Dios. Su política lo vinculará con la comunidad como compromiso en su destino de asociado, le impedirá el aislamiento ciudadano y le suministrará materia prima fácil y frecuente para el diálogo con sus conciudadanos. Con la política usted se realizará ante la sociedad y su pueblo. El amor, sal de la vida, calentará su corazón, abrigará sus ilusiones, esas lámparas tan necesarias para iluminar nuestro camino y le hará cumplir su compromiso con la especie. Sus conocimientos e ideas sobre la muerte –tecnología– le ayudarán a fijarla dentro de su realidad, menos espantable que su fantasma.

Sin las tres grandes vinculaciones –religión, política y amor– usted se encontrará huérfano de motivaciones superiores para vivir. Aun suponiendo otros intereses secundarios, sin aquellos esenciales, éstos serán siempre accidentes y contingencias relativas y aun transitorias, sin suficientes valores para conseguir el arraigo profundo para su edad: nutrir sus actos con la savia de la vida. Los escépticos, los apolíticos, los desenamorados viejos caen más fácilmente en el tedio, la rutina, la abulia y el aburrimiento paralizantes, precisamente en el momento cuando la vida exige dinamismo y apego como estimulantes. Los ancianos en la esperanza del encuentro con Dios, luchadores por la suerte de su comunidad, amantes de algo y de alguien, viven más, porque tienen más razones para ello. Los intereses son al anciano lo que las raíces al árbol. Winston Churchill escribió: "Para ser realmente felices y hallarnos a salvo, a cualquier edad, de la soledad interior o del aburrimiento se precisan, por lo menos dos o tres oficios (intereses) verdaderos".

Pero no sólo los intereses *trascendentes* son los nuestros. A su lado abrigamos otra serie de intereses, *intrascendentes* desde el ángulo de la filosofía, pero importantes desde el punto de vista concreto de nuestra individualidad, de ese ser con nombre propio que somos. Son nuestra opción o nuestra obligación y, en uno u otro caso, significativos para cada uno, a su escala. Constituyen una amplia gama de matices en cuyo manejo nuestra longevidad está comprometida.

Esos intereses con frecuencia forman un laberinto torturante, si no se encaminan discernida y ordenadamente. Perdernos en una selva de intereses, cuando ya no estamos en "la mitad del camino de la vida", ofrece múltiples riesgos de extravío. En materia de intereses, como de deberes, es más difícil conocerlos bien que realizarlos. Por vía indicativa, los he dividido en intereses amigos, enemigos, y amigos o enemigos. Estos últimos según el tratamiento que a ellos demos. Se tratan en los tres últimos capítulos de este libro.

Nacemos con muchos intereses elementales, que otros tienen que resolver por nosotros, cuando somos niños. Ningún ser viene al mundo con tantos problemas como el hombre, precisamente por ser éste el de mayor calidad, y por lo tanto, el de mayor exigencia. El infante al nacer es el más desprotegido de todos los animales: para alimentarse, para abrigarse, para guarecerse de la intemperie, para comenzar su formación de hombre, con el agravante de que sus primeros mil días sobre la tierra lo van a marcar para siempre con una influencia muy actuante en el resto de su existencia. Con el crecimiento va aumentando la responsabilidad de nuestros intereses, hasta llegar a ser toda nuestra.

Desde la infancia, la vida nos está formando o deformando para nuestra vejez. La estabilización en cada edad implica otros intereses. Ese es el flujo y reflujo de la vida del cual no nos podemos eximir, como el mar no puede oponerse a sus mareas.

Los problemas corresponden casi siempre a nuestros intereses en la vida. Y todo es normal cuando esos intereses son verdaderamente "nuestros intereses", aunque, infortunadamente, con frecuencia nos dejamos arrastrar a una región que no es la de nuestros intereses, como el piloto apartado de ruta, desconectado de la torre de control, entre nubes tempestuosas, fuera de su rumbo y su distancia.

El interés es la necesidad o atracción para llegar a determinadas metas, es el viento en los árboles, el agua en los molinos, la chispa en la marcha de los motores, el metabolismo en la intercomunicación celular. En el anciano es una de las principales motivaciones para vivir. Todos los especialistas del cuerpo y del espíritu del viejo están de acuerdo en afirmar el interés como indispensable terapia para la longevidad. Sin esta motivación, el viejo entra en la senilidad, en la decrepitud, en el congelamiento y en la muerte. Estar interesado por algo es una especie de corriente eléctrica para animar, vitalizar, entonar y vivificar. Es el fluido donde la vida palpita. El anciano sin intereses está apagado, el interés estimula la energía y la acumula. Es normal el caso de los viejos a quienes se les ve declinar rápidamente cuando ya han perdido el interés, su atadura a la vida.

Entre muchos hay un caso aleccionador: Beverly Hills es el barrio más rico en una de las ciudades más opulentas del mundo: Los Ángeles, en California, Norteamérica. La mitad de la superficie es de jardines privados (algunos más extensos que los públicos) y sus casas enormes, equipadas con todo lo de la ciencia y la técnica contemporáneas para evitar el esfuerzo del hombre y poner el mundo a sus pies, para su servicio. Sus ocupantes, en su mayoría gentes de alguna edad, son casi todos neurópatas. Por haberlo gustado y experimentado todo, ya no tienen interés por nada. Allí en Beverly Hills, está la mayor concentración per cápita de siquiatras del mundo: uno para cada doscientos habitantes, con una tarifa de ochenta dólares por hora de sesión. Una de sus tareas principales: despertar en sus pacientes el interés por algo, para seguir viviendo.

Mantenga usted su interés porque él atiza la llama de su vida, pero a su edad sepa distinguir sus intereses y calificarlos. Usted está en la época de calificación. Para el viejo la calidad cuenta mucho. Los zapatos no deben lastimarle los callos. Como el calor, como el frío, y como todo lo demás, sus intereses deben ser dosificados y clasificados. No podemos sobrecargarnos de nada, porque se nos revientan los resortes. Calcule su resistencia, pero úsela, porque empleándola la aumenta. No la deje enmohecer, pero tampoco galope a reventar cinchas en pos de sus intereses.

Los intereses trascendentes

En la vejez todo se aquilata, se alquitara, se sedimenta en decantación liberadora o esclavizante. Por eso el viejo está cerca de los intereses trascendentes, religión, política y amor, trilogía esencial a la cual, negativa o positivamente, el viejo es particularmente sensible, aun en los casos excepcionales de ser ateo, apátrida o misógino. El viejo va ganando en profundidad y perdiendo en superficie, y, como tiene más tiempo, piensa y reflexiona más hondamente. En esa hondura encuentra, de una manera u otra, una muy grande necesidad de Dios, de su pueblo, de su pareja. Tres ideas y sentimientos a la vez, no para excluir ni dividir intereses, sino para multiplicarlos. La idea y el sentimiento de la eternidad, el absoluto, el infinito, la política y el amor en la montaña de la vida, cobran especiales valores. Además, la política es buen instrumento para las revindicaciones de la vejez. En el primer mundo los electores mayores de 65 años oscilan entre el 15% y el 17% de la población electoral. Una cuota muy importante, imposible de olvidar para los políticos.

Hay fuerzas, casi mecánicas, en las generaciones anteriores, que empujan al viejo y pretenden desintegrarlo en la comunidad, cuando éste debe estar más integrado a ella. La política es esencial a la sociedad porque la organiza, la conduce y define su destino. Despolitizarse en la vejez es desintegrarse de la colectividad, hacerse más viejo. Politizarse es estar presente en ella, tener vitalidad comunitaria. Al senescente le es particularmente útil la politización del criterio y la información, no tanto como ejercicio de proselitismo, sino como vinculación para no desafiliarse del grupo humano, y como interés para orientarse en búsqueda de un mejor destino individual y social, para no dejarse marginar. Esto, con los medios actuales de comunicación y ejercicio electoral, es un interés útil y fácil de satisfacer. Le ayudará a ocupar parte de su tiempo libre.

CAPÍTULO IX

Amor y sexo

El amor

El amor es la clave del universo, porque es su fuerza creadora. El Creador se definió a sí mismo: "Dios es amor" y el gran legado del Creador encarnado en Jesucristo, fue: "amaos los unos a los otros". San Agustín lo justificaba todo por el amor: "Ama y haz lo que quieras". Santo Tomás, al final de su filosofía sobre las pasiones, resumía en el amor todas las otras pasiones. Dante, su casi contemporáneo y paisano, lo consideraba el motor del universo: "amor que mueve el Sol y las otras estrellas... amor me mueve que me hace hablar".

Para el senescente el amor es primera urgencia. Ame usted las cosas, los seres, los prójimos. Ámese a sí mismo, ame a alguien para formar pareja, excelsa forma de amor. Y verá cómo vinculándose a la vida vive más y mejor. Comunicarse es ya vincularse. El hombre comunica sus ideas y conocimientos por la razón, y sus sentimientos por el amor.

Y el amor es el supremo interés. El amor, con A mayúscula, dentro del cual caben los otros amores. El amor a Dios Creador y a las criaturas. El franciscano amor, felicidad para tantos, comenzando por su gran exponente, Francisco de Asís, regocijado aun en su enfermedad por su *Cántico a las criaturas*. "El hermano Sol.... la hermana Luna... el hermano lobo... la hermana agua". Cuánta belleza para descubrir y amar y cuánto provecho para el viejo que sabe apreciarlo en esta edad de contemplación, cuando el frío es enemigo, sobre todo el frío de la mente y del corazón, a quienes el amor calienta.

Amor y sexo

Después del informe Kynsey, confirmado en 1959 por las encuestas de la revista *Sexology*, en 1960 por las investigaciones de los doctores G. Newman y G. R. Nichols, en 1961 por el doctor Freeman y en 1963 por el doctor Dresden (citados por casi todos los tratadistas, entre ellos por Simone de Beauvoir), ya nadie duda de la capacidad sexual de los viejos, normal por lo menos hasta los 75 años –con frecuencia variables de ejercicio– y prorrogable en algunos hasta los 80 y 85 años. A pesar de la diversidad de conclusiones, hay unas constantes enunciadas por el doctor Dresden: a) el comportamiento sexual de una pareja entre los 60 y los 70 años sigue siendo igual que entre adultos; b) la prolongación del sexo con la edad depende mucho de las actitudes anteriores. A mayor ejercicio sexual anterior, mayor perduración a lo largo de los años avanzados.

El sexo es sagrado, a cualquier edad, como es sagrada la vida, cuyo transmisor es, y como es sagrado el amor, que en él debe culminar, cuando no se le prostituye. Usted tiene derecho a él, como cualquier hombre. A su edad es aun más sagrado, porque debe ser más digno y amoroso. Su sexualidad, con los años, también se ha aquilatado y concentrado y debe estar mejor calificada.

La inquietud sexual por temor, por falta de información o por otras causas, individuales y sociales, es deteriorante. Es senil o infantil. En ambos casos es peligrosa como inquietud. Usted debe tener una estabilidad sexual para cultivar este carácter sagrado de la esencial facultad humana de amar. El calificativo de "viejo verde" aplicado popularmente no es gratuito. Hay viejos con tendencia a la alusión frecuente sobre este tema y a la ostentación de cierto "donjuanismo barato" o de cierta castidad fingida. Tal hábito, además de ridículo, es perjudicial al sexo que debe ser una función física y espiritual y no una obsesión. Tal género de "habladurías" se explica en el adolescente por la curiosidad, la ignorancia o la falta de educación sexual. Pero en usted... Hay una pornografía verbal no sólo del peor gusto, sino de pésimos resultados, uno de cuyos temas favoritos es el afrodisíaco. Por casualidad oí grabada en casete una tertulia de viejos socialmente muy "respetables"...¡Qué irrespeto! Se contaban las peores experiencias, profanaban el sexo con palabras de crónica denigrante y relataban las maravillas de su estimulante favorito... Cuentos de cazadores de mujeres o de varones, en su mayoría inventados. Sucio humorismo de quienes convierten en lodazal el jardín del amor y en mugre la limpieza del sexo.

La tercera edad no tiene por qué ser impotente, si no es por enfermedad síquica o física, tratable con éxito como a cualquier otra enfermedad y posible a cualquier edad. Y lo peor para el tratamiento es este vicio de las conversaciones sexuales entre viejos "verdes". Si usted tiene dudas consulte al médico, al sacerdote, al pastor, o a alguien con conocimiento y respeto del tema. Y recuerde: afrodisíacos verdaderos no hay, aunque sí existen algunos recursos para desinhibirse. El único real afrodisíaco es el amor mismo, respetado y respetable, en ningún caso tema de tertulia vulgar, como si fuera episodio de caza o pesca. Si usted degenera en "viejo verde", en cazador de sexo, en pescador de sexo, en relator de sexo, en ostentador de sexo, llegará pronto a la quiebra sexual sin remedio. Esa es una enfermedad degenerativa, peor que las otras, porque abarca mente y cuerpo. Y acuérdese: la naturaleza no perdona a quien la profana. Los profanadores resultan profanados. No se asuste. Nadie le va a pedir que viva como un ángel. Basta con que lo haga como un hombre. Pero, acuérdese, los hombres somos, según la sabiduría eterna, "poco menores que los ángeles". Nuestra gran jerarquía es también la categoría de nuestro sexo unido a nuestro amor en la suprema dignidad humana, prez, honra y decoro de la creación.

Además, ¿a qué buscar la calificación de su sexo en otros, si usted es el único que la puede hacer? Si, después del coito, usted y su pareja no están mutuamente gratificados, tranquilos, penetrados de un recíproco reconocimiento, conmovidos de ternura y comprensión, solidarios y contentos, identificados en la donación, prolongada en una continuación espiritual de la integración física, más válida aun que esta misma, comunicados en comunión sentimental y corpórea, algo está fallando en alguno de los dos o en ambos. Aprécielo usted y olvide el falso decir "después del coito el hombre es un animal triste". Cuando la naturaleza da lo mejor de sí, no puede estar triste. El acto de amor, realizado a plenitud, es una culminación de la alegría de vivir, y en la tercera edad una letificante exaltación de la vida misma.

Ignorancia sexual

Sobre ningún tema humano se ha mitificado más que sobre el sexo, quizá por ser el sexo la clave de tantos fenómenos vitales y porque, cuando se ejercita en amor y por amor, es la más alta realización humana. Los mitos, las fobias, las fábulas, las alucinaciones, las deformaciones, los abusos, las deficiencias, los prejuicios han proliferado en torno al sexo. Es increíble que, sobre tan trascendental tema, el hombre haya almacenado tanta ignorancia. Hasta hace poco más de siglo y medio, la relación espermatozoide masculino y óvulo femenino se ignoraba. Se necesitaron muchos milenios de humanidad para llegar a tan elemental conocimiento. En ningún terreno la ignorancia del hombre ha sido tan espesa como en el sexo, instinto inherente y primordial a toda especie viviente por ser la causa de su continuidad.

Desde hace poco más de cien años, con Charcot, pero sobre todo luego con Freud –tan activo aun a los 80 años– la neblina comenzó a disiparse. Infortunadamente ahora se pasa de un extremo a otro. De la nada al todo, de una falsa pudibundez, al destape pornográfico. Del sexo dogma al sexo bagatela, de la gazmoñería al descaro.

Es tan peligrosa la ignorancia sexual como la excesiva divulgación, especialmente para el viejo. Si usted no es sexólogo, no se enrede demasiado en estos temas porque, sin suficiente criterio informado, la excesiva información, no digerida ni asimilada, puede también inducirlo a errores. Tenga ideas claras, principios comprobados y pierda el miedo.

Lo demás lo hacen la naturaleza y nuestra dignidad personal. Piense que aun hay torrentes de errores y mentiras sobre el sexo. Aun hay quien afirma que el pecado de los primeros padres en el Paraíso fue sexual, cuando la *Biblia* apunta claramente la desobediencia como tal. ¿Cómo podría ser pecado en la *Biblia* el sexo de Adán y Eva a quienes Dios había hecho, según el Génesis, para el amor en todas sus formas, como origen de la humanidad? La hipérbole moralista ha puesto el énfasis sobre los pecados de la carne, y no sobre los del espíritu, tan graves, o aun más (la ira, la crueldad, la envidia, la injusticia) y ha ignorado el sexo como carne y espíritu y ha pretendido desconocer su belleza tan palmariamente demostrada en el acto del amor.

Afortunadamente, la información sobre el sexo se divulga cada día más, aunque sin la exactitud, ni la dignidad pertinentes a tan noble tema y más como satisfacción de curiosidad morbosa que como propagación de conocimientos serios. La ignorancia sexual es todavía espesa en gran número de individuos, aun del primer mundo. En el tercero es incalculable. Un buen muestreo de ella, y a la vez un gran esfuerzo por solucionarla, hizo en Colombia Elkin Mesa, con su programa televisivo "En Pantalla" sobre la sexualidad humana. Durante meses, en 1979 y 1980, Mesa recibió cantidad grande de cartas del público sobre el tema, y las hizo responder en pantalla por sexólogos de autoridad. De miles de consultas epistolares fluyó un gran desconocimiento del tema, aun en sus planteamientos primarios, especialmente acentuado en lo respectivo a la sexualidad de los viejos y al papel del cerebro como agente sexual, en realidad más importante que el pene, la vagina, los testículos y los senos.

Otro campo de ignorancia es el de la correspondencia entre sentimientos e ideas en el buen entendimiento sexual de la pareja y su respuesta mutua. Se cree que el éxito sexual es cuestión de "piel". También lo es, pero antes está la buena relación sentimental e ideológica, cultural y social. Puede predicarse en la pareja humana, como benéfico para el sexo, todo lo que integra y nocivo lo que desintegra. Observación de especial relieve en la pareja añosa, pues ésta debe ser más integradora e integrante con los años, con los cuales el cerebro, sede centrífuga y centrípeta a la vez de la libido, puede ser mejor. Una de las causas del alcohol como deteriorante del sexo es precisamente el deterioro cerebral por él producido.

Por el programa de Elkin Mesa pasaron casi todos los sexólogos de Colombia. Ellos estuvieron acordes en afirmar que la sexología es una ciencia muy nueva, nacida, como tal, en el decenio 1940-1950, carente aun de una definición exacta de su objeto y de su método... ¡cincuenta años apenas para esta ciencia que trata de tan importante función, nacida con el hombre hace aproximadamente veinte mil siglos..!

La naturaleza muestra, a lo largo de todos los seres animados superiores, cómo el amor sexo es el acto por excelencia de las especies. El gesto del varón y la mujer en la plenitud de la cópula es el más expresivo e intenso de cuantos el hombre es capaz, porque en él juega el empleo integral de todas sus potencias físicas y espirituales, en conjunción que sólo tiene par en el éxtasis místico. En algunos tipos de animales, el fenómeno, a su escala, es semejante. En ese momento los pájaros dan sus mejores trinos, la cola del pavo real su mejor extensión y colorido, las escamas de las serpientes su más grande brillo, el caballo una apostura superior a cuantos modelos de belleza equina han logrado los escultores de la estatuaria hípica. Nunca el gallo es más garboso, ni el faisán más polícromo que cuando cortejan a su pareja, ni el león alcanza más majestad, ni la tórtola mayor dulzura.

El amor, a cualquier edad, es el mejor sentimiento de la humanidad. Ningún interés como el amoroso mueve tanto al hombre, y "al Sol y a las otras estrellas". En el móvil del querer y del poder está el amor y con él la maravilla del planeta. Y en la tercera edad, el amor, acrisolado ya, es más amor que nunca. ¡De cuántos pasajes, episodios, imágenes y cantos de amor está lleno el arte! Me he detenido siempre en *La divina comedia*, en Beatriz y Francesca de Rimini, como sus dos exponentes máximos de paraíso e infierno, dos polos unidos tan frecuentemente por el amor. Por él Beatriz conduce a Dante ante el trono de Dios, y por él Francesca y Paulo, tomados de la mano, vuelan por el aire sombrío del averno "como dos palomas llamadas por el deseo hacia su nido", sin separarse jamás. Francesca habla al poeta del amor que a ningún amado perdona amar. Amor que los conduce a una misma suerte y a una misma muerte... En el amor está toda la historia humana que es también la historia de los sueños y las ilusiones.

El amor en la tercera edad es, más que nunca, ese puente entre el cielo y el infierno, entre Francesca y Beatriz, por donde transita Dante y, con él, muchos de nosotros.

El amor de la especie

La especie humana: la humanidad en el concepto universal e individual. Nosotros somos la humanidad, y usted también. Toda la especie está en usted, y usted está todo en la especie. No se crea un eslabón aislado. Engránese a la cadena. A esta multimilenaria cadena de los hombres de que usted hace parte. Usted también es la cadena. Obsérvela, estúdiela, ámela, interésese por ella y ella lo amará y se interesará por usted. Es la justicia inmanente de la vida... Cuando un hombre se duele no importa quién ni dónde, a usted debe dolerle. Cuando un hombre se regocija, usted debe alegrarse. "Los corazones nobles nunca son felices". Les falta siempre la felicidad de los demás. Esta frase de La Bruyère es verdad parcial apenas, puesto que no todo en los demás es infelicidad. Habría que agregar "y tendrán la felicidad de los demás".

Para el anciano de hoy el contacto con los demás es fácil, se lo dan, casi gratuitamente, los medios de información y comunicación. Gracias a ellos usted podrá saber lo que sucede al hombre de todos los hemisferios y de todos los paralelos. Usted puede oírlo, verlo, sentirlo, romper con él su soledad, comunicarse con sus antípodas y amarlos. No pretenda sectorizar su amor, aislarlo, zonificarlo. Concíbalo dentro del marco de la humanidad y usted amará mejor y será mejor amado. Ese amor de la especie y la conciencia de nuestra participación en ella da fuerzas hasta para morir, como en el caso del padre jesuita, de Paul Claudel, en *Le Soulier de Satin*. Náufrago, en la mitad del océano, entre el viejo y el nuevo mundo que iba a evangelizar, el jesuita exclama: "Yo me uno a toda esta obra indivisible que Dios hizo a la vez y con la cual yo estoy amalgamado. Con este pasado que forma con el porvenir un solo tejido irrompible. Con este mar que ha sido puesto a mi disposición. Con este soplo que siento en torno a mí, de estos dos mundos amigos... y del cielo con las grandes constelaciones".

El amor de los hijos

"El hijo es lo mejor que el hombre hace". Pero no hay que engañarse con los hijos en la vejez. El adagio oriental dice: "Los hijos son flechas: una vez lanzadas del arco, ya no vuelven". Eso es cierto apenas en parte, la otra parte depende de usted. Sí, salvo preciosas excepciones, de usted depende su regreso. Conozco una persona de 82 años. Ella vive para sus hijos, consiguiendo así, en parte, que sus hijos vivan para ella. Pero esto es excepcional. La unidad familiar en torno al mismo fuego, a la misma mesa, al mismo pan, es cada vez más difícil en nuestra sociedad dispersa y disociadora. Sus hijos están muy ocupados viviendo la época del compromiso, del trabajo, de la responsabilidad hacia los que ahora también son los hijos de ellos. Un abismo que a veces ellos quieren llenar llevándole sus nietos. Muy bien sus nietos, acéptelos como son y ámelos como tales, pero no se deje capitalizar como "abuelo". Hay viejos totalmente absorbidos por sus nietos, abismados en ellos, recortados por ellos.

No, sus nietos no son usted, ni viven por usted. Necesitan su cariño, y usted el de ellos. Déselo y recíbalo. Pero basta. Usted ya no está para criar y educar niños. Ya lo hizo. Ya cumplió esa misión, bien o mal. Pero no reinicie esa tarea. Usted tiene otras cosas por hacer. Otras etapas lo aguardan. Si usted se deja atrapar demasiado por sus nietos, envejecerá muy ligero. Observe usted en su alrededor y verá cuántos envejecen prematuramente por esta causa. La marcha hacia atrás no es aconsejable... La vida es irreversible.

Los hijos tampoco son usted, ni viven por usted. Ellos, después de ciertos años, tienen su vida y usted la suya. O, al menos, usted y ellos deben tener la propia. Y una buena estrategia para conservar su amor es respetar la individualidad y la intimidad de la vida de cada uno. Acuérdese de cuando era hijo... El amor filial y el paternal y el maternal en ellos y en usted. Ellos tienen mucho para amar y a usted le va quedando cada vez menos. Pero aquello que reste ámelo intensamente. Ese resto hace fértil la vejez, y a él no se debe llegar por exclusión, sino por elección, porque ese resto no es un sobrante, ni un remanente, sino lo permanente de lo mejor que hayamos tenido. No es la miga del antiguo pan, sino el pan mismo. Los hijos tampoco son el matrimonio, aunque sean su fruto. Los hijos suelen ser un gran vínculo entre esposos y compañeros. Pero, a veces, traen la desvinculación, porque las invaden demasiado, porque la madre, por dejarse absorber, se degrada como esposa o compañera, o bien, el padre, por ser demasiado padre, se deteriora como esposo o compañero. Ahora no hay internados en los colegios. ¡Cuidado! Eso no siempre es un don del cielo. Esta es una de las causas por las cuales ahora los hijos adquieren su independencia más temprano. Concédales el derecho a que se aburran con usted. Y, como la golondrina, cuando les haya enseñado a volar déjelos volar.

Lo realmente sagrado de la humanidad es la pareja humana. Nadie, ni los hijos, tiene derecho a perturbarla. Defienda a su pareja a todo trance. El cuadro de la familia feliz –abuelos, padres, hijos, nietos, en la mesa, en torno a la sopera humeante– es una viñeta del pasado, una fotografía hecha *ad-hoc* para el también desusado álbum familiar, o bien para alguna publicidad de alimentos enlatados. De ese cuadro, el núcleo insustituible es la pareja.

Si sus hijos mayores necesitan su independencia usted también. Ella les ayudará a ambos, incluso para el amor. Présteles todo el apoyo posible, sin exigirse grandes sacrificios. Ya los hizo usted antes, y los debe hacer aun, en caso de necesidad solamente. No es tiempo de repetirlos, si no son necesarios. Ahora la vida cobra.

Sus hijos necesitan que usted viva. Tanto como de su vida, necesitan de su sabiduría. Sea su consejero, pero no su socio. Y hágase aconsejar de ellos. Ellos pueden aportar para usted el mundo nuevo tan necesario. Sus hijos deben ser para usted un motivo de rejuvenecimiento y no de senescencia, y un puente hacia la actualidad. Y no espere demasiado de ellos: están muy ocupados, cada uno en lo suyo. Vivo muy de cerca de alguien con muchos hijos. Uno de los más nobles trabaja a trescientos metros de distancia y viene a verlo muy de tarde en tarde. No lo culpe demasiado. ¡Pobrecito, está muy ocupado! Esto es duro, sobre todo para las madres cuyo amor por el hijo es el más puro. Cuando pienso en las madres recuerdo esta copla de la ingenua pero sabia poesía popular:

> *Toma esta flor, le dije a una paloma*
> *y llévasela al ser que más me quiera*
> *y dile que es la flor de más aroma*
> *de todas las que ostenta la pradera.*
> *Al instante creí que el ave iría*
> *a llevarle esa flor a mi adorada,*
> *mas, la dejó sobre la tumba fría,*
> *donde duerme mi madre idolatrada.*

El medio de la realización de los hijos, como el de la suya propia, será siempre el trabajo. Saint Exupéry cita el proverbio de la sabiduría oriental: "Si quieres que tus hijos progresen, ponlos a construir una torre. Si quieres que se destrocen, arrójales unos granos de trigo".

El amor de la pareja humana

El amor es comunicación y el acto sexual es la plenitud de esa comunicación. Sólo el sexo se comunica plenamente cuando se ama, porque solamente a través del amor el sexo resume todos los valores de la especie humana y todas las energías físicas, mentales y espirituales actuantes en ese éxtasis que funde a dos en uno, en el máximo de la mutua y absoluta donación. La especie humana no conoce nada igual y en nada se emplea tan íntegramente como en ese acto del cual depende su vivencia y su mejor satisfacción. La cópula es el único acto en que se da y se recibe toda la especie.

¡Pero cuántos tabúes y mitos sobre ese acto esencial de nuestra especie, contentivo de toda la belleza del universo! Nadie duda del cristianismo como la más seria religión de Occidente, de nítidos orígenes orientales porque en Oriente nacieron el Antiguo y Nuevo Testamento, sus fuentes. Dentro del cristianismo, la más rígida moral es la católica, para la cual el matrimonio es un acuerdo (contrato) para procrear los hijos y satisfacer las pasiones. Por esta satisfacción se explica el matrimonio católico de mujeres menopáusicas, capaces de satisfacerse, pero no de procrear.

Lentamente la procreación fue filtrándose como único objetivo, olvidando la satisfacción. Quiero considerar la cópula humana como un acto puro, el más bello y limpio de la naturaleza, si se concibe dentro del amor, su razón de ser, sin ignorar las perversidades, desviaciones, aberraciones y deformaciones que, con frecuencia, la manchan hasta la brutalidad. Pretendo escribir para lectores normales, sin ignorar las aberraciones que ensucian el amor de ciertos viejos.

El amor sin dignidad está viciado. La cópula humana sin amor es un mecanismo fisiológico animal, como cualquier otro, con la diferencia de necesitar un cómplice.

¿Usted ha observado bien la pareja humana? ¿Ha encontrado algo superior a ella en el universo? Podrá usted extasiarse ante las auroras boreales, ante las tempestades en el mar o en la montaña, ante la sensación de lo absoluto en los desiertos, de lo infinito en los horizontes, pero jamás experimentará más conmoción que ante la pareja humana, ni una mayor expresión de belleza. Mírela bien en esa pareja de niños, al retornar de la escuela, de la mano; en esa de adolescentes mirándose a la cara; en esa de jóvenes unidos por la marejada de la sangre; en esa de maduros juntos en alianza para vivir; en esa de ancianos apoyados el uno del otro, en el gran gesto de la solidaridad. Pero mírela como la realizaba Massaccio con su Adán y su Eva en la iglesia de Santa María del Carmine, en Florencia. Ahora nadie condena su desnudez. Mírela en su desnudez, la obra divina por excelencia. ¿Por qué privar a los viejos de ese consuelo máximo de la pareja humana, cuando más lo necesitan?

¿Los viejos son incapaces de amor? No. Están en la cumbre de la vida, en la culminación de la existencia. ¿Por qué el amor, lo mejor de la vida, siempre presente en todas las etapas, debería estar ausente ahora? No. El amor, como las otras manifestaciones de vida, en la vejez se acrisola más en su unión, tanto que, después de cierta edad, cuando un cónyuge o compañero muere, con frecuencia el sobreviviente le sigue pronto a la tumba, porque es incapaz de vivir solo. Dentro de una salud fisiológica y mental normal, los viejos conservan su potencia sexual durante mucho tiempo. Nos lo dicen la medicina y la experiencia de todos los días. En la tercera edad la pareja amorosa y amante debe ser estable en convivencia permanente, constituida en "alianza para vivir", en múltiple solidaridad. *La falta de solidaridad para el senescente en su pareja puede ser peor que la soledad.* El ejercicio sexual en el anciano normal, dentro de la adecuación a su escala, será especialmente benéfico dentro de la pareja estable y amante, en convivencia permanente. Los "rebusques" esporádicos, y las conquistas de ocasión, el sexo mercenario, lo frustran. El sexo sin amor en la tercera edad es ridículo. El amor, mera aventura, sin nexos estables, puede costar muy caro al viejo en todos los dominios. Un descarrilamiento en el amor puede serle fatal.

Y cuidado con los "afrodisíacos", esos estimulantes sexuales tan antiguos, como sus muchos mitos y tabúes y tan frustrantes como ellos. Pócimas o bebedizos de hechiceros de la selva, cocteles de champaña y whisky en París, o raciones con pimienta en Nápoles. Cuando viene la manía de los afrodisíacos la impotencia está a las puertas. No hay afrodisíacos verdaderos, distintos del amor dentro de una buena salud mental y física. A su edad, en materia del sexo, usted está expuesto a muchos riesgos y manías contraproducentes. No se deje seducir de la charlatanería. Cuídese y deje de pensar en eso. Ame y sea amado, y busque un buen clima de entendimiento, de dignidad y de comunicación para el amor. Libérese de falsos pudores. El amor, donación mutua sin condiciones, lo dignifica todo.

La convivencia en la pareja humana es tan exigente como la misma pareja, a cualquier edad, y especialmente en la tercera. "Encontrar su pareja" ha sido el secreto del bienestar en el amor. Ya desde Platón los griegos concebían la pareja como una integración de dos partes incompletas que, unidas, forman un todo, del cual el varón es una mitad y la mujer la otra, a condición de que esas dos mitades se acoplen, lo que solamente se realizaría al encontrar la una mitad su correspondiente otra mitad. Según esa mentalidad helénica, el Creador habría lanzado al espacio muchas medias esferas de diverso tamaño que, con el rodar del tiempo, se irían uniendo para completarse en la integración de la pareja. La pareja humana.

Los campesinos colombianos, en lenguaje más simple, sin tradición griega, expresan el mismo símil. Cuando ven una pareja adecuada dicen "ese encontró su media naranja"... El doctor Hernán Vergara Delgado, médico y humanista de la Clínica Santo Tomás de Bogotá, comentando las obras de Claudel – *La partición del mediodía* y *La zapatilla de raso*– ha hecho énfasis en la figura del poeta francés según la cual Dios al crear al varón, además de su nombre, le dio un nombre de mujer y a la mujer uno de varón. El encuentro de esos dos nombres formaría la pareja perfecta.

Es, pues, continuada la idea de que la correspondencia entre las dos mitades, en orden al todo, es requisito necesario para la adecuación en el amor, es decir: para el éxito de la pareja. La sicología moderna parece proseguir este lenguaje alegórico de las medias esferas, las medias naranjas, los nombres predeterminados de antecedentes familiares, ambientales, culturales, morales, étnicos, sociales y temperamentales que en el varón y la mujer pudieran servir de indicativo para la adecuación y la adaptación en la integración de la pareja.

Desde luego, el destino de la pareja humana no puede depender exclusivamente de las alegorías griegas, colombianas o claudelianas o de los tests sicológicos, aunque sí son éstos confirmación y testimonio, a lo largo de la historia y la geografía, de la necesidad de correspondencia del uno para la otra y viceversa. A lo largo de todo esto, somos dueños de nuestros amores y podemos buscarlos dentro de la correspondencia del uno por el otro, y aun procurar formarlos, una vez hecha la pareja, a través de la educación, la reeducación, la comprensión y la corrección de errores y el estímulo de los aciertos, si ambos son receptivos y capaces de empresa tal... En la tercera edad, a tal propósito se oponen hábitos y costumbres ya más arraigados y personalidades más definidas, pero a estas alturas de los años ayudan mucho a tal tarea de reintegración la experiencia, la sabiduría, la mayor necesidad del uno por el otro y la mayor definición de intereses. Aquí también la hondura puede suplir la superficie.

Viudez, separación, divorcio

Viudez. En ninguna edad la pareja humana es más mutuamente necesaria que en la vejez. Desde todo punto de vista, aun para los demás, la pareja del viejo y la vieja, tomados de la mano en recíproco apoyo del cuerpo y del espíritu, constituye un tierno espectáculo donde se adivinan los trazos de una vida de amor con todas las cicatrices de la peripecia de vivir, pero también con todos sus frutos, ante todo el de la solidaridad.

El ideal es envejecer al lado de la mujer amada, elegida ante el juez o el sacerdote, con programa de una unión eterna. Desgraciadamente no todos tienen esa fortuna. Los avatares de existir, las fluctuaciones del alma y del cuerpo, las demás pruebas de la vida común, dentro de un destino común, la misma muerte separada de quienes debieron morir en el mismo lecho, acarrean para uno de los cónyuges la viudez, en algunos casos, o para ambos la separación o el divorcio, en otros.

La viudez y el retiro del trabajo se apuntan como los cambios más angustiosos de la tercera edad. Sobre todo la primera para cónyuges con amor. Frecuentemente el sobreviviente muere pronto. No resiste la terrible situación descrita por el poeta: *Ha de faltarme la mitad del alma / ha de sobrarme la mitad del lecho.*

Para el cónyuge sobreviviente la viudez es la prueba de fuego. Si ha sido fiel y amoroso seguirá inclinado a continuar en la fidelidad y el amor. He visto a viejos viudos rendir ese tributo póstumo a la sombra amada y continuar una vida pesarosa, pero normal. Sin embargo, no es la regla general. Amar a un muerto cuyo amor nos ha marcado durante la vida, de ordinario, acorrala al sobreviviente quien comienza lentamente a acelerar su marcha hacia el más allá. Pero se puede seguir amando al ausente sin retorno y restablecer el amor completando la pareja, en la certeza de que el cónyuge muerto, si se cree en la inmortalidad, se agradará por la ayuda de otro amor para el sobreviviente. Y, si no se tiene fe en la vida ultraterrena, si se cree en la nada del fallecido, es preferible el buen ser y el bienestar del sobreviviente. Es aconsejable para el viudo o la viuda una nueva unión amorosa, sin detenerse en los prejuicios sociales, en la resistencia de los hijos. Hoy el matrimonio de viejos está plenamente justificado, no sólo entre coetáneos, sino también con notoria disparidad de años. Los ejemplos de estabilidad de estos enlaces abundan.

Los separados y divorciados son un caso diferente. Su estado es parecido a la viudez en algunos aspectos, pero frecuentemente sin la libertad moral, social y jurídica para el viudo. Se supone, además, que la decisión de separarse o divorciarse fue libremente aceptada o elegida. Las complicaciones de todo orden en la separación y el divorcio son múltiples, incluso en el terreno económico, en un mundo sin respeto por la vida privada, amante de juzgar lo imposible. La intimidad de la pareja humana, indescriptible en sus sutilezas, a pesar de cuanto se relate o se diga, solamente será conocida por los integrantes de la pareja... Reflexione con su pareja sobre la intimidad, pero no se la entregue a los demás.

Para separados o divorciados un nuevo enlace es también preferible, sin descontar el caso, más frecuente de cuanto se piensa, de separados y divorciados que rehacen la unión con su antigua pareja. La plenitud de la vida sólo es dable en la completa unión con Dios, para los llamados a esta vocación, o en la integral unión de espíritu y cuerpo entre sexos. Su entorno social y familiar difícilmente estará de acuerdo. Pero ni el uno ni el otro viven por usted. Usted es quien vive bajo su piel.

El ejercicio sexual normal dentro del amor es factor poderoso de equilibrio corporal y síquico. La realización amorosa armoniza nuestras facultades y, en el intercambio de la pareja, nos complementa en la especie y nos sublima en nuestros sentimientos espirituales y sensoriales. La pareja humana nunca es más pareja y más humana que cuando sus partes son "dos en una sola carne" y en un solo espíritu. Nunca como entonces se cumplen mejor los designios de Dios y de la naturaleza. Nunca la persona humana es más completa, más varón y más mujer. De allí emana esa suprema fuerza del universo superior a la muerte. "El amor es fuerte como la muerte". No en vano se ha repetido tanto esta verdad.

Pero la unión de amor y sexo en integración inseparable es, por su misma excelsitud, muy frágil. Por ser la joya más preciada del patrimonio humano, es lesionable y exigente. Su poder inconmensurable para "mover el sol y las otras estrellas" puede desvanecerse como una gota de rocío. Si no lo preservamos es rompible como los cristales... Esta preservación es especialmente recomendable para el viejo, porque en él está más amenazada, no por la impotencia física, que normalmente no debe presentarse, sino por la maleabilidad sicosomática de sus componentes. La amenaza más grande para el hombre de edad es el abuso y la falta de uso, la ausencia de nobleza, dignidad y delicadeza en su ejercicio y las deformaciones que pueden llevarlo a la obsesión, a la fijación, a la exacerbación, al vicio y a la verdadera impotencia por aberraciones sexuales. Más la rutina. El hábito de una convivencia fácil de degenerar en monotonía, falta de imaginación para crear nuevos matices e intereses.

Surgen entonces complicaciones propensas para conducirnos al laberinto sexual del cual, a nuestra edad, se sale difícilmente. Se puede caer entonces en el desbordamiento o en la sequía incapaz, hasta pasar del amor al odio, dos contrarios aparentemente muy lejanos, pero realmente muy cerca. Giacomo Leopardi tenía razón: "Hermanos, pero enemigos, amor y muerte, a un mismo tiempo, engendró la suerte".

No hemos de frustrarnos en el amor por pensar solamente en su paraíso, creyéndolo exento de dolores y penas. Ya se definió: "cruz y delicia en el corazón". Sí, las delicias del amor implican su cruz. Si no aceptamos ésta, nunca tendremos aquellas. La ineludible cruz del amor exige abnegación, privaciones, entrega total en la donación de sí mismo, tolerancia, benignidad, solidaridad, fidelidad. En resumen: sacrificios. Estos sacrificios ofrecen la gran compensación del amor mismo, que los exige, pero también los premia, si son aceptados a conciencia, como contrapartida de cuanto de muy superior ofrece el amor en sí. En Dante, la beatitud de Beatriz y el tormento de Francesca. Sin amor no son tolerables ni el cielo, ni el infierno.

Algunas personas, especialmente viejos, conocedoras de esta cruz, se niegan a amar para evitarla. Es tanto como someterse al ayuno absoluto para evitarse el trabajo de digerir. Las huelgas de hambre se parecen mucho a las huelgas de amor.

Sin la aceptación de la cruz del amor no existen sus delicias. En esto el amor divino es un buen ejemplo para el amor humano. Los místicos del amor de Dios no lo son de verdad si no aceptan las privaciones en él implícitas. La literatura de los amantes de Dios y sus vidas están llenas de estas demostraciones que, como en Santa Teresa de Jesús y en San Juan de la Cruz, van hasta el ascetismo, tanto más riguroso cuanto mayor sea la llama amorosa. A su escala, en el amor humano, el caso es comparable. Se ha dicho tanto: el amor de rosas sin espinas, el amor puramente hedonista no resiste ninguna prueba. Se marchita como los pétalos. En la vejez, la aceptación de la cruz del amor es más válida porque, como todo a esa edad, el amor del viejo es más vertical que horizontal. En la juventud la extensión, de un modo u otro, puede a veces compensar la hondura. Ahora no. Ahora, si tiene amor, cuídelo, señor, y no admita el rechazo social a su amor que lo obliga a la clandestinidad, casi siempre corruptora del amor y estímulo a la perversión.

El segundo lenguaje del sexo

El sexo es una donación de amor y es el amor su único lenguaje válido de comunicación física y espiritual. Éste, a través de los diversos períodos de la vida, va teniendo formas y manifestaciones variables dentro de la verdad del acto creador en la fusión por excelencia de todos los valores de la especie: la pareja humana.

La tercera edad abre nuevas perspectivas a esa comunicación, porque en ella han madurado los valores comunicables y han afianzado sus calidades. A esas alturas de la vida se han enriquecido y purificado los intereses de la pareja y han culminado en integración. La pareja es entonces más pareja, porque ambos tienen más que comunicar, y más necesidad de dar y recibir. Es, por excelencia, la época de intercambio y la solidaridad en la alianza para vivir. Entonces es más el uno para el otro la mitad del alma y la mitad del cuerpo.

Nuestra civilización y nuestra cultura occidentales han enseñado al hombre muchas ciencias, técnicas y artes sobre las cosas y los seres, pero han olvidado prepararlo sobre las ciencias, artes y técnicas del hombre mismo en algunos dominios del conocimiento y la conducta. Uno muy impreparado es el del sexo, en tan alto grado, nuestro destino. La ignorancia en este campo ha sido milenaria y mítica entre nosotros y comienza por el concepto discriminatorio entre varón y mujer, con una consecuencia obligatoria: el machismo, tan antiguo como el macho. De esa equivocación fluyen lógicamente muchos errores sobre el sexo. Solamente ahora, en algunos lugares, comienzan a enmendarse a través de la educación sexual, pedagogía muy reciente que por su misma novedad no encuentra todavía sus cauces definitivos, y va detrás de la liberación sexual, razón por la cual la tal liberación se deforma tan fácilmente en "destapes a la española", pornografías y otras indignidades tan deprimentes como la represión sexual anterior. Por liberarnos de unos mitos estamos creando otro.

Muchas personas siguen ignorando cómo el sexo está en todo el cuerpo y en toda el alma y cómo es él tan digno como la misma persona humana. Por esa ignorancia, muchas parejas siguen copulando mecánicamente, sin amor, bestialmente. Esa bestialidad se nota bien en muchos dichos populares, acuñados aun por gentes de buen recibo. Se oye por ejemplo: "El hombre, como el gallo, después del coito está triste", lo cual es lógico si el acto se realiza a la manera del gallo, sin comunicación, sin comprensión, sin conciencia de la mutua donación, para sola satisfacción de un apetito fisiológico de depositar un germen en un huevo.

Cuando el acoplamiento se hace por amor y los dos componentes de la pareja tienen plena conciencia del amor como comunicación total, física y espiritual, después de la realización del amor, lejos de la tristeza del pobre gallo, debe venir un estado de beatitud mutua que es realmente el premio gratificante de la especie: una recíproca sensación de ternura, de reconocimiento, de plenitud pacificadora, de gratitud, de identificación en lo mejor del cuerpo y lo mejor del alma de cada uno para el otro, de olvido de todo lo que no sea la presencia de dos seres integrados en uno solo, sublimados por la mutua exaltación de su humanidad comunicada y compartida... Al éxtasis de la acción sucede el éxtasis de la contemplación. Quien ignore estos momentos de placidez, más que de placer, desconoce uno de los motivos fundamentales para vivir: el momento estelar de la pareja, cuando la mutua ternura fluye del cuerpo y del alma como la fuente milagrosa de la roca. ¿Ha obrado usted ese prodigio?

En la tercera edad, la pareja está más capacitada para disfrutar de todo este maravilloso conjunto llamado por el doctor Robert N. Butler y Myrna F. Lewis "el segundo idioma del amor". La plenitud del significado del amor. La mutua donación de todo.

Con el sedimentarse de los años todo se aquilata, se alquitara, se acrisola, se purifica. También el amor y sus respuestas. Se afirma ser el amor y el sexo (éste como su consecuencia) más válidos en la tercera edad. Durante ella hay más tiempo para la contemplación, el mimo y la caricia, la ternura, el diálogo y la comunicación. Y el compartir. Hay más conocimiento y experiencia del uno y del otro. La pareja tiene menos intereses diferentes, más calma, menos inquietudes y ambiciones ajenas al uno y al otro, más comprensión e identificación y más conocimiento. Pero debe poner en juego toda su imaginación de agrado y complacencia mutuas, de renunciamiento y donación, para evitar la rutina, descubrir algo nuevo entre sí diariamente y cultivar el lenguaje de las palabras, pero también de todas las demás relaciones entre sí, no sólo a la hora del amor, sino a toda hora. El amor hace elocuencia hasta del silencio. Nunca como en el amor de la pareja entrada en años es tan cierta la agustiniana sentencia: "Ama y haz lo que quieras". Cuando el sexo es producto del amor todo es lícito. Cuando no, nada es lícito. Y el amor es calor vivificante. No lo deje enfriar. Prepare la hora del amor día a día, hora a hora. Se ha dicho que la noche de la pareja se prepara durante el día.

Geriatras, gerontólogos, sicólogos y sexólogos afirman la existencia de muchas personas que no descubrieron verdaderamente el amor sino en la tercera edad. Antes "lo hicieron" apenas.

Robert N. Butler y Myrna F. Lewis afirman en el segundo idioma del sexo multitud de valores diferentes, para personas en edad avanzada. Después de un largo muestreo y una evaluada encuesta en muchas parejas de la tercera edad, los enunciaron así: oportunidad para expresar pasión, afecto, admiración, lealtad y otras emociones positivas. Afirmación del propio cuerpo y su funcionamiento. Fuerte sentimiento de la personalidad de cada uno. Conservación del entusiasmo y la moral. Autoafirmación mutua y enriquecimiento recíproco. Protección contra la ansiedad. Seguridad. Desafío a la tiranía social contra la vida sexual de los viejos. Sentido de romance y de caricia, afirmación de vida, búsqueda para acrecentar la experiencia sexual, responsabilidad de la pareja entre sí, rompimiento de la apatía, continuación de la vivacidad y la imaginación, recompensa en las relaciones personales, hallazgo de que el sexo no es sólo atletismo y secreción.

Hay una página de Butler y la Lewis que usted debe leer y meditar. Aquí está: "Parte del secreto para adquirir el segundo lenguaje reside en aprender a dar. Recibir es mucho más fácil pues plantea menos demandas. Pero el hábito de tomar exclusivamente apaga el impulso de retribuir. Como lo ha dicho Erich Fromm. 'Mucha gente ve el problema del amor principalmente como si consistiera en ser amado más que en amar en la capacidad propia para amar'. Dar no es una interminable donación de sí mismo a otros sin esperar nada en retorno. Tampoco es una transacción económica realizada con la expectativa de un intercambio equitativo. El dar sanamente no incluye la esperanzada y humana anticipación de que algo igualmente bueno nos será devuelto, sino también los placeres inherentes a dar sin tener en cuenta la retribución. Cada persona debe elegir el equilibrio que desea lograr y resolverlo en compañía.

El segundo lenguaje implica sensibilidad. Hay que eliminar los rencores largamente retenidos y las viejas irritaciones para con su pareja y la gente en general a fin de no gastar negativamente la energía. Sugiere la posibilidad de renovar el amor todos los días. Exige conocer lo que le agrada a su pareja y a usted. Implica tanto ser juguetón como pasional, y charlar, reír, burlarse, compartir secretos, recordar, decir chistes, hacer planes, confesar temores e incertidumbres y llorar, dentro y fuera de la calidez de la cama, en intimidad y compañía. No siempre necesita involucrar el acto sexual.

Si se insinúa el aburrimiento en la pareja, ambos deberán reconocerlo; es el momento de buscar o escuchar los sentimientos más profundos que cada uno de ustedes ha atesorado para el momento en que su riqueza sea bienvenida y restauradora. Debe resistir *activamente* los empujes del hábito. Las rutinas y responsabilidades pueden enturbiar el impulso de una verdadera charla y usted debe resistir la tentación de retirarse a su propio mundo individual. El egocentrismo y el deseo del contacto sexual y emotivo solo cuando usted se siente con humor para ello sin importarle las necesidades de su pareja, necesariamente provocará conflictos. También es fatal la competencia basada en un caprichoso nivel de desempeño sexual.

El segundo lenguaje del sexo puede ser desarrollado por todo aquel que *desee intentarlo*. Vemos a diario en nuestra actividad profesional personas de edad avanzada que han luchado valientemente toda su vida para superar obstáculos, ganarse el sustento, criar una familia y afrontar otras responsabilidades. Al actuar así han sacrificado literalmente en pos de este proceso sus vidas privadas y su desarrollo individual. No importa. El amor y el sexo están siempre *allí* para ser redescubiertos, mejorados y hasta apreciados por primera vez, sea usted joven o muy viejo. Los que toman la iniciativa llevan ventaja sobre los que esperan pasivamente que el amor llegue.

De hecho, la gente de edad avanzada tiene una especial habilidad para llevar el amor y el sexo hacia nuevos niveles de desarrollo, debido precisamente a que son viejos. Desarrollan percepciones que están conectadas con el sentido único de haber vivido mucho tiempo y de haber luchado para aceptar la vida como un ciclo que va del nacimiento a la muerte. Varias de estas cualidades se adecuan enormemente al florecimiento del segundo lenguaje. Cuando la gente comienza a envejecer es cuando puede surgir la apreciación acerca de la preciosidad de la vida, y la valoración de lo inmediato. Ahora cuenta el momento actual; antes, el futuro librado a la casualidad. Si la creciente conciencia sobre la brevedad de la vida lo lleva a aceptar su propia mortalidad en una forma sana y madura, sin seguir negándola, encontrará que usted ya no vive más incauta o descuidadamente, como si tuviera todo el tiempo del mundo. El desafío de vivir lo más ricamente posible en el tiempo que le resta es estimulante, no motivo de depresión.

La *elementalidad* —el goce de las cosas elementales— puede precisamente desarrollarse en las personas de edad, pues ellas tienen una conciencia más aguda de que la vida es corta. Ellas nos dicen que comienzan a ser expertos en separar lo importante de lo trivial. Puede que entonces aumente la sensibilidad hacia la naturaleza, el contacto humano, los hijos, la música, la belleza en cualquiera de sus formas. La vejez saludable es a menudo la ocasión para gozar más de todos los sentidos: colores, paisajes, sonidos, olores, tacto, y de menor compromiso con los transitorios impulsos hacia la realización, las posesiones o el poder.

La gente de edad tiene tiempo para el amor. Aun cuando les quedan menos años de vida que a los jóvenes y los de edad mediana, si gozan de una razonable buena salud, pueden a menudo invertir más tiempo en relaciones sociales y sexuales que otros grupos de edad. Es cierto que sus recursos financieros pueden verse limitados, pero afortunadamente las relaciones sociales y personales se cuentan entre los placeres de la vida que son gratuitos.

También cuenta la experiencia. Mucha gente aprende con ella. Es posible llegar a ser muy diferente en los últimos años de vida, de lo que usted fue en la juventud. Es obvio que la modificación puede tomar direcciones positivas o negativas. Pero lo que debe recordarse es que el cambio es posible. No necesita encerrarse en ningún tipo específico de conducta en ningún momento de su vida. La experimentación y el aprendizaje son posibles a lo largo de todo el ciclo de la vida, y esto también es real para el sexo y el amor. Naturalmente que mientras más activamente usted crece, mayores son las reservas de experiencia, así como el repertorio del que puede sacar para llevarse bien con la gente y amarla. Un hombre en los setenta y tantos años nos describió así el vínculo entre él y su esposa luego de cuarenta y cuatro años de casados: A veces, por la mañana la miro y ella hace lo mismo conmigo. No decimos nada, ni siquiera 'Buenos días'. Nos entendemos. Se queda en la cama cuando me levanto y ella levanta la mirada y allí hay una cantidad de cosas que hace que no tengamos que decirnos 'me quieres' y 'te quiero'. Hemos estado casados durante largo tiempo y creo que nos entendemos mutuamente.

Quizás sólo en los últimos años, la vida con sus diversas posibilidades puede tener la oportunidad de moldearse en algo que se aproxima a la obra de arte humana. Y quizá sólo en ese tramo de la vida, cuando la personalidad alcanza las etapas finales de su desarrollo, pueden el acto amoroso y el sexo lograr su mayor desarrollo posible. El sexo no existe meramente después de los sesenta: conserva la posibilidad de crecer como jamás lo hizo. Puede ser alegre y creativo, sano y causa de salud. Une a los seres humanos con una afirmación de amor y también es por consiguiente moralmente recto y virtuoso".

La opción del sexo

Nuestra época abusa del tema sexual –tanto como la anterior lo ocultó hipócritamente en la clandestinidad– y lo prostituye hasta la desvergüenza de la pornografía convertida en empresa e industria de explotación comercial en los medios de comunicación. Las regiones escandinavas se han convertido en emporios de la próspera empresa. Filmes, diapositivas, revistas, folletos, láminas y calendarios donde se muestran todas las intimidades naturales y antinaturales que sólo el amor y su privacidad pueden dignificar, cuando es amor y cuando son naturales. Suecia ha legalizado esa industria.

A la par de la facultad de "pensar", el sexual es el acto humano de más importancia. En él se compendia la mejor síntesis de las demás facultades con participación de toda la persona humana. Es el misterio de la vida total, desde la piel hasta el alma. Cuando se da el prodigio nada diferente es posible.

Pero el acto sexual no es obligatorio, a pesar de ser la función más instintiva de la especie para su conservación y satisfacción. Dentro de la libertad humana, el sexo también es una opción. Usted puede elegirlo o no. Lo que no puede es profanarlo. Pero usted debe tomarlo o dejarlo conscientemente, no por el prejuicio tantas veces prefabricado y reacuñado de que el anciano es impotente. Ni por esa pudibundez social impuesta por los demás y con la cual nada tiene que ver el verdadero pudor.

Si su opción es dejarlo, de una forma u otra, y ser célibe o casto, nada hay en contra suya, si lo puede ser honestamente. Los célibes y los castos tienen muchas razones para su opción, de orden religioso y personal. El celibato y la castidad en la vejez no son diferentes de otras edades, con la salvedad de que, si se ha sido casto desde la niñez, a su edad el sexo no tendrá ningún interés para el anciano. Pero si se ha llevado una vida sexualmente activa, esta perdurará en el viejo, si su salud no se opone, como puede oponerse a cualquier otra edad.

Cuanto se va a decir y se ha dicho aquí del sexo respeta la opción contraria. Es decir la castidad y el celibato, que, sin embargo, son siempre la excepción, y con tal de que lo sean con pleno conocimiento y voluntad, y por motivos válidos y sinceros. Si estos no existen, la imagen de "solterón" o de la "solterona" continuará produciendo su acostumbrado repudio.

El placer

Otras de las *capitis diminutio* en el pretendido deterioro de la vejez –imposición social y mítica a una edad que puede ser espléndida, la de "los decenios de oro"– es la negación del placer. El amor en el joven es lógico, pero en el viejo, para el común de las gentes, es ridículo. El placer, no solamente el amoroso o erótico, es la sal de la vida. La naturaleza lo ha puesto en todas partes y a todas las escalas. A cada acto natural corresponde un placer, desde el meramente espiritual hasta el puramente sensitivo, desde el místico hasta el nutritivo. A cada ejercicio de cada facultad humana corresponde un esfuerzo y una satisfacción, no importa cuál: la del alpinista al escalar la montaña o la de forjar hierro, adorar a Dios o tomar un baño. El placer es tan material como espiritual y está implícito en el ejercicio de la vida.

La mayor injusticia convencional contra el viejo es negarle o desconocerle sus satisfacciones y convencerlo de que no debe tener acceso a ellas, precisamente cuando es la tercera edad la de más derecho a ser satisfecha, porque vivirla es el resultado de una vida, y ha costado mucho llegar a ella. No es lo mismo haber vivido 30 años que setenta.

El "viejo" tiene una refinada capacidad y receptividad para las satisfacciones, sobre todo cualitativamente, en todos los campos. En los del amor también. Es precisamente en la tercera edad cuando la pareja humana se necesita más y se disfruta más por razones evidentes.

Durante siglos, el falso concepto de "climaterio" o menopausia esclaviza a la mujer, cuando es precisamente después de ella cuando la mujer puede realizarse sexualmente mejor. Hasta una de las religiones más exigentes en regimentar el sexo, la católica, admite en el coito el doble objeto de prolongación de la especie y satisfacción de las pasiones, y permite a la mujer casarse después de la menopausia. La naturaleza misma puso el placer en relación directa con la importancia de las acciones que impone instintiva o racionalmente. El acto supremo del hombre es la creación, a cualquier nivel. A la creación y a la comunicación corresponden los mejores placeres. La menopausia no es un obstáculo a la satisfacción.

La tercera edad es creativa, no sólo en producción de la mente, sino en la de los sentidos. Las facultades de un hombre normal están vivas y actuantes hasta la muerte. Pero la convención social, hija de los mitos menores y mayores, considera muertos a los "viejos". Lógicamente, cada edad tiene su estilo, su ritmo, su ámbito y su clima. El avance de la edad es un proceso de depuración, a la medida de la dotación, formación y cultura de cada uno. La capacidad de amar, bajo cualquiera de sus formas, se cualifica en la tercera edad, aunque su cuantificación varíe.

El amor es comunicación total de todo el yo hacia el otro yo (el *alter ego,* el *animae dimidium meae*). El natural proceso selectivo de la tercera edad madura todas las causas y los efectos del amor en cuanto tiene de delectación física y de satisfacción espiritual, dos factores en las otras edades no siempre parejos y unidos. El gran clima del amor es la ternura en el acoplamiento y no la brutalidad en la cópula; comunicación de almas y cuerpos y solaz de los sentidos y del espíritu. El perfeccionamiento en el amor exige también –y quizá el que más– la sabiduría.

Observe dos parejas enamoradas en un parque público –para no hablar de recintos dudosos–. Una de jóvenes y otra de viejos. La una tiene la belleza de la hoguera y la otra la belleza de la cosecha. Fuego en la una y luz en la otra. Es la diferencia entre el horno y el pan.

El amor "senil"

Nada en la historia humana ha sido tan mitificado, mistificado y adulterado como el sexo, en todas las edades, especialmente en la tercera cuando es más que nunca "el as de triunfo de la vida en el juego de la naturaleza", según Günther Haaf. Hoy cuando la ciencia y la experiencia demuestran cómo el poder sexual perdura a través de la edad, aun avanzada, si enfermedades específicas, somáticas o síquicas no lo impiden, la mitificación lo puede destruir. Se continúa socialmente proscribiendo al viejo del sexo, atentando así contra el primer instinto de la especie y su capital realización, condenándolo a la clandestinidad.

El amor es el amor a todas las edades de la vida. En la tercera es más acentuado, más sólido, más puro y más hondo. Los cambios de la edad en él no se manifiestan en variaciones sustanciales, sino en ganancia de profundidad, ternura, comunicación y purificación. El mito de que el amor es sólo para los jóvenes es falso a todas luces. Ha sido una de las tantas persecuciones inmemoriales contra la vejez y una de las venganzas de la juventud contra los viejos. La competencia del viejo fue siempre temida por los jóvenes en todos los dominios, incluso en el amor. Simone de Beauvoir cita una pieza de teatro donde Maquiavelo desenmascara a Plauto. "Así como es gracioso el amor en el corazón joven, así es repulsivo en el hombre que ha visto marchitarse las flores de la edad... Por eso, viejos enamorados, lo mejor que podéis hacer es dejar las empresas galantes a la ardiente juventud". Cuatro siglos después se escribe aun así, sin darse cuenta del garrafal anacronismo. El amor no es patrimonio exclusivo de ninguna edad.

Para confirmar el exilio erótico del viejo se divulga mucho aquello "del amor senil", como una enfermedad para "sorber el seso". No hay reglas para el amor entre las edades, ni es forzosamente obligatorio el que los coetáneos se entiendan mejor. Las grandes diferencias de edad en la pareja implican dificultades, más que por la respuesta amorosa, por la oposición de intereses... Pero hoy, en la prolongación de la longevidad, las diferencias entre 15 y 25 años no son grandes diferencias y las encuestas prueban el bienestar amoroso aun entre parejas con grandes distancias en la edad. Hay ya toda una historia contemporánea sobre el caso. Por ejemplo, en regla general, las europeas prefieren compañeros de más edad, y las americanas, al revés, optan frecuentemente por varones menores.

En las parejas de edades notoriamente diferentes, el fenómeno es más visible. El amor tiene una escala muy extensa, pero es uno mismo en todos sus grados, aunque con diversos intereses y manifestaciones: esposos, padres, hijos tienen todos un punto de partida: el amor que los engendró. El amor es un gran riesgo pero es también la gran protección, y todos necesitamos proteger y ser protegidos. Los sentimientos maritales, paternales y filiales, sin tragedia griega, se entrelazan por muchas causas. Una de ellas porque dan y reciben protección. En la unión entre parejas de edades diferentes el fenómeno es muy claro: su intensidad y ternura es mayor porque llega un momento en que uno de la pareja ama como esposo, como esposa, como madre o como padre, como hijo o hija, con la correspondiente correlación y respuesta. La triple protección se vigoriza y con ella el amor marital. Esto no es una tragedia de Edipo. No hay ni sombra de incesto mental o físico, es una ley racional, vivificada y comprobada con consecuencias normales y físicas favorables, sin contradicción con los matrimonios entre coetáneos, cuyos valores no se niegan. En la pareja humana, una cosa es el matrimonio en abstracto y otra los cónyuges en concreto.

Los matrimonios o uniones permanentes, con visible disparidad de edades, son cada día más frecuentes, hasta el punto de que los Estados Unidos de Norteamérica consideran ya un problema el no legalizar los llamados "matrimonios del seguro" –parejas que viven unidas, sin sanción civil, porque si se casaran el de más edad vería disminuida su pensión–. Se considera ahora la posibilidad de rectificar esa ley ante el hecho de que, en 1972, se pudieron certificar 180.000 parejas de viejos, unidos sin matrimonio legal por esta razón. Es indudable que la vida de la pareja humana unida cobra especial interés en la tercera edad, cuando la pareja ofrece mutuo apoyo en todos los órdenes.

Por otro lado, de considerar es cómo la vejez no es un hecho estadístico, ni tampoco la pareja. Existe la edad mental, la cultural, la social, la biológica junto a la cronológica. El equilibrio entre esas edades constituye la edad vital, aquella que se puede vivir activamente. La distancia de edad entre cónyuges no puede ser medida sólo cronológicamente. De tener en cuenta son los demás aspectos.

La edad cronológica entre el hombre y la mujer tiene también matices de diferencia. La mujer vive en promedio siete años más que el hombre en el primer mundo, pero se enferma más, envejece más aprisa y se encuentra más desamparada en la tercera edad, por ser económicamente menos productiva. En Inglaterra, nación donde el viejo ha alcanzado una protección superior a la de otros países de su categoría, del total de personas mayores de 65 años desprotegidos, el 67% son mujeres.

No podemos negar el fenómeno bien comprobado llamado "amor senil". Pero este amor es morboso, patológico, desequilibrado y ha sido ya bien descrito desde la antigüedad. En la época de Maquiavelo una esposa describe así (siglo XVI) el amor de un viejo por una muchacha cuya edad casi triplica: "Su vida normal era un gran ejemplo para todo el mundo en la casa... pero, desde que se enloqueció por esa muchacha, descuida sus asuntos, sus tierras se estropean, su comercio da pérdida, grita cada rato sin saber por qué... Si le hablan no contesta, o responde atolondradamente".

El peligro del amor senil es otro riesgo para el viejo. Ame pero evite amar senilmente. Esto no es una consecuencia forzosa de la edad, sino un desvío contra el cual podemos precavernos. Si usted ha incurrido en él, cúrese, porque está enfermo... Pero, atención: es frecuente oír de las gentes llamar "amor senil" al amor de los adelantados en edad (que tienen derecho al amor, como cualquier hombre) en venganza, resentimiento, burla o desprecio. No se deje convencer de buenas a primeras. Cerciórese bien, consulte su caso, discierna y hágase ayudar por un ministro de su religión con juicio suficiente, por un sicólogo o siquiatra, por un amigo. No deje condenar su amor a la senilidad injustamente. Fuera de la enajenación, uno de los síntomas del amor senil es pagar por el amor. Sea generoso con el amor, pero no lo compre con dinero. La única paga por el amor es el amor, la donación de *sí mismo*, que es la máxima. El dinero, como precio al amor, es estiércol, y "estiércol del demonio".

El "amor senil" verdadero produce casi siempre sicosis, más fácil de advertir por los demás que por el enamorado mismo, y suele llevar a deformaciones peligrosas y aberrantes, de las cuales está plagado el sexo en algunas personas y ambientes para todas las edades, pero de riesgos más graves a partir de la tercera edad.

Menopausia o climaterio

La menopausia en la mujer, cesación de ovulación y por tanto incapacidad para concebir, de ninguna manera es fin de su capacidad sexual. Al contrario, después de la menopausia la mujer, desde el punto de vista de placer sexual, es más apta por varias razones, entre otras por la ya citada, de la liberación del temor del embarazo no deseado, y de las aprehensiones de los anticonceptivos mecánicos o químicos, que, de una manera o de otra, repercuten nocivamente con algunas consecuencias somáticas y síquicas. La función del sexo y su finalidad no es solamente la reproducción o multiplicación de la especie, sino también la satisfacción mutua, y ésta dura hasta edad muy avanzada.

La menopausia, en consecuencia, marca el gran cambio en la vida de la mujer. Puede ser muy perjudicial si se le maneja mal, pero útil, si se le conduce bien. La comprensión y conducta del varón es definitiva en este tránsito para evitar traumatismos femeninos, y aun alteraciones graves en la siquis de la mujer, perturbada transitoriamente mientras el fenómeno se produce y ella se adecua a él, lo cual no siempre acontece inmediatamente después de superados los trastornos.

En el varón la menopausia o climaterio no es física, sino mental. En el hombre la potencia genital no termina sino hacia fines de la tercera edad, o sea en las vecindades de los ochenta o más años. Se comprueba todos los días. Charles Chaplin, padre a los 73, Andrés Segovia, a los 76. Y además en la práctica de cuantos nos rodean, aunque el viejo evita los hijos, por las responsabilidades subsiguientes.

Pero el varón acribillado y a veces torturado por el fantasma de la menopausia o climaterio, a su manera, se deforma en su concepto de ejercicio sexual. Llega un momento, de ordinario entre los 57 y los 65 años, en que cree que su potencia sexual va a terminar, y se desborda pretendiendo emplear bien "sus últimos cartuchos". Este es un falso afán de cazador apurado por la hora, ordinariamente llamado "el demonio del mediodía". Síquicamente es un hecho causado por errores de la formación y la educación sexuales. Físicamente es falso. En un hombre normal, la cesación de la potencia sexual no llega sino con la muerte, o con enfermedades graves, que pueden causarla también en las edades anteriores. El prejuicio social, que tantas víctimas individuales hace, es el principal culpable. El amor es el amor y nada más, aunque a cada edad corresponda un tipo específico de amor, un idioma propio del sexo.

La reeducación sexual del viejo

Durante la niñez, la protección de padres y maestros cuida del niño y le enseña cómo manejarse a sí mismo y con los demás. En la edad madura se supone al hombre preparado para hacerlo por sí mismo, o con los suficientes conocimientos y criterio para acudir a los servicios profesionales de los demás. Si estas hipótesis fallan, la vida misma tiene, en las edades anteriores, un amplio margen de recuperación y enmienda de equivocaciones. Hay más tiempo para ello. Después, el reloj interior cambia de paso.

En la vejez los errores son más graves en sus consecuencias, las oportunidades de remediarlos menores y el tiempo más corto, mientras los cambios impuestos por esta etapa son más notorios o importantes y requieren, en todos sus órdenes, una reeducación del viejo para su adecuación y readaptación a la nueva vida, al concepto sobre sí, de especial urgencia para establecer la verdad sobre su propia realidad, tan deformada y opacada, y para la cual se prepara poco.

La idea social sobre la tercera edad ha sido errada. Los demás miran al viejo como un ser aparte, con acceso apenas a cierto confort y protección, pero privado de los derechos esenciales del hombre: el sexo y el trabajo, como medios de continuar su realización, su utilidad individual y social, el valor de su experiencia y sabiduría, y la aplicación normal de sus facultades. Y mientras las convenciones sociales los combaten, muchos viejos son los primeros en ignorar sus posibilidades, creando así la impotencia artificial o, por lo menos, la resistencia sicológica a sus posibilidades.

Se ha puesto mucho énfasis en la educación y reeducación del niño, pero ninguno en la del anciano. Sin embargo, ante su abrumadora presencia de ahora, se comienza a pensar en ella. En los provectos la resistencia a la reeducación es menor de la supuesta hasta ahora. Médicos y pedagogos se sorprenden ante la receptividad del viejo y su capacidad de aprender, incluso a aprender a caminar. He visto a viejos reconstruirse. Visité a Isabel Castaño de Mora. Hace unos meses, a los 85 años, sufrió un accidente de automóvil en el cual murió un biznieto, quedaron gravemente heridos dos nietos y una hija, y ella con múltiples fracturas: las piernas rotas, las rodillas demolidas, los tobillos astillados y en la cabeza un tajo de la ceja a la coronilla. Se la creía condenada para siempre. Ahora, a golpes de voluntad, ha logrado rehacerse: reeducó su espíritu y sus piernas y vuelve a caminar y a servir.

La reeducación del viejo, supone la de todas aquellas profesiones cuyos servicios tienen que ver con él. En realidad la geriatría y la gerontología son disciplinas científicas recientes. Según el doctor Belack en Norteamérica los 18.000 médicos afiliados a sociedades geriátricas y gerontológicas, no son todos especialistas, aunque sus asociaciones se preocupan de publicaciones, cursillos y seminarios sobre el tema. Los médicos egresados de la universidad antes de 1916 nunca oyeron hablar en ellas de geriatría ni de gerontología Hay también que reeducar a los médicos para la reeducación de la vejez.

Esta deficiencia médica es especialmente notoria en el campo de la sexología de la vejez. Está comprobado el hecho de la capacidad sexual del viejo, y comprobado también cómo sus inhibiciones en este campo son de orden social, sicológico, falsamente moralista o de pudor mal entendido, cuando no imposición de los hijos, atareados en aplicar a los padres y abuelos los mismos sistemas de represión sexual aplicados por ellos en su día cuando, en concepto de las gentes, el sexo era "sucio", misterioso, válido únicamente para la reproducción. El clásico cliché de otros tiempos, aun influyente, cuando el niño y el viejo debían ser seres sin sexo.

Para la reeducación sexual del viejo hay, pues, dos dificultades: falta de preparación de educadores y prejuicios de educandos, con el agravante del abuso en el complejo campo de la sexología, frecuentemente convertido en explotación de pacientes y empresa comercial de explotadores. Elija bien al sexólogo, no sea que su diploma se haya convertido en patente de corso.

Reeducar sexualmente exige una delicadísima pedagogía de selección, en educadores de selección. Si no se encuentran éstos, es mejor confiar en el juicio, el discernimiento y el criterio del anciano informado, o de consejeros de sentido común, porque hay sexólogos honestos, pero también mercantilistas.

Amor a la juventud y a la niñez

No se asuste por "la pugna de las generaciones". Es natural. En la fila de la vida los de atrás quieren avanzar y los de adelante les impiden, como en las colas de los cinematógrafos. Necesitan desplazar para emplazarse, desubicar para ubicarse. Entre edad y edad hay una "tierra de nadie". No es un abismo. Y, si lo fuere, a nosotros nos corresponde terraplenarlo o tender el puente.

No tome la agresividad entre generaciones como un reto, sumérjase en la corriente de la vida y no dé codazos. Hay campo para todos. Ellos, los de atrás, nos necesitan y nosotros los necesitamos. Sus intereses y los nuestros no son siempre los mismos, pero no tienen por qué ser conflictivos. A usted los conflictos le dañan más. Es suficiente con no dejarse marginar. La figura del abuelo para contar cuentos y refunfuñar y de la abuela para surcir calcetines y cantar canciones de cuna han desaparecido. Por otra parte, usted necesita de los jóvenes para rejuvenecerse. Se ha demostrado cómo la profesión donde se envejece menos es la del profesor o institutor, por su contacto con jóvenes y adolescentes. Trátelos, mézclese con ellos, obsérvelos, óigalos, interprételos. En el proceso de compensaciones, tan visibles en las diversas edades del hombre, los jóvenes no son siempre los más favorecidos. Ponga las ventajas de usted, sabiduría y experiencia, al servicio de ellos.

La juventud atraviesa uno de los momentos más difíciles de su trayectoria a través de los siglos; en los últimos cincuenta años de ciencia y técnica han sucedido más cambios en el mundo que en el resto de su historia. Estos cambios están produciendo un tipo de sociedad nueva, sin que sus miembros individualmente hayan cambiado lo suficiente para adecuarse.

La juventud, por haber nacido en ese acontecer de cambios sorprendentes, ha variado más que nosotros y nos ven muy lejos, porque hay muchos senescentes sin cambiar aun. Siguen éstos viviendo su época, y esta es ya otra época. Recuerde, adáptese, no se anquilose. Use los "suiches". Conéctese. Los jóvenes le ayudarán, le rejuvenecerán. No son tan tontos como usted piensa.

El hecho de la mayor adaptabilidad de la juventud a la actualidad no significa la adecuación todavía. Una etapa se derrumbó y la otra no se ha terminado de construir. Entre las dos, nos debatimos todos, pero especialmente la juventud... Luigi Barzini Junior tiene una figura sabia para indicar esta desorientación juvenil. Antes, nosotros teníamos unas normas individuales o sociales para actuar. Buenas o malas, estaban allí. Jugábamos tenis con una red y unas líneas de demarcación de límites, más allá o más acá de las cuales la bola era válida o no. Teníamos unas reglas de juego. Ahora esas reglas se abolieron, sin ser totalmente remplazadas aun y todos estamos jugando sin red y sin líneas de demarcación del campo. Esto nos afecta a todos, pero especialmente a los jóvenes. Ellos no conocieron la vieja cancha y no tienen aun terminada la nueva. De ahí eso que usted llama "anarquía juvenil", donde usted puede serles muy útil a ellos y ellos a usted. No se distancie.

Hace medio siglo Alexis Carrel en su libro *La incógnita del hombre* con toda su autoridad de médico y filósofo, había hecho la profecía sobre el hombre moderno: si éste no se prepara culturalmente para vivir la nueva época, sería el gran desadaptado. En muchos casos estamos viviendo la realización de esa profecía. Su sabiduría puede ayudar a los jóvenes y ayudarse. Usted también tiene más humanismo, y el caso es en gran parte humanístico. De otro lado, los jóvenes tienen más elementos científicos y técnicos que usted y le ayudarán. ¿Se ha propuesto, por ejemplo, hacerse enseñar de ellos la física nuclear y la electrónica? No las entendería sin ellos.

No tenga envidia del "Dios joven". Norteamérica ha hecho el lanzamiento de esa imagen de la divinización de la juventud, por tantas razones, una, por la extraordinaria dinámica de su sociedad económica, a ritmo de computador. Sin embargo, esa juventud es angustiada. No tiene tiempo para nada. He conocido personalmente a dos norteamericanos muy importantes en el mundo de la producción y personalmente como hombres: Hillard Nevin, gran gestor de los anestésicos, con laboratorios en casi todo el mundo, y Alfredo Rossotti, empresario de artes gráficas, con una inmensa litografía en Brooklin. La pasión de Nevin era la cacería, pero no podría hacerlo sino una vez al año, y, para ganar tiempo, tenía que alquilar un avión. Rossotti amaba el tiro al pichón. Era de origen veneciano. Su propósito del año era asistir a las competencias del Veneto en este deporte. Nunca tenía más de 5 días libres al año para hacerlo.

Su tercera edad es la edad de su liberación. Y medite en esto para ver cuánta dependencia tiene el niño, cuánta limitación el joven, cuántos compromisos y responsabilidades el hombre maduro. Usted está más allá de esas presiones, goza de un pináculo de serenidad y experiencia, desde donde puede ayudarles. Y ellos le ayudarán. La ley de la reciprocidad es una ley de la vida, aunque falle algunas veces. No siempre hay que aguardar la reciprocidad de nuestros beneficiados, a veces hay desconocidos que pagan la deuda. La justicia inmanente siempre está ahí.

El viejo tiene la tendencia a creerse mejor que los jóvenes. En términos individuales, eso puede ser o no ser cierto aquí y allá, en casos específicos. Pero generacionalmente no es cierto. Luciano Salce, hace veinte años, hizo una película con Katherine Spag, "La Voglia Matta" (Deseo loco). Travesuras, peripecias de un grupo de jóvenes de uno y otro sexo que viven al impulso de una gran autenticidad y, sin quererlo, desenmascaran las tretas inmorales de un adulto maduro que a ellos los creía inmorales. El filme dio mucho para hablar sobre la calificación moral de la juventud. La televisión italiana organizó discusiones en la pantalla entre Luciano Salce, Katherine Spag, la pedagoga Alba de Céspedes, un jesuita moralista y el sicólogo y periodista Luigi Barzini Junior. La revista *Paris Match* hizo en Francia reportajes y encuestas sobre el mismo tema. Las conclusiones en Francia fueron similares a las del foro televisado en Italia y muy aleccionadoras para los viejos: los jóvenes de hoy estudian más de lo que sus padres estudiaron, tienen más aprecio y conocimiento de los valores artísticos, son menos convencionales y ostentosos, beben menos alcohol (aunque algunos usan más estupefacientes), practican el amor libre, pero usan menos las prostitutas, acuden menos al amor de conveniencia, se casan más tarde, pero un buen número de ellos son más fieles. En una palabra, en promedio, la juventud de hoy es mejor. Con una gran falla sí: los grandes cambios (de los cuales nosotros somos más responsables que ellos) borraron las líneas de demarcación y demolieron las normas. Los jóvenes andan en busca de algo para reemplazar todo eso. No lo han encontrado. Ni ellos ni nosotros hemos hallado el sustituto, ni lo hemos creado. Por eso, aunque son mejores, sin normas y sin mitos son más tristes que nosotros. Están en búsqueda. Ahí está usted para ayudarles. Ellos le ayudarán a vivir. No se desvincule. No los deje solos.

El amor de sí mismo

Desde luego la religión, la política y el amor, aun siendo trascendentes, no son nuestros únicos intereses. Tenemos otros muchos y muy importantes en la tercera edad. Uno de ellos es vivir plácida y satisfactoriamente. Eso no significa vivir hedonísticamente, ni egoísticamente, ni pródigamente. Al contrario. Pero mientras más avanza usted por la vida, más debe vivir para sí. Se supone que, antes, sus deberes para los demás le han hecho vivir más para ellos. No es de confundir el amor de sí mismo con el egoísmo senil, a veces patológico.

La vejez es un proceso de depuración, de concentración, a veces hasta de despojo, pero no de desmantelamiento. Es un poco el proceso del otoño cuando va quedando el árbol cada vez más árbol, capaz todavía de flores y frutos, con menos hojas y follajes, pero con más raíces. Usted irá encontrando cada vez más que la gente se interesará menos por usted. Usted debe interesarse más por usted. Es decir, en el buen sentido, usted debe amarse más a usted mismo. La vejez es también tiempo de compensaciones. La sociedad convencional, para no decir hipócrita, en que vivimos, ha deformado y desviado el amor a sí mismo, aunque lo practica en todas sus formas. Lo llama "narcisismo", "egoísmo", "vanidad", "orgullo". Todo eso existe. Pero ese no es el sano amor de sí mismo. El sano amor de sí mismo es el aprecio que usted haga de la dignidad de su cuerpo y de su espíritu, de las funciones de cada uno en una integración humana de "persona". Es maniqueísmo esa tendencia de alinear de un lado el "bien" y de otro el "mal" y ponerlos a pelear delante de nosotros mismos, de describir cuerpo y alma como dos principios diferentes en pugna continua. No. Los dos se integran esencialmente en usted, en identificación y unificación completas. Somos la identidad unida de los dos. Cuando a usted le duele un dedo, le está doliendo todo usted, y cuando un pensamiento le alegra se está alegrando todo usted. Cuide esa integración y no la deje entrar en dualismo imposible. Eso lo conduce al conflicto interior y enferma y acorta la vida.

El "amor de sí mismo" es perfectamente cristiano. La responsabilidad es personal ante todo. Cuando lo juzguen, lo juzgarán a usted mismo y no a los demás. El concepto de "persona" es el fundamento de la filosofía cristiana. Cuando alguien se salva, es él el que se salva, y cuando alguien se condena, es él el que se condena. Cuando el Evangelio llama a rendir cuentas, no solicita a los demás, nos convoca a nosotros personalmente, con nuestra responsabilidad individual. "Da razón de tu administración" (la administración de nuestra vida)... Hasta el adagio popular lo ha interpretado así: "la caridad bien ordenada entra por casa".

Cuantos más años tenga, si su cuerpo y su espíritu son normales, (y lo son más allá de lo que usted cree), más responsable usted será de sí mismo. Por eso usted tiene el derecho y la obligación de amarse a sí mismo, con tal de no odiar a los demás. Colabore con ellos en nombre de la solidaridad en la fe y en la especie. Pero no se deje invadir por ellos.

Interésese por algo: a su edad el desinterés lo aísla y lo paraliza por neutralización y lentamente lo aniquila, pero el exceso de intereses lo destruye por sobrecarga. Mida bien el peso de los fardos soportables y no se abrume con los insoportables. Sopéselos, analícelos, elíjalos placentera y honestamente. Acepte los desafíos naturales de la vida, pero no se cree otros artificiales. No se encuentra el viejo en la edad de vivir a campo traviesa, reventando cinchas. Se reventará. ¿Cuáles son los intereses de su amor a sí mismo? A su escala de culminación, los de todas las edades anteriores, pero ahora con la cuantificación y la calificación propias de su tercera edad: su cuerpo, su espíritu, la conservación de ambos, el ambiente, la familia, el trabajo, el dinero, el ejercicio físico y mental, los amigos, el médico, el sacerdote, el pastor, el frío, el calor, el sueño, el descanso, la ausencia de temor y de tensión, la placidez y la satisfacción. Todo es "vivir". Ámelo y cumpla sus deberes para con los demás, pero no se deje extraviar en el laberinto de los intereses ajenos.

CAPÍTULO X

Religión

Regreso al más allá

Hemos visto cómo la vejez es un proceso de filtración, concentración, depuración, despojo de accidentes, reafirmación de esencias, pérdida de superficie y ganancia de profundidad. Los ropajes de oropel ya no tienen razón de ser, la desnudez fecunda nos aproxima a lo eterno, lo infinito y lo absoluto. Dios está más cerca del hombre y el hombre más lo necesita. El viejo puede prescindir de muchas cosas, su calado en la vida se lo permite, pero no prescindir de Dios. Quienes lo han hecho, han terminado por crearse un dios en cualquier cosa, aun en ellos mismos. El hombre, sin la grandeza de Dios, deifica la pequeñez.

La historia contemporánea muestra en el mundo entero, aun en esta época de racionalización y cientifismo, donde sólo cuentan los hechos computados por la física y la química y la economía, un movimiento universal hacia las religiones. El eco del renacimiento del Islam se está repitiendo en otros credos. Y cuando no es hacia las religiones organizadas, es hacia la superchería, el agüero, la magia, la brujería, el espiritismo, las llamadas "ciencias ocultas", tan en boga hoy, porque el hombre busca llenar, de algún modo, el vacío de Dios.

La necesidad del más allá apunta por doquier. En Francia, el país más culto, racionalista y cartesiano de Europa, el doctor Tubiana, ya citado como eminencia de la investigación científica, acusa la existencia de 43.000 curanderos y 12.000 brujas. En Argentina, a su escala la Francia de América Latina, la proporción, con relación a sus habitantes, es casi la misma. En la Unión Soviética, donde el comunismo impuso el ateísmo oficial, la conversión a la fe ortodoxa, manifiesta o clandestina, es cada vez más frecuente después de los 40 años. Las abuelas están bautizando a sus nietos, aun a espaldas de los padres y del partido. La decepción del tan cacareado "progreso indefinido", el desencanto de la fe en la ciencia y en la técnica, como únicas soluciones, cuando se convierten en fuentes de angustia, y ansiedad, el pesimismo sobre una paz montada en la mecánica política, económica y militar –causa de nuevas guerras– están motivando un evidente reflorecimiento religioso, o, por lo menos, una más intensiva búsqueda del destino ultraterrestre del hombre. Resucita el más allá.

¿Cuál Dios?

Dios es una necesidad para el viejo. Pero ¿cuál Dios? Para los cristianos el Dios de los patriarcas de la *Biblia* —los viejos de Israel—, el que venía a hablar con ellos "con el viento de la tarde" como dice el libro santo. El de las grandes alianzas con el hombre, el Dios socio y aliado nuestro para ayudarnos a vivir. Los patriarcas eran ancianos y Dios dialogaba con ellos, precisamente para eso, para ayudarnos a vivir, para impedir el sacrificio del hijo y prometerles, como a Abraham, la gran fecundidad (multiplicar su descendencia como las estrellas en el cielo), para acrecentar el rebaño de Jacob, para consolar a Sara, para mostrar a Moisés la tierra prometida, sus uvas y su vino. Y como remate de todas esas alianzas parciales, la gran alianza de Dios con el hombre, la de hacerse hombre con Jesucristo, para redimir al hombre en su carne y en su espíritu. En todo el hombre. El hombre es total y la redención es total, en el más acá y en el más allá, o no es nada. Sin todo el hombre salvado, Dios es un creador frustrado y Cristo un redentor inútil. El viejo debe ser redimido en su carne y en su espíritu. No se pregunte cuál de esos dos elementos es más importante. Los dos integrados son usted. Y usted es quien debe salvarse, pero salvando su vida. Si la religión no sirve para ayudar a vivir, tampoco sirve para morir.

Física y síquicamente, la vejez normal es una época de culminación total de la carne y del espíritu, en la cual ni la carne ni el espíritu pierden sus facultades, aunque las realicen a su escala, según su adecuación. Pero, desgraciadamente, por falta de cultura religiosa, los viejos fomentan aspectos inconvenientes, por parciales, de la idea de Dios. Más el Dios de las venganzas, juez castigador, el omnipotente, el tonante de la visión apocalíptica del final de los tiempos. Más el Dios aplastante y amenazador, más el Dios de los profetas, jóvenes visionarios apedreados, que el de los patriarcas, ancianos conductores. Más el Dios de los exterminios y de la ley que Moisés acoge joven y caudillo, en el Sinaí, entre truenos y relámpagos, que el Dios de la promisión que Moisés recibe viejo, casi cuarenta años después de haber comenzado a atravesar con su pueblo el desierto. La tierra prometida, con su leche y su miel, está ahí a la vista. Usted ahora ya no es el de la guerra contra los faraones, ni el estratega tras la cortina de humo y de fuego, ni el del cruce a pie enjuto del Mar Rojo, sino el de la montaña prometida.

El viejo la necesita y Dios se la otorga, como se ha dado a tantos. ¿Por qué lanzar el viejo otra vez por el desierto que ya ha recorrido y exponerlo a la picadura de las serpientes, a la añoranza de las cebollas de Egipto o a las aberraciones del becerro de oro, en vez de proporcionarle el maná de la alianza? La alianza de Dios con el viejo, es, ante todo, alianza para vivir en la realización de la esperanza.

Seleccione también sus relaciones con Dios. Dios es su amigo y no su exterminador. Dios está a su lado, no con una espada de fuego, sino con una sonrisa de estrellas. Acójalo así, y clame con Job, desde el estercolero, el gran grito de la esperanza. "Creo que mi Redentor vive y que en el último día, en mi propia carne, yo mismo y no otro, veré a Dios mi salvador". Y repita: "Quédate con nosotros, Señor". Como los amigos de Emaús, reconozca a Dios en la forma de partir el pan y tomar el vino. No se confunda con el Dios dueño de las tinieblas exteriores. Usted debe salvarse también aquí, con su pan y con su vino.

No todos los viejos son místicos, ni están obligados a serlo. Absolutamente. La mística es una disciplina espiritual de terribles exigencias para soportarla sin deformaciones. La dotación especial del alma de San Juan de la Cruz o de su amiga Teresa de Ávila, o la teología de Pascal, no son sus privilegios. Las desviaciones de la mística producen descarrilamientos graves en quien no tenga esa vocación especial. La mística es una llama particularísima, necesita para arder leña de calidades sublimadas. Sin ella, se convierte en humo. Usted posiblemente no tenga esas maderas y el humo le hace mal a los viejos. En cambio, la unión con Dios, alianza para vivir –la de los patriarcas *"ad auram post meridiem"*– le será más positiva. Usted es viejo y necesita el viento de la tarde y no los relámpagos y las centellas para sacudir el Sinaí. El tremendismo religioso ya no es el suyo, le aportará solamente terror.

¿La ley? Sí, ahí está. Pero el Dios de los patriarcas es también la ley. La ley escrita en su corazón y en su cerebro, que usted vive en sus pensamientos y en sus sentimientos, Y no solo la ley escrita en aplastantes bloques de piedra, buena para los misioneros y los apóstoles. Éstos, en la juventud y en la plenitud, viven para los demás. Eso ya es la vocación apostólica. Si usted no la tiene, viva para usted porque los demás no están viviendo para usted. Entre "los demás" hay quienes lo necesitan a usted. Pero necesitan ante todo que usted viva. La fe en Dios es un desafío con riesgos, sacrificios, y no sólo consuelos. Conózcalos, calcúlelos, evítelos, pero cuando hay que asumirlos, asúmalos sin titubeos. Son el reto de Dios, con peligros necesarios. Acéptelos y recoja el guante. No aceptarlos es frustrarse en el temor. Y si cree, crea fuertemente. La fe tibia lo llevará al tedio religioso, tan perjudicial como los otros tedios. A usted, por tibio, también lo arrojarán de la boca.

¿Resignarse?

La fe da virtudes. Una de ellas la resignación. Hemos sido mal evangelizados en el concepto de virtud. Al viejo se le obliga a la imagen del gran resignado. Pero la resignación no es el conformismo. El conformismo esteriliza al viejo. Resignarse a la voluntad de Dios no es aceptar los hechos sin reacción, ni dejarse llevar pasivamente por los acontecimientos. Eso es contra Dios que nos dio la opción de nuestro destino, nuestra libertad y responsabilidad en él, como hombre y no como ovejas... La esperanza del más allá no sacrifica la esperanza del más acá. Una de las deformaciones del cristianismo ha sido el mal entendimiento de la resignación para aceptar todas las adversidades de la tierra porque tendremos, como compensación, la felicidad del cielo. Al *contrario sensu* un dicho popular lo expresa: "Pobre el pobre que al cielo no va, lo friegan aquí y lo friegan allá".

Esta falsa resignación ha sido inhibitoria y frustrante en pueblos o individuos. Ella es una de las explicaciones del porqué en Occidente progresaron más los pueblos protestantes que los católicos, salvo Francia que no tuvo "Reforma", pero tuvo "Revolución". Ello dio pie a Marx para una de sus grandes diatribas contra el catolicismo, por deformar la vida presente sacrificándola a lo futuro.

La tercera edad no debe ser una edad "resignada". No. Eso sería también para nosotros frustrante, inhibitorio paralizante. Y nada de eso es la vida, por sí misma principio dinámico. Eso no es auténticamente cristiano. Es, sí, una deformación humana del cristianismo, producto de nuestra mala evangelización.

El cristianismo predica la resignación como aceptación de la voluntad de Dios. Pero esa voluntad divina está contenida primeramente en las leyes con que se rige la creación del universo, del cual Él es Hacedor. Para nosotros esas "leyes" gobiernan la rotación de los planetas y sus satélites y la dinámica de las células en nuestro cuerpo. En ninguna de esa escala de normas se halla el que la voluntad de Dios sea someternos ciega y pacientemente a cuanto nos suceda. Eso no es evangelio, sino fatalismo musulmán. Cristo habla a Nicodemus de "renacer". Es decir, de no aceptarse, ni aceptarnos como éramos. El bautismo es ese renacimiento", y Cristo nos da, además de la dignidad de "monarcas de la creación", la de "Hijos de Dios", "poco menores que los ángeles", eternos desde el momento de nuestra concepción. Por lo tanto, estamos viviendo ya nuestra eternidad desde esta vida, responsables de ella, libres para realizarla, sin la resignación fatalista de aceptarlo todo como un acto divino, al estilo mahometano. Esa ha sido estrategia de explotadores.

La dignidad humana nos obliga a vivir según lo natural y lo sobrenatural y a no soportar el hambre, la desnudez ante la intemperie, la ignorancia, el vicio y la calamidad, como vocación innata. No. No nacimos para eso. Ni siquiera para salvarnos solamente por la fe. No. Necesitamos obrar y ser responsables de nuestras obras. El catolicismo condenó siempre el "quietismo", y defendió el libre albedrío, la esencia no sólo filosófica, sino teológica de la libertad. Somos responsables de nuestra elección. Elegir la resignación indiscriminada es imputar a Dios nuestra indolencia, y usarlo como pretexto para nuestra pereza. Pablo, el mayor intérprete de la fe cristiana, no fue un hombre resignado. No se resignó a la muerte de Cruz (Cristo la había elegido) y alegó la prerrogativa de su ciudadanía romana, para ser decapitado y no crucificado. Juan, el bien amado de Jesús, octogenario ya, se aplicaba la promesa "renueva tu juventud, como el águila". Ignacio de Loyola sacude la resignación con su militancia cristiana: "Hacerlo todo, como si todo dependiere de nosotros. Espéralo todo como si todo dependiera de Dios". Este activismo anula la resignación y rejuvenece. No piense usted en la resignación como virtud de viejos. El viejo necesita estar activo y con definidos intereses para vivificarse. La resignación lo neutraliza en la pasividad, lo desvitaliza, si no es el producto de una elección consciente y voluntaria, de un verdadero conocimiento de la voluntad de Dios, que nunca será la indolencia del ocio y la pasividad, pues Él nos hizo activos y necesitamos de dinamismo para vivir. El quietismo fue siempre un error, aun en lo religioso.

Escatología: "Todo viejo llega a la conclusión de que el fin del mundo está a la vista", dice Adolfo Bioy Casares. Hay una cierta tendencia en la sociedad a ir colocando al viejo más allá de la vida, y en el viejo a dejarse confinar a las postrimerías. Injusticia social y equivocada actitud individual, porque, mientras estamos en la vida, no hay razón para anticiparnos a la muerte. Y ese irse colocando en el más allá termina en el viejo por una fúnebre fijación mental. No se trata de la preparación religiosa para la eternidad. Cuando ésta es normal, ayuda a vivir, como lo demuestra la vida de algunos monjes y monjas contemplativos y de algunos santos. Pero esa escatología profana, forzada por costumbres y prejuicios y crueldades sociales, no ayuda al viejo a morir y le impide vivir satisfactoriamente, sindicándole de postrimero, de ente colocado en el confín de la vida y en el sutil umbral de la muerte. Reaccione usted, viva, conserve sus prácticas religiosas, pero viviendo, no muriendo antes de tiempo. No sea un viejo escatológico, en el final de los tiempos.

Fenómeno diferente es el de China. Allí el viejo, en el avance por sus días, va paulatinamente entrando en el reino de sus antepasados, pero en su propio hogar, en medio de la veneración de los suyos, sin ser empujado por nadie, sin perder el vínculo con la vida, ni su arraigo en la tierra. No es la china la escatología reprobable en la vejez, ni la religiosa, cuando ésta es sincera y corresponde a convicciones. Pero sí la escatología impuesta desde fuera para convencer al viejo de que él ya no es de este mundo, sino un ser apocalíptico. Este mundo, sin embargo, le pertenece más que en otras edades. Lo ha trabajado más y lo ha vivido más. Este mundo es más suyo ahora por razones de conquista, de posesión y de uso.

Hay, al respecto, una ejemplarizante lección: la del compositor francés Olivier Messiaen. A los ochenta años, después de una vida de estudio de la música hindú, de los trinos y gorjeos de los pájaros, de observación y contemplación de la musicalidad de la naturaleza y de meditación en las verdades eternas. Messiaen llega a la vejez sin sentirse escatológico, viviendo normalmente, sin atormentarse por el Apocalipsis, no obstante haber reflexionado tanto en ella, hasta escribir, prisionero en Silesia durante la última guerra, su "Cuarteto para el Final de los Tiempos". Sobre él el mismo Messiaen nos da una lección de buena escatología: "Yo no me he dirigido a los cataclismos. Ni a los monstruos del Apocalipsis, sino a sus silencios de adoración, a sus maravillosas visiones de paz. ¿Por qué la elección del texto? (El del Apocalipsis)". Porque en las horas de despojo total retornan las ideas-fuerza que dirigen una vida. Este texto resume todo lo que yo espero, todo lo que yo sigo amando. Para comenzar, el arco iris simboliza las variaciones del color. Del propio color y de coloridas visiones interiores que yo he experimentado esperando y oyendo la música... Cuando nosotros no estemos ya subordinados por la distancia, cuando estemos liberados del *antes* y el *después*, cuando entremos en esa otra dimensión del más allá, que nos hará participar un poco de la Eternidad, entonces comprenderemos la tremenda simplicidad de la palabra del ángel: "No habrá más tiempo".

Magia

Los antiguos israelitas, los griegos y los romanos, aun hoy algunas tribus indígenas, atribuyeron a la vejez una aureola mágica.

La vejez conserva algo de magia. Ese algo debe ser la magia misma de la naturaleza donde quiera ésta se concentra, culmina o se sublima: los desiertos, las montañas, la pampa, la estepa, la tundra, la taiga, la selva, el mar, el firmamento... El viejo, culminación de vida, tiene algo de todo eso. Tiene su propia magia. Ni la blanca, ni la negra. La espontánea y naturalmente irradiante, por sí sola, sin artes, ni artimañas, ni hechicerías. Quien lleva bien su edad va formando, inconscientemente, una aureola de cierta magia, a no ser que se encargue él mismo de destruirla, fenómeno frecuente en aquellos viejos que, por causas ajenas a la vejez –aunque ellos la inculpen–, se empeñen o en autodestruirse para autocompadecerse, o de autosupervalorarse, impidiendo así a los otros la valorización, pues es muy difícil dar méritos a quien los reclama primero.

La magia del viejo existe, si el viejo no la aniquila. La descubren los niños, alelados ante sus relatos y los jóvenes en busca de sus consejos cuando el conflicto llega, los maduros urgidos de confirmar experiencias. A veces solamente el viejo de la magia se opone a ella, sin derecho, porque la magia de la vejez tiene una función social perteneciente también a los demás. Usarla como la naturaleza emplea la suya: dejarla ahí irradiando su propio poder, fluyente por sí misma. La magia de la concentración de la vida al servicio de los demás.

Al viejo debe bastarle su propia magia, la de la gracia de la de los niños y la madurez de las espigas. En todos los pueblos existe la tendencia a aureolar el viejo con cierta magia de ultratumba. Aquí también de un extremo se salta a otro: o la indiferencia completa para considerarlo estorbo y carga, o el afán de convertirlo en un receptor de poderes misteriosos de hechicería, brujería y sortilegio, más allá de los hombres.

Por el desencanto de experiencias frustradas, por el despecho ante soluciones terrestres no afortunadas, por el temor a la muerte o la cercanía a la eternidad, el viejo se siente tentado a la magia, a probar suerte con el más allá, y aun inducido por algunos a acudir a las soluciones de lectores de cartas, quirománticos, adivinos, videntes, y toda suerte de personas con pretendidas facultades ultraterrenas. No podemos negar leyes naturales aun no conocidas, vibraciones de la tierra, del ambiente o de los astros sin definir, pero actuantes en nosotros, fuerzas ultrasensibles manifiestas de una u otra forma en nuestra vida, hipersensibilidad de algunas personas especialmente receptivas, potencias mentales no comunes con capacidad intuitiva fuera de lo normal, para recibir y comunicar, absorber e irradiar.

Con estos fenómenos nos pasa como con los objetos voladores no identificados, los *ovnis:* son tantos los testimonios, que es imposible negar su existencia como tales, es decir como objetos voladores no identificados y fenómenos extrasensoriales no identificados. Ambos existen, indudablemente, pero su explicación no es atribuible a poderes sobrenaturales, sino a limitaciones de nuestra mente, nuestra sensibilidad, al precario estado de los conocimientos actuales.

Esos fenómenos del más allá son multiplicados por la imaginación de las gentes, centenares y centenares de veces, hasta la pura ficción o fantasmagoría. No los podemos negar en esencia, pero no podemos ser víctimas de la loca imaginación ajena que ve el milagro en cada sombra y está buscando en cada hoja caída un signo escatológico y en cada arrebol, una señal esotérica... Las relaciones con lo absoluto, lo infinito y lo eterno deben ser definidas claramente en usted por su filosofía y por su teología, por su religión. Confiárselas al mago de la esquina es someterse al engaño y la tortura y usted ya está viejo para caer en tanta ingenuidad. Conténtese con el respeto ante lo no identificado, si para ello hay un sólido testimonio. No caiga en la idiotez de la señora diabética que, al ser advertida por un adivino de su próxima muerte, se atiborraba de azúcares para indemnizarse de todo el dulce prohibido por su dieta en los últimos años. Naturalmente, murió en breve pero no por la adivinanza, sino por la sobrecarga de glucosa.

¿El viejo es un alquimista y espiritista?

De los tiempos pasados, cuando el viejo, sobreviviente por la ley del más fuerte, era una especie de singular reliquia mágica y hierático, personificación de la sabiduría (ponte barbas y te perdonarán) queda aún la tendencia a ver en el viejo, en algunas regiones, una especie de alquimista y brujo. Esta nuestra edad de la química, la física y sus derivaciones técnicas, vuelve a la alquimia adjudicándole en el viejo un sentido traslaticio. La transposición peligrosa se realiza de vez en cuando. Muchos viejos prefieren a su propia imagen la de los otros sobre él mismo.

La alquimia no solamente fue la prequímica o la protoquímica, ni la tarea de convertir en oro los metales y abreviar el proceso minero. El alquimista buscaba obtener oro por la purificación y transustanciación, unida a la alquimia.

Mircea Eliade, un viejo rumano septuagenario ya, con casi medio siglo de trabajo en París, como mitólogo, poeta, filósofo e historiador de religiones, ve en el creciente auge de yoga, los mitos, la alquimia, un regreso a la religión, interesante para todos, especialmente para inclinados a la religión cósmica y a la sacralización de la historia. Pero el hombre no solamente vive en la historia, sino también en el tiempo de los sueños y la imaginación. Para Mircea Eliade, el alquimista vuelve a interesar a las gentes por la porción de más allá que buscaba en lo que se consideraba su magia. (*L'Express* No. 1468, 1o. de septiembre, edición internacional). Eliade cree en el reencuentro con la alquimia, como en un paso hacia los antiguos mitos, y, a través de ellos, hacia las religiones.

La vejez, en un tiempo, fue casi tratada como un mito y algunos viejos la vivieron como una religión. En algún sentido hay aun quien la viva así. Ahora ya no es mito, es una etapa de la vida. Pero resucita en algunos lugares la tendencia a creer a ciertos ancianos, en el sentido alegórico y simbolista, como alquimistas, como purificadores que han separado ya la escoria del oro y se han convertido en oro. Tal inclinación es un bello simbolismo de la ancianidad y sus valores reales de sabiduría. Pero el peligro está en que el anciano olvide el hombre que es.

Otro peligro, para olvidarnos del hombre que somos, es el espiritismo. Es un hecho estadístico demostrado la tendencia del hombre actual hacia el más allá, acaso por su fatiga del más acá, no tan halagüeño como lo creyó. Las ciencias del más allá no son ciencias, como no lo son las religiones. Sólo es ciencia lo conocible por la razón y demostrable por la experiencia de los hechos. La misma filosofía es apenas ciencia como método y análisis del conocimiento, pero no como metafísica. Las religiones son válidas como fe, pero no como demostración. Ahí reside su fuerza. Pero el "más allá" existe, como existe la metafísica, como existen los fenómenos que trascienden la materia, como existen los ovnis, en su condición de objetos voladores no identificados. No es posible demostrarlos. Tampoco es posible negarlos. Los testimonios serios son ya muchos. No es serio negarlos... Hay viejos con tendencia a sentirse cada vez más en "el más allá", y a inclinarse, por tanto, sobre las mal llamadas ciencias ocultas. Todo ocultismo, como toda clandestinidad, es dudosa, salvo la privacidad y la intimidad naturales de la persona humana. ¿Por qué hacer del "más allá" ocultismo? Dios es el ser más público del universo, pues está en todas partes. El espíritu existe, sin ese envoltorio clandestino.

Hay relaciones con el más allá normales. ¿Cómo negar, a veces, la presencia de algunos seres queridos a nuestro lado, ya muertos? Consérvelos como normales. ¿Cómo negar que hay personas especialmente receptoras y transmisoras de fuerzas mentales o ultraterrenas o suprasensibles? ¿Cómo negar un cierto "espiritismo", sano, serio, lejos de la truculencia, la charlatanería y el fraude? ¿Cómo negar que a través de esas fuerzas hay personas que por poder de su mente o de su fe pueden establecer, telepáticamente o no, una cierta comunicación con los espíritus? Admítalo como un caso rarísimo, excepcional, de toda excepción, sobrenatural, si usted quiere. Pero no haga de esto una habitual fuente de curiosidad o milagrerismo. Se perturbará, y toda perturbación es grave en la vejez. Si usted vive anclado en el misterio se convertirá en un misterio. Y usted es un hombre. Son suficientes los misterios de Dios y de la vida.

(Ver algo más sobre religión en el capítulo "Muerte").

CAPÍTULO XI

Muerte

La muerte ha sido tratada histórica, filosófica, teológica, médica y social y religiosamente. Todo eso es válido y útil. Pero la muerte es, ante todo, personal e individual. Es usted el que muere. El viejo suele tener 4 posiciones ante la muerte: odiarla, temerla, amarla, desearla. Nadie, o casi nadie es indiferente ante ella.

El amor a la muerte no se explica sino por una gran fe religiosa propia para avivar la unión con Dios, o por una situación de desequilibrio sicológico. El deseo de la muerte es diferente. Puede provenir de muy penosas circunstancias físicas, sentimentales, económicas... De una vida ya no vivible, o en el máximo de su saturación, "la saciedad de la vida" de que escribe Cicerón.

Usted seguramente teme a la muerte. Y todos la tememos. No se afane. Ese temor no es grave, con tal de que no le obsesione, ni fije su mente en él. Shopenhauer decía: "El amor a la vida no es sino el temor a la muerte". Eso no es un dogma tampoco, pero sí una aproximación.

Desgraciadamente el hombre se encarga, en su imaginación, de magnificar este temor, hasta sublimarlo. "Con el mismo paso al pobre tugurio y al palacio real" la muerte llegará. Pero ¿por qué pasar la vida avivando sus temores? Hay gentes para quienes ese temor constituye un anticipo diario de la muerte. Jean Paul Sartre habla de quienes mueren a cada instante. La manía de vivir muriendo, sin morir, habitual en algunos viejos. Es suficiente con la muerte a su momento. ¿Para qué adelantarla hora a hora, recortando la vida de cada día? Su obligación es vivir y cuanto más se realice sanamente en la vida, menos dura será la muerte. Lo tremendo es morir sin haber vivido. Confíe en la naturaleza y en el Hacedor de ésta.

El cristianismo aconseja pensar durante la vida en las "postrimerías", los acontecimientos del final. Eso es normal. Es una terapia también indicada por científicos sin ánimo religioso, como Tubiana: "familiarizarnos con la muerte", "domesticar la muerte", para aceptarla mejor. El hombre actual teme tanto a la muerte porque la ha proscrito de su rito diario. Hasta las condolencias a los deudos del difunto se hacen por telegrama.

No viviremos eternamente en la tierra. Pero esa meditación de postrimerías no significa el culto al temor de la muerte. Y la experiencia demuestra cómo esa meditación no engendra el temor a la muerte, al contrario, lo apacigua. La familiarización del hombre con la muerte, a juicio de médicos y sicólogos, es útil precisamente para disminuir el temor de ella. Hay órdenes religiosas donde los frailes dedican una hora diaria a esa reflexión, y sus miembros nunca se aterrorizan. Se preparan a aceptarla sin sobresaltos. Hay otras donde los frailes cavan cada día su tumba y cultivan flores en su derredor. Vi hacer esto a los monjes de la Cartuja de Calci, en Toscana, y no conozco gentes de las cuales el temor de la muerte esté más ausente. Reparaba en aquel mismo cementerio las lápidas, simples piedras con un nombre y la fecha de nacimiento y de deceso. Largas y larguísimas vidas entre 80 y 95 años. Y qué modelo de armonía y alegre satisfacción de vivirla en aquellos conventuales con quienes conviví alegremente unos días. Al lado de su celda estaba su propia sepultura por ellos preparada, al ritmo del estribillo: "Hermano, hermano de morir tenemos, el cómo y el cuándo no lo sabemos".

Sea cual sea su vida, familiarícese usted con esa idea de morir. Pero evite aquellas imágenes macabras como las de las letanías de la buena muerte, afortunadamente ya descontinuadas por la Iglesia. No es la tumba la que nos empavorece con la realidad de la muerte. Es la imaginación. No son quienes excavan la última morada de sus huesos, o la compran, hecho tan frecuente hoy en las empresas de cementerios, los atemorizados. Son otros, aquellos fijados en una falsa fantasmagoría de la muerte. David Cooper dice: "La experiencia de una libre marejada de imágenes de cuerpos mutilados, de diversas torturas, de la putrefacción de los cuerpos después de la muerte (especialmente de aquellas de nuestros padres muertos), todo esto constituye una terapia que no debemos dejar prohibir por nadie, porque esta prohibición nos amenaza de proyectarnos ciegos en una muerte de la cual nos falta toda experiencia".

Muchos viejos se torturan inútilmente considerando a la muerte como un hado maléfico, y no un tránsito natural y lógico. Somos mortales por naturaleza. Hemos de concederle a nuestra naturaleza, sin alarma ni pavor, el derecho de morir, mientras afirmamos y realizamos el derecho de vivir.

Y no se preocupe usted por el entierro. Lo enterrarán. Viva mientras tanto intensa y racionalmente. La vida finaliza con la muerte. Pero ésta no llega sino por una vez. Y usted debe vivir segundo a segundo, minuto a minuto, hora a hora, un promedio de 75 o más años. No ensombrezca su vida todos los días anticipando la muerte. Acepte su llegada. Viva.

Nuestra naturaleza es sabia y ha previsto todo bien. Salvo la muerte prematura, ordinariamente no la del anciano, o la accidental o fulminante, más frecuente en las edades anteriores, la naturaleza prepara la muerte, la prevé y la predispone, y, cuando llega, nos sostiene para morir. La medicina prueba cómo

casi siempre se está inconsciente en el momento de morir, y cuando la enfermedad se está consciente, se tiene la esperanza de vivir. Ignoramos las fuerzas para
morir. Pero existen. Los muertos no son testigos, pero sí los médicos. Los ancianos casi siempre viven más de lo calculado, aunque hay un tipo de anciano que
se cree inmortal.

Ayudas para morir

Fuera de las ayudas naturales para morir existen las del propio credo filosófico y
teológico. De respetar son todas las filosofías y teologías sobre la muerte. Se
deben fomentar, si son sanas y dignas. Cada viviente debía tener la propia filosofía y religión de la muerte, si es capaz de afrontar valientemente sus consecuencias, sin asustarse o desertar.

Para mí la filosofía de la muerte más aceptable es la de los griegos que embe-
llecieron todo y dignificaron todo, al poner en el hombre la medida de las cosas.
La definían como un fenómeno de estética. ¡Cuánta belleza estremecedora, en
verdad, tiene la muerte! ¡Cuánta verdad! V. Jankelevich ha escrito: "Este lecho de
muerto es un hecho de veracidad, desnudez y soledad... La muerte no es un
secreto. Es un misterio... la muerte es la verdad misma y lo verdadero vale bien lo
verdadero... Se puede declamar la enfermedad o recitar la muerte de otros. Pero
la muerte propia se la muere naturalmente". Belleza misteriosa, difícil de describir, pero fácil de sentir y palpar junto a algunos muertos que nos hacen percibir
conjuntamente el sobrecogedor mensaje del más acá y del más allá. La belleza
contemplada en el silencio. El silencio, el tributo a la desnudez, a la verdad y a la
grandeza... Mi padre era un hombre física y espiritualmente bello. Pero nunca
admiré más su belleza que cuando lo vi muerto. Su contemplación me evitó las
lágrimas. Era toda la belleza de la vida en su confirmación. Algunas mujeres
fueron más bellas muertas. Por eso los florentinos, como en el caso de Simonetta
Vespucci, para que todos pudieran admirarlas, las conducían en ataúd destapado
hasta el cementerio. Hay quienes se preparan dignamente para ese fenómeno de
estética. El escritor ecuatoriano Juan Montalvo se vistió de gala para morir.

La teología cristiana sobre la muerte me tranquiliza. La muerte tránsito. La
muerte paso hacia lo infinito, lo eterno y lo absoluto, hacia la bienaventuranza de
Dios, si ha vivido conforme a Dios. La muerte con la resurrección como fondo,
ante una perspectiva de beatitud para siempre.

Desgraciadamente muchos ancianos, mal evangelizados por cristianismo in-
auténtico, más que la esperanza de la beatitud, ven en la muerte la sentencia de
la condenación. Indudablemente, la teología cristiana de la muerte está edifica-
da sobre el principio de la eternidad bien o mal aventurada, como premio o castigo a la conducta durante la vida. Es decir, sobre una justicia divina, ultraterreste.
Esa justicia divina ha de ser perfecta. Dios es la perfección, y no lo sería sin la

salvación porque Dios es también el Cristo Redentor y Salvador. ¿Podemos los hombres juzgar esa justicia a la manera de nuestra ciega y coja justicia humana? Si Dios perfeccionó su justicia ablandándola con la sangre de su Hijo como prueba del perdón, Dios no nos habría creado para condenarnos, ni nos habría redimido para condenarnos. Sin la salvación, Cristo es un Redentor frustrado y Dios un Creador inútil. ¿Puede existir la frustración en Dios?

El cristianismo es un doctrina de vida y resurrección y no de muerte. "No moriremos eternamente". Una buena vida es la garantía de una buena muerte, y esa buena vida se hace según la naturaleza, con Dios como aliado sobrenatural para ayudarnos a vivir y a morir.

No es posible en este libro una gran disquisición sobre el pecado y la virtud, su castigo y su premio. Pero al oído del anciano debe llegar la verdad cristiana de la redención, para agregar a la justicia irrevocable la piedad, la misericordia y el perdón... ganados por Cristo en la cruz. Si uno penetra en estas interioridades, está tentando de esperar con Papini el perdón, incluso, un día, para el demonio, que también fue criatura divina y no Dios del mal, por sí mismo, como lo pretende el maniqueísmo casero.

Además, el cristianismo no es ni los azotes, ni la corona de espinas, ni la cruz solamente. Esos elementos fueron el precio del perdón. El cristianismo es una doctrina alegre para mejorar la naturaleza, no destruirla . Una doctrina de resucitados, no de muertos. Vaya usted a la muerte de brazo con Jesucristo y no tema. Sea justo y no tema. Justo consigo mismo, ante todo. No vino a la vida para maltratarse y ser maltratado. Dios no es masoquista. Y acuérdese: Dios es amor. Ame usted y no tema. Ame y no se sienta culpable, si no le hace mal a nadie, y, si ha hecho mal, repárelo. El culpabilismo es un cáncer del espíritu peor que el del cuerpo. Y no es cristiano. Lo cristiano es la redención de la culpa. Los mejores cristianos fueron alegres. El más cristiano, después de Jesucristo, Francisco de Asís, antes de morir, hizo venir de Roma a la Porciúncula a su amiga Jacopa Dei Settesoli, para prepararle su plato preferido, y congregó a sus frailes en torno a su agonía para entornar el mejor de sus poemas. "El cántico de las creaturas".

¿Ha pensado usted en morir cantando u oyendo cantar? Ese ideal transformaría nuestra vida. La idea de la muerte –mito y tabú– frecuentemente se convierte en fijación mental del hombre de edad, y hasta en obsesión. Sin embargo, el pánico de la muerte no es normal.

Si sobre la vida, un fenómeno comprobable tantas veces, se han creado deformaciones sobre la muerte, comprobable solamente una vez y sin testimonio ulterior, las desviaciones son mayores. Esta puerta para cerrar el más acá se presta a toda especulación sobre el drama, la tragedia y la comedia humana y divina. Todo el cielo y la tierra girando en torno a lo temporal y lo eterno. Vaya usted a saber la urdimbre de ese tejido...

El cristianismo tiene la más bella doctrina sobre la muerte: tránsito entre dos vidas: la pasajera y la permanente, garantizadas ambas por la redención. Si fuéramos consecuentes con todas las secuelas implícitas en este principio no tendríamos tanta miseria, ni por qué temer la muerte.

La vivencia plena de la fe, hasta sus últimas consecuencias y deducciones, en su totalidad es posible solamente para algunos santos de elección. "Santazos de cuerpo entero". Nuestro cristianismo nos llegó de España, con los clásicos signos del carácter español trágico y con las circunstancias de su historia de la época de la conquista y la colonia: el poder religioso y el político confundidos en uno solo. Fuimos mal evangelizados, porque fuimos evangelizados más por el temor que por el amor. El miedo antes de la gracia, la imposición (por lo menos la de la coacción intelectual y moral) antes de la convicción... Así la imagen de la muerte se nos presentó como la del gran luto, las postrimerías, la justicia terrible, el castigo, la consecuencia del pecado. Un fantasma de omnímodo espanto y hórrido sacudimiento, momento de ira y de ceniza, cuando en realidad es un episodio de beatitud. "Bienaventurados los muertos que mueren en el Señor" y en su resurrección. "Yo soy el camino, la verdad y la vida". "Su más allá", su concepto de la muerte debe estar condicionado por su teología, su religión; "su más acá", por las leyes naturales, ambas buenas ayudas para la muerte. A mí personalmente la muerte no me inquieta sino como separación de los seres amados. La considero tan natural como la vida.

Hasta hace algunos años la muerte era la gran silenciosa. No se hablaba de ella sino como la desgarradora tragedia final. Se esquivaba hasta su nombre. Hoy se la estudia en todos sus aspectos, se la informa, se la comunica como los demás actos humanos. Hoy algunas universidades y colegios instruyen a sus alumnos sobre ella, especialmente en Norteamérica. En Francia hay un instituto de Tanatología, cuyos estudios comienzan a seguirse en otros países. Hasta sociedades anónimas para vender tumbas. Jardines de Paz, Jardines del Recuerdo, de origen empresarial norteamericano, se han esparcido por el mundo para construir cementerios y jardines alegres, sin el lúgubre tinte ni la tétrica apariencia. Penciles florecidos donde las gentes compran anticipadamente su sepultura. Cavarla ya no es solamente obligación de cartujos y cistercienses. ¡Qué fácilmente venden los norteamericanos hasta la idea de la muerte!... Afortunadamente, nos vamos familiarizando con la muerte. Y eso es aprender a vivir. Esa difícil ciencia, esa difícil técnica, ese difícil arte de vivir y morir, tan necesario a toda edad, sobre todo a la tercera...

Estamos creando un humanismo de la muerte, apto para incrementar el humanismo de la vida. Los personajes de uno y otro son los mismos: el médico, la familia, la sociedad y Dios. No es un ciclo distinto. El que va a morir es usted. Acéptelo sin dramatismos. Pero, también, el que tiene que vivir es usted, y la alegría de vivir no puede marchitarse por el pensamiento de morir. Si aceptamos la vida, hemos de aceptar la muerte, con naturalidad, con la misma naturalidad de vivir con que en la naturaleza se vive y se muere. No es vana la leyenda según la cual el cisne entona su mejor canto para celebrar su próximo fin.

La religión es una ayuda para vivir y una ayuda para morir, pero debe ser bien aplicada para no resultar contraproducente y deformante. Tubiana dice: "La promesa de la vida eterna prolonga y amplifica el destino humano"... "Pero el Dios justiciero no es un dios fácil". Los predicadores de la Corte Francesa son un testimonio. Bossuet, señalando el cadáver de Luis XIV: "Y ahora, reyes de la tierra, aprended", Bourdaloue: "No es suficiente que yo mismo haya conjurado mi pérdida, si viéndome expuesto a todas las iras y venganzas de mi Dios, no tomo justas y prontas medidas para ponerme en gracia con Él y para prevenir, por la penitencia, el golpe con que él frecuentemente desde tan alto me ha amenazado".

Si usted es justo no tema las amenazas. La justicia y el amor pueden. La angustia del infierno y del cielo, como castigo o premio torturaban a Madame de Sévigne: "Me preguntas, mi querido hijo, si yo amo la vida. Yo te confieso que yo encuentro en ella placeres ardientes. Yo estoy a disgusto con la muerte... ¿Qué puedo esperar? ¿Soy digna del Paraíso? ¿Soy digna del infierno?... Me abismo en estos pensamientos y encuentro tan terrible la muerte que yo adoro la vida más porque me conduce a la muerte que por las espinas que en ella encuentro". La fe no puede ser una tortura para la vida. Creer a fondo o no creer.

De una estadística de moribundos en hospitales, Tubiana encuentra que quienes mejor aceptan la muerte son los grandes creyentes o los agnósticos sin fe. No los creyentes débiles, ni los creyentes a medias. La mediocridad no sirve ni para morir.

Tubiana: "Para muchos teólogos de hoy la muerte es una verdadera muerte, y la vida eterna es la que trasciende a la muerte". La lucha ayuda a vivir. Se ha comprobado en los tiempos de catástrofe pública disminución de suicidios. En Francia 2.400 suicidas en el crítico 1944, contra un promedio de 7.000 anuales en tiempos normales.

Familiarizarse con la muerte –Ver morir–. Hoy no se ve morir. Las gentes se fugan ante la idea de la muerte sin afrontarla. Tubiana: "La muerte escamoteada resurge con diversas máscaras". De todas maneras, está en el subconsciente. Es inútil disimularla. La muerte es como el espacio: Esta ahí. ¿Podría usted sustraerse al espacio?

Otto Rank: "La necesidad de una ideología religiosa es inherente a la naturaleza humana"... "La experiencia histórica y actual lo confirma. Solo Prometeo desafía los dioses. ¿Hay hombres prometeicos?". Sobre la necesidad de una filosofía, Marco Aurelio, emperador de Roma, decía 18 siglos antes de Rank: "La vida del hombre tiene la duración de un instante. Su ser es perecedero, la sensación es oscura. Toda la trama del cuerpo tiende a la descomposición. El alma es torbellino, el destino es enigmático, la fama dudosa e indefinible. Lo que pertenece al cuerpo es como un río. Lo que pertenece al alma es como ensueño y humo. La vida, una guerra perpetua, una peregrinación por país extraño. La fama vierte en el olvido. ¿Qué es, pues, lo que puede guiarnos? Única y exclusivamente la filosofía. Y ésta consiste en velar sobre el dios interior para que no sea afrentado. Ser superior al placer y al dolor. No hacer nada a la ligera. Abstenerse de mentira y disimulo, sin necesidad de que los demás hagan o no hagan esto o aquello. Esperar la muerte en disposición favorable, no viendo en ella más que la separación de los elementos de que está formado todo ser vivo... Las adversidades destruyen solo al ignorante. En cambio el sabio saca de las adversidades grandes enseñanzas que lo conducen a la virtud. El bien del ser racional está en la sociedad humana. Los hombres existen unos para otros: es necesario corregir, soportar, enseñar...".

Sin ideales, la vejez avanzada es insoportable: llega a la decrepitud espiritual, peor que la física. Tubiana: "Si no hay nada más allá de la muerte, si no hay Dios, ni fe colectiva, es la juventud, la salud y la vida a quienes se deifica". Entonces todo se derrumba y "sólo la muerte permanece intangible... y el hombre se encuentra solo frente a su destino, solo frente a la muerte". La estrategia de Tubiana: "Rehumanizar la muerte, reintroducirla en el ciclo material de la existencia, disminuir la angustia que ella suscita". Estimular la sabiduría de la naturaleza para que el anciano enfermo y fatigado de vivir no solamente la acepte, sino la desee, con un deseo racional, sin ánimo de suicidio, sino en convicción de que el momento llega, porque la vida está saciada.

La muerte se reconoce unánimemente como el acto final de la vida, a la cual está indivisiblemente unida. Pero no es la vida, ni la vida es la muerte. Aunque "llevamos la muerte", como dice Federico García Lorca de Ignacio Sánchez Mejías. Morimos porque vivimos. Pero no vivimos para morir, sino para realizarnos, para ser cada día más nosotros mismos, para ser más y mejor persona. La personalidad es nuestro distintivo. Esto no significa siempre ser "personaje", aunque esta noción está implícita en cualquier grado de nuestra escala, según nuestro propio yo o la imagen de los demás sobre nuestro propio yo. El propio yo, y el "yo" de nosotros ante los demás. Un dualismo peligroso de manejar.

Hay varios aspectos de la muerte: *la muerte personal.* A la postre, aquí como en todo, nuestro yo personal es el que en definitiva cuenta. *La muerte familiar, la social, la muerte religiosa, la muerte médica,* son accidentes. La esencial es la muerte personal.

El pensamiento de la muerte no debe ser perturbador para el anciano. Sin embargo, lo es frecuentemente, por su propia culpa, por la de la familia, de la sociedad, a veces del médico y también, la de una religión que, si se deforma, deja de ser alianza para vivir y se convierte en amenaza para morir. Esa es otra especie de muerte: la muerte mito, la muerte tabú. Todos esos factores juntos, o algunos de ellos, ofrecen al viejo solamente el fantasma terrorífico de la muerte, tan fácil de alimentar y estimular, porque está en nosotros ínsito. V. Jankelevich dice bien: "La angustia del presente se llama futuro, y la angustia del mañana, pasado mañana. Pero la angustia de las angustias, la angustia última se llama la muerte, y esta extrema angustia es la más subterránea, porque ella está en el fondo de toda profundidad"... Es hilo para desovillar muy fino en cualquier terreno, el religioso, el médico, el filosófico. Pero no hay necesidad de tanto, si aceptamos la naturaleza como es. Y la misma medicina nos dice cómo la naturaleza, que tantos recursos nos ofrece para vivir, nos da muchos también para morir, y nos proporciona, más aun, defensas ante la muerte, que el anciano debe conocer y asimilar para no caer en la neurosis dé la muerte, en la sicosis de la muerte o en la obsesión de la muerte tan perjudiciál.

Tubiana, como médico, investigador y biólogo, ha hecho experiencias en hospitales sobre estos recursos y defensas naturales para morir. Se llega allá con una lucidez a medias que va hasta permitir las ilusiones, dentro de brumas, refugio a nuestro instinto de conservación sicológica. Casi siempre uno muere inconsciente, con olvido de la enfermedad. El enfermo está tocado de un estado de gracia natural (y sobrenatural si es cristiano) que permite morir sin saber, en la ignorancia de la muerte. Los mecanismos sicológicos funcionan a toda hora y permiten lo que William James (cita de Tubiana) llama "el extraño poder de vivir el momento, olvidando e ignorando". La vejez avanzada o la enfermedad destruyen ciertos mecanismos intelectuales, pero construyen otro sistema que le permite olvidar y estimular su capacidad de esperanza, de pudor, de dignidad y hasta de orgullo. La misma fatiga física agota el organismo, y es frecuente que el muy anciano o enfermo llegue hasta desear la muerte. Simone de Beauvoir cuenta cómo a su madre, tan pudorosa y recatada, en sus últimos días de enfermedad ya no le importaba nada, ni dejar ver su propio sexo, cuando las enfermeras la desnudaban para curarla.

La vejez, por sí misma, no es una enfermedad, pero la fijación obsesiva del pensamiento de la muerte la enferma. Freud enumera tres plataformas de socorro: *Las diversiones* (adecuadas, como todo en la tercera edad). El viejo es capaz de divertirse y debe hacerlo en el buen sentido de la palabra. Ocuparse en algo para distraerse: trabajo, lectura, cine, televisión, radio, tantos recursos que nuestra época le pone en sus manos. Sí, aprenda a manejar sus "suiches" de recreación y verá cómo ocupa su mente ocupando el tiempo. Pero no intente matar el tiempo, porque el tiempo lo matará sumiéndolo en usted mismo, enclaustrándolo en sí mismo, entregándolo indefenso a las peores y más pesimistas divagaciones que, cada vez más, lo irán replegando sobre sí mismo. Hay tanto que ver, oír, sentir, gustar. Diviértase, distráigase y elija bien sus diversiones y distracciones...

Las satisfacciones sustitutivas. La naturaleza es rica en satisfacciones sustitutivas. Hay que buscarlas en la naturaleza y no en el artificio. Las sustituciones artificiales son casi siempre aberrantes y deformantes. Algunos viejos están tentados a ellas. Un viejo ponía niguas, garrapatas, pulgas y piojos en el sexo para excitarse con la picazón, y murió de nostalgia sexual...

Se indica, como satisfacción sustitutiva, el arte, el sano cultivo de los sentidos, buena música para el oído, buenos manjares para las papilas gustativas, un trato normal con el otro sexo, viva comunicación con su pareja... y el trabajo intelectual, que el mismo Freud practicaba a los 80 años, con un cáncer en la boca...

Los estupefacientes que, como empleo habitual, la ciencia y la religión rechazan porque embrutecen e insensibilizan. Para el anciano éstos son la muerte anticipada. Es de atenerse a la opinión médica. Tubiana agrega: "La integración a un destino colectivo". La realidad social para el viejo es contradictoria. De un lado, la sociedad lo rechaza o tiende a aislarlo, y, de otro, él no debe dejarse ni rechazar, ni aislar, porque eso sería sustraerse a la corriente de la vida, a la cual necesita integrarse con sus vinculaciones anteriores a su vida y posteriores a su muerte, y con la comunidad como ámbito normal de su existencia, de sus relaciones e interrelaciones.

Es importante sentirse integrado a algo para conectarnos con nuestros semejantes. En Norteamérica existe una "Asociación de gente chiquita". No sirve para nada diferente de contribuir a desacomplejar a los de baja estatura, quienes se someten mejor por el solo hecho de estar asociados, por saber que hay otros también de baja alzada.

Durante la tercera edad este integrarse es un remedio contra la soledad. Participar con los otros, es hacer que los otros participen con uno, sentirse solidario, aliado para vivir. De insistir es en el consejo de Tubiana: familiarizarse con la muerte y rehumanizar la muerte. Es la necesidad de todos los días. En realidad, nos hemos divorciado de la muerte. El cristianismo tiene una bella historia de la muerte, interrumpida desde la alta edad media hasta el Renacimiento. Los judíos del Antiguo Testamento van hasta contratar plañideras para aumentar las lágrimas del sepelio y, todavía hoy, junto al cadáver hebreo alguien vela con la mano puesta sobre el féretro, hasta el descendimiento a la tierra. El primitivo cristiano rindió tributo al cuerpo que había sido "vaso de elección" y "templo vivo del Espíritu Santo" llamado a la resurrección. Para los romanos del paganismo las tumbas eran inviolables y los cristianos escapaban a la persecución precisamente junto a las tumbas. Las catacumbas cristianas en Roma eran principalmente cementerios subterráneos donde los cristianos convivían con sus muertos. La idea de la muerte no sorprendía a nadie, era aceptada, convivida y compartida. Durante la Edad Media, la idea de la muerte se vulgarizó y se llegó fácilmente a la fosa común. Desde el siglo XVI comienza a rescatarse y a reanudarse la tradición, hasta llegar a los grandes despliegues funerales del siglo XIX. Se mueren en casa. Los niños ven morir a sus abuelos, y luego a sus padres, el luto tiene un significado. La muerte es un acontecimiento doméstico, cuya repetición en los miembros de la familia les va haciendo aceptar la suya. Hay que asistir a los novenarios de parientes y amigos, a los "cabos de año", a las visitas de pésame. Compartir la pena. Hay una solidaridad personal con los muertos, que nos mantiene en contacto con la Parca. Hoy sólo eso, a menos nivel, se realiza en el campo. Los campesinos mueren menos penosamente que los hombres urbanos, porque ven morir más a los suyos. Son todavía solidarios en la muerte.

En las grandes ciudades contemporáneas, al anciano se le recluye en asilos, pensiones, hoteles, a los enfermos en hospitales o clínicas, donde de ordinario mueren para ser "velados" allí mismo, o en las salas de empresas funerarias, o "parques fúnebres", encargadas de todo lo relativo al cadáver hasta dejarlo en la fosa sellada. Las condolencias se hacen por correo, o, cuando más, por encargo a las floristerías. Estamos ausentes de la muerte y preferimos no hablar de ella, ni verla.

Ahora, afortunadamente, regresamos, por lo menos a la información de la muerte para los vivos. Eso es algo, pero no alcanza aun a "familiarizarnos con la muerte". Hemos de volver a estar presentes con la muerte, a ser solidarios con la muerte de los demás, para evitar la sorpresa de la nuestra, y aceptarla sin caer en sicosis de muerte, ni sacrificar la vida. Usted no se preocupe tanto con las técnicas de la muerte. Acéptela y viva. Su obligación es vivir hasta la muerte. No comenzar a morir antes de tiempo. Y viva con alegría de vivir - cuanto más pueda.

No frustrar la muerte

La muerte es piadosa, porque es un fenómeno natural y la naturaleza no es masoquista, si no la deformamos. Para cada mal –la muerte no es en sí un mal– tiene muchos recursos de bien. Las compensaciones de la naturaleza son oportunas. Por eso podemos vivir tantos años. Examine su cuerpo y verá: cuando usted pierde sangre, esa sangre se recupera rápidamente. "Cuando estamos saciados de la vida, ¿qué importa la muerte?" se pregunta Cicerón. Analice su espíritu y verá de dónde salen esas fuerzas para superarse, cuando usted lo creía todo perdido. Y tantas cunas sobre los sepulcros y tantas sonrisas junto a las lágrimas... y tantos muertos plácidos, después de tantos temores sobre el último momento.

La naturaleza ayuda a morir, como ayuda a todo. Indira Gandhi dice bien: "hacemos parte de la naturaleza y sabemos que la muerte es algo normal en ella". Basta con no oponernos, con aceptar la ayuda que aparece siempre. Usted es débil para nadar, pero cuando cayó al río, ¿de dónde sacó tanta fuerza para bracear y ganar la orilla? El doctor Tubiana cuenta el caso de un especialista en determinada enfermedad, de la cual había salvado a muchos, hasta ser la gran autoridad en la materia. Él mismo fue atacado por ella y la padeció, durante meses, y murió por ella, sin darse cuenta de su mal. Y el otro caso de quien pedía "no frustren mi muerte". Es muy grave frustrar la muerte, entendidos estos términos en el sentido de alargar médicamente unos días la vida, con el artificio de las ciencias y las técnicas actuales, pero sin posibilidad alguna de curar o sanar. Esa barrera artificial para detener la muerte es cruel para el paciente y sus deudos y amigos. Impide a la naturaleza obrar. Prolonga apenas la agonía y la transmite a los circunstantes, por lo cual resulta cruel también para todos en esa figura de un condenado sin remedio que sobreviva químicamente, por estar asaetado de inyecciones, de tubos de oxígeno, de catéteres, de aparatos para estimulación mecánica, de sondas y drenajes, de orificios de respiración, y de todos los instrumentos de tortura, que grabarán en la mente de los deudos la imagen del martirio como último recuerdo. ¿Para qué? Eso es egoísmo de los sobrevivientes contra el moribundo. Simone de Beauvoir se arrepentirá siempre de haber permitido con su madre esa tortura. Y tanto peor cuando ese espectáculo se transmite al mundo entero, como el caso del general Franco en España y del mariscal Tito en Yugoslavia, agonizando semanas y semanas ante el universo, en medio de un escuadrón de médicos para buscar lo irremediable.

No soy partidario de la eutanasia, en el sentido de procurar artificialmente la muerte, anticipándose a la natural. El célebre cancerólogo francés doctor L. Schwartzemberg ha escrito un libro, *Changer la Mort* sobre la necesidad de preparar al enfermo para morir y ayudarle espiritual y médicamente a hacerlo, auxiliando a la naturaleza para morir a tiempo, a conciencia del paciente. Sus experiencias científicas y humanísticas le han demostrado a este doctor la bondad de este método. La angustia del moribundo no es tanto saber que va a morir, sino la incertidumbre. La mayoría de los pacientes del doctor Schwartzemberg mueren tranquilos y agradecidos y entre ellos y su médico hay una alianza efectiva, consoladora y aliviante, como la establecida con el sacerdote. Es la liberación de una vida ya imposible.

Diez años antes de la publicación de este libro, yo había hecho lo mismo con mi hermano Josué Canal Ramírez. Lo exterminaba un cáncer implacable y sin remedio. El diagnóstico era fatal: o prolongarle la vida artificialmente por algún tiempo, dejándolo padecer, o aliviarlo con un calmante, cuya dosis creciente podía anticiparle en algunos días el final. Autoricé por escrito lo segundo, por creerlo más humano. Y pido hacer lo mismo conmigo, si es el caso. Que no frustren mi muerte. Amo la vida mientras pueda vivirla naturalmente. De ahí en adelante, amo la muerte, también por amor a quienes amo.

Contra el aplazamiento artificial de la muerte se levanta ya un fuerte movimiento en demanda de dejar obrar la naturaleza, sin anticipos, pero sin retardos. El creciente auge de las cátedras de tanatología ha replanteado el problema y la misma Iglesia católica, que tanto ha combatido la eutanasia, revindica ahora también, en documento vaticano de junio de 1980, "el derecho de morir con dignidad y serenidad". La eutanasia es un anticipo artificial de la muerte. Lo que Tubiana y Schwartzemberg piden, confirmados ahora por el Vaticano, no es el anticipo artificial, sino evitar el retardo artificial de la muerte, cuando ésta no tiene remedio. La nueva terapia de la muerte, cuando la terapia de la vida no tiene razón de ser.

Piense en la muerte como en un destino común, no como en una amenaza suya personal. En este sentido acepte la imposibilidad de escapar a ella. Puede sí aplazarla, cuidando la vida, sin creerse eterno... Indudablemente, el que un día va a morir es usted. No la comunidad por usted. Pero los otros también van a morir.

La vejez no es el único camino hacia la muerte. Las otras edades también lo son. Pero es la vida, ese magnífico regalo, y eso basta para vivirla. La medicina no puede impedir la muerte, ni siquiera el milagro, porque eso sería crear otros dioses, y Dios es celoso de su unicidad y de su identidad. La muerte llega, ¿por qué la anticipa, viviendo como un condenado?

Los riesgos

Vivir es un riesgo, que vale la pena si nos realizamos a todo lo ancho y lo largo del vivir. Usted tiene ahora muchas ayudas científicas, técnicas, sociales y morales para prolongar su vida. Pero su principal ayuda es usted mismo, y no se deje obsesionar por el cálculo de los riesgos. Acéptelos precaviéndose prudentemente y nada más. No es cierto aquello de que "lo milagroso es vivir, lo natural es morir". Es una frase acuñada y echada a rodar para espantar pájaros. Vivir y morir son igualmente naturales. Usted lo experimentará, si usted aprende a ser viejo en contacto con todos los intereses de la vida. Disfrutará tanto como antes y quizá más. Porque antes usted no era un ser pleno y consumado como es ahora. Sea usted mismo y verá. Nadie muere por usted. Nadie vive por usted. Es usted mismo quien vive y quien va a morir. Responsabilícese de su vida y de su muerte, sin hacerlas excluyentes una de otra, pero sin confundirlas. No se ponga a sopesar los riesgos continuamente. Verá solamente el peligro y no la solución. Y hay soluciones. La naturaleza es sabia, previdente y providente.

Detenerse sólo en la consideración de los riesgos lo inhibe, lo tensiona, lo traumatiza mentalmente y caerá en el pesimismo o el optimismo de la estadística: "a los 95 un par de botas para 20 años, porque cuán pocos mueren después de los 95". El astronauta ruso que, después de un récord de permanencia en el espacio, perece en un corto vuelo de avión normal. El paracaidista, campeón de salto a tres mil metros, muerto al resbalarse sobre una cáscara de plátano en la calle. Caravaggio, Pedro el Grande, que desafiaron las olas y la marejada y murieron de un resfrío. Hoy nadie debe morir de resfrío, ni es el tiempo de cuando se nacía incendiario y se moría bombero. No se deje tomar de las ideas hechas. Haga su vida. Para eso nació. No muera sin haber vivido. Mientras escribía esto, Víctor Raúl Haya de la Torre, el más grande creador político latinoamericano, agonizaba de cáncer a los 86 años, después de 68 de lucha política en el Perú, y seguía trabajando. El dirigente político colombiano Darío Echandía, de 80 años, sacude al país con sus declaraciones, y el escritor continental Germán Arciniegas, a los 80, dirige jovial y dinámicamente las humanidades de la Universidad de los Andes. A los 85 años murió José María Velasco Ibarra, cinco veces presidente del Ecuador, mientras preparaba su sexta candidatura. Si hubieran pensado solamente en los riesgos, ninguno hubiera hecho tal.

La divagación poética y filosófica sobre la vida y la muerte, agravada por prejuicios, frases hechas, conceptos vulgares, mitos y tabúes, confunde mucho el criterio del anciano, sus aprehensiones y temores. Morimos porque existimos, pero no existimos porque morimos. "Cada día es un paso hacia la muerte", se dice. Pero también es un paso dentro de la vida, para realizarnos. La muerte no es la vida, ni la vida es la muerte. Esta identificación sólo puede aceptarse en casos de una mística religiosidad de santidad y perfecta unión con Dios, como la de Santa Teresa: "*Y tan alta vida espero / que muero porque no muero*". San Juan de la Cruz: "*Más, cómo perseveras, olvidas / no viviendo donde vives y haciendo porque mueras*", y de otros fenómenos de santidad muy contados. No es su caso, ni el mío.

La vida es un fenómeno natural, como la muerte, con la diferencia de que vivir para realizarnos como hombres es nuestra obligación responsable y, si todo es normal, depende de nosotros mismos, mientras que morir (si no se trata de suicidio repentino o lento) no depende de nosotros. Sin embargo, muchas personas viven condicionadas a la muerte, lo cual les impide realizarse como seres vivientes. Esa dependencia de la muerte es notoria en muchos ancianos. Los paraliza, los aniquila, los tortura. Debemos familiarizarnos con la muerte, tanto como con la vida, pero sin confundirlas. Cuando no "domesticamos la muerte" como un hecho natural, se nos presenta como un aterrador fantasma apocalíptico, ante el cual oímos exclamar a alguien: "El placer de morir sin pena, vale bien la pena de vivir sin placer".

¿Se puede vivir sin placer, solamente en obsequio a la muerte? Salvo la excepción de los pocos místicos y ascetas verdaderos, no. El placer sano y legítimo es inherente a la vida y su estimulante. Es el placer obra del Creador, como la vida misma. En la otra orilla, está el epicureísmo con su "comamos y bebamos que mañana moriremos". ¿Se puede vivir bajo el signo del hartazgo, sólo por la presión de la muerte? No. Los dos polos se dan algunas veces a lo largo de la existencia, especialmente en la vejez: querer de todo privarse, porque la muerte nos espera; o pretender de todo saciarse, porque la muerte está ahí. Ni lo uno, ni lo otro. Vivir para realizarnos en la vida, según la regla de oro del anciano: con placidez, utilidad y satisfacción. Y sí podemos, a pesar de las adversidades y flaquezas inherentes a la vida misma. Ninguno de nuestros instantes es el último, mientras éste no llegue. Ni el ayuno ni la comilona, como si se tratara de la postrera oportunidad. Aunque la vida no es la muerte, ni la muerte es la vida. Aun cuando creamos en otra vida, después de la muerte, hay cierta lógica en esperar morir conforme hayamos vivido.

La muerte real mejor que la literaria

Los tratadistas acostumbran a estudiar la vejez y la muerte de personajes célebres creados por la literatura o la historia: Fausto, Don Quijote, Don Juan, etc. Eso está bien para especialistas, porque ellos pueden deducir conclusiones válidas del testimonio literario. A usted puede perturbarlo. Es mejor familiarizarnos con la realidad de la muerte que con la literatura de la muerte, para aminorar su espanto. La primera es directa. La segunda nos llega a través de la sensibilidad y criterios de los autores. De joven yo tenía horror a la muerte. Había leído muchas muertes literarias. El moribundo, los cadáveres, los cementerios me crispaban de terror. Era periodista y una vez mi periódico me encargó unos artículos sobre los hospitales de Bogotá. Asumí la misión a conciencia. Visité los hospitales detenidamente. Me informé del drama vivido detrás de sus puertas, fui a la morgue, me paré frente a los cadáveres. Cuántos cadáveres, de cuántas edades y condiciones, en desnudez conmovedora. No se desprenden de la pintura, la escultura, el verso y el amor, sino de la desnudez estremecedora de la muerte... La experiencia fue traumatizante al principio, pero luego benéfica: me curó del espanto de la muerte, me infundió un profundo respeto, pero ahuyentó mi pueril terror.

No puedo invitarlo a usted a un hospital o a una morgue, pero juzgo importante colocarlo frente a la muerte de alguien, como un trance de realidad, no de ficción. La ficción nos enloquece, la realidad no. Pero si usted insiste en leer literatura de muerte, lea *La Douce Mort*. Simone de Beauvoir escribe allí los últimos días de su madre. Verá mucho para evitar. Y si medita bien, aun contra la opinión de la autora, verá usted cómo no hay una edad para morir, como es inútil "frustrar la muerte" o alargar química y médicamente unos días la vida a costa del holocausto del paciente que, gracias a los cuidados médicos, va al cementerio llagado, desprovisto de carne y venas, por haber soportado el impertinente esfuerzo científico y técnico para hacerlo vivir unos días más de tortura química, médica, física. ¡Qué egoísmo el de los vivos!

Al escribir esto no le estoy invitando a asistir a todos los velorios, a acompañar todos los entierros, como es tendencia de ciertos viejos, cuya reacción al encontrar conocidos o amigos en tales actos es "Ya no nos encontramos sino en funerales". Es deber acompañar a algunos amigos al cementerio, colocarnos frente a su ataúd, como una vez estuvimos junto a su mesa. Es además una útil experiencia de la muerte. Pero extender ese hábito a tantos sepelios con los cuales no hay por qué ser solidario, convertirse en plañidera de todo cortejo fúnebre es práctica contraproducente porque se corre el riesgo de obsesionarse con la muerte. ¡Hay también bautizos y matrimonios, y tantas otras manifestaciones de vida a donde concurrir! Y su vida misma... Usted está en la fila de la vida. No se coloque en la cola de la muerte.

No hay edad para morir

Simone de Beauvoir se consolaba ante la enfermedad de su madre, de 77 años, pensando: "Ya tenía la edad de morir". ¿Es lógico? Los años nos aproximan al final. Pero nadie puede decir cuál es la edad de morir. Se muere a cualquier edad. Ni siquiera la muerte por consunción –la muerte del cirio agotado en su cera y su pabilo– tiene una edad fija. Aquí sí: no hay enfermedades sino enfermos. Y es de recordar la riqueza casi infinita del tiempo humano dentro de su variedad: hay jóvenes de ochenta años y viejos de cuarenta. Cada uno tiene la edad que puede vivir en cada momento, y la vida de las obras que en él pueda hacer. Repito mucho esto. Estoy convencido.

Ciertos viejos piensan con frecuencia que en cada hora del día están arrojando un hueso en la fosa y que la incógnita fecha de la muerte es para los jóvenes y no para ellos. La dramática figura bíblica de la muerte "león rugiente" los acecha detrás de cada instante. Y ellos son los primeros sorprendidos de por qué no han muerto. No. De repetir es cien veces: la vejez no es una enfermedad y, bajo el sol, nadie ha contado nuestros días. Lo único cierto es vivir de la mejor manera posible. Sin confundir la vida con la muerte, sin dependencia de una con la otra. No hay muerte a plazo fijo.

El sacerdote eudista Enrique Rochereau, mi profesor de Química y Física en el bachillerato, repetía con frecuencia: "No hay edad para morir, lo que hay es edad para vivir". Capitán francés de Artillería en la Guerra 14-18, prisionero de un campo alemán, fundador de un seminario de prisiones en Munster, antropólogo de cuatro sociedades internacionales, dibujante de un álbum sobre la flora y la fauna del Sarare, misionero allí mismo entre los indios tunebos, amenazado en aquella misión por derrumbes y deslizamientos de tierra, que provocan avalancha de serpientes cuyo refugio era el rancho del misionero, fundador en Colombia de museos y obras sociales, dueño de virtudes notables además de su ciencia, decía que la mejor manera de prepararse para morir es estar preparado para vivir. A medida que fue avanzando la ceguera, él fue entrenándose para vivir sin ver, subiendo y bajando las escaleras, agudizando los demás sentidos para orientarse y conocer las personas y las cosas, recorriendo muchas veces los itinerarios que debía hacer de rutina. Incluso inventó una máquina para leer, su gran deleite en la vida. Murió de un resbalón a los 87 años, infatigable como siempre, después de haber vivido en empresa de ciencia y de virtud, erguido, jovial y risueño, con un solo pulmón, pues el otro lo había perdido en un combate.

El suicidio

Es un triste tema, por fuerza de tener en cuenta, pues las estadísticas del suicidio indican un alarmante número de ancianos. ¿Por qué se suicidan algunos ancianos? La explicación habitual es: por falta de interés por la vida, carencia de un sentido, una razón o motivación para estar vivos, escape a la carga de los años en la decrepitud y la senilidad, miseria, enfermedades incurables, abandono, soledad, perturbaciones mentales, demencia senil, sentimientos de venganza contra sí mismos, contra la sociedad o sus familiares, intención de hacer notorios sentimientos de frustración, de exilio, de dolor, de inutilidad, de deterioro y degradación, desesperanza, necesidad de confesar.

Sobre el suicidio, como sobre tantos temas de la ciencia, el arte y la técnica de vivir, no se ha dicho aun la última palabra. El caso pertenece al mundo de la teología (religión), al de la filosofía y la sociología, a las ciencias de lo sicosomático y a otras disciplinas sobre la vida y sobre la muerte. Todo intrincado, complejo, sin premisas, ni conclusiones evidentes. Quitarse la vida es casi un misterio, como tenerla. Ni siquiera el talento de Albert Camus, en su ensayo sobre el suicidio hizo mucha luz. *El absurdo y el suicidio* "¿Vale o no la pena vivir la vida?". He ahí para Camus la razón fundamental de la filosofía. Camus confiesa que, por el *argumento* ontológico, nunca ha visto morir a nadie, mientras sí a otros que se hacen matar por sus ideas o sus ilusiones, donde encuentran una razón para vivir y también para morir. Es algo entre el lirismo y la evidencia.

El mismo Camus reconoce cómo se trata siempre al suicidio como un fenómeno social, cuando lo que hay que buscar es la relación entre el pensamiento individual y el suicidio. "Un gesto como este se prepara en el fondo del corazón, de la misma manera que una gran obra. El hombre mismo lo ignora. Se dispara o se sumerge". Es decir la preparación inconsciente del suicidio, de especial cuidado en el anciano. "Hay que seguir y comprender este juego mortal que lleva de la lucidez frente a la existencia a la evasión fuera de la luz". Camus afirma cómo las causas aparentes no siempre son las eficaces; son muy raros los suicidas por reflexión, y es incontrolable, casi siempre, el desencadenamiento de la crisis. A veces una palabra, un gesto son suficientes para hacer estallar los rencores y las fatigas en suspensión.

Es notorio en algunos ancianos el ánimo de suicidarse. Puede comenzar como una fingida amenaza frente a los demás, pero puede ir formando inconscientemente una tendencia. La vida mental, tan delicada y vulnerable en el anciano, debe ser vigilada por él y sus allegados... Para Camus el absurdo y el suicidio se tocan. Pero ¿cuál es el nexo entre los dos? Un hombre honesto pretende que la verdad rija sus actos. Cuando la verdad de la vida se vuelve absurda, ¿qué pasa? Camus parece poner una explicación del suicidio en esta verdad absurda. Pero yo siempre me he preguntado, frente a Camus: ¿Cuándo es absurda la verdad de la vida, y cuándo lo absurdo es verdad? Porque, tanto lo absurdo como lo vital pertenecen a la relatividad del hombre y pueden ser modificados, mientras el suicidio pertenece a lo absoluto, en cuanto corta la relatividad de la vida y de lo absurdo y sus posibilidades de modificación. El suicidio parece producirse como solución a lo incurable, y la experiencia demuestra cómo muchos suicidas se matan creyendo, por error de obnubilación depresiva, incurable el absurdo y su verdad, que muchas veces sí son curables. Es más un sentimiento subjetivo que una verdad objetiva evidente, el efecto de una intimidad emocional, más que de un razonamiento filosófico... De hecho, tantos se suicidan y tienen sin embargo la verdad de una vida con razones para vivirla. Lo ontológico no juega. Porque Camus no dice algo irrefutable: la vida misma es una razón para vivirla, y, a mi juicio, la principal porque los vivientes somos artífices, cocreadores y responsables de la vida. Para la doctrina católica el asunto está definido: la vida nos ha sido dada por Dios como en administración. No somos dueños de la vida propia, ni de la ajena; no podemos disponer de ella por ninguna causa, ni siquiera por el sufrimiento. "A quien por no sufrir deja la vida, vida para sufrir le da la muerte". El suicida se condena eternamente. La Iglesia católica fue inexorable en este principio, hasta el punto de negar la sepultura religiosa a los suicidas. Últimamente, la concedió con el argumento de que el suicida no es responsable del acto de matarse, porque éste se efectúa en un momento de obcecación mental enajenante del pleno conocimiento y del pleno consentimiento, requisitos indispensables para la responsabilidad... Este argumento sería más cercano al caso del anciano suicida.

Frente a esta tesis teológica –por otro lado con aplicación preferentemente económica y disciplinaria– como cristiano, yo me interrogo: ¿por qué si Dios nos concedió –según la Iglesia– el libre albedrío, o sea la libertad para elegir nuestra condenación o nuestra salvación eterna, nos negó la libertad para morir, es decir la opción a vivir o no? El catolicismo ha dicho siempre su tesis: lo sobrenatural sobrepasa lo natural, pero no lo contradice. La ley natural es frecuente argumento católico. El instinto de vivir, salvo raras excepciones, es indeclinable en la existencia. Ningún ser normal quiere destruirse. Al contrario, la naturaleza es rica en recursos de conservación en todas las especies vivientes en la escala vegetal, animal y racional. Ella opera prodigios en el hombre por compensación para preservar la existencia. El rechazo constante de todo ser al aniquilamiento es permanente. "En el apego de un hombre a su vida hay algo más fuerte que todas las miserias del mundo", dice Camus. Ni los animales, ni las plantas se suicidan. El hombre excepcionalmente. La vida mental, sentimental, sensitiva y racional se interpone en las relaciones entre la verdad y el absurdo, dolor y alegría, capacidad de soportar y no soportar, entre cuerpo y espíritu, materia y mente, más acá y más allá, de cuyo conflicto puede resultar el suicidio, o no.

En todo caso la opinión de A. Camus es válida en este dominio: no es por el "argumento ontológico", ni por la reflexión por lo que los hombres se suicidan.

Hay otras causas, prevalentemente de orden interno, procesadas recónditamente en lo profundo del ser, ignoradas muchas veces por el mismo protagonista. Una incubación latente en la subconciencia, aflorada en repentina explosión... En el anciano el fenómeno es más notorio y los motivos más visibles en la lista de causas explicativas del suicidio. La vida se va acabando sin fundamento, dolidamente, en medio del abandono, la soledad, la impotencia, el silencio y la miseria... Se acelera la voluntad de anticipar el fin, a veces estimulada por confusiones mentales. Aunque también hay ancianos suicidas en medio de la riqueza, la gloria y el poder, como Hemingway, y quienes, pobres, enfermos, doloridos, contradichos, desencantados de todo, hasta de su genio y de sus obras, no se suicidan. Miguel Ángel a los 85 años, llamaba "monigote" a sus pinturas y esculturas. Continúa trabajando infatigablemente. El mismo Miguel Ángel produce su más bella Pietá –La Rondanini– a los 87 años. Freud a los 77 años, canceroso y con media mandíbula artificial, quería suicidarse pero prefirió seguir trabajando.

Puede continuarse indefinidamente la disquisición teórica. Y aunque en los ancianos las causas, como en otras edades, siga siendo el resultado de procesos íntimos y de pensamientos y sentimientos individuales –patológicos o no– aquí sí el fenómeno, frecuentemente, es social. Cuando un anciano se elimina, de examinar será siempre el fenómeno individual de cada uno, pero en la mayoría de los casos se encontraría la culpabilidad social, porque no son los años sino la sociedad la que, con el abandono, los intereses egoístas, los prejuicios, el conflicto de clases y generaciones, hizo cruel e injusta la vejez para muchos incapaces de valerse a sí mismos. Los datos lo confirman: los suicidios seniles se realizan en su mayoría entre abandonados, miserables, sin familia, y huéspedes de hospicios y asilos, quienes, contradiciendo la norma general según la cual el anciano se apega a la vida, por el hábito de vivir, se desapegan, la rechazan, la suprimen... Sólo un cambio social, no solamente en mejorar la asistencia, sino también la consideración humana al anciano, como hombre, podría atenuar el fenómeno.

La solución social es muy lenta. Los mitos, tabúes, hábitos, costumbres, intereses y procederes colectivos, se desmoronan a intervalos perezosos y retardados. Más eficaz es cultivar en el anciano la conciencia de sus posibilidades dentro de sí mismo, de su utilidad, de su capacidad de valerse y seguir siendo hombre, sin dejarse marginar. Es la acción de los mismos viejos con su presencia, el mejor acelerador de la reforma conceptual de la comunidad frente a la vejez.

CAPÍTULO XII

Amigos

Placidez y satisfacción

La placidez y la satisfacción –necesidades ineludibles del anciano para vivir más y mejor– son un producto de la naturaleza, de su mecánica, de sus leyes, de su procedimiento. Como lo es también el dolor, con la diferencia de que el dolor se produce por contradicción, y no por aplicación, salvo los artificiales. La naturaleza no está hecha para sufrir, aunque sufra cuando se la violenta, se la deforma o se la menoscaba, o se la hiere física o moralmente con accidentes provocados o no. Y, tan cierta como todo esto, es también la libertad humana, otro producto de nuestra naturaleza que puede causar, consciente o inconscientemente, esa violación, esa violencia, ese menoscabo o esa deformación, causa del dolor. Si sufrir es su elección, en uso consciente de su libertad, asúmala, realícese en ella y no se queje, o cámbiese. Eso ya es subjetivo, personalísimo. El dolor es también una opción, si usted lo ha elegido. Existen al otro extremo los paraísos artificiales y la búsqueda del placer por esos métodos equívocos que hacían detestar a Baudelaire lo natural.

Cada edad tiene sus placeres y satisfacciones. Cultive los suyos. Pero no se cree un fuero propio de anciano, un feudo de senilidad. La ancianidad no es una prerrogativa ni un privilegio, ni un atributo. Es un estado, en el cual se sigue siendo hombre como antes, con derecho a la placidez y la satisfacción, excelente terapia para los años.

Se escribe frecuentemente sobre la incapacidad de placer de los viejos. Los viejos son capaces de placer y de muchos placeres, incluso el sexual. En esta edad ciertos sentidos, como la vista y el oído, se disminuyen (pero estamos en la época de los lentes capaces de fotografiar la Tierra desde la Luna y de los audífonos para percibir la música de las esferas), mientras otros sentidos se refinan y se califican como el del gusto, el olfato y el tacto.

No dejan lugar a duda los viejos excelentes catadores y buenos amadores. "Viejos libros para leer, viejos vinos para gustar, viejos leños para quemar". Hay solera en los años. En la montaña, la vida toda se aquilata y acrisola. Y el valor de los metales preciosos está en los quilates. Que no lo desasosieguen ni las cosas ni los hombres.

Use bien todo su espacio. Los lugares donde transcurre la vida tienen influencia en todos, pero especialmente en usted. Es época de selección. Elija sus lugares. No se deje arrastrar, no importa a dónde. Algunos lugares, por sí solos, pueden ser mortales para usted, otros rejuvenecedores por letificantes y gratificantes... Y la satisfacción, repito. La terapia médica para el longevo aconseja satisfacción en todo, en lo biológico, en lo fisiológico, en lo espiritual. Los sinsabores alteran, liman la salud, mellan la resistencia. "Sentirse bien", un gran remedio. "Comprométase con la medicina del bien estar y del bien ser. Comprométase con usted mismo en su autoasistencia y en su autoestima". El doctor Ulene no se cansa de repetirlo. Sí, amigo, la vejez es un compromiso, comprométase con ella para hacerla mejor.

Los viejos prejuicios míticos sobre el cuerpo humano han dañado la noción de placer. La reacción actual contra ellos –el destape– la ha deteriorado también. La sabiduría de la naturaleza puso el placer como estímulo en cada una de sus exigencias fundamentales. Rehusarlo es idiota, si no hay motivos muy específicamente valederos. Ahora todo es más hondo, y hay necesidad de cuidar esa hondura y de disfrutarla.

Ese disfrute tiene en su contra también mitos de todo orden y prejuicios religiosos. El cristianismo no se opone a los placeres naturales ni del espíritu, ni de los sentidos, aunque, como toda religión, los reglamente y normalice. Una religión que se opusiera al placer natural moriría en su lucha contra la naturaleza. La naturaleza ha vencido siempre. Y, aun más, en el plano teológicamente ascético y místico, el cristianismo sobrepasa la naturaleza al ofrecer otros placeres sobrenaturales en el realizarse humano con la unión en Dios, cuya culminación es ver a Dios eternamente, con la suprema felicidad de la "visión beatífica" en donde radicaba la fuerza juvenil de San Pablo, quien, después de la juventud, y a pesar de la edad avanzada, nunca fue viejo.

El código de la felicidad cristiana son las bienaventuranzas del Sermón de la Montaña donde se proclama felices a los pobres, a los limpios, a los justos, a los perseguidos. Nace de ese código una nueva palabra: "beatitud", del latín *beatus* = feliz. La beatitud no es solamente un don para el más allá. Puede también disfrutarse en el más acá. El viejo que la logra vive más.

"Beatitud" cobra, desde los comienzos del cristianismo, un significado teológico en el goce íntimo de la armonía y equilibrio de que sus poseedores usufructúan por el acuerdo consigo mismos, de donde brota la paz y la serenidad interiores. La beatitud de la vida interior, de la intimidad, de todo lo que está dentro de nuestra propia piel. Desconozco la religiosidad suya, lector. Pero, cualquiera ella sea, no se deje sugestionar por deformaciones religiosas y disfrute de sus placeres naturales, de su placidez, de sus satisfacciones, de su beatitud. Cristianamente, el placer que no hace mal a sí mismo o al prójimo es lícito. Y, además, para la tercera edad muy importante. La insatisfacción es un camino para acelerar el envejecimiento.

La noción del placer –absolutamente natural ya que la naturaleza le puso como compensación al dolor o esfuerzo de sus exigencias– se ha deformado en casi todas las religiones y filosofías, desde la epicúrea que lo pone como fin de la vida –comamos y bebamos que mañana moriremos– hasta ciertas interpretaciones de la católica: "El placer de morir sin pena, vale bien la pena de vivir sin placer".

El desvío principal está en el falso concepto del cuerpo humano (ya descrito en otras páginas de este libro) y de los "pecados de la carne", en evidente hipérbole, y con más énfasis y divulgación que los pecados del espíritu. A Cristo se le ha considerado como un modelo absoluto, sin discriminar su doble naturaleza de Hombre y de Dios. Hombre y Redentor para cargar sobre sus espaldas los pecados del mundo y rescatar al hombre todo, en su cuerpo y en su alma. Nosotros somos redimidos, y no redentores. Con la gracia de Cristo –uno de los frutos de la redención– podemos ser corredentores de los otros, pero ante todo de nosotros mismos.

El modelo de *La imitación de Cristo*, desde Tomás de Kempis, hace ya varios siglos el libro más leído en el mundo católico, se convirtió en absoluto. Es de una grande sabiduría para los llamados a la perfección. Supone la heroicidad de la virtud, con todas las calidades del sacrificio y la santidad y del apostolado, a ese supremo nivel de la pasión y muerte de Cristo. Pero no todos son ni pueden ser mártires, héroes, apóstoles o santos. Eso es vocación y misión especiales para algunos elegidos... La vocación universal es la de la redención, Podemos redimirnos sin ser mártires, apóstoles, santos o héroes. Ninguna religión, ninguna filosofía con contenido universal, como la cristiana, puede montar un método de salvación sobre el martirio, la heroicidad, la santidad y el sacrificio, como exigencia permanentes. Eso sería como querer iluminar una ciudad con relámpagos, y no con generadores de 24 horas diarias.

Si usted es santo, mártir, héroe o apóstol, no necesita de este libro. Ellos tienen suficientes riquezas espirituales para vivir su vejez, y le sobra para la historia.

La pasión y muerte de Cristo se realiza en tres días y el ayuno en el desierto en 40. Y Cristo vivió 33 años como hombre, con todas las satisfacciones lícitas de los hombres: las amistades, la contemplación de la naturaleza, los paseos por el lago y la montaña, las fiestas nupciales con vino, multiplicado por él, en la región más bella y sonriente de Palestina: Galilea. Al desierto de Judea no bajaba sino a predicar, y a Jerusalén a luchar contra el Sanedrín, en la ciudad que apedreaba a los profetas... Cristo dignificó la naturaleza y la sublimó sobrenaturalizándola, pero no la destruyó ni en él mismo. En la vejez, para un cristiano, no importa la confesión a que se pertenezca (romana o no), hay muchos placeres lícitos.

Los doctores Ulene y Mosqueira emplean la palabra "placer" –tan falsamente temida– como una necesidad para el viejo, sin pensar que el único placer sea el sexual, pero incluyéndolo también. Hay el placer de la música para el oído, el de los colores y las formas para la vista, el de las ideas para la inteligencia, el de la buena mesa para el paladar, y tantos otros para el cuerpo y el espíritu dentro de la normalidad de la naturaleza.

La renuncia al placer lícito entra dentro del orden natural de la libertad personal, como una elección, hacia fines superiores, o por pura disciplina mental, física, moral. Pero esto pertenece al fuero interno de cada uno. El viejo tiene derecho al placer, a disfrutarlo dentro de los límites de su estado personal y, ante todo, sin traumatismos espirituales. Búsquelo:

A) En su interior. Ya es la hora de vivir en acuerdo consigo mismo, en plena autenticidad, con la ilusión de mejorar, y mejorando sin dejarnos dopar ni por el miedo, ni por optimismos o pesimismos, ni por esas sicosis colectivas del *boom* publicitario que se propaga como una llamarada de entusiasmo, incluso entre los pueblos más positivistas de la Tierra, como Holanda donde, en el *boom* de los tulipanes, un naviero cambió un barco trasatlántico por una empresa de tulipanes cuyo único capital resultó ser un tulipán. El acuerdo consigo mismo es fundamental para la tercera edad. Se llama también, en este caso, autenticidad: vivir por lo que se es, y con lo que se tiene. Eso le da seguridad. Su equilibrio interior es también una terapia. Usted debe haber logrado ya filtrar su propia imagen dentro de sus verdaderas dimensiones y vivir según ella, y no según la de los demás.

B) En su exterior. La tercera edad es también la edad de la dignidad. Crearse un clima de dignidad sin alardes, agradable, simpático, acogedor, empezando por su habitación. No necesita muebles dorados para eso. Unos cajones forrados también pueden dársela. Y no necesita perfumes, basta el aseo. Una persona digna irradia respeto. El ambiente es el caldo de cultivo dentro del cual nos realizamos. Cuide su exterioridad, sin sacrificar a ella su interioridad.

C) En su descanso. El descanso es receta de todos los gerontólogos. No lo confunda con la ociosidad, herrumbre y óxido de sus años. Usted descansa, porque trabaja. El descanso sin el trabajo no existe. Debe descansar a los primeros síntomas serios de fatiga. Interrumpa transitoriamente el trabajo, dé una vuelta, extiéndase horizontalmente, relájese, aspire profundo, y respire fuerte, hojee un libro de láminas, o, simplemente, siéntese con los ojos cerrados. Haga lo que más le guste para descansar, con tal de sentirse plácido. Si su trabajo no es independiente, infórmele a su superior que a usted le conviene está interrupción para descansar y así producir mejor. Él entenderá. Si la fatiga es permanente, consulte al médico. De todas manera la fatiga es menos perjudicial que la ociosidad completa.

D) En su trabajo. Su trabajo resultará una fuente de longevidad si le satisface. Si no, procure cambiarlo o hacerse trasladar. No trabaje a regañadientes, ni contra su voluntad, pero acepte su trabajo, como acepta la vida. El trabajo no es una condena, sino una realización de sí mismo, un ejercicio creador o cocreador. Hágalo como un empleo satisfactorio y útil de su tiempo. Mientras usted trabaja, usted es importante. Laborando descubrirá en el trabajo, no la única razón de ser de la vida, pero sí una de esas razones. El trabajo es la defensa de su dignidad: "*La frente honrada que en sudor se moja / jamás ante otra frente se sonroja / ni se rinde servil a quien la ultraja*".

E) En sus relaciones. Si usted no se relaciona, no lo relacionan. Sus relaciones lo conectan, condición importante para evitar el aislamiento. Pero, con excepción de los casos de obligatoriedad, si sus relaciones no son plácidas ni satisfactorias, no se fuerce, cámbielas. Extráigase y reemplácelas. A ningún yugo se puede estar sometido, si no es el del compromiso legal o moral.

Sentirse bien. En la vejez esto es una necesidad elemental. Al fin y al cabo el contenido práctico de la felicidad –quizás el único– esté en ser bien, en estar bien, si tenemos conciencia de ello y si en realidad *nos sentimos bien*.

He leído muchas definiciones del amor, de sus causas y de sus consecuencias, pero ninguna tan verdadera como aquella persona simple que dijo: "Te amo, porque me siento bien contigo". Es verdad. Sentirse bien no es fácil. Es, como efecto, el resumen de muchas causas físicas, mentales, morales, espirituales, económicas. Pero usted para ello no necesita de la salud de Matusalén, ni de la fuerza de Sansón, ni de la mente de Descartes, ni de la riqueza de Rockefeller, ni de la virtud de Francisco de Asís. Basta con ordenar su vida, equilibrar su interior, obrar, trabajar, amar, comer, dormir y ejercitarse como es debido, conocer sus propias capacidades y sus propios límites y actuar dentro de ellos. Se realizará. Y cuando nos realizamos nos sentimos bien.

No hay nada ni en la naturaleza, ni en la ciencia, ni en el arte para demostrar en el viejo la necesidad de sentirse mal. No deforme usted mismo, con mitos prefabricados, esta evidencia: no es obligatorio sentirse mal. El de la vejez no es un sentimiento malo.

¿Qué hacer para sentirse bien? El proverbio árabe responde: tener un oficio definido, dedicarle por lo menos el 80% del tiempo útil, ser apreciado en su ejercicio (hacerlo bien) y tener equilibrado el mundo de sus sentimientos íntimos. Es decir: el amor, la gratificación y el trabajo. Un gran trípode para el viejo. Su tercera edad no se lo impide, al contrario, se lo aconseja. Será entonces usted un hombre positivo, de quien no podrá decirse, como de algunos de sus coetáneos: "Ni para su padre, ni para su madre, ni para mí que soy su compadre". Sea usted para todos y verá cómo algunos serán para usted. Nos quejamos del egoísmo de las gentes, porque somos egoístas.

La gratificación es uno de los estímulos primordiales para la acción. La naturaleza ha puesto una gratificación en cada una de las operaciones que nos exige. No se la niegue usted. Gratifíquese también a usted mismo.

La esperanza

Sea amigo. Tenga amigos. Su vida de relación los necesita. Pero tampoco espere mucho de ellos. Como sus hijos, como usted mismo, están ocupados en poder vivir. La amistad tiene un valor por sí misma, independiente de sus consecuencias... Seleccione sus amigos y consérvelos. No solamente "los viejos amigos"... también amigos jóvenes. Ya hemos visto: los jóvenes lo rejuvenecen, y eso es una esperanza. La diferencia de edades no es óbice para la amistad, como no lo es para el amor...

Y ame, ame al Creador, ame las criaturas, ame fuertemente a una persona de sexo diferente, ame la pareja humana... ame. El amor es por sí mismo una esperanza... Es la esperanza de esa pareja de ancianos cogidos de la mano. La esperanza del pino de la carátula de este libro, con una estrella en la frente ante el sol y la nieve. Si no ha visto usted esta estrella de esperanza vuelva a mirar la carátula y la verá.

Y no odie. El odio, como la tristeza, le seca los huesos... "Le perjudica más que las otras pasiones". Para evitar el odio, perdone. El anciano ha de perdonar más, porque conoce más las flaquezas humanas. Por razones obvias, debe ser más benevolente. Olvide y deje a sus enemigos entregados a su propia suerte. No les haga juego. Ese juego los halaga. La indiferencia es buena defensa. El odio es la antiesperanza. Y nada de desesperanza. Es el comienzo de la condenación. Por algo Dante anunció con ella la puerta oscura del infierno: "Dejad toda esperanza, oh, vosotros que entráis".

El fatalismo, ese aciago mito para tantos determinante como el viento en las veletas, es falso. Dios nos hizo condueños de nuestro destino. Energizarse, tomar el timón, usar los frenos y el acelerador. Si usted se entrega, rescatarse será más trabajoso. Si usted se aliena, liberarse le costará más.

Nos es dable esperar. Tenemos siempre un mañana, del cual esperar, si comenzamos a prepararlo hoy, si pensamos en quienes dentro y fuera de nosotros, de una manera u otra, obran por y para nosotros. Esperar del Creador, esperar de la creación, esperar de las criaturas, esperar de nosotros mismos como creadores y cocreadores. El trabajo es, a cualquier escala, una creación o una cocreación. Pero esperar ayudándonos para realizar la esperanza.

¡Y cuánto ayuda la esperanza! Todas las religiones conocen el valor de la esperanza, como estimulación. Algunas, como el cristianismo, la han hecho una de sus virtudes teologales, junto con la fe y el amor. El amor, expresión máxima de la caridad. Todo en el Antiguo Testamento, en la *Biblia*, está lleno de una promesa futura: la esperanza de la redención, la esperanza de un redentor, la esperanza de la tierra prometida, la esperanza de la descendencia. Y se habla de porvenir, y los patriarcas, a pesar de sus canas, cantan al futuro. "Me alegro porque se me ha dicho que iré a la casa del Señor". Esa idea del porvenir ha sido siempre un trascendental acicate. Sin la promesa de la tierra prometida, los cuarenta años de desierto hubieran sido imposibles para el pueblo hebreo. Como hubiera sido imposible soportar el exilio de Babilonia, sin la esperanza del regreso a Sión.

Y cuántos desiertos hemos atravesado y atravesaremos... y cuántas Babilonias... Y tenemos un porvenir. Construyámoslo desde hoy. El hombre es el único animal perfectible hasta el último día, y de la misma muerte se puede hacer un acto de perfección. Hemos nacido para ser mejores cada día. Eso no es un sueño... Sigamos el ejemplo del jilguero que cada día canta mejor. Mientras vivamos, tendremos siempre que esperar.

Pero las esperanzas para fomentar son las esperanzas serias, las que no nos defraudan. No abriguemos esperanzas frustrantes. La frustración es grave en usted. Tenga cuidado con la esperanza sobre los hijos. Procure ayudarlos a mejorar, pero acéptelos como son. No están dispuestos hasta el sacrificio por usted. No espere de la gratitud humana. Los hombres no son dechados de gratitud. Haga el bien a quien pueda –sin mirar a quien– pero no aguarde el reconocimiento. Espere sí en la justicia inmanente de la naturaleza. La retribución vendrá, muchas veces de quien usted menos aguarda. Lo importante es hacer el bien. La gratificación va implícita en la obra buena... y, tarde o temprano, viene de algo o de alguien. Eso es una ley infalible. No espere la alabanza ni se deje abatir por el reproche. Sea usted mismo lo que es, con seguridad. Esa seguridad es un buen bastón para su vejez. Kempis tenía razón: "Ni por mucho que te alaben, ni por mucho que te vituperen, serás mejor o peor de lo que eres". Y en el ser está la esperanza.

Generaciones e información

Algunos viejos "preteristas" suelen anclarse en determinada época de su vida pasada, la mejor, y allí paralizan su historia y la del mundo. "Cuando yo era... en mis tiempos de...". Esa reversión los envejece y su repetida alusión incomoda a los demás. No. Abra los ojos; a cuanto le circunda hoy, tenga autocrítica, viva hacia adelante, afiáncese en su presente, no desperdicie las ventajas de hoy por el melancólico recuento del ayer. Venere y respete sus recuerdos –son usted–, pero no se obsesione por ellos. Ellos no son su única vida. Fueron una parte de su vida. La vida es también "discurrir". Y eso ya discurrió. La lucha de las generaciones existe, aun más enardecida. La premura de la existencia actual acelera la puja de los de atrás de la fila. Ahí están a la puerta los nuevos presionando por el puesto de los antiguos. Ellos nacieron durante el gran cambio y lo han asimilado más que nosotros. Saben menos de historia, pero más de actualidad, por haber nacido en el torrente de los medios masivos de comunicación. Nosotros hemos de estar alerta y ponernos en contacto con el acontecer del día para estar informados. Sin esta información, usted envejecerá más aceleradamente porque verá alejarse el mundo viejo, sin comprender el nuevo. Es decir, se marginará. Y hay muchas personas interesadas en marginarlo. El aislamiento es caldo de cultivo para la vejez. Impídalo. Estar en contacto con nuestro día a día y con la juventud es renovarse. Es muy bueno saber historia, pero es indispensable conocer la realidad cotidiana de nuestro mundo. La historia de hoy es nuestra historia. Y esto es fácil porque, si quiere, la información la encontrará gratuitamente a su alrededor, Cicerón tenía razón: "La historia se enamora de los muertos con perjuicio de los vivos. No me compares con Tucídides, compárame contigo".

Por otro lado, no crea en la "guerra de las generaciones", o por lo menos no la haga. Acepte la puja de generaciones porque es ineludible. En la naturaleza, como en los ríos, nada se detiene. En vez de retroceder, marche usted también hacia adelante con quienes son más jóvenes. Ellos lo rejuvenecerán. No se esconda en el ancianato. Puje con los jóvenes. La retirada no es para usted, aunque esté en retiro. Hay mucho para hacer dentro y fuera de nosotros mismos. Tantos pueden, ¿por qué no usted? Cerca de mí tengo infinidad de casos positivos. En Bucaramanga (Colombia) Alejandro Galvis Galvis; en Bogotá Gabriel Cano. Ambos son periodistas, ambos tienen 87 años, ambos realizan bien al frente de sus diarios la lucha de siempre, sin pensar en la edad. No han tenido tiempo de envejecer. Informarse e informar se lo han impedido, mantienen la lámpara en la mano.

Y en esto de rejuvenecer por la información hay muchas lecciones. En Colombia, Alberto Lleras Camargo; en Chile, Felipe Herrera; en Costa Rica, José Figueres; en Argentina, Raúl Prebisch; en Ecuador, Galo Plaza; en Venezuela Rómulo Betancourt. Todos ellos son coetáneos, hoy hacia los 80 años. Su grupo ayer fue decisivo en la política continental. Hoy no gobiernan directamente, pero se informan e informan, otra manera de gobernar. Tienen los ojos bien abiertos. Informarse es tener la luz encendida, ignorar es apagarla. La información de la actualidad, unida en el viejo a la experiencia del pasado, lo corona de autoridad y le permite a veces gobernar, "no sobre el oro, sino sobre quienes tienen el oro", ambicionada meta de Cicerón para la vejez.

El libro

El libro es el gran amigo del viejo y su recurso favorito contra la soledad, por muchas razones, entre otras, porque nada se parece más a un hombre que un libro, producto humano por excelencia, acto final de un proceso de gestación racional. El hijo y el libro son lo mejor que el hombre hace. Los valores del libro son, como los del hombre, indivisibles. En ninguna parte usted se encuentra más hombre que en el hijo y en el libro. Ensáyelo y verá. Como compañero, la fidelidad del libro es inagotable. Usted lo tiene consigo cuando quiera, donde quiera y como quiera. No sucede igual con ninguno de los otros medios de comunicación. Ni con el receptor de radio, de televisión y a veces ni siquiera con el periódico o la revista. El libro es por antonomasia suyo. Lo puede llevar en el bolsillo, como el retrato de su amada, y hojear, verificar y comprobar cuando quiera, y escogerlo de acuerdo con sus predilecciones: ciencia, técnica, arte, ficción, narrativa, humor, meditación, pasatiempo o diversión. Ahí está el libro, donde usted lo dejó, siempre listo para usted. Nada hay hoy en el mundo que antes no hubiera estado en el libro, y el libro siempre puede estar con usted, como mirador del universo. ¿Por qué se queja de soledad, si puede tener un libro ante sus ojos?

Para el viejo, entre las casi infinitas cualidades del libro, una de las más válidas es la compañía. Sus páginas son para usted el estadio del mundo. Todo el mundo cabe en ellas. Sus renglones son los caminos del mundo. ¿Cómo estar solo, habiendo tanto qué leer? Habrá momentos, y aun períodos de su vida, en que los otros compañeros fallen. El libro jamás. Siempre está allí, a su lado, si usted lo desea. A uno lo pueden separar de todo. Pero difícilmente habrá alguien tan cruel para atreverse a separarlo de sus libros. Y usted puede hacerse acompañar por los autores universales. Por Cicerón o por Gabriel García Márquez. Si usted no tiene con qué comprarlos, búsquelos en las bibliotecas. Son gratuitas.

Naturalmente, hay que ser lector. Los hábitos de lectura se adquieren prevalentemente en la niñez y la adolescencia. Pueden lograrse también a cualquier edad de la vida. La lectura es como cualquier otro buen sabor: para aficionarse a ella basta el esfuerzo inicial de gustarla y paladearla. La lectura es principalmente placer del conocimiento, regodeo de la inteligencia –y también de los sentidos– puesta en juego de nuestras mejores potencias íntimas en un acto supremo de aquilatarnos todos nosotros que, quizá, no tenga par sino en el amor, como fuerza de regocijo, de comunicación y de creación.

Nadie tan capacitado para leer como el viejo, porque dispone de tiempo y de elementos de criterio, reflexión y comprensión. Por eso, las estadísticas acusan, como las edades más lectoras, las primeras y las últimas del hombre. Al principio del camino, la curiosidad y necesidad de información para el itinerario; al final, la de comprobación y de dilucidación. Ante todo, para el viejo la lectura debe ser un placer. El viejo, como todos, necesita placeres. Y la lectura es un compendio de muchos placeres. Elija sus lecturas hacia el placer de leer. Algunos viejos han recreado todo un mundo útil, plácido y satisfactorio con sus lecturas y otros han descubierto en ellas su juventud.

El libro es por excelencia el gran material de lectura, pero no el único. El periódico y la revista, a un nivel inferior, también lo son. Y usted debe leerlos para su información cotidiana. Toda información le ayudará a participar en la vida de la comunidad, de la cual usted no puede ser mero espectador. También la lectura debe ser recreación y distracción. Y no se crea siempre obligado a los temas serios. Los frívolos pueden serle útiles, si lo distraen. Toda comunicación le hará bien. Lea, oiga, vea. No para matar el tiempo. Para tantos otros fines, pero también para que el tiempo no lo mate a usted. Su gran enemigo ahora no es el espacio, es el tiempo vacío, el tiempo muerto. En el vacío se acaba todo. En el libro todo resucita.

Antes de la escritura, la información moría con la persona que la almacenaba en el cerebro. Era interna. Después fue escrita, externa. Toda la información pasada y presente de nuestro universo está en el libro. Universalícese en él.

El peligro de la literatura. Ha sido escasa, oprimente y deprimente, la literatura sobre el viejo, salvo contadísimas excepciones, hasta la mitad del siglo pasado, cuando Victor Hugo la rehabilitó. La imagen del viejo creada por ella es miserable. Solamente en este siglo –salvo las excepciones nombradas– aparece una literatura justa sobre la vejez, aunque aun se la proscribe de la publicidad (los papeles protagonistas de las novelas, la radio, la televisión y el cine), con el argumento de que no es atractiva, ni taquillera. La verdadera literatura sobre la vejez recomienza sólo en 1914. Usted necesita alimentar su ánimo, nutrir su espíritu, vigorizar su coraje. La literatura bien elegida es una excelente ayuda, pero, mal escogida, lo invadirá sombríamente. La vejez debe espantar las sombras. Muy lejos de ellas está "la hermosa vejez" que tantos han vivido y a la cual usted también puede aspirar, sin la objeción de que siempre los ejemplos de esa "hermosa vejez" son seres superdotados, como Catón, Leonardo da Vinci, Clemenceau, Charles Chaplin, Pablo Casals, Andrés Segovia, Churchill, De Gasperi, De Gaulle, F. Franco, y tantos más. No. Mire a su derredor y encontrará en la gente del común de la calle ejemplos de hermosa vejez, como los encontraba Cicerón entre los labriegos de la campiña romana.

Por eso es muy importante elegir bien sus lecturas, para no caer en el pesimismo de Lamartine y Chateaubriand, quienes, al final de su vida, en la cumbre de su gloria se lamentaban de su vejez, pero durante ella escribían mejor. Si usted es amigo de tales lecturas, contrarréstelas con otras confortantes, como las de Papini, que, octogenario y ciego, seguía trabajando con el canto de la esperanza en los labios, y con el optimismo del perdón, aun el perdón de Dios para el diablo, otro ilustre viejo... En el hombre provecto hay tendencia al pesimismo. Se ha de contrarrestar con optimistas lecturas, espectáculos, compañías y audiciones de radio y audiovisiones de televisión. El remedio contra la penumbra no es apagar el candil, sino encender la lámpara. El libro puede ser su gran lámpara.

Lectura. José Antonio Pérez Rioja, en el número 264 de *El libro español*, hace interesantes observaciones sobre la lectura en la tercera edad y acepta la definición de André Maurois: *Lectura vicio, lectura placer, lectura trabajo.*

"*La lectura vicio* es aquella de quienes no buscan ni ideas, ni hechos, sino ese desfile continuo de palabras que les oculta el mundo y su alma. Lectura totalmente pasiva, soportan los textos, no los interpretan, no les hacen sitio en su espíritu, no los asimilan"... Es decir, la lectura fuga, la lectura escapismo, la lectura droga, convertida en vicio porque enajena la voluntad. Pero es preferible este vicio para eludir la realidad a otros que, siendo más enajenantes, no logran su fin y sí perjudican enormemente al vicioso. En último caso la lectura vicio es concebible porque, especialmente para el anciano, logra, por lo menos, su fin de evasión sin mayores perjuicios y con la ventaja de toda lectura, aun cuando ésta no sea la ideal.

"*La lectura placer* es ya más activa. Lee para su placer el aficionado a novelas que busca en los libros bien impresiones de belleza, bien un despertar y una exaltación de sus propios sentimientos, bien las aventuras que la vida le niega"... Es decir, ésta ya no es la lectura de escape de la realidad sino más bien la lectura sustituto, cultivo, satisfacción cultural, distracción y diversión. Es muy apropiada para el viejo porque en ella encontrará a su gusto y acomodo a sus circunstancias, un insustituible empleo del tiempo libre.

"*La lectura trabajo*, en fin, es la del hombre que en un libro busca tales o cuales conocimientos definidos, materiales de los que él tiene necesidad para establecer o acabar en su espíritu una construcción de la que solo ha entrevisto las grandes líneas"... Es, pues, por excelencia la lectura de la labor intelectual. Podrá ser o no ser la del viejo, según las circunstancias y sus especificaciones de profesión o afición. En todo caso, la combinación de lectura placer y lectura trabajo parece la ideal para el hombre viejo. Pero si tal aleación no es posible, el viejo debe preferir la lectura placer.

Maurois aconseja "no dejarnos sumergir por la marea de los librillos". Es decir tener una continuidad en nuestra lectura, perseguir un fin determinado, buscar una ilación entre lo cultural constructivo y lo cultural recreativo, eligiendo bien nuestros libros. En ellos el anciano tiene, más que en otras tareas, la facultad de escoger con gusto y con esa ilusión que nos permite llevar a buen término todo aquello que acometemos voluntariamente, porque nos agrada.

El consejo de Gustavo Flaubert le ayuda: "No leáis como los niños leen, para divertiros, ni tampoco como los ambiciosos leen, para instruiros. No, *leed para vivir*. Hacedle a vuestra llama una atmósfera intelectual compuesta por la emanación de todos los grandes espíritus"...

Otro desideratum es el de la lectura con espíritu crítico. Si el viejo lo tiene, tanto mejor; si carece de él, debe leer sin gran preocupación crítica, porque para él, ante todo, la lectura debe ser terapia para no dejarse matar por el tiempo muerto, para librarse del monólogo interior, casi siempre perturbante a esa edad, y enriquecer su espíritu y vibrar con los personajes de su libro, sin meterse, si no puede, en el laberinto de la crítica, perturbadora a veces. Por eso, dentro de la selección de libros y sus muchas reglas para hacerla, el viejo debe preferir "los libros que tratan de los problemas de la vida humana". De añadir es que esos problemas no deben aumentarle la problemática de la edad, sino darle solución. El ambiente de lo insoluble no es el más apto para conservar la vida, en su etapa avanzada, pero sí el clima de los verdaderos intereses humanos, porque éstos despiertan el nexo y la curiosidad por la vida, secreto para vivir más.

Don Santiago Ramón y Cajal, premio nobel de Medicina, en su libro, *El mundo visto a los 80 años* (la edad del autor cuando lo escribió), apunta: "No basta al amante de la lectura el paladeo cotidiano de periódicos y semanarios. Son indispensables los libros. ¿Cuáles? No todos. Al revés del joven –capaz de devorar impunemente cualquier esperpento literario por pesimista y turbulento que sea– el anciano necesita escoger sus lecturas con meticulosa cautela. Aquél, (el joven) se desintoxica y despreocupa rápidamente de la emoción recibida; el segundo (el anciano), atacado más o menos de insomnio y sujeto a cavilaciones enfadosas, necesita alimento espiritual suave y poco estimulante que distraiga e informe objetivamente, pero sin impresionar sobremanera el ánimo con la evocación inoportuna de emociones melancólicas pretéritas".

Protección. A cualquier edad de la vida necesitamos ser protegidos, protegernos y proteger. A pesar del muy desarrollado instinto de conservación de nuestra especie, todos, para conservarnos y progresar, necesitamos de los demás. La autosuficiencia en los individuos, como la autarquía en las sociedades, es una utopía. Y en la tercera edad, desde todo punto de vista, es necesario recibir y dar protección.

Es frecuente, con la edad, perder vanidad, pero ganar orgullo para encastillarnos y enfrascarnos en nosotros mismos e impedirnos manifestar nuestras necesidades. Comunicarlas puede parecer a algunos disminuirse. El fenómeno es al revés. El sólo comunicar nuestros problemas a otros es un comienzo de solución. Debemos proteger y ser protegidos. No tema pedir ayuda a los demás. La solidaridad humana existe más allá de lo que podemos pensar. No vacile en darla y en solicitarla. Se sentirá ayudado y ayudando. En esa ósmosis y endósmosis consiste también la vida y el mecanismo instintivo de la conservación y el equilibrio...

No vacile en tocar a la puerta ajena cuando lo necesite. Otros tocarán a la suya. Y así se restablecerá la justicia inmanente de la naturaleza. A pesar de cuanto se dice sobre la crueldad de nuestra civilización, buenos samaritanos hay siempre. Como las liebres, saltan donde menos se piensa. El evangelio no se ha equivocado. "Pedid y se os dará. Buscad y hallaréis". Y también: "Dad y recibiréis".

El color. Se ha asignado a la vejez el color gris. Es un símbolo del trato deprimente prodigado al viejo, a través de la historia, para neutralizarlo. No dudo de las excelencias del gris utilizado por la técnica de la pintura para dar ciertos efectos evanescentes y difuminadores. Es exactamente la actitud de la sociedad frente al viejo: desvanecerlo en la lejanía hasta convertirlo en "otro"; esfumarlo en la distancia hasta hacer de él sólo una sombra borrosa. La sociedad ha sido injusta con el viejo hasta en los colores.

Grises los cabellos, gris la barba, gris la corbata, gris el vestido, gris la piel, gris el alma. Un hombre sobrecargado de gris, neutralizado por el gris. Y el viejo se ha dejado convencer. Hasta la más dinámica agrupación pro defensa de los derechos del viejo en Estados Unidos –las Panteras Grises– lleva en su nombre el fatídico color monarcal. La reacción ha sido tan perjudicial como la acción: viejos vestidos de arco iris, con pantalones, camisas y guayaberas abigarradas como polichinelas, y viejas con faldas, pantalones, *foulards* y blusas, como una explosión de cromías contradictorias. Del gris otoñal a la variopinta escala de la policromía. Dos extremos igualmente gravosos para el viejo. El primero como hábito de penitencia, como si la edad fuera algo que uno tiene para arrepentirse y expiar. El segundo, la explosión colorida del payaso. El viejo ni puede ni debe prescindir del color. Éste, a cualquier edad, da sal, pimienta y calor a la vida y el viejo necesita de sal, pimienta y calor. Pero en su escala y con el buen gusto indispensable. Vestidos claros, colores calientes serán siempre un estímulo de animación, de tener en cuenta, pero adecuados a los años y a las situaciones. Ya no está usted para ser arco iris ambulante. Tampoco para exhibirse como un muestrario de cenizas apagadas. Ni abigarrado, ni descolorido.

La señora sesentona vestida como una quinceañera hace reír. Un septuagenario con colores de circo hace llorar. Pero, como un abanico de grises, hace sufrir. Escoja sus colores, anímese con ellos, llévelos dignamente y nunca se deje uniformar de gris, sin prescindir de él, que también en ocasiones tiene sus encantos. Los crepúsculos arrebolados de grana son bellos, pero los hay también grises de gran atracción.

El pintor argentino Quinquele Martín hizo ensayos prácticos del color como estímulo, y de su taller del barrio La Boca, en Buenos Aires, surgió la prueba del color como acicate para todas las edades y actividades, demostrado incluso en la industria, porque las máquinas pintadas de color en un taller mejoran el rendimiento de los operarios y alivian la fatiga en el trabajo. La fábrica de alpargatas, en Buenos Aires, fue de ello buena prueba.

Colorear el ambiente, la decoración, los vestidos, no significa colorearse a sí mismo. Salvo el caso de las mujeres de edad que también tienen derecho a la cosmetología, como ingrediente de belleza en proporciones aptas para su edad. Pero esos viejos con las canas teñidas, con los pelos de la nuca y de las sienes echados hacia arriba y pegados con gomina, para disfrazar la calvicie, con los hoyuelos rellenos de menjurjes, dan asco. Seguramente ellos lo experimentan primero y por eso quieren encubrir sus deficiencias. Acepte sus canas, su calva, sus arrugas como naturales contingencias de su estado y, si algún remedio busca, que no sea en la farmacia. Para defectos graves, consulte al cirujano estético. Es preferible una enmienda radical a los accidentales recursos del disfraz. Muchas veces el fármaco no está en la droguería. Es simplemente alguna otra cosa, como el agua fría de su grifo de acueducto, por la contracción por ella producida.

El deber. Interpretar la vida como es y realizarse en ella como debe ser. Entre ese *ser* y *deber ser* hay toda una gama de matices sutiles, algunos muy personales e ineludibles que se convierten, en parte, en deberes de cada uno para consigo mismo o para los demás. Y el deber es siempre el deber y la mejor manera de afrontarlo es cumpliéndolo. El escapismo ante el deber es falsa dialéctica para engañarnos a nosotros mismos ante nuestras deudas sin pagar. Hay deberes naturales imposibles de rehuir; aceptados otros y pactados algunos. Ningún deber obliga si supera las fuerzas naturales. La misma moral católica dice "no obliga en tanta incomodidad". No estamos obligados a ser ni mártires, ni héroes en trance de sacrificio perpetuo, aunque estemos impelidos a determinados sacrificios transitorios, casi siempre solamente esfuerzos. Pero no como situación permanente. Nos mataría la tensión. El esfuerzo permanente, como sistema, deteriora al hombre.

A su edad, fuera de sus obligaciones naturales, no acepte ni pacte deberes que rompan *la placidez y la satisfacción*. Placidez y satisfacción, regla de oro para la longevidad. Ninguna receta más válida para vivir más y mejor. Pero tampoco haga de la placidez y la satisfacción la única meta. Hay momentos sin placidez y sin satisfacción. Afróntelos como es la vida; nadie puede eludir esos rincones de infierno que nos aguardan. Lo esencial es no quedarnos en ellos, porque nos quemamos, y compensarlos con los ángulos de paraíso ofrecidos por la vida, a conciencia de que tampoco en vida podemos eternizarnos en ellos. Nos desintegraríamos de la realidad, que no es ni perpetuamente infernal, ni perennemente paradisíaca. Lo continuo, mientras vivamos, es la vida. El secreto está en cada día, en su pequeña realidad, en su modesto discurrir.

Embellezca el día en sus horas, minutos y segundos. Cada uno es la vida. No la enlode. No encontrará nada mejor que la vida, haga de ella la mejor opción de la jornada. Pero cuídese: la sociedad le impone muchos deberes al viejo y le reconoce pocos derechos. Sea usted un cumplidor de los deberes esenciales, sin preocuparse mucho de los convencionales. Pero sea también un soldado de sus derechos, no se deje imbuir de ese ambiente sacramental de "hombre de deber" con que quieren rodearlo.

Agradecer a la vida. Es frecuente en algunos ancianos un sentimiento de amargura hacia todo. La vejez no es de hiel, la acritud es peligrosa para el viejo, porque si se cultiva —como de ordinario acontece— llega a convertirse en estado de alma, de criterio, de negativismo pesimista, con cielo siempre gris, aun cuando éste esté azul. Los males de la vejez, no son siempre de la vejez. Ya Cicerón apuntaba, antes de Cristo, la manía del viejo de achacar a la edad sus propias culpas, para rehuir responsabilidades personales. No olvide. Los responsables somos nosotros... La vida, además, nos ha dado grandes favores, así no fueren otros que la vida misma. Es nuestra obligación realizarla y realizarnos en ella... y agradecer a la vida.

Y mire en torno y compare. Es lógico, por solidaridad en la especie, dolernos con los males del prójimo y gozar con sus bienes. Pero si usted no ha llegado a éstos, compárese y verá cuanto mejor está usted que tantos y tantos. En los cerros andinos del subdesarrollo he visto mamás espulgando la cabeza de sus hijos y comiéndose los piojos, únicas proteínas para ellas posibles. Otras que van a dar a luz al arroyo, solas para poder lavar su niño. Indios cargados de piedras de tres tamaños para galantear a la india: primero le tiran una pequeña, si no voltea a mirar, le arrojan la mediana, si tampoco, la descalabran con una grande y la poseen en el acto. Y he presenciado, allí mismo, cortejo fúnebre donde el fallecido va al cementerio en ataúd pintado de todos colores, después de una vida sombría, sin color interior. Usted no es ninguno de estos, ¿verdad? La gratitud a la vida nos reconcilia con nuestra edad. No se deje poseer de sus "cavilaciones enfadosas".

La certidumbre. La certidumbre, en su edad, cuenta mucho porque la duda permanente se convierte, a la larga, en tortura, tensión e indecisión. La certidumbre tiene muchas escalas, tantas cuantas posee la vida intelectual, la sentimental y la laboral del hombre. Desde luego, no se trata solamente de la gran "duda metódica", de Duns Escoto, buen método en el proceso del conocimiento; ni de la duda racional, objetiva, de Descartes, camino riguroso en la búsqueda lógica de la verdad; tampoco de la gimnasia dialéctica, útil para la táctica y la estrategia de las ideas, en el uso de la razón, que es lo mejor que usted ahora tiene. Tampoco de la duda teológica. Es de suponer que usted, a estas horas, tenga un Dios, su Dios, escogido libre, sincera y honestamente. Lincoln dijo: "Lo importante es tener un credo, no importa cuál. Pero tener un credo"... La orfandad de Dios ha sido siempre suplicio de la mente humana. El poeta español Núñez de Arce cambiaba toda su gloria por una gota de certidumbre, en el tortuoso tránsito del error a la verdad.

Se trataría más bien aquí de evitar la "incertidumbre del futuro", esa que Tubiana indica como una de las causas de zozobra del hombre contemporáneo, porque todos los cambios, por la ciencia y la técnica introducidos continuamente en nuestra vida, nos colocan en una banda transportadora sin fin, inquietante ante situaciones siempre nuevas. Este es un fenómeno social concatenado con este sucederse de acontecimientos insospechados, en cualquier dominio, entrelazados como eslabones en la vida contemporánea.

Usted no debe dejarse enganchar en esa cadena indefinidamente, porque se engañará más cada día, con perjuicio de su vida mental. Usted necesita las seguridades esenciales: por lo menos las de no engañarse, no ser engañado y no engañar en lo fundamental. Pero no exagere ni se torture. Errores cometemos todos. Muchos errores.

El error está en la condición humana. Lo importante es darnos cuenta de ellos con la ayuda de la propia crítica y de la ajena, y enmendarlos y repararlos de buena fe. Solamente así llegará usted a la paz mental tan necesaria. Pero ésta no es la paz de los sepulcros, ni la falsa del ocio para anquilosar y fosilizar su mente. No. Es la reactivación cotidiana de su mente la que lo mantiene vivo. Crea en algo y esté seguro de algo. Cuando uno empieza a dudar de todo, termina dudando de sí mismo y se frustra, porque llega el momento en que no avanza, no retrocede y no quiere quedarse en el mismo sitio. El remedio sería volatilizarse. Y como eso no es posible, llega la neurastenia, y ocasionalmente la tentación del suicidio. Este fenómeno de autoeliminación no es raro con los años. Haga su opción, establezca su relación significativa, realícese y avance en las dos, como en su escogencia, sin titubeos. La incertidumbre, temor mental, en la ancianidad conduce al miedo físico y a la neurosis.

No sacrifique la realidad del presente por la hipótesis del futuro. Sacrificándola, muchos generales perdieron las batallas. Para usted es muy eficaz el consejo evangélico de que: "A cada día le basta su afán". O aquello de que: "El ayer ya pasó, el mañana no ha llegado, hoy es el que cuenta". Sí, amigo, usted debe estar en su "hoy" como el colibrí en su flor, pero sin tantas idas y venidas, tantos vuelos y revuelos, tantas vueltas y revueltas. Conozca su camino. La dificultad no es tanto el recorrerlo, sino el conocerlo, y en ese conocimiento afianzar su certidumbre.

Belleza. La tercera edad necesita tener, siquiera elementalmente, definidos los valores esenciales de la vida: verdad, belleza, unidad, justicia, economía, oficio o profesión, amor, salud... Todo eso es relativo, dentro del cuadro personal de la existencia de cada uno, porque lo absoluto no es patrimonio humano. Pero, por lo menos, debe estar dentro de lo esencial accesible a los hombres. La terapia de la belleza, buena receta para la vejez. Todas las escuelas filosóficas tratan "de la estética", porque, sin ese capítulo, ningún sistema sería aceptable, ya que la belleza pertenece a la esencia misma del ser y a sus calidades trascendentales. En realidad, no hay nada feo en la naturaleza. La fealdad existe por deformación, por negación, no por creación. Junto a la belleza de las torres, las naves, los arbotantes de las catedrales góticas, hay en ellas la de las górgolas de desagüe de los techos; esculturas de animales monstruosos. Puede existir belleza en la monstruosidad, si ésta es verdadera. Platón definía la belleza como el "esplendor de la verdad".

La belleza es la armonía espiritual y física entre planos, volúmenes, pesos, formas de las cosas y los seres, en proporción de medios a su fin. Su escala es casi infinita, como es casi infinita la mente humana que la crea o la contempla. La belleza es el gran equilibrio necesario para el viejo, urgido cada vez más por su contemplación. Contemplarla, sí. No es obligación ser artista, por fuerza, ni creador de belleza. Nos basta poderla contemplar, disfrutarla, satisfacernos con su visión, ya sea de la naturaleza o del arte. Esa contemplación le llenará vacíos interiores, con la edad acentuados, y le alimentará la mente y los sentidos para mantenerlos despiertos y reforzados. Búsquela, capacítese para disfrutar del paisaje, de la luz, del conjunto y del detalle, de la pintura, de la música, de las ideas, de la lectura, de la escultura, de las formas plásticas, de los sonidos, de las vibraciones, de los colores. Todo eso lo encontrará usted por todas partes, si lo sabe descubrir. Todo eso es positivo, le ayudará a emplear satisfactoriamente su tiempo libre. No necesita ser usted un especialista. No. Muchos niños lo hacen espontáneamente. Hay viejos que pasan su vida anterior sin esa contemplación, y luego la adquieren. Y otros hicieron más, se volvieron creadores de belleza, como Rosa Moscovici, en Bogotá. A los 70 años aprendió a pintar y ahora, casi a los 80, se siente joven con sus colores y sus pinceles. Gran fuente de compensación. Mauriac escribió: "Acerquémonos al arte, no tanto por los placeres que da, sino por las penas que quita". Chejov pedía todo bello en el hombre: el cuerpo, el alma, los vestidos...

Edad y calidad de la vida. Se habla hoy mucho, y con razón, de la "calidad de la vida". Se han multiplicado las cosas a nuestro servicio. Hasta nuestros hijos en la escuela tienen ya la maquinita de bolsillo para las cuatro operaciones aritméticas y el cálculo, que les facilita la tarea, pero les resta empleo y ejercicio de la obligación de pensar. Y tantos y tantos objetos, "cosas" que nos dan bienestar, pero nos quitan uso de nuestras facultades.

Desde el punto de vista del consumismo, la "calidad de la vida" consiste prevalentemente en que lo que se nos ofrezca sea bueno: servicios, mercancías, utensilios, vestidos, recreación, alimentos, transportes... Eso es evidente y debemos exigirlo. Lo necesitamos y lo pagamos. La gran estafa del tercer mundo, en trance de desarrollo, es la de mostrar una falsa calidad de la vida. Supermercados con colorido y abundante surtido, pero donde ni los frutos ni las frutas corresponden al sabor y a la sazón de la calidad exigida. Vitrinas con múltiples artículos cuya "calidad" no está de acuerdo a su presentación. Talleres de pomposas instalaciones, cuyas reparaciones no restauran como es debido los desperfectos de nuestras máquinas; industrias de etiquetas relucientes para cubrir un producto cuya calidad es inferior a lo anunciado. Restaurantes de lujo, cuyos platos son una insípida e insápida imitación de la buena cocina. Escuelas, colegios, universidades donde ni la enseñanza ni la formación es adecuada. Para no hablar de las relaciones sociales y humanas, los usos y las costumbres. El superficial barniz del similor.

El concepto "consumista" de la calidad de la vida es parte de la verdad, pero no es toda la verdad, ni siquiera la más importante, sobre todo para el viejo. Lo fundamental es la calidad de los valores humanos, pero la de las cosas debe exigirse.

La vejez es por sí misma una vida de calidad: todo en ella debe haberse refinado, mejorado, aquilatado. Se come poco, pero mejor, se hace menos pero se piensa más y, así diciendo, con el ejercicio de las demás facultades, reducidas quizás en superficie, pero ampliadas en profundidad. Los valores humanos deben ser para el viejo más valores y más humanos. Hay, desde luego, en esto una escala subjetiva de aplicación, uso y satisfacción, según cada quien y cada cual. Pero, aun respetando la subjetividad personal, existe un promedio de valores, más allá o más acá del cual la calidad deja de existir, porque aquí sí el adagio popular de que lo mismo daña lo que sobra que lo que falta.

¿Cómo está usted frente al promedio de calidad? Examínese. Todavía es tiempo de agregar o suprimir. Su edad ahora soporta menos la deficiencia o el exceso. Califique su vida. Las cosas tienen o no su calidad. Pero no es la marca de sus cosas la que determinará la calidad de su vida. Es la de sus valores humanos, ellos sí, por sí solos, verdadera riqueza. Qué gran calidad de vida la de algunos monjes, la de algunas parejas de enamorados pobres, la de algunos obreros sin patrimonio económico. Y qué pésima la de algunos nuevos navegantes en un mar de comodidades, pero sin más valores que los del dinero. Todas las buenas etiquetas de sus cosas son apenas "perlas echadas a los cerdos". El Evangelio lo sabía ya. Sea usted una persona valiosa y no se preocupe de las perlas. Si las tiene, las hará valer, si usted vale. Si usted no es válido, sus cosas valdrán apenas lo que paguen en el mercado por ellas. Y ese no es el precio de la vida. Y menos, su calidad. No se parezca al hermoso corcel de guerra cargado de verduras, camino del mercado.

Más años para la vida y más vida para los años. Vivir por vivir no es un ideal, si entendemos por vida solamente el hecho de existir o subsistir vegetativos. Pero vivir como corresponde a nuestra naturaleza, bajo su triple e indivisible aspecto vegetal, animal y racional y realizarnos vegetalmente, animalmente y racionalmente... he ahí la gran meta de nuestra humana condición, el verdadero plan de nuestro Creador, dentro del cual sí vale la pena la longevidad...

No confunda las etapas de las edades. Es frecuente asimilar al niño y al anciano como a naturalezas angélicas, espíritus puros, y tratarlos y exigirles como a tales. Flaco favor para ambos. Al sublimar nuestra naturaleza, se la deforma y se la ignora, en olvido de su realidad vegetal, animal y racional cuyo conjunto constituye la estructura de nuestro ser, pensar, querer y obrar, en un solo principio, aunque de triple componente. El niño con alas, el viejo con aureola, ¡qué deformación, qué fábula! No crea en su aureola. Siga siendo hombre en amor por el animal y la planta que también están en usted, para que usted le dé vida a sus años.

La longevidad consistente apenas en agregarle años a la vida, no basta para ser satisfactoria, útil, placentera. Hay que agregarle también vida a los años. Y vida en su triple significado vegetal, animal y racional, en el desarrollo conjunto de los tres y en nuestra realización indivisible en los tres. Esa es la gran tarea de envejecer: vivir de verdad con nuestras facultades despiertas en operación y producción. El viejo no solamente puede y debe. También está especialmente dotado para lograrlo, si se sabe administrar. Su superficie se reduce, pero sabe en dónde está su hondura. Hay árboles que pueden vivir cinco mil años. La mayoría son como usted: alcanzan los cien años porque la profundidad de sus raíces los mantiene. ¿Y sabe usted cuándo el tipo más longevo de las águilas (en cuya renovación Juan Evangelista puso el consejo para conservar la juventud) vuela mejor? En la tercera edad. Y no por ser entonces cuando sus músculos son más fuertes y sus alas más potentes, sino porque es entonces cuando mejor conoce el espacio, el aire, sus corrientes, los vendavales, el rumbo y la distancia. Usted, viejo, tiene, como ellas ahora, mejor conocimiento del espacio, del tiempo y del camino, gracias a su cerebro que, si lo usa bien y lo conserva bien (y es lo que mejor puede usar y conservar a su edad), le permitirá volar mejor. Sí, usted puede agregar más años a la vida, pero debe agregar más vida a los años. No basta la edad cronológica.

Envejecer bien, "como el vino". La comparación no es exacta (nada iguala al hombre bajo el sol) pero tiene analogías. Y el vino es un buen ejemplo para el viejo, porque, con el transcurso del tiempo, va preparando las calidades de su vejez, su mejor época. Hay un trabajo de envejecimiento en el vino, realizado por el vino mismo con el correr de su edad: el de aquilatarse, decantarse, destruir o transformar azúcares, agotar agrideces, acendrar sabores, adquirir "cuerpo", refinar su "espíritu" hasta llegar, con la edad solamente, al perfume de su "bouquet" para demostrar a los catadores la excelencia de su añejamiento y las virtudes de sus cepas, su cosecha y su edad... Es un proceso silencioso en el fondo de la cava, de la cuba y de la botella, dentro de sí mismo y por sí mismo, como debe ser el del hombre en la preparación para envejecer, para añejarse, no solamente acumulando años para su solera, sino solera para los años.

Privacidad e intimidad

Nunca como hoy, cuando nuestro mundo se colectiviza, se estandariza y se publicita cada vez más, este tema fue tan importante. La privacidad y la intimidad, tan amenazadas, son derechos innatos de la persona humana, por su naturaleza y por las exigencias de su desarrollo, por la invencible apetencia de ciertas realizaciones del hombre. Ya se ha consagrado el "derecho a la intimidad", en convenciones internacionales, en jurisprudencias, y hasta en la constitución y los códigos de algunos países. El abogado Horacio Gómez Aristizábal, en su libro *Yo, penalista, me confieso* dice: "Es verdadero derecho innato el derecho de intimidad. Es un derivado del derecho de seguridad personal, tan importante ya que debe ser incluido como un derecho aparte entre aquellos otros que se reconocen como propiedades físicas y espirituales de la persona, nacidos en ella, reconocidos por el Estado, garantizados por el gobierno, las leyes y los tribunales".

El viejo necesita especialmente de privacidad e intimidad. Con la edad, ciertos recatos, apartamientos y soledades de la naturaleza se hacen más imperiosos. Desgraciadamente, muchos viejos carecen de privacidad e intimidad. El fenómeno es grave, sobre todo en hospitales y asilos de ancianos. En Estados Unidos se han dado cuenta de esta deficiencia y se ha propuesto crear en asilos y hospitales zonas donde el viejo pueda encontrar privacidad e intimidad, exigencias del propio yo, que se acentúa con la edad antes de disminuirse.

En ambientes de posibilidades económicas o de familias numerosas existe la creencia arraigada de que al viejo no hay que dejarlo solo. A la larga, con eso sólo se obtiene crear un complejo de vejez y la convicción en él de inutilidad e impotencia, impidiendo el ejercicio de facultades todavía en acto, pero cada vez más disminuidas por el hecho de tener quien obre por ellas. Tal exceso de cuidados precipita el envejecimiento y produce graves crisis cuando, por una razón o por otra, el anciano no puede ser acompañado y servido. En cambio, el encuentro consigo mismo y su autoservicio le despiertan la conciencia de que sí puede, útil para mayor longevidad.

CAPÍTULO XIII

Enemigos

Los problemas

Las gentes consideran la vida como un problema y la muerte como otro problema, en vez de considerar el tiempo existencial entre nacer y morir como un período para solucionar ese problema. Solución vegetativa, animal, racional, sentimental, material, espiritual y cultural, puesto que todo esto es la vida humana, para realizar en el tiempo de existir y de vivir. El problema no inquieta mientras nos realicemos como seres vegetativos, animales, racionales, sentimentales, materiales, espirituales y culturales, como hombres, porque así estamos hechos. El problema comienza cuando nuestra realización se paraliza, se detiene, se desvía o se disminuye, no importa a qué edad y en qué circunstancias individuales o sociales. El problema entonces se aparta de la realidad, la ciencia y la filosofía y comienza a entrar en el mito, si de vejez se trata.

Y entre tantos mitos está el de las edades y su desnivelación. El hombre niño es un ángel, el hombre joven es un Dios, el hombre maduro es un creador, o un hacedor, el hombre viejo es un impotente, un hombre desvalorizado. La realidad es otra. El hombre niño no es un ángel, sino un hombre en desarrollo, con casi todas las exigencias físicas del hombre y con muy pocas de las soluciones racionales, espirituales y culturales, porque éstas están en él en potencia, pero no en acto: se están formando a paso más lento que el de su condición física. El niño físicamente nace hombre casi completo con todas sus exigencias y apetencias de nutrición, abrigo, afecto, sexo. Su cuerpo progresa más rápidamente que su razón.

El joven no es un dios, aunque todas las mitologías representan casi siempre a sus dioses jóvenes. El joven parece encarnar para muchos la imagen del poder. El poder es una necesidad humana, por lo menos en la escala de lograr la satisfacción de las necesidades en la medida de la dignidad y de la naturaleza. Más allá de esa proporción de poder, el poder crece en poder político, económico, social, militar, cultural. A todos estos poderes el hombre aspira consciente o inconscientemente. Es la ambición, primer acicate de progreso humano, pero también uno de sus tormentos... El joven no es un poderoso, por razón exclusiva de su edad. En la juventud ordinariamente no abundan los medios de poder, fuera de la propia fuerza. Casi todos los jóvenes están subordinados a otros poderes de gentes de más años que son los que toman las decisiones.

En la edad madura el hombre no es necesariamente un creador, ni un hacedor, aunque un hombre maduro realizado esté en capacidad de serlo. La edad madura es, ante todo, la edad de las responsabilidades económicas, morales, sociales, familiares, religiosas y profesionales. La edad del compromiso. Es la edad de las grandes posibilidades –si se supone al hombre culturalmente formado– pero también de las grandes exigencias.

Si la vida es lógica –y frecuentemente lo es– el viejo es más poderoso que el niño, el joven y el maduro. Se le supone dueño de algunos medios y de sabiduría y experiencia para usarlos, para poder más libremente, con menos problemas que las edades anteriores, si vive a su escala, aunque las exterioridades den apariencia de lo contrario.

La sociedad de lobos y de cosas

No podemos ser "preteristas", sumidos en el pasado, con los ojos cerrados ante lo bueno, y, aun mejor, del presente. Eso, además de terquedad, es idiotez para desperdiciar las ventajas de la actualidad... Pero, en algunos terrenos, sobre todo de comportamiento, no podemos estar de acuerdo en todo con la sociedad, tan propensa a convertirse en "sociedad de lobos" por su rapacidad. La sociedad del dinero a toda costa, como sea, de insaciable voracidad de riqueza, venga ésta de donde viniere, sin distingos, ni escrúpulos en la manera de adquirirlo, apremiada por el "consumismo", que antepone el "tener" al "ser", da al viejo un clima depresivo.

Estar de acuerdo con este sistema sería estar en desacuerdo con nosotros mismos, en nuestra tabla de valores, y eso nos debilitaría. Nosotros no podemos perder fortaleza y ésta nos viene de estar en paz con nosotros mismos en nuestros acuerdos interiores. No se deje entonces atrapar por la sociedad de los lobos. Le causaría desasosiego, y, junto con éste, tensión. Siempre podremos ganarnos la vida de acuerdo con nosotros mismos, con nuestra autenticidad. Si usted la pierde, perderá su identidad. Las crisis de identificación en la vejez son graves.

Hay algo que envejece tanto como la no renovación de las células: la pérdida de nuestra personalidad externa e interna. Aparecer como somos, y no pretender ser como queremos aparecer, sometidos al engaño de nuestras apariencias. La lucha entre el ser y el parecer fatiga mucho a los viejos y, como toda fatiga, los envejece más. Hemos de aceptarnos como somos, mejorándonos cada día porque el hombre es perfectible hasta más allá de la muerte. Si lo hacemos, los demás nos aceptarán más fácilmente. Si nos disfrazamos –la sociedad de los lobos– se reirán de nosotros. Usted es quien vive. Los demás no viven por usted.

El conflicto entre cosa y persona se encarniza y lo reta a elegir entre ser cosa o ser persona. Usted nació persona. Para usted cosificarse a estas alturas sería un cataclismo demoledor. Personalícese cada día más, sin entrar en conflicto con las cosas. Use la sociedad de consumo, pero no entre en guerra con ella, porque perderá la batalla. ¿Cómo puede guerrear contra el aire que respira? Al intentarlo, llegaría a la campana neumática. Y esa mata por asfixia. Basta con buscar personificar a las gentes bajo su responsabilidad, humanizarlas con los medios a su disposición, si puede, para disminuir la cosificación. El conflicto entre la cosificación de un hombre humanizado contra una sociedad deshumanizada lo perderá usted. Sólo ganará tensión, y con ella aceleramiento de la vejez. Usted es persona "sustancia individualizada de una naturaleza racional". Siempre será tiempo para renovarse, pero no para volverse otro, para "transustanciarse". Se aniquilará usted y el "otro" no aparecerá.

Para el viejo es especialmente sensible el actual fenómeno de decadencia de las personas y ascenso de las cosas, producto lógico de la producción industrial masiva para la sociedad de consumo. Industrialismo y consumismo en nuestra niñez y primera juventud no superaban aun la dimensión humana; las cosas no eran la medida del hombre. Las relaciones entre el dinero, la producción y el consumo han suplantado, en gran parte, las relaciones sociales e individuales entre personas. Nos definen cada día más por lo que tenemos y no por lo que somos. En esa definición cosificada –hasta por el tipo y marca del automóvil– se nos despersonifica cada vez más.

Nuestra respuesta es fuerza para defendernos: ser más y estar bien. Cuando uno ha nacido persona –como todos nacemos– y vivido individualmente como tal, encontrarse de pronto entre una sociedad cosificada, homologada en cifras de producción y consumo, con resultados estadísticos como índices de la conducta a seguir por el hombre, considerado principalmente como productor o consumidor, es difícil conservar la personalidad, la individualidad, el propio estilo en que crecimos. La tendencia de "cosificarse" es más fuerte. Pero muy peligrosa. Los nacidos dentro de la sociedad de la cosificación han crecido cosificados. Eso indudablemente los traumatiza, pero ese traumatismo ha sido lento y dosificado, hasta el punto de privarlos de la conciencia de él. En usted, al contrario, el cambio a la cosificación lo perjudicará, porque el tránsito de persona a cosa le hará perder su identidad, le hará olvidar quién es usted.

Esto no es un consejo para desaprovechar las cosas puestas a nuestro servicio por nuestra civilización. Son muchas y algunas muy buenas. Le harán ahorrar esfuerzo y tiempo. Por ejemplo, aprenda a manejar –lo puede hacer en medio día– las pequeñas calculadoras de bolsillo, aun para sus cuentas domésticas. Valen muy poco y son útiles. Aprovéchelas, sin seguir el ejemplo del chino quien, después de hacer sus cuentas en la registradora eléctrica, las verifica en el antiguo ábaco.

El miedo

En la vejez el fantasma de la inseguridad estimula la propensión al miedo. El miedo por sí mismo es tensión. Las causas del miedo son múltiples, aun fuera de los peligros reales verdaderamente medrosos o temibles. Abstraerse y extraerse del miedo es muy difícil, porque estas causas del miedo casi nunca están fuera de nosotros mismos, sino dentro, y el miedo es con mucha frecuencia superior a sus causas, y, en veces, más peligroso que el peligro mismo. El miedo inhibe el propio corazón y también la capacidad de abstracción y extracción, porque actúa sobre el cerebro y lo fija.

Vencer el miedo y dejarlo de sentir es casi imposible, porque es más instintivo que racional, y se presenta con las más variadas y contradictorias formas. Hay personas sin temor a las serpientes, pero con terror a los ratones. Iván el Terrible fue capaz de matar a su hijo, pero se aterraba ante una golondrina. Pedro el Grande podía hacer en trineo vestas y vestas continuas sobre la nieve y nadar kilómetros en el mar, pero palidecía ante los pantanos. El gran torero "El Gallo" desafió la iracundia de los toros de lidia, pero corría despavorido ante una mariposa. Casi todos los emperadores romanos retaron y vencieron a los bárbaros del mundo conocido, pero Suetonio nos los describe despavoridos ante el vuelo de algunas aves. En nuestros días John F. Kennedy tuvo el coraje de salvarse del naufragio de la guerra y conquistar la presidencia de los Estados Unidos, pero confesaba temor ante un hombre estúpido.

Con el miedo, el remedio es el de Franklin Delano Roosevelt: "Perderle el miedo al miedo". Lo mejor es comprobar con la propia experiencia que la mayoría de las causas del miedo no existen. Son ficticias, míticas, fantasmagóricas. Los fantasmas asustan tanto a la gente porque no se dejan tocar. Con el miedo se ha de proceder como el jinete con el caballo espantado: con habilidad llevarlo ante la causa del susto y demostrarle que ésta es inofensiva. En nosotros la demostración es ante nosotros mismos y en el mismo momento de sentir el miedo. Si el equitador, después de una caída, no monta de inmediato, difícilmente lo hará después.

No es el miedo instintivo ni el racionalmente justificado el más perjudicial. Lo es el inventado, el aprehensivo, el convertido en estado del alma. En la tercera edad debemos estar curados de espantos, con nuestros riesgos calculados y aceptados o rechazados, pero en ningún caso ficticios. El miedo produce frecuentemente la realización de los mismos riesgos que teme. La vejez es propensa al miedo. El adagio chino se equivoca poco: "Dos miedos se encontraron en un puente y hubo sangre".

El miedo no es patrimonio exclusivo del niño o del anciano. Lo sienten todas las edades y superarlo es la solución. Albert Camus denomina al siglo XVIII, siglo de la química, al siglo XIX, siglo de la biología. Pero al siglo XX lo llama "siglo del miedo". Indudablemente el hombre actual está asustado con temor existencial sobre el significado de sí mismo ante nuestra civilización. Pero quienes no tienen suficiente penetración ontológica para sentir este temor experimentan sí el de la inseguridad actual ante la violencia general y ante el riesgo de las armas del exterminio total, en una posible guerra atómica.

El pavor ontológico –ser y ser destruido– es patrimonio de pocos, pero el del exterminio, a donde parece desembocar la ciencia y la técnica bélicas, es más común. Sin embargo, la historia nos demuestra que no hay suicidios colectivos. Las civilizaciones se han extinguido y han recomenzado de otra manera. Apoyado en esta lección, estoy seguro en la imposibilidad del suicidio universal, cuya hipótesis torturante no debe sacrificar la vida presente de cada uno a un futuro indefinido. Eso es sacrificar la realidad por la hipótesis y se vive en la realidad, no en la hipótesis.

Para los temores del viejo el espectáculo de nuestro mundo actual no es el más apaciguante. Guerras, cataclismos, hecatombes, violencia física, moral, económica y cultural, saqueos, asaltos, secuestros, robos, estafas, falsificaciones, fraude. Una escala de terrorismo a todos los niveles contra la vida y la hacienda y el espíritu. Con ese desayuno de violencia comenzamos el día en el periódico y la radio, para terminarlo por la cena de violencia en la televisión. Y, por la calle, soldados y agentes de policía, y, en muchos países, en porterías, fábricas, almacenes y oficinas, vigilantes armados. La metralleta, símbolo de nuestro tiempo.

El ruido de las armas no es el más apto para el anciano tan propenso al pánico de la inseguridad. No está en sus manos impedirlo. ¿Qué hacer? Ante todo, considerar que el horrendo fenómeno no es nuevo. A mayor o menor escala, existió siempre. Las historias de salteadores y bandidos y ladrones son tan antiguas como Bagdad. Ahora las conocemos más, porque, como el cáncer, se le ve más, porque somos más los habitantes del mundo, y porque se las diagnostica y divulga a diario. Luego, a pesar de este signo de nuestro siglo, pensar bien en que viviremos más; porque la vida se ha alargado. Como tercer recurso, precaución y cautela. No se exponga y usted verá enterrar a los violentos que lo atemorizan. El miedo habitual para usted es más peligroso que los mismos facinerosos... Quizá sus abuelos vivieron una paz arcadiana –lo dudo–, pero vivieron menos que usted... No hay campo para tanto lamento. Es cierta la afirmación de Teng Sio-Ping, ante las Naciones Unidas el 10 de abril de 1974: "Hay un gran desorden bajo los cielos". Pero, ¿cuándo no lo hubo?

Resultante del miedo es la "conciencia catastrófica", endemia de nuestro tiempo, especialmente en la vejez, y de la cual trata este libro en otras páginas.

La sorpresa

La falta de comunicación e información, el rechazo a lo contemporáneo, la fijación en el pasado, el preterismo, equivocaciones cultivadas en su contra por algunos viejos, los mantienen de sorpresa en sorpresa ante la realidad actual. El viejo sorprendido por los fenómenos de hoy, de los cuales él no se informa, se amarga y se va marginando cada vez más, fomentando así el peor clima para la tercera edad: el aislamiento y el temor. El fenómeno se realiza en toda la escala de la vida moderna, en donde lo nuevo tiene éxito. Cuando no hay novedades, se inventan para vender. Por ejemplo: el viejo se acomodó a los ritmos y compases, melodías y armonías de su tiempo. Después se encontró con el rock, Los Beatles, los Rolling Stones, y toda esa apoteosis del ruido, que, aunque con contadas excepciones, puede también ser obra maestra, a pesar del ruido. El viejo rechaza a priori todo eso, sin indagar ni preguntar. Evidentemente la explotación comercial del ruido, como empresa musical, es indigna. Pero nos indignaríamos menos si, en vez del rechazo, hubiéramos cultivado la curiosidad por saber de qué se trata, y por estar bien informados, pudiéramos apreciar lo bueno que también hay en ello, a pesar de su falsa hojarasca.

Si eso le sorprendió, cómo será la música actual de "disco", todavía más ruidosa y anárquica, "originada en un virus que nació en los clubes de homosexuales y negros del suburbio neoyorquino, con marihuana, cocaína y otros ingredientes, y cuya industria mueve cuatro mil millones de dólares por año". El presupuesto de once países latinoamericanos.

¿Pero tenemos que amargarnos por eso? Aunque socialmente no estemos exentos de culpa, individualmente no somos responsables. No aplauda, pero no se entregue a la pena. Usted puede oír, hoy más que nunca, su música predilecta. Nunca hubo más música de ayer que hoy, cuando los oidores de Beethoven han multiplicado por diez mil cada uno de sus "escuchas" del siglo del gran sordo.

Compénsese y no se deje sorprender por la sorpresa. Infórmese. Las endemoniadas baterías de "disco" no son de audición obligatoria como las del juicio final. Busque la contrapartida. No se quede con los datos del pesimismo. Los muertos de la primera guerra mundial del siglo alcanzarían para hacer una muralla y darle la vuelta con ella al planeta Tierra. Los de la segunda los duplican. El dinero gastado en matarlos hubiera bastado para hacer casa para todos los sin techo en el mundo. Sí, pero esas dos guerras también cambiaron la historia, favorablemente en muchos aspectos del hombre, y su responsabilidad personal en ellas no es tanta como para quitarle el sueño. Usted no los mató, aunque la responsabilidad humana le atañe de alguna manera.

Mientras escribo esto hoy, el Pioneer 11 está haciendo la primera medición, en fotometría ultravioleta, de un satélite de Saturno, Titán. La noticia apenas tiene minúscula parcela en los periódicos atestados en todas sus planas de sexo, violencia, politiquería barata, chismes de alcoba y de diván y mil banalidades semejantes. Sí. Y todas esas idioteces las hacen los hombres. Pero también hacen el Pioner 11. Y los mismos hombres que gastaron en un año cuatro mil millones en música disco invierten dos mil millones en el Pioneer 11. El hombre no está tan mal hecho, ni es tan malo. Mire esa otra cara de la medalla, en vez de sorprenderse ante "la maldad de hoy". Ayer éramos peores.

Para no maldecir tanto ante la sorpresa, infórmese, mantenga conectados sus "suiches" con la realidad actual y, así, no le golpearán tanto los imprevistos de nuestro mundo. Acuérdese: a pesar de las falsas excelencias atribuidas por usted al pasado, nuestro mundo es menos injusto. Abandone esa "bella época" tan acariciada por usted en su mente. El río de su infancia no es el Amazonas, ni el lago de su infancia es el mar.

Es bueno ser noble y apesadumbrarse con el pesar de los demás, pero también felicitarse por la felicidad ajena. El dolor y la dicha del hombre pertenecen a la especie y debemos ser solidarios con el uno, pero también con la otra porque ella es igualmente la especie. No debe haber un hombre feliz, mientras alguien sea infeliz. Pero hay también felicidades ajenas. Y si usted es solidario con el dolor, séalo también en la alegría. Sorpréndase gratamente ante lo favorable que también existe.

Algunos viejos padecen un masoquismo inconsciente: el de sentirse cargados con los pecados del mundo y arrojados al desierto –chivos emisarios y corderos expiatorios. Esa costumbre judía, prefiguración de Cristo, solo es válida a la escala de Cristo: la redención del mundo. Si usted es cristiano participa de esa redención, pero a su escala. Y, en ella, el primer punto es su propia redención. Redímase usted primero. Quienes andan siempre agobiados por las culpas ajenas de ordinario no tienen tiempo de saldar las propias.

No le estoy aconsejando ser un viejo hedonista, correplaceres. Eso también le abreviará la vida. No hay peor espectáculo que el proyecto bebedor y comelón con su abultada barriga como trofeo. Un cierto ascetismo de la vida no solamente es de buen gusto ennoblecedor –la nobleza verdadera es siempre, como la estética, parva y parca– sino también una buena receta para la longevidad. Caer en un falso ascetismo o en una mística deformada es fácil y muy peligroso. Es la llama sin la leña, el humo sin el fuego... Pero, si usted es un apóstol de los demás, séalo auténtica e integralmente. En ese caso las privaciones no le harán daño, porque lo estarán realizando a usted mismo, y eso es bueno para la longevidad. El caso de San Pablo y Schweitzer. Lo malo es una excesiva preocupación por los demás, sin ocuparse de ellos. Si usted elige el servicio social, el caritativo o el filantrópico, en buena hora si lo realiza. La lógica no deprime. La tensión le viene de preocuparse, sin ocuparse.

Tristeza, nostalgia, melancolía, hipocondría

La tristeza, el gran enemigo suyo, desde su digestión hasta su cerebro, tiene formas muy sutiles de penetración casi inconsciente. A pesar de su hostilidad llegamos a amarla a veces. La nostalgia es un refinado y amable matiz de la tristeza, porque a veces hasta nos dignifica e inspira. Los poetas la han cantado. Esa relación sentimental hacia nuestros seres queridos y ausentes, hacia nuestros lugares lejanos, hacia nuestros recuerdos e imágenes preferidos, hacia lo que no tenemos ya, o no está en nosotros. Quien no la ha experimentado es una persona sin sentimientos. Y necesitamos los sentimientos. Bienvenida la nostalgia transitoria. Mal llegada cuando es habitual. Y el viejo tiene la tendencia a convertirla en hábito, cuando no está ligado interesadamente a su presente. Ese mal hábito desemboca en la melancolía patológica, que puede llamarse casi viciosa, porque enferma y enajena la voluntad, hasta el punto de no poder vivir sin ella. Sus consecuencias peyorativas son múltiples: negativismo, pesimismo, sensaciones de frustración, inapetencia, desinterés, atonía física y espiritual, insensibilidad al sabor y al gusto de la vida.

De ahí a la hipocondría no hay sino un paso. He leído varios conceptos equívocos sobre la hipocondría, entre ellos el de algunos sicólogos que la consideran como el temor permanente a la enfermedad. Así es, desde un punto de vista muy específico actual. Pero el hecho de ser triste el hipocondríaco, nos autoriza también a usar el término en el sentido clásico de la academia de la lengua: tristeza habitual.

El viejo tiene la tendencia a la nostalgia y a la melancolía. Lo malo no es sentirlas pasajeramente, estar nostálgicos o melancólicos, sino serlo permanentemente. Los tiempos que fueron tienen su propio poder de evocación imprescindible. Son también parte de nuestra vida. Además, los buenos recuerdos ayudan a vivir. Lo malo es caer permanentemente en ellos hasta convertirnos en seres nostálgicos, melancólicos o hipocondríacos. Eso es la tristeza, enfermedad de la cual hay que tratarse inmediatamente, como de cualquier otra enfermedad degenerativa. Si no, nos agotaremos como los israelitas del exilio de Babilonia llorando sobre las arpas mudas colgadas de los sauces. Las lágrimas son fecundas y bellas cuando se vierten merecidamente. Cuando no, son una enfermedad de los músculos lagrimales, o del alma y un poderoso acelerador de envejecimiento. Y no nos liberan de Babilonia. No olvide: "La tristeza seca los huesos y perjudica al cuerpo más que las otras pasiones".

Seriedad y complejo de vejez

Los viejos se sienten obligados a la seriedad, o por lo menos a sus apariencias sociales. El concepto social de seriedad es muy relativo y a veces falaz. Conozco personas y grupos humanos cuya seriedad no es seria. Pura simulación. La serie-dad fluye de la naturaleza misma y todos estamos obligados a una auténtica serie-dad en nuestro pensamiento, en nuestra palabra, en nuestro trabajo, en nuestro comportamiento con nosotros y con los demás. Pero la seriedad no es un vestido, ni un color, ni un peinado, ni un ademán. Es una ética. No la confunda. Conozco viejos que, si no tienen la corbata "seria" no van a un acto interesante. No haga de la seriedad una preocupación, sino una conducta. No la disfrace con cosas, ni crea en ella como privación de su expansión y su alegría. Sea serio, sin sentirse permanentemente en la obligación de serlo o aparentarlo. Esa reacción constan-te lo envejecerá más. Aquí, como en todo, usted ha debido llegar ya a los automatismos liberadores para garantizar la espontánea naturalidad... No caiga tampoco en la tentación de pretender ser demasiado reidor. Eso lo mantendrá al borde del ridículo. Uno y otro extremo le son perjudiciales. Podemos gobernar la realidad, renovarla y modificarla, pero no negarla. "No por mucho madrugar ama-nece más temprano". La seriedad no es enemiga de la expansión, ni del humor, ni de la jovialidad, tres buenos amigos del viejo, a los cuales se opone el "complejo de vejez".

No hay razón específica para un "complejo de vejez", como no la hay para un complejo de niñez, de juventud o de madurez. Cada edad actúa dentro de sus características peculiares, según sus cambios lógicos de una a otra y las adecua-ciones y adaptaciones de una a otra, sin complejo. Hay, sí, un comportamiento natural en cada edad, un estilo o manera de realizarlo. El estilo infantil, el juve-nil, el maduro y el provecto.

Infortunadamente el "complejo de vejez", no impuesto por la naturaleza, es frecuentemente decretado por las otras generaciones, por la sociedad misma con sus mitos e intereses y por el viejo al dejarse imbuir de todo eso, persuadiéndose a sí mismo de ese complejo. El tal "complejo de vejez" es precisamente esa con-vicción falsa de que se debe ser exiliado, solitario, ocioso, inútil, impotente, en-fermo, mero espectro de la vida, auto-apreciándose o auto-despreciándose, reducido a la "sobrevivencia", sin derecho a la vivencia. Eso hoy es erróneo a la luz de la ciencia, la técnica y el humanismo, ante los cuales el viejo sigue siendo hombre integral hasta el fin. Ahora se es viejo mucho más tarde.

Nada pesa tanto sobre la persona de edad como ese artificial complejo de la vejez, donde lo que no está ordenado está prohibido. Los sicólogos y los sicoanalistas conocen bien los excesos y las deficiencias a donde conducen los complejos y saben cómo ningún complejo es normal, porque todos, a su escala, son patológicos. El complejo de vejez hace prisionero a su dueño y lo pierde en un laberinto de inhibiciones y frustraciones, cuyo primer resultado es la neuras-tenia y la presión mental, de tantos riesgos para la persona en años, al verse preocupada, frenada, tímida o excesivamente audaz, sujeto de temores o de va-lentías sin razón de ser.

La terapia para no ser acomplejado, en gran parte, está en nuestras manos: mantenernos útiles, activos, vinculados, comprometidos, en contacto con todos los demás, especialmente con las generaciones anteriores, informados, actuantes y participantes, sin exigir otro puesto en el conjunto de nuestros semejantes que el del hombre que somos.

Alcohol y nicotina

Según el doctor Miguel Mosqueira y el doctor Belack, en definición aceptada hoy como científica, el alcohol es una droga depresiva, tóxica y anestésica, a la larga, aunque estimulante al principio. Estos efectos, aunque absolutos en sí, son de consecuencias relativas según el origen del alcohol, según la dosis ingerida, el estado físico y anímico de quien lo beba y el mayor o menor grado de hábito en su bebida. El alcohol de caña de azúcar –en aguardientes y rones tropicales– parece ser el peor, y el de uvas –vinos y coñacs– el menos nocivo. Hay propensión al alcohol en el viejo a quien se le juzga víctima del frío, debido a suponer en él favores caloríficos. No debemos entrar en el tema ni con el abstencionismo rígido de los abstemios absolutos, ni con el viciado criterio de los bebedores consuetudinarios. El alcohol en sí, como casi todo en la naturaleza, es bueno y útil. Hasta el veneno de las víboras, tan mortal, en dosis, forma y oportunidad apropiadas, sirve para la artritis y otras consecuencias reumáticas. El alcohol tiene virtudes aprovechables. La misma *Biblia* dice: "El vino alegra el corazón". Y el viejo no debe privarse de él, salvo prescripción médica. Pero, atención a las dosis.

En proporciones adecuadas el alcohol es una ayuda para el viejo. Más allá, comienza a ser un peligro, y, en dosis excesivas, enemigo, no solamente para la tercera edad, sino para cualquier edad. Apunta directamente al cerebro. ¡El cerebro, precisamente el gran tesoro del viejo! Allí se confirma el dicho popular de que "el alcohol se manda al estómago, pero se va a la cabeza", porque se absorbe rápidamente por la sangre, y ésta va al cerebro, que con la primera copa se ilumina, se pone en movimiento y llega hasta la lucidez. Un escenario con buenas luces, buenos actores y buena orquesta. Hay euforia, alegría, claridad. El efecto vasodilatador del alcohol facilita la circulación y la tensión arterial sube y produce bienestar y optimismo... La segunda copa comienza ya a perturbar: unas luces se apagan, otras se encienden demasiado, la orquesta desafina, los cantantes equivocan las notas... La tercera dosis aumenta este efecto. La cuarta causa confusión, el cerebro comienza a ser caótico: el director de orquesta toma el papel de primer cantante y éste va a tocar los timbales... A la siguiente copa el flautista toca la bombarda, y el de ésta hace sonar un violín, mientras al trompetista le da por cantar como tenor. La copa siguiente destruye neuronas como un soplete de acetileno encendido las briznas de hojas secas. Después, el pobre cerebro queda como un campo de batalla, en ruinas. Los personajes –los coordinadores cerebrales– yacen aquí y allá en su sueño de atolondramiento y frío. Todo se ha apagado. Nada suena. En una palabra: la locura y la postración.

Desde la antigüedad, los romanos compararon la ebriedad con la locura: *"nemo similius insano quam ebrius"*. "Nadie más semejante a un loco que un borracho". Al desordenarse el cerebro por el alcohol pierde sus funciones de rector, se desequilibra, nos desconecta de la realidad, nos confunde, nos irresponsabiliza, nos convierte en un tren sin rieles, sin maquinista, sin conductor, a toda máquina, sin más válvulas que la desorbitación. Hemos perdido la razón –equilibrio de la vida– como el loco ha perdido la suya... Y el viejo, cuyo punto de sustentación es el equilibrio, puede incluso morir. Sus estructuras no soportan ya semejantes impactos. El corazón, los riñones, el hígado, otros instrumentos de cuidado en la tercera edad, se afectan.

Y frente al alcohol, la inmensa contradicción, muchos Estados, sobre todo del Tercer Mundo, gastan enormes sumas en la persecución de las drogas alucinógenas –coca, marihuana, opio, etc.– mientras estimulan el consumo de alcoholes populares –aguardientes, ron y otros derivados–, y hacen de su monopolio de fabricación y venta una próspera renta fiscal, fomentada por toda clase de publicidad, para propagar el consumo en el bebedor. Colombia es un triste ejemplo de ello. Las ganancias del alcohol para gastarlas luego en el mantenimiento de cárceles y manicomios.

Quizá el uso actual del alcohol, como remplazo de la gasolina para motores –útil en la crisis energética–, vaya a modificar el fenómeno, encauzando hacia las máquinas el alcohol usado para embrutecimiento del hombre.

Uno de los tantos tabúes populares sobre el viejo es el de la necesidad de tabaco para acompañar su soledad y el alcohol para combatir el frío. Según todos los principios aceptados hoy como evidentes, tabaco y alcohol son dos enemigos de la tercera edad y de cualquier edad. Robert N. Butler y Myrna F. Lewis dicen: "Mucha gente no se da cuenta de que el alcohol es también una droga y no un estimulante sexual, aun cuando en pequeñas cantidades puede relajar la inhibición sexual de una manera agradable. Sin embargo, en mayores cantidades, interfiere en el desempeño sexual, reduciendo la potencia en los hombres y la capacidad de orgasmo en las mujeres... Y es un factor frecuente y muy poco reconocido de problemas sexuales entre la gente mayor".

Los mismos autores afirman: "La gente debe recordar que la tolerancia al alcohol disminuye con la edad (una razón es la disminución del poder de los riñones) de manera que cantidades cada vez más pequeñas comienzan a producir efectos mayores. Las gentes de edad avanzada que eligen la bebida deben limitarse *como máximo* a una medida de 45 gramos de bebida fuerte, o dos vasos chicos de vino (180 gramos) o tres vasos de cerveza (224 centímetros cúbicos)".

"Recuerde también que el alcohol es muy peligroso ingerido con medicamentos narcóticos y no narcóticos, tales como píldoras para dormir, sedantes, analgésicos, antihistamínicos o tranquilizantes, porque puede multiplicar sus efectos. Si toma medicamentos no beba sin analizarlo con su médico".

El alcohol es, además, el gran destructor de las neuronas cerebrales, las más preciosas para el viejo. Al aniquilarlas, se anticipa el envejecimiento, se deteriora la memoria, fuera de otros desastrosos efectos en otros órganos, especialmente el hígado y los riñones. La vejez del tomador es triste, frágil, impotente, desmemoriada.

Hoy nadie niega que la nicotina es un agente del cáncer, y nadie duda de los mortales efectos del tabaco. El mismo doctor Butler y la señora Lewis los describen, además, como peligrosos para la vida sexual del viejo. "El tabaco también es una droga por su contenido nicotínico, aunque habitualmente no se le considera como tal, y puede ser un factor de impotencia. La nicotina produce cambios tóxicos en la sangre que pueden afectar las hormonas sexuales". Los doctores Bellack y Mosqueira coinciden en que en el viejo la nicotina es, además, estimulante del desvelo nocturno.

Fuera del aspecto médico y síquico, de cuidar mucho en la vejez, el alcohol tiene muchas derivaciones estudiadas ya por juristas y criminólogos en el campo de la delincuencia, a donde el alcohol inclina; por sociólogos pues se considera lacra social; por siquiatras, sicólogos y sicoanalistas que encuentran en él clave de la deformación mental y de comportamiento; por moralistas por cuanto el alcohol motiva fallas éticas individuales y familiares. Con razón el penalista colombiano Horacio Gómez Aristizábal, en su ya citado libro *Yo, penalista, me confieso*, llama al alcohol "alivio suicida", para "la bestia envenenada o rodeada de fuego que se lanza ciegamente al mar, encontrando una muerte al querer escapar de otra".

La autorrepresión

El viejo es un hombre, como los demás, con las responsabilidades concernientes a su edad. Pero no otras. Los demás esperan de usted cierta compostura y sabiduría en su conducta, pero no le exigen ni sacrificios, ni heroicidades, ni posturas críticas. Su edad es aleccionadora, sobre todo para usted, y puede serlo para los demás. Pero nadie le está pidiendo a usted vivir en trance de ejemplo y de lección. La definición de la vejez, "libro abierto para los demás", no es un dogma, puede ser una función social de ciertos viejos, cuando éstos tienen mucho que enseñar en la culminación de su vida, y, además, quieren enseñarlo, porque creen útil esta función, porque les agrada o porque es su misión y vocación.

Pero si usted no está en este caso, o no le agrada este apostolado, o le incomoda, no lo haga. Hay obligados a ese "misionerismo" civil o religioso. En buena hora, si esa es su vocación y la ejercen sin esfuerzos fatigantes, sin contradicciones íntimas, sin tensiones perjudiciales. Pero, cuando estas condiciones no se realizan, pretender imponerse a toda costa la "lección", el "ejemplo" de la edad, lo hará víctima de excesivo autocontrol y autorrepresión deprimente. No. La ética, la moral, no se originan en la edad, ni se causan por ella. Nacen en el mismo hecho de ser hombre, persona; se motivan en la humanidad y no en la edad, y se es hombre a cualquier edad.

Usted puede hacer todo lo que no haga mal a los demás, ni a usted mismo. La autorrepresión y el autocontrol inmoderado le hacen daño a usted. No todos están pendientes de usted, ni de su entorno social. Distiéndase, relájese, extroviértase cuando sea el caso, exprésese, comuníquese, no acumule materiales explosivos en su espíritu. O no los reciba o déles salida apenas entren. En la acumulación de granos de pólvora nace la bomba. Si usted va quemando esos granos cuando se presentan, el estallido no se producirá nunca. Uno a uno no son menos nocivos que una cerilla. Todos juntos lo destruirán. Y cuando hay que estallar, estalle "desenchípese", liquide cada situación a tiempo. Si las deja juntar, la suma de ellas lo agobiará. La autorrepresión lo irá cargando de materiales de estallido.

La prudencia, a su edad, lo obliga para con los demás. Pero, sobre todo, para con usted mismo. Si, por consideración a los demás, usted va saturando su espíritu de residuos de situaciones no liquidadas en su interior, se irá congestionando sicológicamente, como se congestiona el escritorio de papeles inútiles, cuando no se legajan o se rompen a tiempo.

¿Por qué tener tantos miramientos con los demás? Eso no siempre es generosidad. Frecuentemente es egoísmo, exceso de vanidad y de amor propio para representar su propio personaje, para alimentar su imagen en la mente de los otros, con detrimento de sí mismo. Conozco personas que se juegan socialmente en visitas, comidas, invitaciones, autocontrolándose, hasta el agotamiento. Luego, cuando llega la hora de la intimidad, del diálogo y la comunicación con quien merece la pena, están extenuadas, han gastado tantas fuerzas en hacer su papel, que no les queda sino la preocupación de si callaron a tiempo, de si hablaron oportunamente, de si controlaron el programa de conversación para no dejar ver el lado flaco.

A su edad, ser espontáneo, natural y franco, además de una virtud, es una terapia. Pero, en ella, el diagnóstico, la receta y la aplicación dependen de usted. De usted mismo. Los demás, para quienes usted hace su papel, no van a hacer nada por usted. No se crea en la obligación de desempeñarse como personaje social. Eso acalorará su persona, la convertirá en un angustiado actor de teatro.

El ocio

Es el gran enemigo del viejo. En el contexto y en el texto de otras páginas de este libro se trata frecuentemente del ocio y lo referimos a esa información. Pero no queremos abandonar el tema sin citar el gran consejo del Libertador Simón Bolívar a Antonio José de Sucre, el gran Mariscal de Ayacucho, en carta del 20 de enero de 1825: "... Pero, amigo, no debemos dejar nada por hacer, mientras que podamos noble y justamente... Una vida pasiva e inactiva es el abandono de la vida; es anticipar la nada antes que llegue".

CAPÍTULO XIV

Amigos o enemigos

Hábitos y costumbres

La vejez suele ser propensa para hábitos y costumbres esclavizantes, inquietantes. Y, lo peor de todo, a veces usted no se da cuenta de ello. Dése cuenta, maneje su inteligencia, corríjalos, enmiéndese, modérese usted mismo. Usted debe ser moderador de usted mismo. Y puede. Revíselos, foméntelos o cámbielos según el caso. Usted puede volver a empezar. Los recursos de su mente, si usted quiere, son casi infinitos. Úselos. No tiene derecho a pensar en sus hábitos y costumbres como en los mejores. Nos equivocamos a cada paso. Pero podemos enmendar a cada paso, si usamos nuestra autocrítica y reflexión. Si no, es el abandono. Y si usted se abandona, ¿quién lo rescatará?

"La costumbre es la ley", dice el adagio. En ocasiones buena ley, en otras mala ley. Solemos obrar de igual manera, individual o socialmente, consciente, inconsciente o subconscientemente, hasta adquirir automatismos liberadores o esclavizantes, según el caso. Eduardo Frei cuenta cómo, cuando era presidente de Chile, fue a visitar una tribu de indígenas. El cacique, parlanchín y extrovertido, al almorzar se sumió en profundo silencio. No estaba acostumbrado a comer con cubiertos y el manejo del tenedor y el cuchillo le costaba tanto trabajo que le impedían hablar.

La costumbre predetermina el acto, el cual se vuelve determinante cuando, de tanto repetirlo, se convierte en hábito. El hábito degenera en vicio, cuando, a fuerza de repetirlo, no solamente nos predetermina y nos determina, sino nos enferma la voluntad. Eso es ya la alienación de sí mismo. No podemos oponernos a su impulso. Estamos alienados o enajenados. Somos otros.

Tanto la costumbre como el hábito nos llevan al "automatismo" del comportamiento. Cuando esos automatismos son liberadores, son generalmente útiles. La vejez es edad de liberación. Son las llamadas buenas costumbres. Sirven ellas porque amplían nuestro tiempo, agregan algo a nuestra personalidad, facilitan nuestra acción y, por tanto, nuestro trabajo. La formación del trabajo enseña a obrar de cierta manera para conseguir el efecto más fácilmente. Es una técnica para disminuir el esfuerzo y aumentar el rendimiento. El stajanovismo está fundado sobre esto. El cacique chileno, sin la costumbre de trinchar y cortar en la mesa, no tenía tiempo para hablar. Cuchillo y tenedor lo absorbían todo. Ya sabemos cuánto podemos hablar nosotros mientras comemos. He ahí un automatismo liberador: el de los cubiertos. Y, como él, tantos otros benéficos.

Pero no todas las costumbres, no todos los hábitos son liberadores como los de la lectura, la contemplación del arte, los de servicios u obsequios a los demás. Los hay, y muchos, enajenantes. Examine los suyos y los de la sociedad en que vive. No está usted ahora para esclavitudes. Y se cae tan fácilmente en ellas, por falta de conciencia en la conducta o por "respeto humano", la falsa consideración de los demás. De ordinario a nadie le importa, pero usted le da tanta importancia... Aquella señora que sufre de la columna vertebral o de los riñones, pero no prescinde salir a la calle con tacones altos. Las costumbres de la moda... Ese maltrato que usted se infiere a sí mismo Para aparentar ante usted o ante los demás... ¡Ese colchón blando le da lumbago y usted lo soporta porque se acostumbró a él y no se arriesga al duro que los evitaría y mejoraría su sueño!

Todo el hombre moral y físicamente se habitúa y se acostumbra, y el viejo especialmente. Pero usted no está obligado a eso. Puede reaccionar, renunciar, cambiar, renovarse, prolongando así su vida y su bienestar. No sufra si olvidó enviar alguna de sus tarjetas de navidad...

Usted puede cambiar y renovarse. Eso le hará bien al descubrir cómo otros hábitos y otras costumbres son mejores.

Los vicios. Cuando sus costumbres y hábitos lo determinan hasta la enajenación de la voluntad, se convierten en vicios para alienarlo. Los vicios son moralmente peyorativos, y frecuentemente destructivos, no razonables, como el de quien esputa continuamente para evitar el cáncer de la garganta. El viejo vicioso de ordinario acelera su muerte. Pero no es el caso aquí, de los vicios, salvo el vicio del tabaco y del alcohol, quizá peor el segundo, sobre cuya devastadora influencia en la salud, a cualquier edad, pero especialmente en la avanzada, los médicos no dudan.

De ordinario el viejo frente a sus costumbres, hábitos o vicios perjudiciales adquiere también el de defenderlos. Oí a uno que a las estadísticas concretas de ruina causada por tabaco y alcohol, respondía: "Fíjese en la última guerra mundial: ni Hitler, ni Hiroito, ni Mussolini fumaban. En cambio Roosevelt, Stalin y Churchill sí fumaban"... El engaño a sí mismo, tan frecuente en el hombre, cobra fuerza en la vejez. Vigílese. Engañarse a sí mismo es también maltratarse y usted debe tratarse bien, corrigiendo sus hábitos de maltrato, así sea el de dormir con la ventana cerrada. Empiece por abrir un resquicio, luego auméntelo como una fisura, después un pequeño espacio por donde le quepa un dedo, más tarde haga pasar toda la mano, y terminará de par en par. Y se dará cuenta de cómo duerme mejor. Todo es posible gradualmente.

Es verdad, hasta cierto punto, que cada uno es como lo que le ha sucedido. Es decir, nuestra historia nos marca con sus huellas, a veces imborrables como cicatrices. Los años vividos son nuestra historia, ahí están con sus consecuencias. No los podemos cambiar, pero sí modificar su influencia sobre nosotros, y, si corregimos hábitos y costumbres, podemos gobernar nuestro presente. No podemos borrar de un plumazo la influencia de nuestro pasado. Pero podemos remodelarla lentamente, hasta extinguirla, si es el caso. Si ella fuera determinante, la libertad no existiría.

El viejo suele encastillarse en su tabla de valores por no aceptar otros nuevos, privándose así de alargar sus conocimientos. Aquel viejo que se negaba a ir a otras montañas "porque ya he conocido el Everest". Los puritanos de la música clásica de la época dorada rechazaban cualquier otra "porque no es música". A este respecto Herbert von Karajan, ante la televisión francesa –entre cuyos espectadores se cuentan muchos de estos puritanos– dirigió él mismo con la Orquesta Sinfónica de Berlín un vals de Strauss y una tarantela napolitana para demostrar cómo el primer director europeo con una de las primeras orquestas del mundo encontraba música válida también en algunas de las composiciones no juzgadas por los puritanos como buena música. La escala de los valores es casi infinita, no se excluya usted de ella, aferrándose solamente a los conocidos: es imposibilitarse para el descubrimiento de otros, cerrarse en un pobre círculo, cuando el viejo debe estar abierto... Sus hábitos no siempre son los mejores. Los vicios de la inteligencia son tan nocivos como los de la voluntad.

Los recuerdos

Los tratadistas de la vejez, desde Cicerón, parecen estar de acuerdo en que la pérdida de la memoria no es una consecuencia forzosa de la vejez por sí misma, si ésta es física y síquicamente sana. Encuestas y exámenes de viejos al respecto concluyen en el hallazgo de memoria normal en viejos normales, y hasta excelente en algunos. Las deficiencias de la memoria no pueden imputarse a la vejez por sí misma, sino a otras muchas causas: abuso del alcohol destructor de las neuronas, placas de los recuerdos; efectos colaterales y secundarios del habitual abuso de drogas, especialmente las tranquilizantes; fatigas excesivas y frecuentes; traumatismos, falta de ejercicio y de hábito...

Más que perder la memoria, el viejo la selecciona: el optimista prefiere los mejores recuerdos, el pesimista los peores; cancela otros ("no quiero acordarme de..."); hace fijación en algunos, o simula haber olvidado. De ordinario el viejo recuerda según su interés... La memoria es una facultad para ejercitar, como todas las demás, para mantenerla vigente, y la falsa terapia de ocio para los viejos –tan extendida con tan negativos resultados– ataca también la memoria. Existen métodos nemotécnicos para cultivar la memoria a toda edad, válidos también para la vejez. Uno de ellos es fijar un centro de atención y, por asociación de ideas y de imágenes, ir reconstruyendo en torno sus afines, concéntricamente. Otro, aprender poemas, y recitarlos textualmente todos los días. Y varios más, sin costo y con eficacia.

De todas maneras usted tendrá recuerdos, sobre todo los de su infancia y niñez y de algunos acontecimientos de su vida –y de casi todos– si usted quiere, porque estamos marcados por nuestro pasado. ¿Qué hacer con los recuerdos, "esos perros famélicos de la memoria"?

No deformarlos. A todos nos ha sorprendido el volver a objetos y personas, recordados siempre, y encontrarlos diferentes. No nos defraudemos. No es falla de memoria. Hemos obtenido nuevos puntos de comparación que corrigen en nosotros las dimensiones y las proporciones. El río de nuestra infancia era para nosotros un Amazonas, ahora es un riachuelo; el lago de nuestra infancia era un mar, ahora es un pozo. Conocimos después, de leídas o de vistas, los grandes ríos y los mares. La escala se nos amplió. Y con ella el punto de referencia y comparación. Además, analice los cambios de entonces a hoy. Verá cuántos son en usted. Eso es natural, no se desilusione, ni alegue que la vida moderna lo ha perturbado todo, hasta su río y su lago. La aventura del conocimiento, como la de Gulliver, es un itinerario del país de los enanos al de los gigantes.

Idealizarlos. Las distancias, en el tiempo y en el espacio, idealizan los recuerdos. Y nos inclinamos a sublimar los gratos. Eso es bueno. Idealizar las imágenes amadas ayer, benéficas ayer, exaltadas y magnificadas al paso de los años que pule las aristas negativas y embellece las positivas, es una fuente de vida y de consuelo, con tal de no hacer fijaciones desorbitadas del ayer, para deteriorar el hoy. La manía de enfrentar el pasado con el presente, con detrimento constante de éste, llega a ser torturante y masoquista. El masoquismo anticipa el envejecimiento. No podemos rehusar el dolor natural pero, ¿para qué crear artificialmente nuevos sufrimientos, ampliando también recuerdos dolorosos? La técnica de enfrentar dos espejos es solamente bueno para el sastre.

No sea fetichista del recuerdo. Usted, como yo, ha entrado en habitaciones de viejos, cementerios de cadáveres de cosas. El cirio de la primera comunión de sus hijos, guardapelos con cabellos de su madre, relicarios con un trozo del velo de novia de su esposa, cuadros con el certificado de su primer trabajo, fotografías amarillentas de parientes y amigos muertos... Un verdadero arsenal del pasado, un altar con una lámpara votiva alimentada por su melancolía y su tristeza... Y, luego, la consabida explicación para algunos visitantes con la apología de quienes se fueron, ante la iconografía de lo inexistente. Todo un fetichismo de la memoria. Todos esos recuerdos en su corazón, en su mente, le hacen bien. Son parte de uno mismo y no podemos despojarnos de nosotros mismos. Pero, de ahí a torturarse con su imagen material, hay un gran trecho. Eso se aproxima al fetichismo, y el fetichismo es siempre deformante. Limpie sus paredes de fetiches, en este caso por lo menos de instrumentos de tortura para amarrarlo a usted a "aquella época" y reducirle la actual. Para rendir culto a sus recuerdos no necesita ese método. Y acostúmbrese a liquidar sus etapas, sin cancelar su significado. Un álbum, guardado para mirar en ocasiones, es suficiente.

De insistir es hasta la fatiga: la realidad no enloquece, la imaginación sí. Sus recuerdos son buenos, son usted. Lo malo es lo que usted puede hacer con ellos, si los convierte en fantasmas perseguidores.

La mentalización de los recuerdos, la concentración en ellos, su fijación puede llegar a materializarlos en la mente del anciano que los reconstruye casi físicamente, le da figura exterior a su compañía, puede dialogar con ellos y hasta sentirse por ellos visitado. Simone de Beauvoir repite un ejemplo muy traído por otros tratadistas: el de aquel anciano hombre de mundo, pobre, solitario y abandonado, que, recordando las recepciones de sus tiempos de opulencia, convocaba las sombras de sus amigos muertos, se vestía con los restos de sus antiguas galas, daba la lista de invitados a su criado, lo situaba en la puerta y le ordenaba que cada dos minutos fuera leyendo sus nombres, anunciando sus títulos, como en sus tiempos de antiguo ceremonial de bastonero. Allí estaba él en el quicio para darles la mano, hacerlos seguir, señalarles su sitio en el salón. Cuando el último de los convidados había entrado, iba entablando conversación con ellos, preguntando y respondiendo. A la medianoche, ordenaba al criado llamar los carruajes, se despedía de cada uno, después de recomendarles cuidarse del relente de la madrugada para no atrapar un resfriado.

Este masoquismo del recuerdo atormenta y daña al viejo que debe cuidarse de su presente y procurar su futuro, porque todos los viejos tienen futuro, mientras el sol salga por la mañana.

Hay otras maneras de llevar el recuerdo, muy de estudiar en tres personajes de *Cien años de soledad* del colombiano Gabriel García Márquez.

1. El recuerdo que ensimisma, paraliza y anquilosa. El más perjudicial de todos, el de Rebeca, que, después de una vida de ilusiones, amor platónico y, luego, de incontenible ejercicio erótico, se encierra en su casa, se amuralla allí contra el mundo exterior y comienza a envejecer, fosilizándose en sus memorias, alejándose cada vez más del mundo de sus semejantes hasta ausentarse en la memoria de éstos y terminar en el definitivo achicharramiento de la muerte.

2. El recuerdo en el coronel Aureliano Buendía quien, después de 32 guerras protagonizadas por él y de no poder promover otras, se sienta, por las tardes, en la calle frente a su puerta y responde a quienes le preguntan cómo está: "Aquí esperando que pase mi entierro".

Es clásico el fenómeno en algunos ancianos: cuando se quedan sin presente, proyectan el recuerdo hacia el futuro y se ponen a esperar sus funerales, no con la curiosidad de Carlos V, sino con esa terquedad de Aureliano Buendía, cansado de hacer guerras y pescaditos de oro. Es frecuente y perjudicial este puente entre el pasado y el futuro, saltando sobre el presente. Lógicamente no es la manera de vivir, pero se convierte en ella cuando el viejo abandona su real actualidad, se desinteresa del mundo circundante, se desconecta de sus vínculos y anticipa mentalmente su muerte, con sus "memorias del futuro".

3. El tratamiento de Úrsula a los recuerdos. Úrsula, la más antigua sobreviviente de la dinastía Buendía, la esposa, la viuda, la abuela, la tatarabuela, la testigo de las peripecias, dramas, tragedias y comedias de la familia, nonagenaria ya, usa sus recuerdos en la parte positiva para todo, para calcular, para prever y hasta para administrar el patrimonio doméstico, estructurado sobre su operosidad, tantas veces autora de la construcción y reconstrucción de la casa. En ella el recuerdo es una advertencia para el presente. El ejemplo de Úrsula es aleccionante para el viejo. En ella el recuerdo no es ancla, ni fijación, sino experiencia, sabiduría, lección, manera de obrar. Solamente 100 años hacen a Úrsula abandonar el sistema de aplicar recuerdos al presente para guiar la actividad en el afán de cada día. Úrsula es además índice de cómo la sabia naturaleza enriquece unos sentidos cuando flaquean otros. Comprende Úrsula el avance progresivo de su ceguera, pero va aumentando la fuerza de su tacto, de su oído, de su olfato, de la asociación de las ideas, de la organización locativa de su memoria para orientarse, ciega ya, por los olores, por los ruidos, por las palpaciones y muere sin que nadie se haya dado cuenta de que hacía tiempo había quedado completamente ciega.

Junto a esta lección positiva de Úrsula, ella nos ofrece una negativa: el miedo de declarar la enfermedad de sus ojos, pues no quería disminuirse ante los demás. El orgullo de Úrsula no confiesa el progresivo avance de las cataratas, operables ya en su tiempo. Prefiere agudizar los otros sentidos para remplazar la luz. Este respeto humano es temor a hacer visible el deterioro a los otros, prefiriendo la enfermedad al remedio, es manía en muchos viejos.

Ya escribí sobre los recuerdos, esos cadáveres de actos, de cosas y de personas para resucitar cuando son llamados por las voces, los colores, las coincidencias, las asociaciones de ideas o imágenes..., las fechas, esos fósiles incrustados en la memoria, a veces, despetrificados para convertirse en vivencia de actualidad... Los recuerdos, porción natural de nuestra vida, pueden ser positivos y de noble influencia. Los recuerdos estímulos, pero no los recuerdos parálisis. Los recuerdos de Úrsula, pero no los de Rebeca ni los del coronel Aureliano Buendía.

Las pasiones

Las pasiones no han sido definidas todavía en sus exactas dimensiones personales, a pesar de los muchos intentos de la filosofía, la sicología, la moral, el derecho y la medicina, porque, aunque todas parten de un principio aceptado, de una causa cierta y de unos efectos conocidos, las dimensiones de su proyección en cada persona tienen matices de variaciones subjetivas, tantas cuantas caben en la vasta escala del hombre, ese ser casi infinito en sus ideas, sentimientos, emociones, acciones y reacciones... La filosofía escolástica enumeró diez pasiones. Y las sintetiza en una: el amor. Las demás serían consecuencia de la ausencia o de la presencia del amor.

A las pasiones, como a la vejez, se las define más por la descripción de sus efectos que por el género y la diferencia específica de sus causas esenciales. Las pasiones mueven al mundo a través de los apasionados, los más activistas agentes de la acción individual, social e histórica.

La pasión, mezcla de ideas, sentimientos, emociones en amalgama permanente o transitorio, determina consciente o inconscientemente muchos de los actos humanos. Es un impulso de la razón, la voluntad y el sentimiento, para sentir, pensar y obrar, dentro de un clima más o menos emocional, o sin ninguna emoción. No todas las pasiones son cálidas. Hay también pasiones gélidas. Moralmente las pasiones no son por sí mismas buenas o malas. Para calificarlas éticamente se ha de considerar el objeto, el sujeto y los medios de la pasión y sus consecuencias sociales o antisociales. Esa calificación se fundamenta en la moral personal, si es normal, en la social, religiosa y civil, y en los principios jurídicos de la comunidad en que se vive... De usted depende hacerlas sus amigos o sus enemigos...

Las pasiones no deben asustar al viejo, si éste las encauza, las dirige hacia una satisfacción lícita. De temer es sí no tener pasiones. Los sin pasiones son como los leños secos: no arderán sino encendidos con el fuego ajeno. La carencia de pasiones, especialmente en la vejez, esteriliza, o, por lo menos, neutraliza la personalidad. La vejez no es tiempo de esterilizaciones, ni de neutralizaciones. Nuestras pasiones deben morir con nosotros y no antes. Existe la creencia generalizada de que el viejo se desmentaliza, se desensibiliza, se deshumaniza lentamente hacia la muerte. Es falsa. El viejo, con las adecuaciones y variaciones y cambios del paso de la edad, no deja de ser hombre y muere como un hombre y no como la caña del desierto batida apenas por el viento.

Existe indudablemente, en algunos casos, las "pasiones seniles". Son casi siempre morbosas, como la senilidad misma que no es un estado forzoso de la vejez, sino patológico.

El dinero

El dinero no es ni el "estiércol del demonio", ni "el maná de los ángeles". Es el común denominador de cambio para comprar y satisfacer necesidades. Con él adquiere usted su pan. "No sólo de pan vive el hombre". Es cierto. Pero "sin pan tampoco vive".

Una filosofía sobre el dinero es necesaria siempre, pero sobre todo ahora. Usted debe tener el suficiente dinero para evitar la angustia del dinero. Pero ni tanto ni tan poco como para fomentar la angustia del dinero. La medida parecería ser lo necesario para una vida congrua o apropiada a su situación. Infortunadamente el dinero está mal distribuido. Tal vez para usted no alcanza el reparto.

La riqueza no es por sí misma una garantía de felicidad, ni la pobreza es desgracia. Una pobreza abastecida de lo necesario puede ser más tranquilizante que una riqueza complicada en lo superfluo. "Lo necesario" y "lo superfluo" son conceptos difíciles de precisar, por la gran "subjetividad" de apreciación en ellos implicada. Lo importante es medir usted sus recursos, promover sus reservas, no dejarse inquietar ni por la abundancia, ni por la escasez. Los gerontólogos saben por qué los viejos dominados por la abundancia o por la escasez viven menos.

Con dinero o sin él usted debe trabajar, por necesidad física y moral de su salud corporal y mental. El trabajo adecuado le da a usted por sí mismo una satisfacción, un tono, un ritmo. Y acuérdese: vivimos épocas de devaluaciones monetarias y alza de costos. Sea previsivo. Si es rentista, no confíe demasiado en la renta. La figura del rentista, en esta época de socialización de la economía, está en decadencia y tiende a desaparecer. También la del "heredero". Haga cuentas de los impuestos y verá. Además, la economía en la creciente sociedad de consumo, libre o socializado, se fija ante todo en la producción. La figura del "productor" es la importante hoy, *la valorizada*. Usted puede producir. Su productividad le salvará de la inflación.

Su mente es más productiva ahora que antes y su cuerpo, si lo trata bien, le sirve. El trabajo le dará una independencia económica y, con ella, independencia espiritual también. Eso lo mantendrá a tono y lo vitalizará, y lo librará de la amargura de Dante:

> *O come sa di sale*
> *il pane altrui,*
> *e come é dura calle*
> *lo scendere e salir*
> *L' altrui scalle*

("Cómo sabe a sal el pan ajeno, y qué duro camino es subir y bajar por las escaleras de otro"). Casi siete siglos después, Leonid Brezhnev, presidente de la Unión Soviética, en su libro sobre roturación de las tierras vírgenes, escribe: "En habiendo pan habrá cantar... Por algo se dice eso... El pan fue siempre el producto más importante, la medida de todos los valores. También en nuestro siglo de grandes adelantos científicos y técnicos, el pan es la base fundamental de la vida de los pueblos. El hombre ha penetrado en el cosmos, somete los ríos, mares y océanos, extrae petróleo y gas de las profundidades de la tierra, ha dominado la energía del átomo... Pero el pan sigue siendo el pan".

Cien veces se repite al día: el dinero es un medio, no un fin. Cuando usted invierte estos términos resulta esclavo del dinero, que debe ser liberación... Y se consume física y espiritualmente en la angustia del dinero, y puede llegar al triste final de Romero, contado por la copla popular:

> *... Ahí va Romero en un ataúd,*
> *en su juventud gastó su salud*
> *buscando dinero.*
> *En su senectud*
> *gastó su dinero buscando salud.*
> *Ahí va Romero en un ataúd...*

En la novela de viejos *Diario de la Guerra del Cerdo* de Adolfo Bioy Casares, uno confiesa haber llegado a la avaricia porque remplazó el amor de la mujer por el amor del dinero. Es lección, no en el cambio, sino para demostrar la frecuencia con que, con la edad, se van reemplazando intereses y sustituyéndose por otros. Indudablemente los intereses con la edad son sucesivos, pero, de exagerar la rotación, el viejo se encontraría desasosegado y desubicado y de agregar es, además, que el verdadero amor no se reemplaza, entre otras razones, porque nunca se ama dos veces de la misma manera.

Sea cual sea su fortuna o su infortunio, el tesoro es usted. Esto no es egoísmo porque los demás también son tesoros para ellos, y, sin ellos, usted no puede vivir.

La avaricia

Hay en la vejez cierta tendencia a la avaricia. Se entiende: el dinero es protección y el viejo busca protegerse. Ya no son los días alegres para gastar a cuenta del porvenir, sino para ahorrar en vista del porvenir. Cuando se reducen las posibilidades es lógico economizar. Llegado es el momento del principio hebreo del dinero como arma contra el éxodo, o del predicado nietzscheniano: si tienes pan, tendrás hierro. Economizar, por falta de confianza en futuras utilidades, por precaución y previsión y prevención, es un deber, y codiciar con tacañería un vicio. He conocido maduros pródigos, convertidos en viejos avaros.

La avaricia es una fuente de tortura para el viejo. Confiar excesivamente en el dinero es desconfiar en sí mismo. Los abusos de desconfianza en sí mismo son en el viejo perturbadores. Aceleran siempre la decadencia y forman una desdichada conciencia catastrófica de escasez, rayana en la alienación mental. Conocí a un comerciante que a los setenta años, con chequera muy nutrida, andaba buscando por la casa monedas para guardar. Su esposa se las ponía discretamente en el vano de las ventanas. Un día no las encontró y se suicidó. Es clásica la fábula de Rafael Pombo:

"Érase una pobre viejecita / sin nadita que comer / sino carnes frutas dulces, tortas, huevos, pan y pez..."

El complejo de la penuria, otro de los tantos impuestos al viejo para lanzarlo a algo peor que la pobreza, porque se convierte en cartabón de la vida y la conciencia: la avidez. "La noche nos sorprende con sus profusas lámparas, en rútilas monedas tasando el bien y el mal". La avaricia, después de la envidia, es el más estéril de los pecados, pues da pocas satisfacciones. Atesorar, por sí mismo, no es complacencia, si el tesoro no sirve sino para amontonar. La avaricia es fría como las monedas e insensible como los billetes. El viejo necesita calor y sensibilidad. Es tensionante y angustiosa. El riesgo de perder el dinero es tan torturante para el avaro como el de ser engañado para el celoso. Y la tortura es ansiedad desequilibrante de la presión arterial, para cuyo equilibrio el viejo necesita serenidad. En encuestas y muestreos se comprueba cómo no son los avaros viejos quienes más viven. Una vez desatada la avaricia en el viejo se convierte en pasión del dinero, en aumento con los años, y en detrimento de éstos. Y aquí sí "¿de qué le sirve al hombre ganar el mundo entero si pierde su alma?"... Usted perderá también su cuerpo y lo enterrarán sin nada de lo que codició.

El tiempo libre

El tiempo libre ha sido una de las aspiraciones constantes del hombre, y la falta de tiempo una de sus perennes angustias. El tiempo personal es ese precioso "ínterin" entre el "antes" y el "después" en que nos realizamos. Sin tiempo no hay realización de sí mismo. El poeta alemán de la prosperidad cantaba: "Ahora tenemos pan, casa, mujer, hijos, trabajo. ¿Qué nos falta? Tiempo".

Si usted lo piensa bien, su tiempo es usted mismo durante su carrera por la vida. Sin tiempo libre, usted no es libre. Gran parte de su tiempo es cautivo y usted con él: las ocho horas del sueño, las ocho horas de trabajo, las dos horas para comer, las dos horas para transportarse. Y ya no nos quedan sino cuatro horas para obligaciones sociales, familiares y personales... y otros menesteres de rutina en nuestros hábitos cotidianos... ¿Dónde está el tiempo libre? Escasea seguramente en la jornada ordinaria y se refugia en los días festivos que, si está fatigado, tampoco son enteramente libres, porque el descanso inactivo se impone. Trabajar para comer, descansar para trabajar... un ciclo peligroso.

La inquietud por el tiempo libre, individualmente tan antigua como el hombre, socialmente es nueva, casi de nuestro siglo. Se pensó, al reducir la jornada de trabajo, ganar tiempo libre. Y vamos ya en la jornada de 48 horas (con tendencia a disminución) y cinco días semanales. Desgraciadamente, en las grandes ciudades las dificultades de transporte, aprovisionamiento y distancias absorben el recorte de la jornada laboral, y lo disminuyen en esperas y vaivenes de la congestión moderna... El acortamiento del horario del trabajo, otro fallido triunfalismo laboral, es absorbido por otras necesidades obligatorias de nuestra populosa civilización.

En la tercera edad hay más tiempo libre, porque se suponen suspendidos los horarios fijos y el trabajo bajo reloj. Y es precisamente en esa edad cuando el tiempo libre es más necesario, entendiendo bien que sólo es libre el tiempo aquel durante el cual podemos hacer lo que queremos, sin subordinación a nadie, sin depender de nada. El tiempo absolutamente a nuestra disposición. Sentirlo así es importante para todos, pero especialmente para el viejo, que con ello afirma su personalidad y la confianza en sí mismo. El tiempo nuestro, las horas propias sin cronograma. ¿Es suyo su tiempo?

¿Cómo emplear el tiempo libre? Como todo, en la tercera edad: útil, placentera y satisfactoriamente. Conseguir esa trilogía de oro es difícil, pero necesario.

La ocupación del tiempo libre es hoy un fenómeno al estudio de sicólogos, educadores, pedagogos, siquiatras y sociólogos, porque de solución se ha convertido en problema. El exceso de tiempo cautivo lleva a la tendencia peligrosa de usar el tiempo libre solo para el ocio, entendido éste en el concepto vulgar de hacer nada. El hacer nada... implica para el viejo un peligroso vacío, entre otras razones, porque tanto la mente como el cuerpo en la tercera edad necesitan ejercitación continua y fuga del repliegue sobre sí mismo, que, cuando no es de reflexión y meditación, conduce al pesimismo y de ahí a la neurosis, pues el viejo es aprehensivo. El ocio es oxidación en la vejez y en los metales. Usted tiene muchos recursos para llenar, sin matar su tiempo libre. El primero de todos considerándolo verdaderamente libre, y a su elección. El qué hacer será de su libre escogencia según su personalidad, formación, cultura, usos, costumbres, hábitos, circunstancias. Pero, en todo caso, nada inútil, nada desagradable, nada insatisfactorio.

Acuérdese: usted tiene un tiempo cautivo, sin opción. El tiempo libre es elegir. Y no elija contra usted mismo. El ocio es una de las fuentes más eficaces para estimular las energías creadoras, pero el ocio creador, el positivo, lejos de la negación de toda actividad.. Desgraciadamente el ocio, en su acepción de parálisis, es otro de los tabúes amenazantes del viejo. Muchos piensan proteger al viejo evitándole todo esfuerzo. Esa es la mejor manera de precipitarlo en la senilidad y la decrepitud, para convencerlo de la impotencia. Los efectos son inmediatos: el viejo empieza a frenarse mentalmente, y de allí pasa a frenarse físicamente, disminuyendo el paso hasta inmovilizarse. Creer no poder es ya no poder. Las inhibiciones mentales se traducen en inhibiciones físicas. Es menester entonces una gran sacudida o una terapia adecuada para liberarlo de sus aprehensiones. El caso del paralítico que corre cuando hay terremoto... Ayudarle al viejo en el empleo de su tiempo libre y no convertirle en tortura su tiempo cautivo. Y convénzase: el tiempo libre no es el tiempo muerto.

El tiempo muerto

El tiempo muerto, he ahí el gran enemigo de la tercera edad. Se parece a ese tipo de víboras que, cuando no tienen a quién picar, se muerden a sí mismas. ¿Qué es el tiempo muerto? Es difícil de definir, porque, sin percatamos, matamos mucho tiempo en nuestra vida, sin saber cómo. Aquellos minutos, horas, días durante los cuales no tenemos ninguna actividad externa o interna. El vacío afuera y el vacío adentro. La naturaleza se opone a todo vacío. En ella ningún vacío es normal. Lo producen los grandes cataclismos (el abismo tan peligroso), los fenómenos atmosféricos (las bolsas de aire, trampa para aviones), o las campanas neumáticas en los laboratorios, también ellas destructoras de vida. No hemos nacido para los vacíos. Ni para los del espacio, ni para los del tiempo.

Del tiempo se puede decir, como Bargellini de la máquina: "Es un monstruo domesticado. Cuando tiene ocupación produce para su dueño; cuando no, devora a su dueño". Pero tenga en cuenta: matar el tiempo no es poner la mente en blanco, método útil para abstraerse, para dormir, para cambiar las ideas, para prepararse a meditar, para renovarse, para ser más receptivo.

A toda edad el tiempo muerto es un hábito autodestructor. En la tercera edad el riesgo es mayor: casi todo lo inventado durante él se vuelve contra el inventor: tabaco, alcohol, tranquilizantes, hipnóticos, artificios y otros más peligrosos para afectar la salud física y mental: todo aquello que hacemos cuando no tenemos qué hacer con nosotros mismos. Son frecuentes en la tercera edad más posibilidades de tiempo muerto, pero también debe haber más recursos para vivificarle.

Infortunadamente "matar el tiempo" es ya un término indicador de un estado de alma patológico. Todo lo hecho por usted para matarlo casi siempre lo mata lentamente a usted. El mejor método es no dejar morir el tiempo. Esto se logra con el trabajo, con el deporte, con las caminatas, con la lectura, con el arte, con la contemplación de espectáculos y naturaleza, con la expansión, la distracción y el diálogo, con el estímulo a nuestros intereses grandes y pequeños... Tener siempre algo para hacer con nuestro cuerpo y con nuestro espíritu. Simone de Beauvoir señala la falta de proyectos como característica del tedio en la vejez. Tenga usted entre manos, en su corazón y en su cerebro, algún proyecto. Todo proyecto es inherente a la vida: a los 83 años, Ludwig canalizó el proyecto de una fábrica de pulpa y papel flotante sobre el Amazonas. Y ahí está sobre el río.

Adverbios de tiempo y de lugar

En la tercera edad se entiende mejor el tiempo (el "antes y después" de Aristóteles y Messiaen) y el espacio –el sitio o lugar– ámbitos de nuestra propia vida. Siempre están ahí, y nosotros siempre estamos en ellos. En verdad, hemos estado en ellos desde nuestra concepción, en el vientre de nuestra madre, pero, después de 60 o 70 años de habitar y vivir en el tiempo y en el espacio, son más nosotros mismos que nunca, son *nuestro espacio y nuestro tiempo*. Se han convertido para nosotros como en un vestido. Son nuestros amigos, no nuestros enemigos. El viejo suele angustiarse por ellos: el momento para vivir, el rincón para habitar. Tal angustia puede evitarse o, por lo menos, mitigarse, esforzándonos por manejar bien esos conceptos, ante todo, acoplándolos, después, mejorándolos y, luego, no confundiéndonos, cuando nos los quieran dosificar mal. Debemos vigilarlos, aun en el uso del idioma, porque las palabras no siempre son inflexiones de aire. Muchas veces son determinantes, por el influjo en nosotros cuando se nos vuelven hábitos. Cada palabra tiene sus propios valores, los del lenguaje mismo. Lo sabemos bien los tipógrafos que vivimos de imprimirlas. Cada uno es como las palabras que dice, las letras que lee, los amigos que frecuenta, las obras que hace. En los viejos las palabras tienen más fuerza de sugerencia y de autosugestión. Cuídelas y no las repita como una habitual inflexión de voz. Aunque usted no lo crea, las palabras y su significado van taladrando sobre usted mismo.

Nunca se refiere al pasado. Pero hay un "nunca" angustioso, aplicado al futuro para cancelarlo. Sin razón, pues mientras vivamos tendremos un futuro. El del poema de Félix Ruiz: "Oh, Francia, nunca pisaré tus playas". "Nunca beberé de esta agua"... Este nunca excluyente y negativo de futuro es peligroso para usted, porque lo amarga y entristece, frecuentemente sin razón, como si todo el porvenir terminara con ese "nunca". O comenzara allí. Entre los muchos matices del futuro está el de ser "insondable arcano". No lo despoje de él, anticipándose a sucesos que, a lo mejor, no van a acontecer. No es tiempo de despojos ahora. En la lógica del acaecer humano hay "nuncas" evidentes. Pero me refiero al mal uso del "nunca" genérico, empleado por el viejo como cancelación del porvenir, o como cancelación al pasado... No confunda este nunca con el del cuervo de E. A. Poe.

Ya. El "ya" español se aplica al inmediato pasado, o también al inmediato presente. "Ya fui", "ya mismo voy". En la primera acepción el viejo está tentado de usarlo para significar haber agotado una acción o un tema, o no querer repetirlo, para caer en inmovilismo y recortarse. Es un error peligroso. "Para qué bebo vino ahora, si ya bebí champaña". "Para qué saludo al secretario, si ya saludé al gerente", "para qué voy a esa montaña si ya conocí el Everest". No. La naturaleza es inagotable, la riqueza de los seres y las cosas incalculable en su totalidad, los matices en la escala de la creación casi infinitos. Usted no agotará jamás ningún conocimiento o acción. Cuanto más conozca más se convencerá de cuánto ignora, cuanto más haga, más se persuadirá de cuánto queda por hacer... Ese "ya" es apenas un pretexto de pereza, lo engaña. Un subterfugio que lo envejecerá más.

Sobre el ya pasado hay muchas citas clásicas. La de Chateaubriand: "Cuando ya se han visto las cataratas del Niágara no hay más saltos de agua"... Y sin embargo la pequeña cascada de su arroyo vecino puede recrearlo tanto... La de Stendhal: "Quisiera, después de haber visto Italia, encontrar en Nápoles el agua del Leteo y olvidarlo todo". Sin embargo, Stendhal no olvidó nada y siguió gozando de Italia y confiesa: "Vuelvo a ver a Roma, cada año con la misma alegría"... Simone de Beauvoir habla del hundimiento del presente en el pasado y cita a Jouhandeau: "Todo toma, a medida que uno envejece, el aire de un recuerdo, incluso el presente". Qué error para el viejo hacer naufragar el presente en el pasado, muriendo anticipadamente. Hay mucho de literatura artificial en estas ideas que ni siquiera sus autores vivieron auténticamente. Y, si acaso lo hicieron, usted no es Chateaubriand, ni Stendhal, ni Jouhandeau, ni Andersen quien a los 69 años escribía: "Si voy al jardín entre las rosas, ¿qué tienen que decirme ya que no me hayan dicho?... Si escucho el viento, ya me ha hablado de Valdenar Dave y no conozco mejor historia". Qué pretensión esta de buscar "el silencio de las cosas" y matar el presente para resucitar el pasado. No lo permita. Si usted hace enmudecer el presente, también enmudecerá usted. No busque en el "ya" una excusa para pretenderse realizado en él, como si usted "ya" hubiera existido y no existiera ahora. El "ya" ayuda, pero puede destruir.

Ahora. Usted está viviendo su vida ahora, hoy. El pasado existe, es venerable, no podemos sacrificarlo, está ahí, es suyo. Pero ya pasó. Su obligación es vivir ahora, de la mejor manera posible. El futuro vendrá, preparémonos para él, en la conciencia de que la mejor manera de cultivar el pasado o prepararnos para el futuro es ser mejor hoy. El tiempo mide el antes y el después, pero está en el "ahora". El ahora de hoy fue el "antes" de ayer y quizá sea mañana el ahora del después. Es el momento de la ejecutividad. El día de la llegada a la capital de Argelia el general Gamelin salió a caballo con el capitán ayudante a reconocer los alrededores. En un bosque de Sicomoro notó uno derribado y le ordenó a su ayudante resembrarlo mañana. "–Mi general –replicó el capitán, ¿sabe usted que cada árbol de estos ha necesitado ochocientos años?" "–Ah..., entonces, resembrémoslo ahora mismo".

Siempre. Independientemente de consideraciones teológicas y filosóficas sobre el absoluto de la eternidad, hay una eternidad relativa en nosotros mismos. Mientras vivamos, viviremos siempre. Es una especie de presente eternizado en este "siempre" que significa todo el tiempo de nuestra vida. En él estamos viviendo sanamente nuestro pasado y equipándonos para nuestro futuro. Eso es más importante para usted que la lamentación sobre ayer y el temor frente al mañana. No es un dogma aquello de que: "el pretérito ya pasó, el futuro es incierto, sólo existe el ahora", pero el viejo sí ha de pensarlo para vivir. El viejo suele dejarse atormentar por el tiempo, sin pensar cómo muchas veces el tiempo mismo es una solución.

Siempre tendremos una solución, mientras tengamos tiempo. Mientras vivamos, debemos aprovechar el ahora para rescatar el antes y prever el después. Pero si perdemos el ahora no podremos rescatarlo. La sabiduría popular confirma: "Al tiempo le pido tiempo y el tiempo tiempo me da. Y el mismo tiempo me dice que él me consolará". Su tiempo no se ha terminado. Está en usted.

¿Dónde? Qué importante es el dónde..., su espacio. Donde usted está, donde trabaja, donde duerme, donde descansa, por donde pasea, a donde va, donde se distrae, donde se divierte... donde come, donde reza, donde ama. ¿Dónde? Épo-

ca de selección y de calificación, la vejez necesita elegir bien su "dónde". No siempre está en nuestra mano esa elección de nuestro espacio, pero siempre podremos mejorar, adecuar y adaptar el lugar que nos ha tocado en suerte. Ante todo, podemos embellecerlo, a veces aun sin dinero. Una flor en su mesa, un tiesto de geranios en su ventana, una lámina bonita frente a su cama, una nota de color en la pared de su trabajo, orden y aseo a su derredor, una hilera de árboles bajo los cuales pasear, una iglesia donde no haya trompetas de juicio final... quizá un templo humilde en cuya desnudez Dios se hace más presente... y tantos, tantos detalles para embellecer la vida... La belleza es una fuente perpetua de indemnizaciones para usted y no piense solamente en la Venus de Milo, ni en la Gioconda de Leonardo, ni en el David de Miguel Ángel. Así como hay una verdad de todos los días, la humilde verdad cotidiana, hay también una belleza de todos los días, la humilde belleza cotidiana, la de un gesto, un capullo, una mirada, un libro, una estampa, un rayo de sol, unos celajes, un árbol, un verso, una palabra, una pregunta, una respuesta, unas manos entrelazadas. Sin ser artistas, nosotros hacemos esa belleza. Un poco de buen gusto basta. A veces es suficiente mirar en estado de gracia natural o sobrenatural. De Cristo escribió Juan de la Cruz: *Mil gracias derramando / pasó por estos sotos con presura / y, yéndolos mirando / con sola su figura / vestidos los dejó de su hermosura*. No tenemos el poder de esa irradiación, pero, a nuestra escala, sí podemos mirar graciosamente las cosas y recibir de ellas su hermosura, o vestirlas con la nuestra interior... y qué gran estímulo, para vivir en la vejez, poder dar o recibir belleza.

¿Cuándo? Ahora mismo. El viejo tiene la contradictoria manía de no creer en el futuro o temerlo, pero posponerlo todo para mañana... para lo mismo hacer mañana. Ese método sí es el verdadero nunca, envejecedor. Evítelo.

"¿Cómo y quién?" Un adverbio de modo de tener en cuenta: "¿cómo?" Sobre él pretendo haberle dado algunas informaciones en estas páginas... y otro de persona "¿Quién?" El «quién» es usted, usted mismo. No lo olvide. Usted es quien vive, quien obra, el responsable de sí mismo, quien anticipa o retarda su envejecimiento, quien es útil o inútil, quien encuentra placidez o desagrado, quien vive satisfecho o frustrado. Es usted. Usted puede.

Otro nunca. Es un peligroso adverbio para la tercera edad. Suele ser el anuncio de que hemos entrado en ella. Las manos en la cabeza: "Nunca había olvidado esto"... o en las espaldas: "Nunca había sentido este dolor"... "Nunca me había levantado de noche al baño"... Usted tiene razón, a veces, pero no siempre. Con frecuencia ese "nunca" no es exacto y se convierte en obsesión. Casi siempre usted había sentido todo eso. Está bien oír los timbres de alerta. Pero la vejez no es una estación de alarmas, ni usted es un vigía de cataclismos. El "nunca" no se puede convertir en un espía para mantener en rojo el indicador de su vida, ni para fijarla en este tema. Basta con observarse a sí mismo y consultar sus dudas. Y fíjese: al lado de su "nunca" hay otros adverbios de tiempo más importantes: siempre, ahora.

Preterismo y futurismo

El viejo se encuentra frecuentemente solicitado por dos fuerzas opuestas: el pretérito y el futuro. No es de alarmarse si sabe vivir su presente. Grave es, sí, mantenerse flotando entre esos dos extremos "como una brizna al viento". La influencia del pasado es inevitable. La del futuro es explicable: queremos y debemos ser mejores y nos encontramos frente a "ese horizonte oscuro que llaman porvenir". Sí, lo pasado nos marcó, el porvenir nos espera. Pero en medio estamos nosotros entre ese ayer y ese mañana, responsables de nuestra vida de hoy. Nuestro hoy, partícipe del ayer y del mañana. Es inevitable vivir también con el presente anticipos del futuro; hasta se ha escrito un libro con el título de *Recuerdos del futuro*.

El preterismo, como rémora del pasado, perjudica, inhibe y frustra el presente, nos inmoviliza, nos impide la comprensión de la actualidad, nos ata para preparar nuestro porvenir, y nos neutraliza en la protesta continua contra la hodierna situación, la nuestra y la de nuestro mundo. Viejos hay empeñados en esterilizar el porvenir con el fatalismo barato de la canción "lo que fue siempre tendrá que ser". Gran error, porque desconoce el juego de las fuerzas de la vida, de nuestras propias fuerzas, de nuestra propia perfectible realización cotidiana de mejorarse mientras vivimos, de nuestra libertad. Somos capaces de aprender y actuar mientras vivimos. Hay factores en nuestra contra, pero también en nuestro pro. Cegar las fuentes de nuestro progreso –al cual tenemos derecho a toda edad– es insensato.

El futurismo, como disculpa para trasladar al mañana la enmienda de nuestros errores y desaciertos de hoy ("mañana, para lo mismo responde mañana") es igualmente mentecato. Necedad de un culpabilismo inconsciente... Hay otro futurismo, el de los cálculos, los promedios, las predicciones y profecías, torturante para el viejo, y también falso. George Bernard Shaw escribía, sesenta años ha, ante el miedo de quienes se aterran por el futuro: "Existe una enfermedad mortal llamada desánimo, contra la cual los hombres deben tomar muy severas medidas preventivas". Especialmente el viejo debe precaverse contra el desánimo ante su propio futuro, tan frecuentemente por él involucrado en el futuro del mundo, alucinado por señales apocalípticas. Una especie de milenarismo individual, como si en verdad se avecinara el final de los tiempos... Günther Haaf señala a nuestro mundo de occidente como la principal víctima de este desánimo. A nuestro occidente, precisamente donde nació la industrialización, el consumo, la vida mejor, la fe en el progreso indefinido, un poco decepcionado ya. Precisamente aquí donde el avance enorme de todo redujo el planeta tierra "a una aldea global de cuatro mil millones de habitantes".

Y el mismo Günther Haaf señala: *La mentalidad catastrófica* de la década del setenta (1970-1979) donde las gentes esperan, en medio del bienestar del primer mundo, un futuro negro, sin pensar cómo la realidad sí les da derecho a esperar un futuro mejor que el de sus antepasados...". "La degradación del ambiente, la crisis energética, la explosión demográfica, la escasez de materias primas, el hambre del tercer mundo y una especie de mala conciencia por haber vivido por encima de sus medios hicieron descender en occidente las esperanzas ante el futuro". El exceso de información y la falta de capacidad para ser digerido por el hombre de la calle, hostigado por problemas, sin ver las muchas soluciones a ellos ofrecidas, contribuye a la "mentalidad catastrófica". El viejo es muy susceptible a ella porque no piensa, o no ve, o no cree poder vivir los favorables cambios de ciencia, economía y desarrollo para modificar la situación. Estos cambios han transformado al mundo para una vida mejor, y a ellos el longevo debe la vida que está viviendo.

Los temores ante el futuro llevan al viejo a la tendencia de creer en las profecías de los eruditos, estadísticamente fundamentadas (como aquella, según la cual, de seguir la disminución demográfica, Alemania tendría, en el año 3000, solamente doce mil habitantes), pero en sí engañosas porque no cuentan con el juego de los factores de la vida, del cerebro, del instinto de conservación y progreso en la naturaleza. Si las profecías de la ciencia fueran ciertas, nuestro mundo sería inferior al de nuestros padres. Y es mejor. Lo desconocerían ellos, si resucitaran. Y han pasado tan sólo cuarenta años. El viejo debe poner freno a sus temores por las profecías de los eruditos, y cuidado de no sacrificar a ellos su presente, porque, en nombre de lo que no sabemos, no podemos pronosticar lo que ignoramos. Günther Haaf ha dicho bien: "La diferencia entre los hombres más sabios y los más ignorantes es muy modesta, comparada con todo aquello que desconocemos".

Si las profecías de los eruditos son tan falaces, más aun lo son las de magos y videntes. Respetando el indicio de la astrología como aproximación de influencias, y una cierta capacidad de algunos superdotados de intuición –en ningún caso con el dogma o la profecía o a su antojo– el viejo debe prescindir de creer en las profecías diarias anunciadoras de cataclismos para mañana. Científicamente, con certeza no se prevé ninguno para antes de cuatro mil años. Y ¿cuántas variantes suceden en cuatro mil años? En el año mil, después de Cristo, las gentes vieron el final del mundo y hasta salieron a acampar en despoblado. La profecía política tampoco es válida. La política es precisamente el terreno de lo imprevisto. En 1940 la alianza bélica Hitler-Stalin parecía el final de las democracias. Al año siguiente, se declaraban la guerra. Y ahora, contra todo lo previsto, el panorama político ha cambiado súbitamente en la aparición de China como potencia, del ayatollah Khomeini con el Islam armado de petróleo, y por la invasión a Afganistán... Entre todo eso está usted con su futuro. Gobiérnelo racionalmente.

La vida social

La sociedad, en otro tiempo obsequiosa y considerada con el anciano, ahora es cruel con él. Ha mejorado su asistencia, quizá para evitar su presencia, excluyéndolo. Muchos ancianos aprecian en tan alto grado la consideración social, que terminan traumatizados por ella, esclavizados por ella.

La tercera edad necesita, sin duda, de la vida social, para evitar el aislamiento; de la comunicación y la información, para impedir la soledad y estimular y reactivar la vitalidad. Pero si esa vida social puede serle fatigante y propensa a imponerle obligaciones, limitaciones y preocupaciones, váyase, extráigase del grupo. Elija el grupo de comunicación y relación a su gusto. No necesita ser un sabio para conocer las causas de esa decisión. Usted las siente. Obedézcalas. Hágale caso a sus voces íntimas. Usted tiene un monitor, un avisador espontáneo en su interior, no lo contradiga. ¿Para qué "tensionarse" "estresarse" en continuar una visita cansona, un diálogo fatigante? Si lo hace, ni su corazón, ni sus nervios le perdonarán. Cuando se sienta amenazado por las balas, sálgase del campo de tiro de quienes las disparan. Haga vida social a su medida, pero sin convertirse en esclavo social.

La soledad

La soledad no es patrimonio forzoso de la vejez, aunque el viejo esté expuesto a ella. En principio, la soledad es una exigencia de la privacidad y de la intimidad del hombre. Hay dos grandes intimidades impuestas por la naturaleza: la de la pareja y la de sí mismo. Todos necesitamos estar solos algunos momentos de nuestra jornada, para descansar, para concentrarnos, para librarnos del equipo. Se han hecho experiencias importantes en este campo, hasta en las empresas que ofrecen "cafetería" para el "almuerzo" de sus funcionarios. Después de cierta edad, cada vez son más los que prefieren llevar el "sánduiche" o emparedado al puesto de trabajo y aprovechar la interrupción del mismo para dar un paseíto por la manzana, cortar el ritmo, impedir por unos minutos la presencia y el trato de los compañeros y evitar el diálogo sobre los mismos problemas y chismes. Interrumpir la jornada para cambiar.

La soledad es el gran momento del encuentro con nosotros mismos, importante si nos apreciamos a nosotros mismos, y necesaria para la concentración, si nuestro trabajo es más intelectual que físico. Como debe ser el del viejo. ¡Cuántos seres nos hablan en la soledad, cuántas voces útiles salen de su silencio, cuántas sugerencias fecundas nacen del vacío, cuánta creación en el ocio útil ... !

Para aprovechar, gozar y disfrutar de la soledad se necesita poder bastarse a sí mismo en la soledad. Ardua tarea, si no queremos terminar royéndonos las uñas o replegados en suposiciones, ficciones e imaginaciones morbosas, temores injustificados y manías para "matar el tiempo". El hábito de la soledad se puede formar, como cualquier otro, gradual y progresivamente, escogiendo bien un programa para ella.

La soledad no es forzosa, pero a muchos viejos les cae envolvente como un manto. Usted puede irse formando cultural, moral, espiritual y económicamente para bastarse en la soledad. No lo haga con pretensión de autosuficiencia. Nadie es absolutamente autosuficiente, ni autárquico. Necesitamos de los demás en todo. Si los demás nos fastidian, también nos ayudan a vivir. Son nuestros aliados en la lucha por la vida. Se ha definido al hombre "animal social" porque su naturaleza es esencialmente comunicativa y expansiva. Los otros tienen algo que a usted le falta, y usted posee algo de que ellos carecen. Y necesitamos la comunicación física, moral, intelectual, económica. El ejemplo del colmenar y el hormiguero no son vanos. Su soledad no es la del eremita. No. No busque ser ermitaño, si no tiene vocación, aunque su lección también enseña. No se refugie en el desierto. Su cuarto le basta. Pascal dice que parte de la infelicidad del hombre proviene de no saber estar solo en su cuarto.

Y debe ser una soledad alternada, humanizada. Cuando lo fatigue, sálgase a ver gente, a tomar aire, a hacer ejercicio, a recibir el sol. Haga la prueba de hacerse amigo del sol y de los árboles, y del prado y de su yerba, verá cómo lo ayudan. La naturaleza es por sí misma una aliada suya, una compañía, si usted aprende a interpretarla y amarla. Contemplar su espectáculo no cuesta dinero.

Goethe una vez se quedó absorto en un prado largo tiempo porque, mientras más él lo contemplaba, más le daba pena pisarlo para salir de él. Fray Luis de León se desquitaba de sus fatigas y sus penas *yendo por la escondida senda por donde han ido / los pocos sabios que en el mundo han sido"*, y observando cómo:

> *El aire el huerto orea*
> *y ofrece mil aromas al sentido*
> *los árboles menea*
> *con un manso ruido*
> *que del cetro y del oro pone olvido*

La presencia de Dios y la naturaleza le permitió superar a este fraile poeta la soledad de su prisión inquisitorial y salir de ella sin amargura.

Póngale poesía a su soledad. No necesita ser artista. La belleza por sí misma, sobre todo en lo natural, es compañía poética. Basta con no negarnos.

La soledad en su sentido peyorativo –desdentada, muda, ciega, constrictora, con manos de hielo y estéril cintura de chatarra– no es patrimonio exclusivo de la vejez. Puede llegar a cualquier hora con "su manto de plomo" y aun presentarse entre la muchedumbre, en medio del "populoso desierto" de nuestras ciudades, pues no siempre es un resultado del espacio vacío, del tiempo muerto, sino también del propio vacío interior. La llevamos dentro, tan maligna como un cáncer... Nos encontramos entonces solos bajo nuestra propia piel que no podemos cambiar como las serpientes cambian la suya, como las aves mudan sus plumas y los pollinos su pelo. Pero hay también un sentido positivo de la soledad: el encuentro con nosotros mismos, frente al espejo en el desdoblamiento de nuestro propio ser para la reflexión y la maduración. "La hora de la conciencia y del pensar profundo" que Victor Hugo veía llegar en el pabellón de la noche. Esa soledad es creadora, fértil, vital y de ella han salido muchas obras maestras de la ciencia, las letras, las artes, la espiritualidad. Los monjes, sus amantes, la han llamado "oh feliz soledad, oh sola felicidad". La intimidad, la privacidad del hombre la necesitan, no como hábito pero sí como ejercicio, como terapia y como clima para la meditación.

Las visitas de la soledad son más frecuentes en la vejez. Eso no significa el senil temor a quedarse solo por ratos o días, tan aterrorizante para algunos. Una de las mejores previsiones es la de prepararse para ella, enriquecer nuestra vida interior para abastecernos de ella en la soledad y aprender los oficios, aficiones y predilecciones ejercitables en la soledad: escritura, música, televisión, radio y la simple capacidad de estar solos con nosotros mismos, sin destruirnos en maquinaciones mentales productivas de angustia, sin el ocio absoluto, la parálisis de nuestros mecanismos mentales, estimuladora del tedio y el aburrimiento. El viejo debe acostumbrarse a ella, incluso como un elemento de reposo, especialmente cuando la soledad es también el silencio, porque entonces se dan las mejores condiciones para el relajamiento completo. Ni nuestro cuerpo ni nuestro espíritu son solicitados externamente. Debemos tener el cuidado de no crear perturbadoras estimulaciones interiores, destructoras de sus beneficios.

Otra cosa es la soledad como abandono o como hábito, siempre ocasión para disturbios mentales. La sociedad, la familia, los amigos, las religiones deben evitarlo entonces, para preservar al viejo de una neurosis segura.

La dificultad

Nos vamos haciendo más vulnerables a la dificultad, acaso porque nos creemos menos capaces para resolverla y porque cada día nos apartamos más del mundo de nuestros semejantes. No creemos en la gente y vamos desconociendo la gente, quizá porque nos encerramos en nosotros mismos. El mundo no es islote, sino continente. Busquemos los puentes. Nos preocupamos más por los problemas de lo que nos ocupamos de ellos. Vivir es de suyo difícil, problemático. Pero la vida es la gran solución, si la encauzamos por donde es. Buscar ese cauce y permanecer en él es también difícil. Aceptar la dificultad, sin pensar que algún día vamos a estar libres de toda dificultad. La carencia absoluta de dificultades no llegará nunca. Eso sería un estado angélico, incompatible con la condición humana, definida por la sabiduría bíblica: "combate es la vida del hombre sobre la tierra". La solución no es esquivar lo inesquivable. Eso es vano escapismo para neutralizarnos. Nos lleva al quietismo, al inmovilismo, a la invalidez, al nihilismo. La actitud humana, racional, en la vejez, es no asumir combates desproporcionados a nuestras fuerzas, no entrar en ello desarmados, pero no rehuir los desafíos necesarios, y no declararnos vencidos antes de pelearlos. Y acuérdese: sus grandes armas, su cerebro, su espíritu, su salud. Ejercítelas todas tres diariamente, sin agresividad, con la conciencia de capacitarse, sin la pretensión de poderlo todo. Sin triunfalismos, pero sin derrotismos. Ensáyese y verá. El gallo pendenciero es tan ridículo como el avestruz temeroso con la cabeza en la arena.

Olvídese de que va a estar libre de dificultades. Sea cual sea su condición social, familiar, cultural y económica, la dificultad aparecerá. Y a veces será infernal. Eso es inherente a nuestra naturaleza: junto a rinconcitos de paraíso, encrucijadas de infierno. Pero si usted lo afronta como es, usted saldrá de ahí más fuerte. Hitler salió más fuerte del infierno de un hospital de guerra, Mussolini del infierno de vivir bajo los puentes de Ginebra, Kemal Ataturk del sitio de los Dardanelos, y Franklin D. Roosevelt del infierno de su parálisis infantil. Sherril describe esta entrada angustiosa de estos personajes al infierno y su triunfal salida. Todos tenemos uno o varios infiernos en vida. Unos, porque el genio es así, se pasean poéticamente por él, como Dante, y otros, como usted y yo, en alas de nuestras dificultades, que no serán las de la gloria histórica sino las nuestras de cada día. La verdad, en fin y al cabo, es la suma de las pequeñas realidades cotidianas. Lo importante es prepararnos para ese reto y no tener excesivamente nuestro ángulo infernal y compensarnos con nuestra parcela de paraíso. Ambos existen. Adminístrelos bien. Mientras vivamos, no podemos quedarnos para siempre en el Paraíso: nos volatilizaríamos. Ni para siempre en el infierno: nos quemaríamos. Defiéndase alternando. No es su opción.

Los riesgos

El viejo es susceptible a la lesión, pero no tanto como se cree. Defensas y resistencias se debilitan en algunos aspectos, pero se vigorizan en otros. Hay muchos ejemplos, como el de algunas enfermedades que después de cierta edad no se contraen. Vemos todos los días ancianos castigados por golpes de la vida, habituales o pasajeros. Resisten. Un joven difícilmente podría soportarlos. Es frecuente el temor exagerado a los riesgos en todo y para todo. Tuve un compañero de mi deporte, la equitación, audaz a caballo hasta la temeridad, con quien hacía con frecuencia el mismo recorrido en un terreno conocido. Después de algunos años empezó a hacerme confidencias: ahora conducía su automóvil mucho más lentamente y nunca de noche, por los riesgos de encandilarse... Iba menos al restaurante porque no podía controlar los condimentos... y había dejado de montar a caballo porque en los quince mil metros cuadrados de nuestra pista podrían caber pequeños hoyos que era imposible evitar dar en tierra caballo y jinete... Yo lo sigo haciendo sin haber encontrado un hueco para caer. Él se imponía otros controles por el estilo. Pero cada día él fumaba más y murió de un enfisema pulmonar.

El riesgo es inherente a la vida. Calcularlo, preverlo y precavernos, indudablemente. Pero también aceptarlo, cuando es aceptable y no hacer de él una fijación mental. La preocupación por estar exagerando puede producir efectos más graves que los del mismo riesgo. No todos los adagios populares son sabios. Pero sí lo es aquel de "quien no arriesga un huevo no tiene un pollo". El riesgo es parte de la aventura de vivir.

El instinto de conservación exagerado en los viejos nos puede hacer repetir el error de ciertos caballos que se cuidan de cuanto les rodea, ruidos, imágenes, forrajes con olores desconocidos, obstáculos de colores, pero comen sus propios excrementos y mueren de oclusión intestinal.

El ritmo

El ritmo es una ley de la naturaleza. Todo en ella tiene un ritmo. Cuando éste se pierde viene la catástrofe, desde el cataclismo cósmico cuando los astros desequilibran el suyo de rotación en su órbita y surgen y se hunden los planetas, hasta el desconocido fenecer de las violetas del jardín. La vida humana tiene el propio ritmo, totalizado por algunos en el corazón. Cuando el ritmo cardíaco se altera excesivamente en el viejo, por defecto o por exceso, llega la parálisis definitiva llamada muerte... Pero el ritmo de la vida humana, por ser tan rica, múltiple, variable y diferente ésta, no es comparable a ningún otro, por ser también él rico, múltiple y variable, como la vida misma en este compuesto sicosomático indivisible, que somos nosotros, la mejor dotada creatura del universo.

Por la enorme amplitud de la escala humana, nuestro ritmo no es comparable con el estable de los relojes, ni con el isócrono de los péndulos. Nuestro ritmo es flexible y variable. No hay catalogaciones definitivas para el hombre y los latidos de nuestros corazones y sus pulsaciones pueden variar múltiples veces en un día, según las sensaciones, emociones, sentimientos, ocupaciones, reposo, afanes, contradicciones y satisfacciones de la jornada. Ningún otro animal, distinto del hombre, resistiría por tantos años, tantos y tan frecuentes cambios de ritmo. Los más longevos de los animales son los del ritmo más uniforme y lento. En el hombre la uniformidad del ritmo no es ninguna garantía para la longevidad, sobre todo si viene del ocio o la insensibilidad. Es la actividad y la vibración las que, en salud normal, prolongan la vida.

Pero ni las mutaciones en nuestro ritmo, ni nuestra capacidad para soportarlas son ilimitadas. Con la edad, nuestro ritmo se modifica, sin llegar a completa uniformidad en la vejez. La complejidad de nuestra estructura sicosomática no lo permitiría jamás. Seguiremos vibrando y alterando nuestro ritmo con todo cuanto nos sucede, y nadie ha medido el promedio de esos sucesos, porque muchos son imprevisibles, y porque cada uno reacciona de diversa manera. Con la edad el ritmo disminuye somática y síquicamente. El ideal sería el compás espiritual concertado con el biológico. Pero ese concierto entre nuestra siquis y nuestro cuerpo, entre mente y sentidos, es difícil de obtener, porque no tenemos una mecánica absolutamente gobernable, y nos desbordamos y nos estancamos aquí y allá...

Sin aspirar a uniformidad rítmica, imposible en el hombre, sí el viejo debe cuidarse de las alteraciones bruscas de su ritmo, porque, después de cierta edad, diferente en cada uno, ya no resistimos impunemente las grandes aceleraciones, ni las repentinas paradas. Sin pretender la absoluta estabilidad debemos evitar sobresaltos, sin caer en el ocio, anticipo de la decrepitud, ni en la lentitud exagerada, fácilmente degenerable en parálisis.

El ritmo es la marcación de la dinámica de la vida, de su movimiento, como el tiempo mismo y como su *tempo* de ejecución dentro del espacio. En cierta manera, el ritmo es la misma vida que con él se rompe, a veces, al resbalar en el piso encerado de una alcoba, o resiste en el mar diez días de tempestad, de soledad, de tiburones y de hambre, como el náufrago de Gabriel García Márquez, al ser barrido de la proa del R. C. Caldas. Pero ni el uno, ni el otro caso son el suyo o el mío. Vivimos y no debemos creernos ni el cable de alta tensión para los grandes voltajes, ni tampoco el mínimo alambre para la corriente de una pila de linterna.

El viejo necesita un ritmo. Cada viejo tiene el suyo propio según su temperamento, su actividad, su vida emocional, su mentalidad, sus circunstancias peculiares. No se puede predicar un ritmo universal para la vejez. La vejez es vida, como en cualquier otra edad, y cada vida –la suya, la mía, la de los otros– es ante todo personal y marcha al compás de cada individuo con la suficiente libertad racional para vivirla, aun con las limitaciones familiares y sociales y convencionales. Pero lo importante es un ritmo, más o menos estable sin grandes alteraciones. Las pequeñas perturbaciones de ritmo, y aun las grandes, a veces, son inevitables. La vida no es un generador eléctrico de vatiaje y voltaje fijos, sino un río encrespado en la pendiente, remansado en el llano, rizado o sacudido por el viento, hinchado con la lluvia, adelgazado en el verano, turbio en el cauce fangoso, purificado y sedimentado sobre lecho sólido. Todos esos accidentes del río son también los de su vida y hay que aceptarlos como naturales, pero sin andar a saltos por entre peñas y desfiladeros. Siempre las cascadas son peligrosas: "nuestras vidas son los ríos que van a dar a la mar".

La estabilidad absoluta del ritmo es imposible, la estabilidad relativa es posible. Evitar los sobresaltos continuos, los desasosiegos constantes, el frecuente estallido de lo imprevisto. Su corazón no resistirá largo tiempo a cargas y descargas. Su diástole y su sístole no son ni el freno ni el acelerador de una máquina.

Hay en América Latina dos aldeas de longevidad comprobada: Vilcabamba, en el Ecuador y Villa de Leyva, en Colombia. Allí la vida dura mucho y la vejez es saludable. ¿Por qué? Hay muchas explicaciones: la sequedad ambiente, la benignidad del microclima, la parquedad en el comer, la sanidad de las costumbres, la benevolencia de las gentes, la asepsia misma del contorno natural y otros. Ninguna tan convincente como la del ritmo mesurado impuesto por no sé qué efluvio o emanación telúrica, ante el cual se impone un ritmo marcado al compás de algo que está allí, en la ecología, en el aire, en el árbol, en la tierra y en el horizonte, irradiantes de sosiego, como un fluido climatérico.

Usted puede renovarse siempre, pero no alterarse ni perturbarse frecuentemente. El ritmo de su vida en la tercera edad no es la monotonía, la rutina o el tedio; al contrario, al resultar de una buena disposición de su actividad, debe anular la rutina y el tedio y traer la variedad plácida y satisfactoria alternada, dentro del equilibrio entre sus ideas, sus sentimientos y sus acciones, que no deben dispensarse a golpes de una imaginación aleteadora como un murciélago en la noche.

Algunos autores
y ediciones citados en este libro

Alexis Carrel, *La incógnita del hombre*. Editorial Diana – México, 1970.

Maurice Tubiana, *Le Refus du Réel*. Editions Robert Laffont – París, 1978.

Doctor Miguel S. Mosqueira, *Comience a vivir a los 50*. Ediciones Lidiun – Buenos Aires, 1978.

Doctor Leopold Bellak. *Los mejores años de la vida*. (Arte y Ciencias de Envejecer) Ediciones Lidiun – Buenos Aires, 1979.

Doctor Robert N. Butler y Myrna I. Lewis, *El sexo después de los 60*. Ediciones Lidiun – Buenos Aires, 1979.

Simone de Beauvoir, *La vejez*. Editorial Sudamericana – Buenos Aires, 1970.

Günter Haaf, *La nueva historia de Adán y Eva*. Edición especial para Círculo de Lectores, 1979.

Horacio Gómez Aristizábal, *Yo, penalista, me confieso*. Editorial Kelly – Bogotá, D.E. 1980.

James Hillman, *Senex et Puer e il Tradimento*. (Introduzione di Robert Grinnell, Marsilio Editori – 1979.

T. Berry Brazelton, M. D., *Niños y madres*. Carlos Valencia Editores, 1979.

Doctor Art Ulene, *Cómo vivir mejor*. Ediciones Lidiun – Buenos Aires, 1978.

Peter Townsend, *The Family Life of Old People*. Penguin Books – 1957 and 1963.

D. B. Bromley, *The Psychology of Human Ageing*. Penguin Books – London.

Adolfo Bioy Casares, *Diario de la guerra del cerdo*. Círculo de Lectores – Barcelona, 1973.

Mircea Eliade, *Mito y realidad*. Ediciones Guadarrama – Madrid, 1973.

Simone de Beauvoir, *Une Mort Très Douce*. Editions Gallimard, 1975.

Paul Claudel, *Le Soulier de Satin*. Editions Gallimard – París, 1957.

Vladimir Jankélévitch, *La Manière et l'Occasion, La Méconnaissance, La Volonté de Vouloir*. Editions du Seuil - París, 1980.

Marco Tulio Cicerón, *De Senectute*. (Edición bilingüe) Casa Editorial Barcelona, 1954.